Editorial
NUN

Música y matemática
en la filosofía de Platón

Remedios y profilácticos contra el mal

Música y matemática en la filosofía de Platón

Remedios y profilácticos contra el mal

Roberto Rivadeneyra

A ti, porque tu música remedió mis males.

Catalogación de obra

Rivadeneyra, Roberto

Música y matemática en la filosofía de Platón
Remedios y profilácticos contra el mal
1a. edición, 2021

ISBN: 978-607-7905-94-3

Editorial NUN
Impreso en Ciudad de México

Formato: 15 × 21 cm

352 pp.

Editorial NUN

Es una marca de la Editorial Notas Universitarias, S. A. de C. V.

Xocotla 17, Tlalpan Centro II, alcaldía Tlalpan,
Ciudad de México, C. P. 01400

www.editorialnun.com.mx

Versión impresa UP (Universidad Panamericana) ISBN: 978-607-7905-94-3
Versión impresa Editorial NUN ISBN: 978-607-98976-9-7
Versión digital UP (Universidad Panamericana) ISBN: 978-607-7905-93-6
Versión digital Editorial NUN ISBN: 978-607-98976-8-0

Dirección editorial y diseño de portada: Miryam Meza Robles
Edición y corrección de estilo: Felipe G. Sierra Beamonte
Diagramación: Carlos A. Vela Turcott

Impreso en la Ciudad de México

Si queremos acercarnos al "Uno"
con los conceptos de un lenguaje científico preciso
debemos tener presente el centro de las ciencias
naturales descrito por Platón,
en el que se hallan las simetrías fundamentales matemáticas.
En el modo de pensar de este lenguaje
es necesario aceptar la afirmación "Dios es matemático".

W. Heisenberg, *Más allá de la física*: 187

Índice

Lista de abreviaturas

OBRAS DE PLATÓN

Alc. I	*Alcibíades I*
Ap.	*Apología de Sócrates*
Ban.	*Banquete (Symposium)*
C.VII	*Carta VII*
Cárm.	*Cármides*
Crat.	*Cratilo*
Crit.	*Critias*
Cr.	*Critón*
Eut.	*Eutidemo*
Fd.	*Fedón*
Fdr.	*Fedro*
Fl.	*Filebo*
Grg.	*Gorgias*
Lg.	*Leyes*
Mnx.	*Menéxeno*
Men.	*Menón*
Parm.	*Parménides*
Pol.	*Político*
Prot.	*Protágoras*
Rep.	*República*
Sof.	*Sofista*
Teet.	*Teeteto*
Tim.	*Timeo*

Anaxágoras (Anax.)
Fragmentos   Frag.

Aristóteles (Arist.)
An. Post.   Analíticos Posteriores
De Ca.   De caelo
De An.   De anima
EE   Ética Eudema
EN   Ética Nicomaquea
Fís.   Física
Met.   Metafísica
Pol.   Política
Prob.   Problemas
Ret   Retórica

Aristoxeno
Arm.   Armónica
Rítm.   Rítmica

Arquitas (Arq.)
Fr.   Fragmentos

Boecio
De música Sobre el fundamento de la música

Diógenes Laercio (DL)
Vidas   Vidas y opiniones de los filósofos ilustres

Esquilo
Coéf.   Coéforas
Eum.   Euménides

Euclides
El.   *Elementos*
Op.   *Óptica*

Filolao (Fil.)
Fr.   *Fragmentos*

Homero (Hom.)
Il.   *Ilíada*
Od.   *Odisea*
Jámblico (Jam.)
Prot.   *Protréptico*
VP   *Vida de Pitágoras*
TA   *Teología de la aritmética* (anónimo atribuido a Jámblico)

Plutarco (Plut.)
Q. Conv.   *Quaestiones convivales*
Q. Plat.   *Cuestiones platónicas*

Porfirio (Porf.)
VP   *Vida de Pitágoras*

Sexto Empírico (SE)
EP   *Esbozos pirrónicos*
Vs. Fís.   *En contra de los físicos*
Vs. Mate. *En contra de los matemáticos*

Teón de Esmirna (TE)
Mat.   *Sobre las matemáticas utilizadas para el entendimiento de Platón*

Zenón de Citio (ZC)
Frag.   *Fragmentos*

Lista de traducciones

A menos que se señale de otro modo a pie de página, las traducciones de las obras griegas o latinas utilizadas en esta investigación son las siguientes.

Platón

Alc. I	Juan Zaragoza, Madrid, Gredos, 1992.
Ap.	Conrado Eggers Lan, Buenos Aires, Eudeba, 1971.
Ban.	Victoria Juliá, Buenos Aires, Losada, 2004.
C. VII	Juan Zaragoza, Madrid, Gredos,1992.
Cárm.	Emilio Lledó, Madrid, Gredos, 1997.
Crat.	J. L. Calvo, Madrid, Gredos, 1999.
Crit.	Carlos García Gual, Madrid, Gredos, 1997.
Cr.	Conrado Eggers Lan, Buenos Aires, Eudeba, 1973.
Eut.	F. J. Olivieri, Madrid, Gredos, 1999.
Fd.	Alejandro Vigo, Buenos Aires, Colihue, 2009.
Fdr.	Emilio Lledó, Madrid, Gredos, 1997.
Fl.	Marcelo Boeri, Buenos Aires, Losada, 2012.
Grg.	Ma. Isabel Santa Cruz, Buenos Aires, Losada, 2013.
Lg.	Francisco Lisi, Madrid, Gredos, 1999.
Mnx.	E. Acosta, Madrid, Gredos, 1999.
Men.	F. J. Olivieri, Madrid, Gredos, 1999.
Parm.	Ma. Isabel Santa Cruz, Madrid, Gredos, 1988.
Pol.	Ma. Isabel Santa Cruz, Madrid, Gredos,1988.
Prot.	Carlos García Gual, Madrid, Gredos, 1997.
Rep.	Conrado Eggers Lan, Madrid, Gredos,1998.
Sof.	Néstor Luis Cordero, Madrid, Gredos, 1998.
Teet.	Marcelo Boeri, Buenos Aires, Losada, 2006.
Tim.	Conrado Eggers Lan, Buenos Aires, Colihue, 2012.

Anaxágoras

Frag.	Conrado Eggers Lan, Madrid, Gredos, 2008.

Aristóteles

An. Post.	Miguel Candel, Madrid, Gredos, 1988.

De Ca.   Miguel Candel, Madrid, Gredos, 1996.
De An.   Tomás Calvo Martínez, Madrid, Gredos, 2008.
EE   Julio Pallí Bonet, Madrid, Gredos, 1985.
EN   Antonio Gómez Robledo, México, UNAM, 2012.
Fís.   Guillermo de Echandía, Madrid, Gredos, 1995.
Met.   Valentín García Yebra, Madrid, Gredos, 1996.
Pol.   Antonio Gómez Robledo, México, UNAM, 2000.
Prob.   Ester Sánchez Millán, Madrid, Gredos, 2004.
Ret.   Quintín Racionero, Madrid, Gredos, 1994.

ARISTOXENO
Arm.   Juan Manuel Guzmán Hermida, Madrid, Gredos, 2009.
Rítm.   Juan Manuel Guzmán Hermida, Madrid, Gredos, 2009.

ARQ.
Fr.   Claudio R. Varela, Hybris, 2012.

BOECIO
De música Jesús Luque, Francisco Fuentes, Carlos López, Pedro R. Díaz
y Mariano Madrid, Madrid, Gredos, 2009.

DL
Vidas   Carlos García Gual, Madrid, Alianza, 2007.

ESQUILO
Coéf.   Bernardo Perea, Madrid, Gredos, 2015.
Eum.   Bernardo Perea, Madrid, Gredos, 2015.

EUCLIDES
El. I-IV   Ma. Luisa Puertas Castaños, Madrid, Gredos, 1991.
__ V-IX   Ma. Luisa Puertas Castaños, Madrid, Gredos, 1994.
__ XI-XIII Paloma Ortiz, Madrid, Gredos, 1997.
Op.   Harry Edwin Burton, 1943.

FIL.
Frag.   Carl Huffman, Cambridge, Cambridge University Press, 1993.

Hom.
Il.   Emilio Crespo, Madrid, Gredos, 2000.
Od.   Pedro C. Tapia Zúñiga, México, UNAM, 2013.

Jámbl.
Prot.   Miguel Periago Lorente, Madrid, Gredos, 2003.
VP   Miguel Periago Lorente, Madrid, Gredos, 2003.
TA   Robin Waterfield, Michigan, Phanes, 1988 (atribuido a Jámblico).

Plut.
Q. Conv.   Mercedes López Salvá, Madrid, Gredos, 1990.
Q. Plat.   Ma. Ángeles Durán López, Madrid, Gredos, 2004.

Porf.
VP   Miguel Periago Lorente, Madrid, Gredos, 1987.

SE.
EP   Antonio Gallego Cao y Teresa Muñoz Diego, Madrid, Gredos, 1993.
Vs. Fís.   R.G. Bury, Cambridge, Harvard University Press, 1997.
Vs. Mate. I David Blank, Oxford, Clarendon Press, 1998.
__ VII-VIII Richard Brett, Cambridge, Cambridge University Press, 2005.
__ IX-X   Richard Brett, Cambridge, Cambridge University Press, 2012.
__ XI   Richard Brett, Oxford, Clarendon Press, 2000.

TE.
Mat.   Deborah y Robert Lawlor, San Diego, Wizards Bookshelf, 1979.

ZC.
Frag.   Ángel J. Cappelletti, Madrid, Gredos, 2015.

Todas las citas en castellano provenientes del inglés, francés, alemán o italiano que aparecen en el cuerpo o a pie de página de esta investigación fueron hechas por el autor, a menos que indique algo diferente.

Todas las citas de un autor griego que se reproduzcan en griego fueron tomadas de los textos griegos del Thesaurus Linguae Graecae.

Introducción

Cualquier destino, por largo y complicado que sea,
consta en realidad de un solo momento:
el momento en que el hombre sabe para siempre quién es.
Biografía de Tadeo Isidoro Cruz
J.L. Borges

Igor Stravisnki dijo alguna vez: "La forma musical se parece a las matemáticas; quizá no a las matemáticas en sí, pero sí al pensamiento y a las relaciones matemáticas". Pitágoras descubrió la estrecha relación que existe entre música y matemáticas y a partir de ese momento ha sido imposible ignorarlo. Matemáticas y música comparten no sólo la exactitud (un punto en un pentagrama es una determinada nota y no ninguna otra, de la misma manera que una ecuación matemática sólo puede arrojar un resultado y no otro), sino también nomenclatura: armonía, inversión, raíz, progresión y serie son algunos de los conceptos que unen a las matemáticas con la música. Es común que matemáticos y físicos terminen por interesarse y desarrollar propuestas a propósito de los terrenos de la melodía, armonía y otras propiedades musicales. Asimismo, algunos músicos terminan por adentrarse en los terrenos de las matemáticas para comprender mejor las tonalidades y la armonía. Ni qué decir de la revolución que el descubrimiento del cálculo diferencial e infinitesimal por parte de Newton y Leibniz provocó en la teoría musical. La atonalidad de Schönberg se nutre de la temática alrededor de la vibración de las cuerdas que la matemática del cálculo legó al mundo.

Esta fascinación entre música y matemáticas también acompañó a muchos filósofos, desde Pitágoras hasta a Adorno. En *Fedón* (61a) Platón nos dice que la filosofía es la más alta música. El significado de dicha oración conduce por muchos y diversos caminos. Lo que inevitablemente pone en nuestra mente es el proyecto pedagógico que el filósofo propone. Tanto en el libro III de *República* como en el VII está presente esta inquietud. En el III (398d-402a) plasma la importancia que la educación musical tiene en el hombre, así como la influencia psicológica que se desprende de la misma. En el VII el estudio de la armonía es el preámbulo para alcanzar el último escalón del desarrollo de todo ser humano hacia la contemplación del bien, que será la dialéctica.

La importancia que para Platón tiene el estudio de la música está salpicada a lo largo de su obra. No sólo en *República*, que es el más reconocido, sino en *Fedón, Timeo, Filebo, Banquete, Político, Protágoras, Fedro* y *Leyes* se hallan reflexiones sobre este tema. Pero, ¿por qué la música? ¿Qué tiene ésta de especial en la formación del alma de la persona? La respuesta a esta pregunta está contenida en las siguientes páginas. La música posee un valor determinante en la formación de una buena persona. Ciertos sonidos y ritmos son apropiados y otros no tanto. La música afecta al oyente, no sólo por la emoción que ésta transmite, sino porque las vibraciones de que está compuesta tocan con las vibraciones que integran a la persona humana. La música es el instrumento para educar las emociones.

También está el interés en las matemáticas. Cuando pensamos en la importancia filosófica de las matemáticas vienen a la mente dos filósofos: Pitágoras y Platón. Sin embargo, desde Tales de Mileto las matemáticas han acompañado el quehacer filosófico, si bien es cierto que Pitágoras —o los pitagóricos, como lo discutiré en este libro— fue el primero en visualizar la relación no sólo cosmológica de las matemáticas, sino metafísica y ética. De esta concepción se nutrió Platón, quien tomó los cimientos matemáticos de los pitagóricos para reforzar y estructurar gran parte de su sistema filosófico. Platón, al igual que los pitagóricos, encontró en las matemáticas una herramienta que sirve para comprender mejor el bien y la belleza, además de fundamentar el cómo epistemológicamente auxilian a la búsqueda y adquisición de la verdad.

En este recorrido que vincula a las matemáticas con el ser humano suele perderse de vista la figura de Sócrates, quien alcanzó a intuir también la relación entre las matemáticas y la posibilidad de la virtud. El estudio de la aritmética, piensa Sócrates, sirve para saber de métrica y, con ello, juzgar adecuadamente los placeres y dolores que se presentan como buenos o como malos, como atractivos o desalentadores. En una situación en donde dos objetos distintos se presentan como placenteros, la mayoría de las personas solemos optar por el que genera placer más rápido. Así, ante la posibilidad de comer una rebanada de pastel de chocolate o no comerla por problemas de salud como la diabetes, aunque la persona diabética sepa que esa rebanada puede provocarle malestares en el corto o mediano plazo, el placer a corto plazo de ingerir el pastel supera en el momento de elegir. La razón es muy sencilla: se prefiere el placer inmediato al mediato. Si bien esto no es necesariamente siempre malo, lo es cuando la satisfacción inmediata de placer provocará un malestar y dolor al poco tiempo de la ingesta. Sócrates piensa que esto es, en el fondo, un problema de métrica. El placer inmediato me reportará una satisfacción inmediata, pero me generará dolores y malestar en pocas horas, mientras que no comer la rebanada me generará un dolor inmediato (antojo), pero un bienestar permanente, que eliminaría dicho dolor. La elección parece irrefutable: no comer la rebanada.

Este razonamiento lógico requiere de ciertos conocimientos matemáticos básicos que sirven para formar una mente silogística capaz de formular premisas verdaderas que arrojen conclusiones verdaderas. Si comer la rebanada de pastel tiene un valor numérico y la consecuencia de ello otro, es posible obtener una muestra del alcance de la decisión. Supongamos que comer la rebanada tiene un valor 1 y la consecuencia en la salud de la persona una consecuencia -2, la operación resulta en una decisión no conveniente (-1). Sin tomar en cuenta una medición precisa mediante una toma de glucosa antes de la ingesta y otra después. A lo que debería agregársele el malestar físico resultante.

Platón conservará esta idea cuando en el libro VII de *República* propone el modelo pedagógico basado en las matemáticas. Los guardianes aprenderán, mediante las distintas disciplinas matemáticas, que la búsqueda y conquista de la verdad sólo es posible en la medida en que la razón logra desprenderse más de la materia y estudiar la realidad en estado puro. Platón es consciente de que semejante estado jamás es absolutamente alcanzable, pero piensa que siempre se puede aspirar a un mejor razonamiento.

Finalmente, la gimnasia. Un alma en armonía y una razón veraz provoca una desproporción si habita en un cuerpo débil. Para Platón la educación del cuerpo es tan importante como la del alma, pues los males físicos producen males psicológicos y morales. Al cuerpo se le educa mediante el ejercicio junto con una dieta acorde con la actividad física. La danza también es importante, pues además conjuga el movimiento del cuerpo con la música. Entre el ejercicio que propondrá Platón está la lucha y el entrenamiento para la defensa, pues se requiere de un cuerpo fuerte y ágil, rápido y resistente. El ejercicio pondrá remedio a la mayoría de los males del cuerpo y el resto se logrará, piensa Platón, mediante una alimentación adecuada. Sugiere no utilizar medicamentos salvo en situaciones muy necesarias, pues para Platón el cuerpo debe ser capaz de regenerase a sí mismo.

Este libro pretende desarrollar estos temas para explicar los tres tipos de males que están presentes en la filosofía de Platón: el físico, el moral y el psicológico. Asimismo, de qué manera estos males son un impedimento para que la persona logre el autoconocimiento. Indirectamente, abordaré otros temas relevantes para el propósito principal de esta investigación.

Quiero advertir al lector que aquí realizo una lectura de los diálogos de Platón en sentido intertextual, como lo sugieren, entre otros, Gerson (2013), Szlezák (1991), Press (2002) y Sayre (2002), quienes piensan que la filosofía de Platón, si bien es cierto que responde a un periodo cronológico y algunos temas los fue afinando, encuentran que puede leerse de modo interdialógico, o como el mismo Press (2002: 238) escribe: contextualismo, holismo y organicidad son los principios con los cuales se lee la exégesis platónica. Lo mismo haré yo y, revisando algún contenido de la filosofía de Platón, será común encontrar que recupere dos o más diálogos para mostrar el desarrollo de alguna premisa o argumento. Pienso, junto con los autores citados, que Platón constantemente revisó los tópicos principales de su filosofía, por lo que es natural encontrar la discusión alrededor de, por ejemplo, lo que es el alma, desde *Cármides* hasta *Leyes*. Otros, como la Teoría de las ideas, aparecen tímidamente antes de *Fedón*, pero casi en todos los demás diálogos posteriores al mencionado. También advierto que a lo largo del libro utilizaré el griego entre paréntesis en la línea o párrafo correspondiente cuando considere que es mejor para la comprensión del tema desarrollado en esa instancia. Cuando no sea así, las oraciones en griego estarán a pie de página.

El libro está dividido en cuatro capítulos. En el primero abriré con la pregunta por el mal: qué es, cómo es que existe y si en Platón hay una filosofía relacionada con este tema. Para hacerlo será necesario remitir a la idea del Bien y por contraste explicar el mal. En los diálogos se encuentran tres tipos de males: el físico, el psicológico y el moral. Revisaré la tesis del alma perversa sugerida a propósito del desarrollo contra los ateos en *Leyes* X. Me sumergiré en el mal moral, desde el intelectualismo que tanto Sócrates como Platón establecieron. Asimismo, haré evidentes las diferencias entre el intelectualismo de Sócrates y el de Platón, que si bien inicialmente pudieran parecer lo mismo bajo la tesis de que *nadie obra mal intencionadamente*, existen unos matices importantes entre cómo lo desarrolla y busca resolver Sócrates y cómo lo hace Platón. Por último, en ese mismo capítulo desarrollaré el tema del mal cosmológico que impacta en el mal físico.

En el segundo capítulo estableceré las conexiones entre la filosofía de Pitágoras y la de Platón. Hablaré de la importancia de las matemáticas y la numerología pitagórica como determinantes en la concepción metafísica del cosmos y del ser humano. Explicaré su descubrimiento de la armonía y las proporciones matemáticas en la música y cómo Platón lo incorpora en su propia filosofía cosmológica.

En el tercer capítulo haré una exploración de la concepción que Platón tenía sobre el alma humana para comprender su estructura, partes y funcionamiento. Aquí revisaré diálogos como *Fedón*, *República* IV, *Fedro* y *Timeo*. Explicaré la progresión geométrica y musical de la que está compuesta el Alma del mundo (Am), donde las teorías pitagóricas están presentes, así como la maduración de éstas en la filosofía platónica. Conectaré esto con el alma humana (Ah) para comprender mejor la relevancia de las matemáticas y de la música en su composición.

Finalmente, el último capítulo lo dedico al tema de la educación, en donde engarzo todos los temas desarrollados a lo largo de la investigación mediante las propuestas pedagógicas que aparecen en los diálogos de Platón. Hago ver el proceso cognitivo del elenco socrático —mayéutica e ironía— que Platón continuó utilizando hasta el final de sus días. Asimismo, explico la propuesta pedagógica de Platón que aparece en *República* VII, donde las matemáticas son materia indispensable para el desarrollo de la dialéctica, estableciendo también el vínculo que tiene con la alegoría de la línea que desarrollé desde el primer capítulo. Continúo con la exposición sobre la gimnasia y el ritmo como elementos fundamentales en la pedagogía de un ser humano sano. El capítulo lo cierro con la discusión que desde *Fedón* queda abierta sobre si el alma es una cierta armonía o está en armonía; las implicaciones que se derivan de una y otra concepción, y las posibles soluciones al dilema que surgen en otros diálogos.

El trabajo presentado aquí pretende comprender la sentencia platónica sobre las matemáticas, la música y la gimnasia como elementos pedagógicos. ¿Por qué estos elementos y no otros? ¿Qué tienen de especial estos tres que forman parte de la propuesta pedagógica más importante para la educación de un filósofo? El filósofo rey debe someterse a este proceso matemático, musical y gimnástico si quiere ser un verdadero filósofo. El instruido en ello será capaz del conocimiento más excelso por cualquier humano: la Idea del Bien.

Lo que realizo a lo largo de las siguientes páginas es articular estas disciplinas con el ideal griego basado en la virtud que pretende formar hombres bellos y buenos. Este tipo de hombre, nota Platón, es posible cuando se autoconoce, al desarrollar sabiduría y buscar *ser lo más posible semejante a Dios*. Esta idea, que aparece apenas un par de veces en la obra platónica, es el núcleo de toda acción moral. Sin embargo, *ser lo más posible semejante a Dios* implica una separación del componente material que aqueja inevitablemente a toda persona. Aquí es donde las matemáticas alcanzan su poder, pues mediante su estudio, según se verá en los capítulos 2 y 4, el hombre aprende a pensar cada vez más las cosas en sí, puras, prescindiendo de la materia a la que están atadas. Entre las matemáticas está la armonía y ésta une los números con las notas musicales.

Mi intención es mostrar que el sistema filosófico de Platón fue diseñado para entender y explicar cómo debe ser la mejor forma de vida para el ser humano. Porque, así como Sócrates sentenció que *una vida sin examen no merece la pena de ser vivida por el hombre*, Platón consideró que una vida sin música, matemáticas ni gimnasia, es una vida en las profundidades de la caverna que distancia a la persona del gozo al que es meritorio cuando se autoconoce como un ser capaz del Bien. La metafísica queda al servicio de la antropología, y la música y las matemáticas son el engarce que une lo humano con lo divino, lo cósmico con lo terreno. La gimnasia entrena al cuerpo que habrá de participar de esta música y de estas matemáticas para que la salud sea una aliada en la máxima experiencia humana: la contemplación de la verdad.

CAPÍTULO 1

El mal, sus causas y sus remedios

*El mal, además —que aún debo creer que sea la parte mortal del hombre—
había dejado en aquel cuerpo una impresión de deformidad y de ruina.*
El extraño caso del Dr. Jekyll y Mr. Hyde
R.L. Stevenson

χρόνος δίκαιον ἄνδρα δείκνυσιν μόνος·
κακὸν δὲ κἂν ἐν ἡμέρᾳ γνοίης μιᾷ.[1]
Edipo rey
Sófocles

El sistema filosófico de Platón tiene como núcleo la Idea del Bien. De acuerdo con la Escuela de Tubinga, en esto se basa la protología de la filosofía platónica: el bien es unidad y por eso es bueno, mientras que el mal es la díada, la multiplicidad desordenada.[2] Reale (2002) recupera en su artículo un par de pasajes que ilustran la temática aquí presentada. Son de *República* IV (422e3-423b3) y V (462a2-b3). En el primero alude a que aquellos Estados que no logran la unidad al interior del Estado, pues son muchos Estados y dos enemigos —la riqueza y la pobreza—, se vive en una perpetua rivalidad, alejado del bien. El segundo ejemplo vuelve sobre el punto anterior, dejando claro que el peor Estado es el que se convierte en múltiple en lugar de en uno: allí radica el mal mayor. La influencia pitagórica es notable en estos dos pasajes. El Uno frente a lo mucho. La díada como fuente de la generación y de corrupción. Lo Uno

---

1   "El tiempo por sí mismo revela al hombre de bien; al malvado lo puedes descubrir en un día" (614-615).

2   Sobre esta misma idea recomiendo consultar lo escrito por Gaiser (1980), Reale (2002) y Szlezák (2002), quienes han sostenido que la filosofía platónica realmente se halla en las doctrinas no escritas, que son la fuente a abrevar para conocer y dar la interpretación adecuada a las obras exotéricas.

como referencia de completud y perfección, como unidad hacia lo que todas las cosas tienden: un Estado, un cosmos, un hombre. Uno y Bien quedan engarzados en esta propuesta. El Bien es lo Uno y lo Uno es bueno.

En este contexto, el Bien en Platón responde a un plano metafísico, pues es lo que cohesiona ontológicamente al cosmos. Asimismo, el bien puede leerse aquí desde una interpretación ética, pues aquello que está dividido genera violencia y eso es un mal moral. También está la interpretación del bien como belleza, tal y como queda dicho en *Timeo*: "Todo lo que es bueno es bello y lo bello no es desproporcionado".[3] Además, como lo expondré a continuación, el Bien también tiene una connotación matemática. Finalmente, el Bien como verdad. No es fácil saber siempre con exactitud cuál es el sentido que Platón está usando en el diálogo. ¿Cuándo traducir ἀγαθός por bien metafísico, cuándo por bien moral o estético o contemplativo?[4] A lo largo de este libro me centraré en este problema para descubrir cuáles son las causas que producen el mal de acuerdo con Platón, así como determinar los tipos de males que existen y cómo pueden remediarse. A continuación, haré una exposición sobre el bien metafísico, matemático y protológico para posteriormente centrar mi atención en el tema del mal.

---

3   87c4-5: πᾶν δὴ τὸ ἀγαθὸν καλόν, τὸ δὲ καλὸν οὐκ ἄμετρον.

4   Por ejemplo, en *Lisis* y *Filebo* se dice que el bien es autosuficiente. En el mismo *Lisis* y en *Banquete* se asocia con lo bello. En *Gorgias* se muestra que es la finalidad de una acción. En *República* el bien es una Idea. El único otro pasaje donde se habla del bien como una Idea es *Filebo* (64a2-3): "Y que procure entender en ella cuál es por naturaleza, tanto en el ser humano como en el universo, el bien, y que deba adivinar cuál es su propio rasgo formal: ἀγαθὸν καὶ τίνα ἰδέαν αὐτὴν εἶναί ποτε μαντευτέον". Debido a estas diferencias, Press (2002: 243) piensa, me parece que equivocadamente, que la Idea de Bien propuesta en *República* no debería considerarse como una parte fundamental en la doctrina y sistema platónico propuesto por Platón, pues si dicho diálogo no hubiera existido, no tendríamos una referencia en ningún otro al bien como idea metafísica y ontológica. Claramente esto se opone al esfuerzo desarrollado por la Escuela de Tubinga alrededor de las doctrinas no escritas de Platón, poniendo el énfasis en la protología que parte del Uno-Bien. Boeri (2012: 344 n. 422), en cambio, piensa que esta cita de *Filebo* responde a la concepción organicista del pensamiento de Platón que busca unir lo humano con lo cósmico, o lo microcósmico con lo macrocósmico. Laks (2007: 19-21) tiene una postura similar a la de Press, aunque más moderada.

1.1. El Sol, la línea y el bien

En *República* VI aparece una explicación sobre el bien mediante la alegoría del Sol.[5] El relato lo conduce Sócrates, quien inicia con una analogía, la de la vista. Esta facultad perceptiva la usamos cuando nuestros ojos ven algo. El ojo (ὄμμα) no ve por sí mismo los objetos, sino que es necesario un tercer elemento que conecte la vista con lo visto. Por un lado está el ojo y, por el otro, el objeto, supongamos que éste es un caballo de ajedrez. ¿Qué se necesita para que el ojo pueda ver el caballo? El mediador entre el ojo y el caballo será la luz (φῶς). La luz permite que el ojo vea y que los objetos sean vistos. Su iluminación sirve de engarce entre el ojo y el caballo. Puedo ver un caballo sólo si está iluminado. Si el caballo no reflejara la luz, ningún ojo podría verlo. El origen de la luz es el Sol (ἥλιος). La luz que irradia el Sol ilumina a los objetos para que éstos puedan ser vistos por el ojo. Sin la luz, el ojo sería inútil, pues no podría realizar su función, que es ver. La vista es posible sólo donde hay luz.

Platón considera al Sol un vástago del bien, que "el bien ha engendrado análogo a sí mismo".[6] ¿Cuál es la analogía? El proceso intelectivo que puede captar las ideas. Hay cosas que pueden ser vistas y no pensadas, y otras que son pensadas, pero no vistas. El primer caso es el de la vista mediante el ojo y el segundo, el de la intelección mediante la razón. Asimismo, distingue los tipos de iluminación con los grados de intelección. Los colores de un caballo o de cualquier otro objeto no se distinguen de la misma manera con la luz de la Luna que con la del Sol. El resplandor de la Luna genera una luz tenue y débil, que permite distinguir los objetos, pero no verlos con claridad (φαίνεται). Eso que le sucede al ojo pasa en el alma. Cuando el alma posa su mirada sobre objetos en donde brilla la verdad (καταλάμπει ἀλήθεια), entonces

---

5   Cf. 506e-509b. Conrado Eggers Lan (2010: 9 y ss.) detalla con claridad la diferencia entre las alegorías de Platón y sus mitos. Muchos utilizan indistinta y equivocadamente alegoría y mito para referirse, por ejemplo, a la Caverna. Alegoría viene de ἀλληγορέω, que significa *decir las cosas de otro modo*, o *decir las cosas con otras palabras*, que es lo que Platón hace tanto en el caso del Sol, la Línea y la Caverna. Mito, en cambio, significa relato, donde *se narra* o *se dice* algo mediante el uso de seres mitológicos. También quiero exponer que, junto con Press (2002: 242), la alegoría del Sol resulta en una visión sobre lo que es el bien, más que en una lección.

6   508b13: ὃν τἀγαθὸν ἐγέννησεν ἀνάλογον ἑαυτῷ.

intelige (ἐνόησέν) y conoce (γιγνώσκω). No sucede lo mismo cuando tiene la mirada puesta hacia la oscuridad (τῷ σκότῳ), donde las cosas nacen y perecen (τὸ γιγνόμενόν τε καὶ ἀπολλύμενον), pues no logra inteligir nada con claridad, teniendo sólo opiniones que "la hacen ir de aquí para allá".[7] Las opiniones confunden porque su naturaleza está anclada al reino de lo perecedero, lo que cambia, lo que se genera. Ya en *Timeo* (27d6-28a1) Platón decreta la existencia de ambos reinos: el que siempre es (τὸ ὄν) y no posee generación y el reino que siempre se genera pero que nunca es (ὂν δὲ οὐδέποτε). El primero es conocido mediante la razón y conlleva verdad, mientras que el segundo es aprehensible mediante los sentidos y genera opinión. El reino de lo que siempre es conlleva verdad, pues es idéntico a sí mismo; el de lo generado conduce a lo cambiante, a lo que nunca permanece idéntico a sí mismo.

Si la vista o el alma tienen puesta la mirada en objetos con iluminación precaria el resultado será confuso, pero si se ve hacia donde hay luz, entonces habrá claridad. No existe la posibilidad de que en el mismo lugar donde hay luz haya oscuridad, de modo que la vista tiene que girar de un lado hacia otro, de la oscuridad hacia la luz. En el último capítulo de este libro me detendré a revisar el concepto de περιαγωγή como uno de los elementos clave en el proceso pedagógico de Platón. La περιαγωγή es el giro que hacemos cuando conocemos, es decir, cuando pasamos de la oscuridad hacia la luz, de las sombras hacia la realidad y de la opinión hacia la verdad.

Aquello que imprime identidad a la realidad es el bien. Gracias al bien la realidad es lo que es, independientemente de todo el dinamismo que está presente en el reino de lo que parece ser. La Idea de lo Igual aparece desde *Fedón* (72e1-78b3) como determinante en el proceso reminiscente del alma. ¿Qué es lo que posibilita hablar de leños cuando ningún leño es igual a otro? A nivel de percepción ningún leño es igual a otro; no obstante, al ver a dos o más leños puedo reconocerlos como leños. ¿Cómo es posible esto? El leño A y el leño B son distintos, porque no existe un solo objeto idéntico a otro en el reino de la percepción sensible (αἴσθησις). Pero a ambos los reconozco como leños. La razón de esto es que ambos leños poseen una cualidad (*X*) que a

---

7   508d8-9: τὰς δόξας μεταβάλλον.

pesar de sus diferencias los hace iguales. El leño A y el leño B son distintos el uno del otro, pero existe una cualidad *X* que permite que reconozcamos como leños tanto a A como a B. Esta cualidad no está presente físicamente en ninguno de los dos leños, razón por la cual a la vista ambos son distintos, sino que es algo sólo captable mediante la razón. La cualidad *X* refiere aquí a la idea de lo igual. Así, es posible hablar de lo igual y de lo Igual. Los leños no son iguales entre sí, pero sí comparten lo Igual que permite que ambos sean leños, a pesar de la desigualdad sensorial.

Los leños A y B pertenecen al reino de lo sensible, de la opinión, de la generación y donde todo cambia. La posibilidad de reconocer a los leños A y B como leños, independientemente de las desemejanzas entre sí, es gracias al reino de lo inteligible, de la verdad, de lo que siempre es y nunca cambia. Lo Igual es una idea, que, iluminada por la idea madre de todas —la del bien—, permite conocer las cosas como son y distinguir lo que es que es de lo que no es que no es para no confundir lo que es con lo que no es y lo que no es con lo que es. El bien resulta, entonces, en aquello que hace posible que las cosas puedan inteligirse. Las ideas, como predicados morales y matemáticos, surgen a partir de la Idea del Bien. Ésta es la que, como en el caso de la alegoría del Sol, ilumina lo inteligible para que pueda ser conocido. El bien es lo que máximamente siempre es.

Toda la realidad ha sido moldeada desde el bien,[8] pues como detalla Platón en *Timeo*, el dios,[9] que era naturalmente bueno (ὁ θεὸς ἀγαθός), tomó lo "que se movía en forma inarmónica y desordenada, y lo condujo desde el desorden al orden. A quien es excelente no le era ni le es permitido llevar a cabo sino lo más bello".[10] El universo entero lleva este sello, el del bien, porque quien lo creó era bueno, y en quien es bueno "jamás puede surgir

---

8 Cf. *Tim*. 28c y ss. A partir de este momento en el diálogo Platón narrará la construcción del mundo por parte del demiurgo, explicando que éste por naturaleza es bueno. Un poco más adelante, en 29a6-b1, escribirá lo siguiente: "El mundo ha sido modelado de conformidad con lo que es aprehensible por la razón y la inteligencia y que se comporta del mismo modo".

9 Platón utiliza tanto la expresión θεός como δημιουργός y también πάτηρ para referirse al creador del universo.

10 *Tim*. 30a4-7: ἀλλὰ κινούμενον πλημμελῶς καὶ ἀτάκτως, εἰς τάξιν αὐτὸ ἤγαγεν ἐκ τῆς ἀταξίας, ἡγησάμενος ἐκεῖνο τούτου πάντως ἄμεινον. θέμις δ᾽ οὔτ᾽ ἦν οὔτ᾽ ἔστιν τῷ ἀρίστῳ δρᾶν ἄλλο πλὴν τὸ κάλλιστον·

ningún tipo de envidia (φθόνος)",[11] y desea que todas las cosas sean, en lo posible, lo más "semejantes a él: παραπλήσια ἑαυτῷ". Nuevamente aparece el tema de la semejanza o lo igual (ἴσον). Lo bueno estampa su sello en todo lo que toca. De lo bueno sólo puede generarse bondad. Lo que es bueno comparte entre sí esta cualidad, identificándose entre sí, permitiendo conocerlo y aprehenderlo. Más adelante, en el mismo diálogo, cuando da razón de por qué el universo es esférico menciona lo siguiente: "Ésta [la figura esférica] es la más perfecta y semejante a sí misma (ὁμοιότατόν τε αὐτὸ ἑαυτῷ), y [...] lo semejante (ὅμοιον) a sí mismo es infinitamente (μυρίῳ)[12] más bello que lo desemejante".[13] Se hace presente que el bien es lo que posee unidad y simplicidad, mientras que el mal se relaciona con lo múltiple y desordenado. La tesis mencionada al inicio de este capítulo recuperada del libro IV de *República* reaparece en *Timeo*. Lo bueno radica en la unidad, en lo que logra ser uno; mientras que lo malo en aquello que se multiplica desemejándose de sí mismo.

Así como el Sol ilumina los objetos que podemos ver con nuestros ojos, el bien ilumina todo lo que podemos captar con nuestra razón. Está sentada la base metafísica de la filosofía de Platón. El bien es aquello de lo que parte todo el universo, pues éste está creado desde el bien, lo cual se corrobora cuando comprendemos el orden intrínseco en todo el universo.

---

11   *Tim.* 29e1-2: ἀγαθῷ δὲ οὐδεὶς περὶ οὐδενὸς οὐδέποτε ἐγγίγνεται φθόνος. Resulta extraño pensar que sea la envidia lo que deba quedar excluido de quien es bueno. En primera instancia, partiendo de un *motus* creador, es decir, de un movimiento que va del interior hacia el exterior, que quien es bueno no es egoísta para compartir su bondad con lo demás. Sin embargo, la expresión aludida aquí (φθόνος οὐδεὶς) tiene una referencia a la tradición poética del celo atribuido a los dioses, quienes no soportaban que los humanos los sobrepasaran en felicidad (Cf. Eggers Lan, 2012: 96 n. 23).

12   Eggers Lan (2012) y Zamora (2010) traducen este vocablo por "mil veces", mientras que Lisi (2008) se decide por "muchísimo". Si bien ambas traducciones aportan el sentido de inconmensurabilidad, prefiero "infinitamente" que no da pie a ninguna falsa interpretación de lo que Platón sugiere, que no es cualquier cosa. Lo bello sólo puede darse en aquello que es semejante a sí mismo. La relación entre lo semejante a sí mismo y lo desemejante está dividida, en relación con lo bello, por el infinito, que es un límite que muestra la inconmensurabilidad del universo.

13   *Tim.* 33b6-7. Heidegger (2007: 23) también así pensaba sobre la verdad, como una relación de semejanza (él le llama de ajuste o coincidencia) entre el enunciado y la esencia. Me resultó muy interesante que en su texto él también hable de este vocablo griego (ὁμοίωσις) como fundamental en la adquisición de la verdad.

El bien queda asociado con la unidad, la semejanza y el orden.[14] Lo que es semejante a sí mismo es bueno y bello, así como lo que tiene orden. Puesto que, como narra Platón en la alegoría del Sol, la verdad es afín al bien,[15] dado que la verdad sólo es posible cuando está iluminada por el bien. Pero aclara que aunque la verdad es afín al bien, no es el Bien. Del bien las cosas no sólo son conocidas, cognoscibles para nosotros, sino que además por esta idea las cosas llegan a existir (τὸ εἶναί) y tienen esencia (τὴν οὐσίαν).

La Idea del Bien es, para Platón, el objeto de estudio supremo (μέγιστον μάθημα) "a partir de la cual las cosas justas y todas las demás se vuelven útiles (χρήσιμα) y valiosas (ὠφέλιμα)".[16] La realidad queda dividida en dos reinos: el de lo visible y el de lo inteligible. El primero es el reino que nunca es pues siempre se genera y el segundo el que nunca se genera porque siempre es.[17] Las cosas del reino visible, sin embargo, pueden ser estudiadas no por sí mismas, sino por el vínculo que las une con lo que es en sí mismo. Aquello que es en sí mismo, semejante a sí mismo, irradiado por la Idea del Bien, es útil (χρήσιμος) y valioso (ὠφέλιμος). Pero no es útil ni valioso en sentido pragmático, sino de realidad. La Idea del Bien otorga finalidad al universo, haciendo de éste algo teleológicamente comprensible.

A esta explicación metafísica sobre la causa de la realidad y la creación del universo añade una a continuación, aunque ahora desde un ángulo epistemológico. La alegoría de la Línea[18] aparece justo después de terminada la narración que identificó al Sol con el bien. Sócrates le pide a Glaucón que imagine una línea (γραμμήν) que será dividida en dos partes desiguales (δίχα ἄνισα τμήματα). Posteriormente se debe dividir cada sección según la misma proporción (τὸν αὐτὸν λόγον). En este punto hay una referencia matemática

---

14   En el siguiente capítulo se verá la relevancia del orden en la concepción pitagórica del universo, una idea que jamás abandonó a Platón.

15   Cf. *Rep.* VI, 509a y ss.

16   *Rep.* VI, 505a2-4: ἐπεὶ ὅτι γε ἡ τοῦ ἀγαθοῦ ἰδέα μέγιστον μάθημα, πολλάκις ἀκήκοας, ἣ δὴ καὶ δίκαια καὶ τἆλλα προσχρησάμενα χρήσιμα καὶ ὠφέλιμα γίγνεται.

17   Cf. *Timeo*, 28a y ss.

18   Cf. *Rep.* VI, 509d6 y ss. Sobre las posturas acerca de la relación cognoscitiva entre las tres alegorías platónicas (la del Sol, la de la Línea y la de la Caverna) me remito al trabajo realizado por Eggers Lan (2010: 5-7). Concuerdo con el autor en que existe una unidad sustancial en las tres alegorías, pero cuya temática varía de una a otra.

muy clara. Una línea se divide en dos partes desiguales, una más grande que la otra y éstas dos partes vuelven a dividirse según la misma proporción. A lo que se está aludiendo aquí, me parece, es a la proporción áurea. La primera definición de lo que más tarde conoceríamos como proporción áurea la elaboró Euclides,[19] tiempo después de la muerte de Platón. En *Elementos* (VI, 30) así define Euclides la división de una línea en proporción: "Dividir una recta finita dada en extrema y media razón".[20] Tal parece ser que es lo mismo que Platón está solicitando que imaginemos: una línea dividida en partes desiguales, es decir, en extrema y media razón. A su vez, cada una nuevamente en extrema y media razón. La línea que resulta, considerando la proporción áurea,[21] es la siguiente:

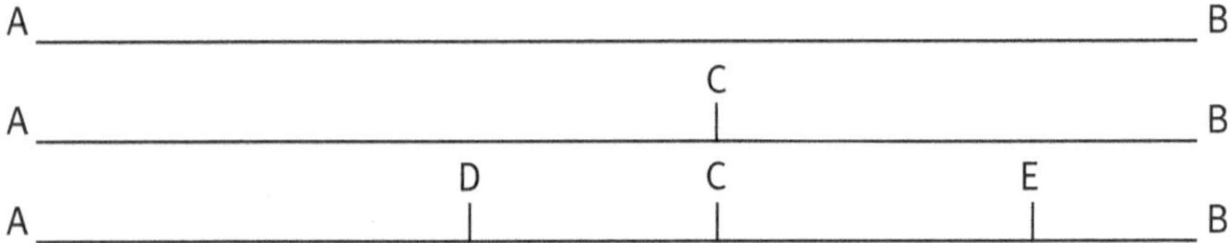

---

19 Existen varios lugares de sus *Elementos* en donde Euclides trabajó la proporción áurea. En el libro II, proposición 11, lo hace mediante una recta que divide un rectángulo; en el libro IV, proposiciones 10 y 14, trabaja con triángulos isósceles y un pentágono regular. En el libro VI, proposición 30, donde aporta la definición universal para la proporción áurea, y en el libro XIII explica, a partir de la definición dada en la proposición 30 del libro VI, la composición de los cinco poliedros regulares que caben dentro de una esfera. Sobre los poliedros regulares, también conocidos como los cinco sólidos platónicos, hablaré en el capítulo 3 de este libro. Para un conocimiento más profundo sobre este tema recomiendo ampliamente la lectura del libro de Livio (2017), quien realiza un recorrido histórico, filosófico, matemático y artístico sobre el valor de *phi* (Φ). Asimismo, vale la pena referenciar al minucioso estudio que realiza Zellini (2018: 158 y ss.) sobre las relaciones entre número y *lógos*, quien en uno de los capítulos recupera el testimonio de Nicómaco de Gerasa acerca de la influencia pitagórica en Platón. En el mismo capítulo, Zellini se da a la tarea de mostrar cómo los cálculos de Nicómaco, a partir del uso del logos como entidad matemática, le permitieron concluir en la fórmula de la proporción áurea. Hacia el cierre escribe: "las fórmulas de Nicómaco son finalmente un instrumento útil para empezar a comprender dónde debe situarse el número irracional, en relación con las razones calculables mediante leyes de recurrencia" (2018: 162).

20 Τὴν δοθεῖσαν εὐθεῖαν πεπερασμένην ἄκρον καὶ μέσον λόγον τεμεῖν.

21 La forma de obtener *phi* (Φ) o el número áureo a partir de la línea aquí dibujada es la siguiente:

$$\frac{AC+CB}{AC} = \frac{AC}{CB} = \Phi$$

Tenemos ahora una línea con cuatro segmentos: AD, DC, CE y EB, que forman parte de AC y CB, que a su vez componen la línea AB. La primera división —AC y CB— establece el reino de lo visible (ὁρατόν) y el de lo inteligible (νοητόν) respectivamente. Asimismo, debemos dividir verticalmente la línea en superior e inferior; en la parte superior estará la gradación de los objetos conforme a la realidad, y en la de abajo ubicaremos los grados epistemológicos. Conforme a la realidad el conocimiento irá de la oscuridad a la claridad. La sección AD estará llena de imágenes (εἰκόνες); la DC contiene los animales (ζῷς), lo que crece (πᾶν τὸ φυτευτὸν) y las cosas fabricadas por los hombres (σκευαστὸν ὅλον γένος). A nivel cognoscitivo AD es lo equivalente a la conjetura (εἰκασία), mientras que DC es la creencia (πίστις). Toda la sección AC representa lo que es opinable, el reino de la opinión (δόξα).

Tras dejar atrás el reino de lo visible y opinable, cuyo grado de realidad es menor por ser copia de lo que es copiado (τὸ ὁμοιωθὲν πρὸς τὸ ᾧ ὡμοιώθη), Platón explica qué es lo que encontramos en las secciones CE y EB. La primera de las secciones correspondientes al reino de lo inteligible —CE— es donde radica la geometría y artes afines (ταῖς γεωμετρίαις τε καὶ ταῖς ταύτης ἀδελφαῖς τέχναις).[22] En esta sección el alma toma como referencia los objetos de DC para realizar discursos, no sobre los objetos, sino sobre las propiedades geométricas de éstos. Dice Platón que aquí el alma "se ve forzada a indagar a partir de supuestos (ἐξ ὑποθέσεων)"[23] que le permitan llegar a conclusiones. Naturalmente, Platón nota la íntima relación que guarda la matemática con la lógica, porque el pensamiento discursivo (διάνοια), que es el que se obtiene de alcanzar este nivel en la línea es, netamente, el

---

22 Ross (2001: 65) considera enigmática esta expresión —artes afines—, porque no está claro si los objetos matemáticos aquí descritos refieren a las ideas matemáticas —aunque concluirá que así es— o a un tipo de objetos intermedios entre el mundo sensible y el inteligible. Es decir, ¿son los objetos matemáticos, eslabones o ideas? En mi opinión, Platón no está haciendo, en este momento, alusión a las matemáticas como ideas, sino como que éstas permiten pensar el mundo visible sin la corporeidad acercándose, a la vez, a lo *en sí*. Precisamente, este es el problema que anota Montserrat (1995: 135) en esta alegoría, no tanto el apuntado por Ross, es decir, que Platón pasa de un análisis ontológico en las secciones AC a un análisis gnoseológico en CB.

23 *Rep.* VI, 510b6. Sobre el uso de la hipótesis en Platón refiero a Cornford (1932a). Gómez Robledo (2000: CLXIV n. 35) especifica que hipótesis no debe entenderse en este pasaje como aquello que, no verificado aún por la experiencia, lo aceptamos provisionalmente como algo que puede hacernos avanzar en la investigación científica. Para Platón, la ὑπόθεσις significa escalón, peldaño o trampolín, es decir, aquello que, aún verificado rigurosamente, como las proposiciones matemáticas, todavía remite a algo superior a ella misma: la idea.

pensamiento lógico.[24] La última sección de la línea, la EB, es la correspondiente a las Ideas (ἰδέας),[25] alcanzando un principio no supuesto, partiendo de un supuesto sin necesidad de imágenes, realizando el camino con las Ideas mismas y por medio de ellas. La captación de las Ideas brinda el máximo grado de conocimiento, el dialéctico, que consiste en la adquisición de la inteligencia (νόησις) en su máximo grado. Epistemológicamente, la sección CB representa el conocimiento científico (ἐπιστήμη).

Reconstruyendo la línea con los elementos analizados tenemos lo siguiente:

Se representa a continuación el esquema geométrico de la verdad y la falsedad:

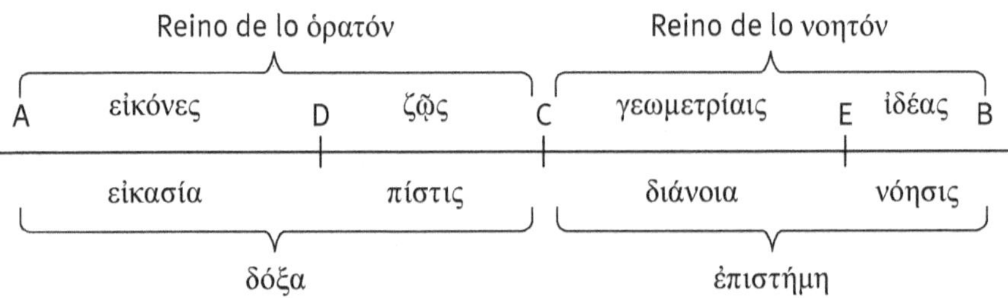

del conocimiento y de la creencia. Como es posible notar, el reino de lo visible, donde reina la opinión y lo que nada nunca es pues siempre se genera es proporcionalmente mayor al reino de lo inteligible, donde está lo que siempre es pues nunca llega a ser. El conocimiento será posible en CB y, específicamente, en EB. En primera instancia, lo que percibimos es que la νόησις

---

24   El desarrollo pedagógico que decreta Platón para el estudio de las matemáticas que elabora en el libro VII de República lo trabajaré en el siguiente capítulo.

25   Utilizaré Ideas cuando me refiera a las realidades de las que habla Platón, es decir, a estos predicados morales y matemáticos que sirven como modelos para la realidad. En cambio, usaré ideas cuando hable del sustantivo común e idea cuando lo haga en singular. Para una discusión bien llevada sobre el proceso y el significado de la línea en cada uno de sus segmentos, es indispensable recurrir al artículo de Cornford (1932a) y al libro de Ross (2001). Ambos autores exploran, particularmente, la distinción que busca establecer Platón entre διάνοια y νόησις. Tanto en la alegoría de la línea, como en el proceso para el desarrollo dialéctico (*Rep.*, VII, 531d-535a) Platón quiere dejar claras las diferencias entre uno y otro, si bien en su obra suele utilizar estos términos, junto con λογισμός, como sinónimos para inteligencia o pensamiento abstracto.

ocupa la parte proporcional más pequeña de este esquema. Tanto la realidad más pura —las Ideas— como su captación está reducida al último tramo de la línea. Si es cierto lo que concluye Platón al final de esta alegoría, i.e., que cuanto más participemos de la verdad (ἐστιν ἀληθείας μετέχει), tanto mayor será la claridad (σαφηνείας ἡγησάμενος μετέχειν),[26] entonces parece que hay pocas posibilidades de claridad y cuando se alcance la verdad a través de la νόησις, entonces será poca cosa. La trampa está en que esto lo estamos midiendo desde el reino de lo ὁρατόν y no de lo νοητόν, que es donde hallamos la verdad y el conocimiento. La opinión, propia del primer reino, hace que veamos sombras (τὰς σκιάς), confundiendo lo que es con lo que parece ser, introduciendo al intelecto humano en la parte fenoménica de la realidad donde predomina la apariencia (φαντασία). Como lo advierte Platón en esta alegoría, el riesgo de permanecer en el reino de lo visible es que nuestro estado cognitivo será el de la conjetura o, en el mejor de los casos, el de la creencia. Tal como está sucediendo ahora.

Es cierto que el espacio que ocupa lo inteligible es menor que el de lo sensible, y el de la νόησις, aún menor. Sin embargo, no es un tema de geometría espacial lo que está aquí implicado, sino de geometría epistémica.[27] Ser capaz de inteligencia dialéctica genera una claridad sobre la realidad que invierte el orden proporcional de la línea, pues por medio de la dialéctica el filósofo es capaz de pensar sin hipótesis, al conocer los principios.[28] Definitivamente es más compleja la νόησις que la εἰκασία, pero una vez que se logra la νόησις se ilumina el resto de la realidad dejando a la oscuridad en una proporción pequeña. Considero que Platón sugiere esto al señalar que a mayor verdad mayor claridad. El alma, en posesión de la νόησις, ha girado su

---

26 Cf. *Rep.* VI, 511e3.

27 En *Rep.* VII, 517b6-c5 encuentro una referencia a lo que estoy proponiendo aquí. Cito el pasaje completo: "Dios sabe si esto es realmente cierto; en todo caso, lo que a mí me parece es que lo que dentro de lo cognoscible se ve al final, y con dificultad, es la Idea del Bien. Una vez percibida, ha de concluirse que es la causa de todas las cosas rectas y bellas, que en el ámbito visible ha engendrado la luz y al señor de ésta, y que en el ámbito inteligible es señora y productora de la verdad y de la inteligencia, y que es necesario tenerla en vista para poder obrar con sabiduría tanto en lo privado como en lo público". La tercera alegoría, la de la caverna, aporta las claves finales para comprender la ascensión completa del alma hacia el conocimiento del bien.

28 Cf. *Rep.*, VII, 533b-d. Pienso otra vez en la Escuela de Tubinga y la relación entre el bien y los principios.

comprensión del reino visible gracias a la claridad que ahora tiene. Aquello que en apariencia lucía más pequeño es lo más realmente determinante, al grado que sin esto el resto del saber pierde todo sentido. Dada su importancia ontológica en este proceso epistemológico, la geometría epistémica invierte —gira— las proporciones anteriormente descritas en la línea.

Fenoménicamente hablando, la νόησις y las ἰδέαι ocupan el espacio más pequeño, pero epistemológicamente hablando son lo más, la razón por la que es posible hablar de imágenes, cosas y matemáticas. Los animales, los árboles y las imágenes que otrora sólo producían conjeturas y creencias pueden ahora ser fuente de verdad. Esto no por las cosas en sí, sino por haber sido descubierta la raíz de su existencia. Cuando se logra entender sin necesidad de ver se ha alcanzado el máximo grado de conocimiento posible. La ascensión hacia las Ideas otorga la capacidad para ver y distinguir las semejanzas de las desemejanzas, pudiendo así separar la falsedad de la verdad. Al hacerlo el mundo se clarifica. La oscuridad se difumina cediendo ante la estruendosa fuerza de la luz. La proporción se invierte en la línea. Reproduzco las palabras de Platón a propósito de este ejercicio después de la normativa pedagógica desarrollada en el libro VII de *República*: "Entonces estaremos satisfechos, como antes, con llamar a la primera parte 'ciencia', a la segunda 'pensamiento discursivo', a la tercera 'creencia' y a la cuarta 'conjetura', y a estas dos últimas en conjunto, 'opinión', mientras que a las dos primeras en conjunto 'inteligencia', la opinión referida al devenir y la inteligencia a la esencia".[29]

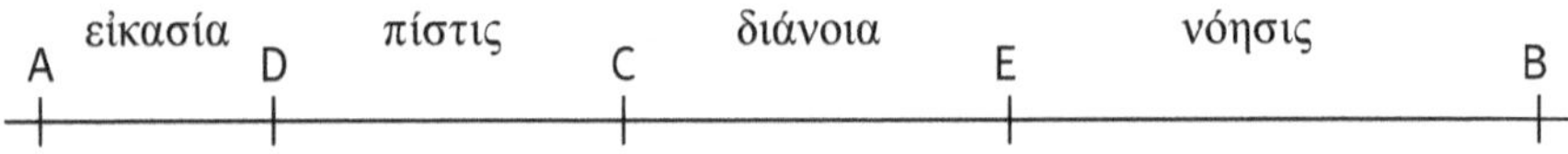

---

29   *Rep.*, VII, 533e7-534a5: Ἀρκέσει οὖν, ἦν δ' ἐγώ, ὥσπερ τὸ πρότερον, τὴν μὲν πρώτην μοῖραν ἐπιστήμην καλεῖν, δευτέραν δὲ διάνοιαν, τρίτην δὲ πίστιν καὶ εἰκασίαν τετάρτην· καὶ συναμφότερα μὲν ταῦτα δόξαν, συναμφότερα δ' ἐκεῖνα νόησιν· καὶ δόξαν μὲν περὶ γένεσιν, νόησιν δὲ περὶ οὐσίαν. Debe mencionarse el cambio conceptual que aquí utiliza Platón, pues mientras en la narración de la alegoría de la línea emplea la palabra νόησις para referirse a la primera parte, aquí utiliza ἐπιστήμη, como si hubiera invertido lo que en su conjunto son y lo que realmente corresponde a la primera parte.

Terminada la alegoría de la línea concluye el sexto libro e inicia el séptimo con la alegoría de la caverna. Probablemente la alegoría más famosa de Platón, y con ésta concluye la trilogía que inició con el Sol y el bien. Uno de los estudios más profundos sobre la alegoría de la caverna se lo debemos a Heidegger (2007), quien disecciona esta alegoría partiendo de lo que significa el vocablo verdad en griego (ἀλήθεια). Esta alegoría retoma las dos anteriores y amplía el campo explicativo del proceso del alma en busca del conocimiento. Eggers Lan (2010: 66) considera que la caverna es principalmente un relato ético-político o pedagógico-político, aunque reconoce los elementos metafísicos y epistemológicos presentes. La caverna, de hecho, muestra el ascenso del alma desde el estado epistemológico más primitivo hasta la contemplación de las ideas. Es claro que hay elementos nuevos en esta alegoría, como los esclavos, los titiriteros y los reflejos en el agua, pero también se repiten las sombras, el Sol, las ideas y el bien.

La alegoría de la caverna la trabajaré hacia el final de este mismo capítulo; ahora me interesa plantear la dirección del mismo. Como se vio en el análisis de las dos alegorías presentadas —la del Sol y la de la Línea—, la máxima manifestación metafísica en Platón es el bien, que es lo que tiene mayor valor.[30] Él es la razón de la inteligibilidad de la realidad; ilumina teleológicamente a las cosas para que puedan ser anheladas y captadas. Es la idea madre. A partir de estos postulados surge la pregunta por el mal. Si, como expuse al inicio de este capítulo, el demiurgo es naturalmente bueno y por eso hace todo imprimiendo bondad en las cosas, ¿por qué existe el mal? ¿Cómo es posible que si el bien es la idea rectora de la realidad haya maldad? Si existe la Idea del Bien, ¿también existe la Idea del Mal? ¿Será posible la existencia de una idea opuesta a la del bien? Si fuera así, además del demiurgo de naturaleza buena, ¿también existe un demiurgo de naturaleza mala que imprime el mal en los seres de la realidad?

---

30 A lo largo de la obra de Platón hay una referencia constante a buscar las cosas τιμιώτερα, de mayor valor. En *Político, República, Fedón, Fedro, Timeo* y *Menón* se menciona la importancia de estudiar las cosas "de mayor valor" haciendo a un lado las que no lo son. Para un desarrollo novedoso sobre el tema remito a Szlezák (1991: 78-83).

1.2. El alma perversa

Siguiendo a Wood (2009: 349)[31] me preguntaré si Platón admite un ἀρχὴ κακοῦ. Es decir, ¿existe para Platón una fuente originaria del mal? ¿Son varias? Si se busca un principio del mal, se está buscando un origen metafísico que explique el mal.[32] Pero, ¿sería esto congruente con la Idea del Bien y la cosmogonía platónica? En *Leyes* (X, 896d y ss.) Platón se pregunta por la posibilidad de un alma malvada. Partiendo de la definición del alma como aquello que se mueve a sí mismo,[33] con la consecuencia de que todo lo que se mueve a sí mismo también es causa del movimiento de otros, si el alma es anterior al cuerpo, entonces debe ser su rectora. Si el cuerpo fue movido por el alma, entonces las propiedades que el cuerpo posee se las debe al alma. De allí concluye Platón que el alma debe ser, entonces, la causa de los bienes y de los males, de lo bello como de lo feo, de lo justo y lo injusto. Sin embargo, bajo el principio sentado en *Fedón* (104d y ss.) y en *República* (IV, 436b),[34] que establece que un objeto X que naturalmente causa Y jamás podría ser causa de lo opuesto que causa, es decir, en este caso, ~Y,[35] entonces si el alma es causa de los bienes,

---

31 En un artículo escrito años antes Meldrum (1950) se hacía la misma pregunta tomando en cuenta, específicamente, dos diálogos: *Timeo* y *Leyes*. En *Timeo*, como ya está dicho en este capítulo, el bien es intrínseco a la naturaleza del demiurgo, por lo que toda realidad creada por él es buena. En *Leyes* (X, 896d y ss.), en cambio, Platón plantea la posibilidad de que exista un alma malvada. Al final, Meldrum (1950: 74) concluye, me parece precipitadamente, que no es posible hablar de una teología platónica que aporte luces sobre el problema del mal en Platón. Para confrontar dicho artículo recomiendo, además del de Wood (2009), el de Carone (1994: 290), quien recorre el pasaje de *Leyes* aquí mencionado para mostrar que el alma malvada allí propuesta no es el alma cósmica de *Timeo*, sino un alma humana, responsable de los males parciales que vemos en el mundo. Mi análisis irá en este sentido. Por último, es necesario acudir al artículo de Santa Cruz (2002), quien encuentra una relación entre el alma perversa de *Leyes* X y el mito cosmológico de *Político*, donde halla, junto con *Timeo*, respuestas al problema de *Leyes*.

32 Como apunta Carone (1994: 296 n. 44), el problema del mal en general en la filosofía de Platón es uno de los temas más difíciles de tratar. Cherniss (1954: 23) así lo determina y llama la atención sobre el hecho de que no se ha prestado la suficiente atención al tema del mal, y sus fuentes, en Platón, algo que pretendo remediar en este trabajo.

33 Cf. *Lg.*, X, 895a y ss.

34 Estoy hablando del principio de no contradicción (PNC), uno de los cuatro principios lógicos necesarios para toda deducción.

35 "No sólo ocurre que lo contrario no admite lo contrario, sino también que aquello que aporta una determinación contraria a algo sobre lo cual avanza jamás acoge la determinación contraria a la que aporta" (*Fd.*, 105a2-5).

no podría ser, simultáneamente, causa de los males. De modo que es necesario sugerir una nueva causa de los males. Dado que el alma conduce todo lo que se encuentra en el cielo, la tierra y el mar debe haber un alma que sea la fuente del mal.[36]

Siendo fiel a los principios anteriormente enunciados, y que trabajaré con mayor detalle en el capítulo 3, la exposición del principio es la siguiente: algo no puede ser y no ser simultáneamente sobre lo mismo. De modo que la misma alma que causa el bien no puede ser la misma que causa el mal, pero debe haber algo que cause el mal. Según el razonamiento anterior, el alma es causa de todas las cosas. Por lo tanto, debe haber dos almas, una que cause los bienes y otra que cause los males. En *Timeo* se desarrolló el concepto del alma del mundo (AM). Como el alma es anterior al cuerpo, el mundo debe tener un alma que lo rija. El alma del mundo presentada en *Timeo* es cósmica y naturalmente buena. Pero según lo expresado en *Leyes* también debe haber un alma perversa (X, 897d1) a la que podamos apelar sobre el origen de los males. Así, al parecer, el ἀρχὴ κακοῦ que había originado este apartado sería el alma. ¿De qué alma se está hablando en *Leyes*?

Es importante mencionar cuál es el contexto en que se inserta la idea de que hay un alma perversa. En el décimo libro de *Leyes* Platón pretende probar tres cosas: 1) que los dioses existen (887c y ss.), 2) que se interesan por los asuntos humanos (899d y ss.) y 3) que no pueden ser sobornados por sacrificios o rezos (905d y ss.).[37] Para contraargumentar al ateísmo, Platón necesita establecer la primacía del alma sobre el cuerpo.[38] Por ello recurre al argumento de la automoción del alma, que inicia desde 856a. Alma es aquello que puede

---

36 Cf. *Lg.* X, 896e.

37 Lo apunta muy bien Szlezák (1991: 87-88) cuando entiende que el propósito del libro X de *Leyes* es brindar argumentos para dar a conocer a los atenienses la ley que deben cumplir, para lo cual crea un diálogo imaginario con los ateos y apela a todo lo necesario para sostener que el Todo es conducido por los dioses y así establecer el marco de su legislación.

38 Como bien advierte Carone (1994: 276), la necesidad que Platón tiene de probar la superioridad del alma con respecto del cuerpo es debido a que tiene que fundamentar el estatuto cósmico teleológico del alma para poder probar la existencia de Dios. Es importante recordar que en este libro de *Leyes* la intención de Platón es, como ya fue dicho en el cuerpo de la tesis, el de atacar el ateísmo reinante en la Atenas del siglo V a.C. gracias a las teorías materialistas surgidas de los atomistas. Brisson (1994: 449 y ss.) remite al artículo de Cherniss (1954) aquí citado cuando analiza el problema del bien y del mal en Platón.

moverse por sí misma (ἑαυτὸ κινεῖν).[39] Esto hace que el alma sea la causa del cambio y del movimiento (μεταβολῆς τε καὶ κινήσεως ἁπάσης αἰτία). De aquí se ve que el alma surgió antes del cuerpo, que es posterior, y que el alma es quien gobierna al cuerpo. El argumento, que llamaré el argumento de la soberanía del alma (ASA), queda estructurado de la siguiente manera:[40]

1. De las cosas que hay en el universo, unas están en movimiento y otras en reposo.
2. De las que están en movimiento, o se movieron por algo o se movieron a sí mismas.
3. Si se movieron a sí mismas, entonces son causa del movimiento de las demás cosas.
4. El alma se mueve a sí misma y es causa del movimiento del cuerpo, que no puede moverse a sí mismo.
5. Lo que mueve a otro es dueño de lo que mueve.
6. De 4 y 5 se sigue que el alma es dueña del cuerpo.
7. Si el alma es dueña del cuerpo es causa de todo lo que le sucede al cuerpo.
8. Si el cuerpo padece males como la enfermedad no es por el cuerpo sino por el agente que lo mueve, i.e., el alma.[41]
9. Por lo tanto, de 7 y 8 se concluye que el alma es la causa de los males del cuerpo.

Si el cuerpo es segundo en generación y movimiento, entonces todo lo relativo al cuerpo, como los temperamentos (τρόποι), los caracteres (ἤθη), las voliciones (βουλήσεις), los razonamientos (λογισμοὶ), las opiniones verdaderas (δόξαι ἀληθεῖς) y las diligencias (ἐπιμέλειαί) surgieron antes de la extensión (μήκους), amplitud (πλάτους), profundidad (βάθους) y fuerza de los cuerpos (ῥώμης). Debido a que el alma es anterior al cuerpo, todo lo anterior

---

39 896a3-4.

40 La reconstrucción de este argumento comprende el pasaje de *Leyes*, X (896a-d).

41 En *Timeo*, como se verá más adelante en este capítulo, Platón menciona lo contrario, pues en 86d5-e2 escribe que lo que enferma al alma es el cuerpo o una mala educación.

debe surgir como consecuencia del alma. La concesión de esta premisa obliga a aceptar que el alma es la causa de todo lo que surge como consecuencia del cuerpo, es decir, del temperamento, de la volición y del razonamiento, entre los enumerados. Si el alma es quien gobierna y habita en todos los cuerpos que se mueven, entonces el alma debe ser la causa de todo. La conclusión es que el alma es la causa tanto de los bienes como de los males que se producen en el cielo, la tierra y el mar.[42]

Platón se percata de que asignarle al alma la causa de los movimientos de las cosas sensibles lo obliga a concluir que el alma es causa no sólo de los bienes, sino también de los males. Porque si el alma es anterior al cuerpo y principio de su llegar a estar vivo, entonces cómo podríamos explicar el mal, la ignorancia y todos lo relacionado con este tema si no es por el alma. Dado que algo no puede causar simultáneamente una cosa y su contrario, entonces debe haber dos tipos de almas: la que causa el bien y la que causa el mal. El alma buena será la responsable del bien, la belleza, la justicia y todas las cosas de esa índole, mientras que el alma mala lo será del mal, la fealdad, la injusticia y todas las cosas afines. ¿Esto significaría que en una misma cosa hay dos almas, la buena y la mala? ¿Cómo podrían cohabitar ambas almas en una misma cosa?

De hecho, en *Timeo* (89e y ss.) ya había sugerido Platón una idea muy similar. Allí propone la existencia de un alma inmortal —la depositada en la cabeza, que es la parte esférica del cuerpo— y dos almas mortales —depositadas en el tronco y el vientre simultáneamente— que coexisten en el cuerpo humano. Unidas mediante pequeños ligamentos, estas almas han de habitar el cuerpo humano y, como Platón ha sostenido en toda su obra, la parte racional, i.e., el alma inmortal, será la encargada de gobernar y dirigir a las otras dos almas mortales, ya que éstas carecen de capacidad discursiva. En *Leyes* no profundiza particularmente en esto, es decir, no aclara si un alma corresponde a una parte del cuerpo y otra, a otra. Sin embargo, logra el cometido propuesto, a saber, evitar pensar que Dios es malo y el consecuente ateísmo que esta creencia provoca. Es el alma, hasta ahora, lo que es causa del mal, y

---

42   Cf. *Lg.* X, 896d-897a.

particularmente, el alma humana, pero jamás la divinidad o el alma del mundo (Cf. *Tim.*, 34b10 y ss.). Así establece que la causa del mal es algo humano (Cf. *Lg.* X, 903d), aunque no sólo humano. El mundo natural tiene otra causa para el mal: los excesos (πλεονεκτοῦσιν) producen enfermedad (νόσημα) en los cuerpos, plaga (λοιμόν) en las estaciones e injusticia (ἀδικίαν) en las ciudades (Cf. *Lg.* X, 906c y ss.). Todas son faltas (ἁμάρτημα) producto de la carencia de gobierno sobre determinados temas. Pareciera que Platón acepta la condición natural del mal en el mundo como algo inevitable.

La noción de πλεονεκτοῦσιν difiere claramente de la de τὸν αὐτὸν λόγον vista páginas antes. Algo que se excede no está proporcionado y por eso en este diálogo vuelve a recurrir al bien como lo proporcionado y lo malo como lo carente de proporción. Todo exceso necesariamente produce desproporción y, con ella, algún mal. El alma malvada sugerida en este libro de *Leyes* apunta en la misma dirección. Mientras el alma buena lo será porque es proporcionada, y esto gracias a su condición de racional, el alma malvada es mala debido a los excesos que se permite, y esto gracias a su falta de racionalidad. Porque la razón ordena y gobierna a lo que por naturaleza no tiene capacidad de gobierno u orden, sino que debe obedecer y ser gobernado.[43] Esta alma malvada estaría vinculada directamente al alma mortal mencionada en *Timeo*. De modo que, aunque es un alma o, mejor dicho, un tipo de alma, no es el alma cuyo carácter ontológico la hace ser principio vivificante y homogéneo con la divinidad.

Más adelante, en *Leyes* (X, 904b8-c2), reflexiona nuevamente sobre el bien y el mal. Entendiendo que la virtud y el vicio conviven constantemente en el universo, se pregunta por el lugar donde habría de colocar a cada una de las partes del universo para que la virtud se imponga al vicio. Escribe Platón que el creador "dejó a los actos de voluntad de cada uno de nosotros las causas del llegar a ser de una cierta forma".[44] De modo que lo que lleguemos a ser no es a causa de algún tipo de alma, sino de acuerdo con el uso que

---

43   Wood (2009: 381) sugiere algo muy similar en su artículo al exponer que esta falta de proporción o de orden está vinculada con la poca o nula participación de la mente, así como con el movimiento desordenado de *Timeo* y *Político*.

44   τῆς δὲ γενέσεως τοῦ ποίου τινὸς ἀφῆκε ταῖς βουλήσεσιν ἑκάστων ἡμῶν τὰς αἰτίας.

hagamos de nuestra βούλησις. Asienta, así, el bien y el mal en la voluntad. Una persona virtuosa se asemejará más a las almas buenas, mientras que la viciosa lo hará hacia las almas malas. No porque las almas de suyo sean buenas o malas, como sugería en otro momento en el mismo libro de *Leyes*, sino por la decisión de dirigir —llegar a ser— hacia la virtud o hacia el vicio.

La necesidad de salvar a Dios de ser productor de los males está resuelta. Al mismo tiempo, como no podía determinar a lo que no causa nada como el causante de los males, es decir, al cuerpo, debe sugerir que realmente la causa del mal es el alma, un alma malvada. Hay que poner atención, sin embargo, a la noción de causa que está siendo utilizada aquí. Dos son los diálogos en los que Platón aborda el tema de los tipos de causas: *Político* y *Timeo*.

En *Timeo* se establece que el dios creó el mundo y que la causa del mismo no puede ser, como algunos creen, los elementos. La distinción aquí realizada encuentra su origen en *Fedón* (99b) cuando Sócrates ataca las cosmologías mecanicistas de su época, específicamente la de Anaxágoras. Sólo puede ser causa de algo aquello dotado de inteligencia (*Tim.*, 46d), y la única cosa en el universo con esa característica es el alma, por lo que la causa de todas las cosas es el alma. Todo lo demás será conocido como concausa (συναίτια) o causa auxiliar. La analogía en *Político* (281d-282d) es con el arte de tejer. En ese pasaje Platón distingue entre quienes suministran los materiales para tejer, i.e., los proveedores, y quienes tejen, i.e., los artesanos. Los segundos son la verdadera causa del tejido, mientras que los otros, concausas.

¿Cuál es el sentido de causa que Platón le está otorgando al alma malvada de *Leyes* X? ¿El de causa o el de concausa? ¿Es el alma malvada causa o concausa de los males de la persona? De acuerdo con el Argumento de la soberanía mostrado páginas arriba, el alma es causa del movimiento del cuerpo y, consecuentemente, de todo lo que surge como propio del cuerpo. Aunque la primacía del alma sobre el cuerpo luce evidente, no luce así que el alma sea causa también de las afecciones del cuerpo. Si, por ejemplo, lanzo una pelota de beisbol con la intención de que llegue al guante de mi compañero, pero en el trayecto se atraviesa un ave, misma que es golpeada por la pelota y muere a causa del golpe, ¿cuál fue la causa de la muerte del ave?

Hasta el momento, parecería la pelota. Pero la pelota no tiene por sí misma la capacidad de moverse; menos puede desear golpear a un ave. También podría adjudicar como causa de la muerte del ave al productor de las pelotas de beisbol, pues si no las hubiera hecho, ninguna pelota habría impactado en ave alguna matándola. Pero quien fabricó la pelota tampoco es la causa de la muerte del ave, pues al fabricarla no pretendía que sirviera como arma para matar aves. La función de la pelota es que pueda utilizarse como parte del entrenamiento y juego de beisbol. Por lo tanto, la causa verdadera de la muerte del ave fui yo al lanzarla. Todas las demás causas analizadas son auxiliares. ¿Tenía yo la intención de golpear a un ave y matarla al lanzar la pelota? No, sin embargo, al haberla lanzado yo, soy la causa por la cual esa ave murió y ninguna otra.

Pareciera que es el caso de imprimir en el alma la causalidad no sólo del movimiento del cuerpo, sino de todo lo que surge a partir del cuerpo. Por otro lado, en 906a7-b1 señala que "la injusticia (ἀδικία) y la insolencia (ὕβρις) con locura (ἀφροσύνης) nos corrompen (φθείρει), mientras que la justicia (δικαιοσύνη) y la templanza (σωφροσύνη) con inteligencia (φρονήσεως) nos salvan (σῴζει)".[45] La tarea ahora es encontrar la razón por la cual hay injusticia, insolencia y locura en la persona, pues nuevamente el argumento de la soberanía se impone. Si el alma es el origen del movimiento del cuerpo, luego la injusticia no es del cuerpo, sino del alma, al igual que la insolencia y la locura. ¿Cómo es posible que el alma albergue injusticia, insolencia y locura? Nuevamente, la respuesta a esta pregunta la encuentro en *Timeo* (86a1 y ss.).

Distingue, por un lado, los males del cuerpo y, por el otro, los del alma. Los males del cuerpo, también llamados enfermedades, tienen que ver con el exceso —de fuego, aire, agua y tierra—. Las enfermedades del alma (νόσον) que son consecuencia del cuerpo son la demencia (ἄνοιαν), que se divide en locura (μανίαν) e ignorancia (ἀμαθίαν). Líneas adelante afirmará que "el malo se hace malo a causa de alguna disposición defectuosa del

---

45   La traducción es mía.

cuerpo o por una crianza no adecuada (ἀπαίδευτον τροφὴν)".[46] En este pasaje no es el alma la causante de los males, sino a) el cuerpo y b) una mala educación.[47] ¿Es posible trasladar la explicación de *Timeo* al pasaje de *Leyes* que se ha estado analizando? Siguiendo la interpretación interdialógica de la obra de Platón, es totalmente válido hacerlo.[48] No parece haber ningún tipo de indicio que apunte en una dirección contraria sobre lo que Platón pensaba respecto del alma en *Leyes* como distinto a lo que ya había desarrollado. Como he señalado, la intención de Platón en *Leyes* X es atacar los problemas de ateísmo presentes en la Atenas de sus últimos años de vida. Brisson (1994: 452) reafirma lo mencionado en *Timeo* al decretar que "en efecto, el hombre no es responsable del mal". Si el hombre no es la causa del mal, entonces, ¿qué lo es?

"Todo lo que es bueno es bello y lo bello no es desproporcionado (ἄμετρον)".[49] La equivalencia bueno-bello es recurrente en el pensamiento griego como se verá en el último capítulo de este libro. Basta por el momento recordar que la máxima de la nobleza griega era ser un καλοκἀγαθός. Quien es bueno es bello y quien es bello es bueno, y lo bello es lo que tiene

---

46   *Tim.*, 86d7-e3: κακὸς μὲν γὰρ ἑκὼν οὐδείς, διὰ δὲ πονηρὰν ἕξιν τινὰ τοῦ σώματος καὶ ἀπαίδευτον τροφὴν ὁ κακὸς γίγνεται κακός, παντὶ δὲ ταῦτα ἐχθρὰ καὶ ἄκοντι προσγίγνεται. Algo semejante afirma en *Rep.* IV cuando señala que el alma se corrompe por una mala instrucción (441a).

47   El último capítulo de este libro está dedicado al análisis de la *paideia* griega y, específicamente, a la propuesta pedagógica que ofrece Platón para prevenir o curar los males.

48   Sobre este tema Cf. lo dicho por Gerson (2013: 73 y ss.), quien sostiene que existe una evolución en el pensamiento de Platón a lo largo de su obra, pero que ésta debe leerse considerando todos los diálogos, como si se tratara de un rompecabezas que va dejando pistas que posteriormente permiten construir o resolver alguna temática tratada. Sayre (2002: 12), por ejemplo, apoya esta misma postura partiendo de un pasaje de la *Carta VII* (341c7): "Desde luego, no hay ni habrá nunca una obra mía que trate estos temas [primeros principios]; no se pueden, en efecto, precisar como se hace con otras ciencias, sino que después de *una larga convivencia con el problema* y *después de haber intimado con él*, de repente, como la luz que salta de la chispa, surge la verdad en el alma y crece ya espontáneamente" (los corchetes y *cursivas* son míos). También quiero mencionar la lectura de Szlezák (1991: 33-35) a propósito del mismo tema, quien considera que es necesario tomar en cuenta la crítica a la escritura vertida en *Fedro* para comprender que los diálogos remiten a otros diálogos, haciendo hincapié en que Platón no está escribiendo para los ilustrados o los posmodernos, por lo que su vehículo de comunicación filosófica fueron los diálogos. Por último, no puedo dejar de mencionar las propias referencias a otros diálogos que los mismos diálogos tienen entre sí. Por ejemplo, las citas de *Sofista* en *Político* (284b y 286b), o las menciones a *Parménides* en *Teeteto* 183e y en *Sofista* 217c, o la recapitulación que en *Timeo* se hace de *República*.

49   *Tim.*, 87c4-5: πᾶν δὴ τὸ ἀγαθὸν καλόν, τὸ δὲ καλὸν οὐκ ἄμετρον.

proporción (σύμμετρον). Por lo tanto, apelando al bicondicional, lo bueno tiene que ser proporcionado. De este modo, la tesis del alma perversa parece haber sido sólo un ejercicio dialéctico de Platón para probar la supremacía de la bondad sobre la maldad y que ningún dios jamás podría albergar maldad, pues dejaría de ser dios.[50] El mal, pues, no es consecuencia de un tipo de alma, sino de la falta de proporción entre el cuerpo y el alma, es decir, una ausencia de armonía.[51] La justicia es geometría en el alma.

> El matemático o cualquiera que ejerza intensamente alguna otra actividad intelectual debe conceder a su cuerpo el debido movimiento y ocuparse de practicar la gimnasia; el que cuidadosamente modela su cuerpo debe, en cambio, compensar esto con los movimientos del alma, cultivando la música y la filosofía toda, si ha de ser llamado con justicia y rectitud bello y a la vez bueno.[52]

Son tres las maneras de lograr la armonía entre el alma y el cuerpo: la gimnasia (γυμνασία), la música (μουσική) y la filosofía (φιλοσοφία). Pero no sólo hay que velar por la unión y la proporción correspondiente entre el cuerpo y el alma, también es importante saber de qué manera el alma puede, ella misma, estar en armonía. Recordemos que en *Timeo* Platón consideró que en el hombre habitan no una —como en *Fedón*— sino tres tipos de alma en tres espacios del cuerpo, cada una con sus movimientos propios.[53] Lo fundamental es entender cuáles son los movimientos propios de cada parte para que no los abandone y mantenga "movimientos recíprocamente proporcionales".[54]

---

50   Es la misma conclusión a la que llega Santa Cruz (2002).

51   Sobre el concepto de armonía en la antigua Grecia véase el segundo capítulo de este libro. También la menciono en el capítulo 3 cuando explico la geometría del alma y, finalmente, en el último capítulo cuando indico en qué sentido el alma puede ser un tipo de armonía.

52   *Tim.*, 88c1-6: τὸν δὴ μαθηματικὸν ἤ τινα ἄλλην σφόδρα μελέτην διανοίᾳ κατεργαζόμενον καὶ τὴν τοῦ σώματος ἀποδοτέον κίνησιν, γυμναστικῇ προσομιλοῦντα, τόν τε αὖ σῶμα ἐπιμελῶς πλάττοντα τὰς τῆς ψυχῆς ἀνταποδοτέον κινήσεις, μουσικῇ καὶ πάσῃ φιλοσοφίᾳ προσχρώμενον, εἰ μέλλει δικαίως τις ἅμα μὲν καλός, ἅμα δὲ ἀγαθὸς ὀρθῶς κεκλῆσθαι.

53   Cf. *Tim.*, 89e.

54   *Tim.*, 90a1-2: τὰς κινήσεις πρὸς ἄλληλα συμμέτρους.

Para lograrlo es necesario que el alma afín a lo divino e inmortal dedique su vida al "amor al conocimiento (φιλομαθίαν)".[55] La armonía interna del alma se logrará, finalmente, cuando sigamos los pensamientos y revoluciones que hay en el universo para que éstos sean los mismos que existan en nuestra alma. Para ello, "cada hombre debe seguir a aquéllos y, mediante la comprensión de las armonías y revoluciones del universo, rectificar las órbitas de la cabeza que fueron dañadas en ocasión de nuestro nacimiento".[56] La armonía total se obtendrá cuando la parte inteligente del alma se asemeje (ὁμοιώσαντα) a lo inteligido, según su naturaleza originaria.

¿Qué hacer con el argumento de la soberanía del alma (ASA) sobre el cuerpo? Tomarlo como lo que es, un argumento que pretende mostrar la superioridad del bien sobre el mal, y de lo divino sobre lo mortal. La tesis del alma malvada abona en el mismo sentido, pues si el alma es anterior al cuerpo y causa del movimiento de éste, entonces el alma es sólo eso. La salida al planteamiento del alma malvada está en fijarnos en el movimiento y la causa. Cuando Platón menciona que el alma es quien mueve al cuerpo y, por lo tanto, es causa tanto de los bienes como de los males del cuerpo apunta hacia el alma como causa de todo. Pero el alma es causa del movimiento del cuerpo, pero no del cuerpo. En *Leyes* X Platón no parece estar considerando las propiedades del cuerpo, determinando en su totalidad las afecciones propias del cuerpo a aquello que inicialmente permitió al cuerpo tener movimiento, i.e., el alma.

Nuevamente, la respuesta está en *Timeo*.[57] En el tercer capítulo retomaré el tema a propósito de la composición del alma del mundo (AM) y la correspondiente creación del alma humana (Ah). Lo que en este momento relataré es el esquema que Platón presenta sobre el AM, que posteriormente compartirá el Ah, sobre su composición. Primeramente, nos relata a grandes rasgos el inicio de la creación. Como el padre y hacedor de este universo, es decir, Dios, es bueno y quien es naturalmente bueno quiere que todo llegue a

---

55   *Tim.*, 90c6.

56   *Tim.*, 90c6-d2: τὰς οἰκείας ἑκάστῳ τροφὰς καὶ κινήσεις ἀποδιδόναι. τῷ δ' ἐν ἡμῖν θείῳ συγγενεῖς εἰσιν κινήσεις αἱ τοῦ παντὸς διανοήσεις καὶ περιφοραί· ταύταις δὴ συνεπόμενον ἕκαστον δεῖ, τὰς περὶ τὴν γένεσιν ἐν τῇ κεφαλῇ.

57   Cf. 28a y ss.

ser lo más parecido a él posible (ἐβουλήθη γενέσθαι παραπλήσια ἑαυτῷ),[58] entonces buscará que el universo sea bueno y bello. Este hacedor "tomó todo cuanto es visible (πᾶν ὅσον ἦν ὁρατὸν)", que poseía un movimiento caótico y desordenado (πλημμελῶς καὶ ἀτάκτως),[59] y lo condujo del desorden hacia el orden (τάξιν). Asimismo, Dios concluyó que entre los seres visibles el más bello es el que posee razón y ésta sólo puede existir en un alma. "Al componer el todo constituyó el intelecto en un alma y el alma en un cuerpo".[60]

Al inicio de la creación, según el pasaje recién visto, estaban a) Dios, b) lo visible que tenía movimientos desordenados y c) lo eterno. Dios puso orden en lo visible, que es el cuerpo, al proporcionarle un alma con razón (τὸν λογισμὸν). Esta es el AM, no el Ah, aunque lo importante es entender el orden de la creación y la composición de los elementos. Escribe más adelante (36e5-37a1): "Así se han generado, por un lado, el cuerpo del universo visible; pero, por el otro, el alma que es invisible y participa de la razón (λογισμοῦ) y de la armonía (ἁρμονίας)". Estas características le permiten al alma ordenar lo que está en desorden. Pero lo que está en desorden no es gracias al alma, como se ha visto hasta aquí, sino a lo visible que tiene una naturaleza desordenada y caótica. Por lo tanto, no es el alma la causa del mal, sino que éste es intrínseco a la naturaleza de lo visible. La tesis de *Leyes* X sobre el alma malvada o perversa queda cancelada a partir del análisis de la cosmología de *Timeo*. Cierro con las palabras de Brisson (1994: 452): "De hecho, el hombre no es responsable del mal como origen de una cadena causal en el campo de la moralidad. El origen de esta cadena causal radica en la desproporción".

---

58 29e3.

59 No deja de ser interesante esta descripción de Platón con la segunda ley de la termodinámica que conduce a la explicación de la irreversibilidad y de la entropía. La entropía, explicada por la mecánica estadística y la teoría de la información, nos dice que es el grado de desorden y de caos que existe en la naturaleza. Con este principio, el de la entropía, comprendemos que el universo está destruyéndose a cada instante y refuerza esta intuición de Platón sobre el comportamiento intrínseco de lo visible.

60 *Tim.*, 30b4-5: διὰ δὴ τὸν λογισμὸν τόνδε νοῦν μὲν ἐν ψυχῇ, ψυχὴν δ' ἐν σώματι συνιστὰς τὸ πᾶν συνετεκταίνετο. En el tercer capítulo retomaré las relaciones entre el alma y el cuerpo que aquí solo estoy esbozando.

1.3. Intelectualismo moral

Una de las tesis más reconocidas de la ética socrática es la siguiente: *nadie obra mal intencionadamente* (οὐδείς ἑκὼν ἁμαρτάνει). Es recurrente en los diálogos de Platón, sea textual o contextual. Entre ellos se encuentra en: *Ap.*, 26a1-4, 37a5-6; *Gorg.*, 467c4-468c8, 488a3, 509d6-e5; *Prot.*, 345d8, 358c8-d3; *Men.*, 77b5-78b5; *Rep.*, IX, 589b7-d3; *Sof.*, 228c6; *Tim.*, 86d6-e2; *Lg.*, V, 731c1-4, 743b2-4, IX, 860d1.

La influencia de Sócrates en Platón es determinante.[61] Muchas de las ideas propuestas por Sócrates, Platón las hace propias y, como es natural, continúa reflexionándolas hasta el final de su vida. Así fue como el que *nadie obra mal intencionadamente* fue una reflexión que acompañó a Platón a lo largo de toda su vida filosófica. Aunque la matizaría en su madurez.

Como ya lo expuse líneas antes, la tesis aparece desde *Apología* hasta *Leyes*, es decir, *nadie obra mal intencionadamente* jamás abandonó a Platón, pero no necesariamente siempre la usó como la exponía su maestro. Esta tesis llegó, incluso en cierto sentido, hasta Aristóteles, quien en *Ética Nicomaquea* (I, 1, 1094a1-2) afirma: "Todo arte y toda investigación e, igualmente, toda acción y libre elección parecen tender a algún bien".[62] Boeri (2007: 145 y ss.) considera que, aunque Aristóteles critica la postura socrática sobre la cognoscibilidad del bien como condición para hacer el bien, realmente Aristóteles no se separa del todo del intelectualismo socrático.

1.3.1. Sócrates

Tomo como socrático el pensamiento dicho por Sócrates en los diálogos platónicos considerados de juventud y de transición, siguiendo la clasificación de Lledó (1997: 51-52).[63] Además, incluiré el primer libro de *República* en esta clasificación, pues, aunque Lledó lo agrega al periodo de madurez de

---

61   Szlezák (1991: 37) le llama el director del coloquio.

62   Πᾶσα τέχνη καὶ πᾶσα μέθοδος, ὁμοίως δὲ πρᾶξίς τε καὶ προαίρεσις, ἀγαθοῦ τινὸς ἐφίεσθαι δοκεῖ.

63   Guthrie (1990: 57, 60) recoge una clasificación similar llamándolos diálogos de primer periodo, periodo medio y último periodo. Es interesante, sin embargo, la clasificación más específica sobre los diálogos escritos a partir de los viajes de Platón a Sicilia.

Platón como un todo, sabemos que a dicho periodo corresponden los libros del segundo al décimo de *República*, mientras que el primero —también conocido como *Trasímaco*— es probable que haya sido escrito alrededor del tiempo de *Critón*.

Quien estudia a Sócrates se familiariza con una terna de tesis pronunciadas por él que desde siempre han sido motivo de debate, reflexión y análisis. Hay muchas famosas, una de ellas es la que afirma que la virtud es conocimiento, y el vicio, ignorancia. Esta famosa tesis se conoce como intelectualismo socrático. Se han hecho caricaturas de esta idea.

Para Sócrates el ser humano jamás actúa buscando el mal. Toda acción humana pretende el bien, por lo menos, el propio. Pero el bien propio puede ser un bien aparente y no real. Al momento de la acción, el sujeto no puede distinguir entre lo uno y lo otro, pues si lo hiciera, modificaría su decisión. Debido a que siempre se busca el bien, el sujeto que actuó y erró lo hizo porque le faltó revisar el estado de su creencia sobre el bien de la acción. Por ello es que la inteligencia debe intervenir en toda decisión, pues es lo único que puede determinar con claridad si el bien es aparente o real.

La incapacidad para distinguir el bien real del bien aparente conduce al mal. Así es como surge la tesis de que nadie obra mal intencionadamente. Quien comete un mal lo hace porque consideraba que estaba haciendo un bien (aunque sea propio). Para Aristóteles hay un problema de incontinencia[64] en este razonamiento, es decir, que no contempla que independientemente del conocimiento del bien se puede actuar sabiendo que se provocará un mal, como cuando se miente, se roba o se mata a alguien. A diferencia de Sócrates, para Aristóteles la incontinencia es un elemento a considerar en la valoración sobre las acciones humanas. La experiencia, a la que apela Aristóteles, es que todos hemos atravesado por situaciones en donde la inteligencia nos muestra una acción como mala y, sin embargo, movidos por el deseo, la ejecutamos. Sócrates, igualmente, argumentaría que la ejecución obedeció a que realmente no se tenía un conocimiento completo de los beneficios y consecuencias de dicha acción, realizándola porque, a pesar de que

---

64   Cf. EN, VII, 2, 1145b25 y ss.

la inteligencia efectivamente mostró un mal, existió algún tipo de duda que llevó a la persona a dicha acción.

En *Apología*, Sócrates delinea el tipo de ignorancia a la que él se refiere cuando dice que el mal es ignorancia. En 21d4-5 comenta tras examinar la sabiduría del político que ese hombre "cree saber algo y no lo sabe". A esta ignorancia la llamo la ignorancia del arrogante (IA) y es la que para Sócrates es responsable de todos los males. Todo error humano nace de la IA. Lo que está en juego no sólo es la sabiduría y su consecuencia social, sino algo aún más fundamental: la felicidad. Sócrates establece con bastante rigor la equivalencia entre bien real y felicidad, y bien aparente e infelicidad. Quien logra entender el bien real alcanza el bien más preciado, mientras que quien parte de un bien aparente, producto de la IA, creerá que es feliz sin serlo. Son varios los pasajes en donde brota esta idea: *Prot.* (354a-d; 356b5-8; 357d1), *Eut.* (278e3-280b6) y *Gorg.* (464d1-465a2). La pregunta que pretende responder Sócrates es: ¿cómo hay que vivir?

Ya en *Critón* (48b4-6) muestra esta reflexión. Cuando el personaje que dona su nombre al título del diálogo intenta persuadir a Sócrates sobre el porqué éste debe aceptar su oferta y escapar de la cárcel, Sócrates le responde con una idea reflexiva: "Pero también examinemos si queda ahora en pie este otro o no: que lo que vale no es el vivir, sino el vivir bien (ὅτι οὐ τὸ ζῆν περὶ πλείστου ποιητέον ἀλλὰ τὸ εὖ ζῆν)".[65] Y ¿qué significa vivir bien? Dos líneas adelante Sócrates aporta la respuesta: vivir honorablemente (καλῶς) y vivir justamente (δικαίως). Dicho de otro modo, ser feliz es posible sólo cuando se vive bien, i.e., se vive honorable y justamente. La justicia es tan radical en la ética de Sócrates que nada puede estar por encima de ella, ni siquiera la vida. Por ello, Sócrates no entiende cómo alguien puede realizar una acción x que sea concebida como mala. Cuando un agente X realiza una acción x lo hará siempre porque considera a x como la mejor opción en ese momento y nunca porque la considere inferior a otra posibilidad como x_1. Dado que

---

65   Es interesante que Aristóteles (*Pol.*, III, 1280a31-32) mencione lo mismo para la *pólis*: "Pero no han formado [los hombres] una comunidad sólo para vivir, sino para vivir bien". El contexto en el que Aristóteles comenta esto es porque está realizando una crítica a las formaciones oligárquicas.

la acción está ligada al vivir bien que, en última instancia, es lo que llamaríamos felicidad, nadie hará una acción que atente contra su propia felicidad.

De modo que si un agente *X* percibe como mala una acción *x* no la ejecutará. Si un agente *X* llega a ejecutar una acción *x* mala será sólo involuntariamente. A ésta se le conoce como la paradoja moral y a la enunciada al inicio de este apartado es la paradoja prudencial (la virtud es conocimiento y quien obra mal o injustamente lo hace involuntariamente).

Para que la paradoja moral sea aceptada es necesario consentir previamente dos equivalencias que Platón utiliza a lo largo de sus diálogos, por lo menos los socráticos. Son los términos ἀγαθά y κακά, que asocia con ὠφελεῖν y βλάπτειν. Para Sócrates todo lo ἀγαθά debe ὠφελεῖν, mientras que todo lo κακά siempre βλάπτειν.[66] Todo lo bueno es útil y todo lo malo, dañino. Sin embargo, la equivalencia bueno=útil y malo=dañino no necesariamente es acogida por todos. En *Menón* (77d2-9, 87e) y en *Gorgias* (467a-b, 468b1-8) Sócrates debe esforzarse por provocar esta equivalencia en el alma del interlocutor. Específicamente en este último diálogo, Polo y Calicles piensan que lo malo es útil.

En *Menón* (77b2-78b2) se desarrolla una discusión entre Menón y Sócrates porque el primero afirma que hay quienes desean las cosas malas sabiendo que son malas, contradiciendo la equivalencia socrática de lo bueno=útil y malo=dañino. Menón parte de la siguiente definición de virtud: desear las cosas bellas y ser capaz de procurárselas. Quienes desean (ἐπιθυμοῦντα) cosas bellas (καλῶν) también desean cosas buenas (ἀγαθῶν). Aunque hay quien desea las cosas malas (κακῶν). Sócrates le pregunta si los que desean las cosas malas lo hacen porque *creen* (οἰόμενοι) que lo malo es bueno o porque *saben* (γιγνώσκοντες) que lo malo es malo. Menón afirma que por ambas. ¿Qué es desear?, se pregunta Sócrates. Es querer hacer suyo (ἤ γενέσθαι αὐτῷ). ¿En qué sentido se desean las cosas malas? ¿Cómo útiles a quien las hace suyas o sabiendo que los males dañan a quienes se le presentan? ¿Sabrán, quienes consideran a tales cosas como útiles, que las cosas malas son malas? Parece que no, pues si no, no las desearían, pues si lo supieran sabrían que las cosas malas dañan y lo que daña no puede ser útil. Quienes desean las cosas malas no

---

66 En este punto sigo el análisis que desarrolla Santas (1982: 183 y ss.) al examinar ambas paradojas.

las desean porque sean malas, pues no las reconocen como tales, sino creyendo que son buenas cuando en realidad son malas. Quienes desean y obtienen las cosas malas creyendo que son buenas reciben un daño y quien es afectado merece lástima (ἀθλίους), además de ser miserable (κακοδαίμονας). Es claro que nadie quiere (βούλεται) merecer lástima o ser miserable. Por lo tanto, nadie quiere (βούλεται) las cosas malas por sí mismas, sino en la medida en que creyó que las cosas malas eran buenas.

Al inicio de este pasaje de *Menón* se debate qué tipo de cosas se desean (ἐπιθυμοῦντα) y se finaliza afirmando el tipo de cosas que se quieren (βούλεται). Platón parece introducir en este momento una precisión entre los apetitos, que naturalmente desean sin saber realmente lo que desean y aquello que quiere cuyo objeto del querer es siempre el bien. Santas (1982: 316 n. 16) sugiere que esta distinción puede entenderse de la siguiente manera: "En ningún caso puede el objeto previsto de un *deseo* ser una cosa mala, pero el objeto real sí puede, y frecuentemente es una cosa mala; mientras que en el caso del *querer*, ni el objetivo ni el objeto real del querer pueden jamás ser una cosa mala".[67] Quien se equivoca es el deseo, no el querer, y deseo y querer a menudo son confundidos como lo mismo, cuando no lo son. Por eso la gente afirma que quieren algo, cuando en realidad desean algo. Líneas antes expuse algunos elementos de la creación del universo narrada en *Timeo* y hay un elemento que merece atención. Cuando Platón explica que Dios crea, dice βουληθεὶς γὰρ ὁ θεὸς ἀγαθὰ μὲν πάντα,[68] es decir: quiere que todas las cosas sean buenas. Dios crea el universo porque quiere (βούλεται), no porque desea (ἐπιθυμοῦντα). Aunque la distancia entre *Menón* y *Timeo* es enorme, no puede pasarse por alto este hecho: Platón tiene claro que Dios quiere, mas no desea y por eso Dios no yerra sobre el bien, como lo visto por Menón sobre que quienes yerran buscando el bien pues hacen lo que hacen porque desean, mas no porque quieren.

Otro punto a destacar de la presente argumentación es que cuando se desea, según se concluye de lo ya dicho, se cree, pero no se sabe. El saber es propio del querer, no del desear. Cuando se trata de la dicha, es claro

---

67 Las cursivas son del autor.

68 *Tim.*, 30a2. En *Timeo* he encontrado tres referencias al movimiento de Dios respecto de la creación y en las tres ocasiones utiliza la misma forma verbal: βούλομαι (29e3, 30a2 y 30d3).

que todos quieren la dicha o felicidad (εὐδαιμονία), pero ésta no se obtiene mediante los deseos de la persona. Quiero ser feliz, pero deseo no ser virtuoso, suele ser una formulación común. Una afirmación como la anterior queda nulificada gracias a lo dicho por el propio Menón y posteriormente confirmado por Sócrates: la virtud es la capacidad de procurarse las cosas buenas.[69]

Me parece curioso que Platón haya utilizado el vocablo κακοδαίμων para mostrarle a Menón que quien desea el mal creyendo que es un bien termina siendo miserable. Opone esta idea con lo que todos deseamos, que es la felicidad: εὐδαιμονία. Nadie desea ser miserable y todos desean ser felices. Como si hubiera un cuestionamiento subtextual, no hacia Menón, sino hacia el lector,[70] sobre qué tipo de δαίμων prefiere que habite en su interior, el κακός o el ἀγαθός. Cuando deseamos creemos, pero no sabemos; mientras que cuando queremos, sabemos lo que queremos. Noto una primera intuición de los grados de conocimiento que posteriormente desarrollará Platón en las alegorías vistas al inicio de este capítulo —particularmente la de la línea—, pero cuya redacción corresponde al periodo de madurez.

La tesis que dicta que la virtud es conocimiento y el vicio ignorancia, queda mostrada con el desarrollo del argumento de Menón. Todos desean ser felices, pero no todos quieren lo que se necesita para ser felices. Las creencias se depositan en el deseo, mientras que el saber en el querer. Así, la virtud se alcanza cuando el querer impone su gobierno sobre el deseo obligando a la creencia a elevarse al grado del saber y abandonando su estado de πίστις y de δόξα. La virtud es conocimiento, pues sólo quien sabe lo que es lo bueno puede hacer lo bueno, mientras que quien cree que algo es bueno, puede, en realidad, estar haciendo algo malo con la apariencia de bueno. Esta última acción es, naturalmente, viciosa, pues está cargada de una falsa opinión, además de que quien vive en ese estado cree que sabe, pero no sabe, que corresponde a lo que Sócrates había definido como ignorancia en *Protágoras* y en *Apología*.

---

69 78b9-c1.

70 Szlezák (1991) considera que en ocasiones Platón interpela al lector y pretende el involucramiento filosófico de éste.

Por otro lado, en *Gorgias*, el tema a debatir es si el tirano es o no la persona más feliz, pues puede hacer lo que quiera. En este diálogo, Sócrates refuta a Polo con la siguiente argumentación.

La tesis inicial de Polo[71] es que "es mejor cometer una injusticia que sufrirla", opuesta a la de Sócrates, quien sostiene que "es mejor sufrir una injusticia que cometerla".[72] Es decir, Polo piensa que cometer un mal es mejor a que te hagan un mal. En este punto Polo está afirmando que lo malo es útil, yendo en contra de la postura de Sócrates. Nuevamente Sócrates le pregunta a Polo, qué considera más feo: cometer una injusticia o sufrirla. En esta ocasión Polo responde que cometerla. De modo que Polo ahora concluye que es más feo lo que es mejor. El argumento puede construirse de la siguiente manera.

1. Polo sostiene que cometer injusticia es mejor que sufrirla.
2. Polo sostiene que cometer injusticia es más feo (αἴσχιον)[73] que sufrirla.
3. 1 y 2 podemos reunirlas en la siguiente proposición: cometer una injusticia es mejor y más feo que sufrirla.
4. Sin embargo, Polo no admite que lo más feo sea lo más malo (κακὸν).
5. Polo, por otro lado, admite que lo bello se define por el placer y por el bien.
6. Tomamos el opuesto de 5 y queda: lo feo se define por el dolor y por el mal.
7. Polo está de acuerdo con la premisa 6.

---

71   El pasaje donde aparece esta discusión entre Polo y Sócrates es *Gorg.*, 474c5-475e6.

72   Es la tesis de fondo que sostiene toda la argumentación de Sócrates en *Critón* para exponer por qué la justicia es superior a la vida, pues no sólo se trata de vivir, sino de vivir bien.

73   Es común que este vocablo se traduzca como *feo* en oposición con καλός que suele traducirse por *bello*. La intuición es correcta, pero para evitar un relativismo estético en una argumentación ética como lo es la que se está llevando a cabo, prefiero traducir αἰσχρός como vergonzoso y καλός como nobleza, aunque por el contexto de la argumentación lo dejaré como tradicionalmente se hace. En el último capítulo dedicaré otro breve espacio a esta discusión.

8. Entre dos cosas bellas, una es más bella porque supera a la otra en placer o en beneficio (ὠφελίαν)[74] o en ambas.

9. Entre dos cosas feas, una es más fea que la otra porque supera en dolor y en mal a las otras.

10. Polo ha afirmado que a) padecer injusticia es más malo y que b) cometer injusticia es más feo.

11. De 9 se concluye que cometer injusticia es más feo que padecerla.

12. Padecer una injusticia es más doloroso que cometerla, de modo que si cometer injusticia es más feo que padecerla, entonces debe ser por lo otro que define a lo feo, a saber, lo malo.

13. Por lo tanto, de 11 y 12 se concluye que cometer injusticia es más malo que padecerla.

14. Por lo tanto, cometer una injusticia es más malo para quien la comete y padecer injusticia es más doloroso para quien la sufre.[75]

Sócrates reconoce que la conclusión no es del consenso público y que la mayoría de los hombres no lograría aceptar que cometer injusticia es más malo que padecerla. Este es una demostración de cómo, mediante la mayéutica, Sócrates lograba exorcizar creencias falsas que atentaban contra la

---

74 Sobre el uso de esta palabra en el contexto de la discusión me remito a Dodds (1959: 249), quien considera que la palabra ὠφέλιμον acoge ambigüedad. Dodds piensa que cuando Polo admite que hacer el mal es menos ὠφέλιμον, tiene en mente a la comunidad, es decir, que hacer el mal es menos beneficioso no para el individuo, sino para los demás. Para Dodds, Platón ha dejado este pasaje en la oscuridad —ambigüedad— con el fin de señalar que ha probado que *es mejor sufrir una injusticia que cometerla*. Es más probable, bajo esta luz, pensar que Platón no tenía un conocimiento suficiente de lo que sucedió en dicho pasaje, pues como Aristóteles muestra a lo largo de *Refutaciones sofísticas*, el desarrollo de la lógica estaba apenas iniciando cuando Platón redactó *Gorgias*. Yo sostengo que Platón buscaba darle una lección de retórica a Polo, Calicles y Gorgias.

75 Para un análisis detallado de este mismo pasaje remito a Santas (1982: 233-238), quien siguiendo a Vlastos reconstruye y analiza la validez lógica de este argumento tomando en cuenta la lógica de predicados. Vlastos (1995a), sin embargo, considera que Sócrates no refutó la postura de Polo y que utilizó una argumentación falaz, pues Sócrates utiliza un término relativo —doloroso— que por ello contiene una cualificación escondida haciendo la refutación relativa. Pakaluk (2005) retoma el tema y muestra que la refutación de Vlastos no fue acertada, pues sí hay forma de conocer dichas cualificaciones escondidas, pues basta releer los ejemplos brindados por Sócrates sobre lo *doloroso* respecto de las cosas innobles que pueden verse, escucharse o contemplarse. No puede dejar de mencionarse el comentario de Dodds (1959: 248-249) al respecto de esta discusión, a la cual él llama dialéctica, sobre la posición que toma Polo y el divorcio entre lo bueno y lo correcto, que conduce inevitablemente o a 1) un nihilismo moral, pues la moral no es sino pura ilusión o a 2) la negación del bien individual.

felicidad del agente en posesión de ellas al mismo tiempo que lograba que dicho agente diera a luz una idea nueva.[76]

Algo similar sucede en el primer libro de *República*, cuando Sócrates debe hacerle ver a Trasímaco que la justicia es preferible a la injusticia. Las equivalencias no son evidentes y es responsabilidad de quien así las interpreta que quien piensa diferente pueda verlo. Al hablar de la posibilidad de la justicia e injusticia entramos en el terreno de la paradoja prudencial. El argumento desarrollado anteriormente combina ambas paradojas, pues pretende asociar el bien con lo provechoso, al mismo tiempo que establece que el bien es justo y puede ser doloroso. Cuando se discute sobre cometer o padecer una injusticia en realidad se está hablando de dos males. Lo que Sócrates logra hacerle ver a Polo es que de entre ambos males, uno es peor que el otro y ése debe evitarse. En el caso visto, el peor mal es el cometer una injusticia, pues te hace moralmente malo, mientras que padecerla es mala porque es dolorosa, pero el sujeto no queda implicado moralmente.

La pregunta se convierte ahora en la siguiente: si la virtud es conocimiento, ¿de qué tipo de conocimiento estamos hablando? ¿Es suficiente conocer lo que es la virtud, por ejemplo, la templanza para ser templados o la prudencia para ser prudentes? Cuando Sócrates afirma que la virtud es conocimiento, ¿se refiere a eso? La evidencia muestra que no. Muchas personas pueden brindar la definición de templanza y ser incapaces de dejar de beber alcohol a tiempo en una reunión o de levantarse a tiempo por la mañana. De modo que no es este tipo de conocimiento al que se refiere Sócrates. Además, cuando se discute este tema se utilizan indistintamente tanto σοφία como ἐπιστήμη o μάθησις. De modo que no hay manera de conocer el sentido al que apelaba Platón en estos diálogos mediante el tipo de vocablo utilizado.

También se podría pensar en que cuando se afirma que la virtud es conocimiento se hace referencia al argumento desarrollado con Menón, en donde se percibe que nadie quiere el mal. Si esto es cierto, el conocimiento aludido aquí es el del bien. Si conozco lo que es bueno para mí, entonces

---

[76] En el cuarto capítulo desarrollo la importancia que tiene la mayéutica en el proceso formativo del alma del hombre que busca alcanzar el bien.

haré el bien y si conozco lo que es malo para mí, entonces evitaré el mal. Nuevamente, la evidencia refuta esta tesis. Basta observar a quien fuma para destronar a las premisas. Quien fuma sabe que el cigarro le hace mal, lo ha leído, visto y hasta experimentado; sin embargo, no lo deja. Es posible afirmar que dicha persona sabe que el cigarro es malo para ella y, no obstante, no lo evita. Esta contradicción fulmina la tesis de que quien conoce el bien y el mal, escoge siempre el bien.

La otra opción para comprender a qué se refiere con *conocimiento* en dicha tesis es pensar en que toda persona desea para sí la felicidad, es decir, un estado de plenitud opuesto a un estado miserable. Este deseo sólo puede lograrse cuando tal persona es capaz de entender que esa meta implica conocer los deseos y las acciones humanas. Lo que significa entender que no toda acción humana conduce al hombre a la felicidad, pues hay algunas que lo conducen hacia la miseria. Nuevamente, el caso del cigarro. Quien fuma lo hace porque aún no es consciente del daño real que tal acción representa para su persona, pues quien fuma viciosamente terminará siendo miserable al padecer alguna enfermedad. Es decir, el fumador alcanza a entender que fumar no le hace bien, pero no alcanza a entender a qué grado está comprometiendo todo lo que él es en ese acto. Esta persona no ha logrado entender que hay deseos, placeres y dolores buenos, así como deseos, placeres y dolores malos. El deseo de fumar, junto con el placer que conlleva es malo (κακόν), mientras que el dolor de aguantarse el deseo de fumar es bueno (ἀγαθόν). En la base del intelectualismo socrático está una teoría de la motivación que consiste en entender qué deseos son los que nos mueven a realizar determinada acción y de qué manera dicha acción afecta o no el deseo de ser feliz.

Tanto el hombre virtuoso como el malhechor parten del mismo deseo hacia el bien, su propio bien. Lo que distingue a uno del otro es el conocimiento de cuál es el deseo, el placer y el dolor que auténticamente los conducirá hacia el bien (Santas, 1982: 193). Si bien es cierto que el hombre que logra discernir, gracias a su conocimiento, lo que es la virtud del vicio es quien puede comportarse virtuosamente, no se puede dejar de mencionar que no todos son capaces de alcanzar semejante grado de virtuosidad. ¿Cuáles son, entonces, las debilidades que conducen a un hombre a no poder actuar como debería actuar?

El tema de la ἀκρασία es un problema de dimensiones éticas, pues implica a la naturaleza humana en el momento de la acción,[77] que a su vez tiene raíces ontológicas, como lo desarrollaré más adelante. La ἀκρασία consiste en tener un temperamento defectuoso, pues aunque se logra ver el bien, no se es capaz de actuar con consecuencia con él. El que es ἄκρατος padece de uno de los mayores males: incapacidad para tener gobierno de sí mismo, pues tienen una voluntad débil. En *Protágoras* (352d6-e2), Sócrates narra que hay hombres que conocen lo mejor y no quieren ponerlo en práctica, aun teniendo la posibilidad de hacerlo. Esta afirmación es lógicamente contradictoria con la postura que Sócrates tiene sobre el conocimiento y la virtud. Continúa el relato: "Y a todos cuantos yo pregunté cuál era, entonces, la causa de ese proceder, decían que estar vencido (ἡττωμένους) por el placer (ἡδονῆς) o el dolor (λύπης)". Sócrates piensa que dicha explicación es deficiente pues realmente no acierta en la causa por la que los hombres conociendo el bien prefieren no hacer el bien; en su concepción quienes apuntan hacia el *ser vencidos por el placer y el dolor* como una causa de su actuar se engañan (ψεύδεσθε).

A lo largo de las siguientes líneas, y hasta 355c6, Sócrates mantendrá un diálogo imaginario con quien anteriormente afirmó —los hedonistas— que alguien actúa mal sabiendo que es el mal porque lo hace *vencido por el placer*. Reconstruyo el argumento.

1. Hay hombres que sabiendo que el mal es malo, no lo evitan.
2. Hay hombres que sabiendo que el bien es bueno, hacen el mal.
3. La razón para 1 y 2 es que los hombres son vencidos por el placer y el dolor.
4. Afirmar que se escogió el mal sobre el bien —conociendo lo que es bueno y lo que es malo— porque fue vencido por el placer es

---

[77] Vlastos (1995d) realiza una revisión sobre este tema en su artículo, tomando como ejemplo de análisis el pasaje de *Protágoras* que traeré a la discusión a partir de este momento y hasta el final de este apartado. También Bocri (2007: 45) hace un breve comentario sobre este tema en su libro, señalando que en Sócrates no existe la incontinencia.

reconocer que se eligieron tales cosas subyugado (κρατούμενοι) por comidas o bebidas o atractivos sexuales sabiendo que son perniciosos.

5. Algo es pernicioso cuando genera placer al instante, pero en el futuro causa enfermedades y miseria.

6. El hecho de que las cosas terminen en pesares no las hace necesariamente malas, pues, por ejemplo, hay cosas buenas dolorosas como el ejercicio, la medicina, las dietas y el servicio militar.

7. A las cosas se les llama bienes porque al instante producen grandes placeres.

8. De 7 se concluye con la asociación entre bienes y placeres, es decir, el placer es bueno. Al concluir de esta manera, es necesario concluir el contrario del placer, i.e., el dolor, y afirmar que el dolor es malo.

9. Por lo tanto, si uno actúa mal sabiendo que lo bueno es bueno y lo malo es malo acudiendo al argumento de *ser vencido por el placer*, es lo mismo que decir que uno fue vencido por el bien.

10. Por lo tanto, uno actúa mal porque es vencido por el bien.

11. Las conclusiones 9 y 10 son contradictorias, por lo que apelar a la causa *ser vencido por el placer* como explicación de por qué se yerra es falsa, porque implica afirmar que el mal es consecuencia del bien, es decir, que el bien causa el mal.

12. De todo esto se sigue que aún no sabemos por qué los hombres actúan mal.

La debilidad por el placer quedó descartada con el argumento anterior. La pregunta sigue en pie: ¿qué conduce al hombre a actuar mal cuando afirma que conoce lo que es bueno y lo que es malo? El hecho es que muchos (οἱ πολλοί) hombres actúan mal sabiendo que lo que están haciendo está mal, como el ejemplo de los fumadores anteriormente expuesto. Quien fuma sabiendo que fumar le causa daño no lo hace porque es vencido por el placer, o al menos no en la forma presentada, donde el placer es identificado con el bien. La otra posible explicación a por qué un hombre actúa en contra del bien conociendo lo que es el bien es que realiza una valoración de bienes y males en su acción. Ante la contradicción anterior cabe la pregunta sobre cómo es posible que un bien sea vencido por un mal. Si los muchos pueden aceptar que el bien es el placer y el mal el dolor, ¿por qué escoger el dolor?

Sócrates decide agrupar la discusión en dos categorías: bueno y malo, placentero y doloroso.[78] Retomando la pregunta de por qué alguien, aunque conoce lo malo en tanto que malo, lo hace, debe responderse ahora sólo con *porque es vencido*. Y entonces se cuestiona: ¿por qué cosa es vencido, pues no puede ser por el placer, ya que éste es identificado con el bien? Sócrates sugiere que somos vencidos por un bien que no es digno de vencer al mal. ¿Cómo puede un bien ser incapaz e indigno de vencer al mal? Se introduce el tema de las magnitudes. Será vencido por un bien que es más pequeño que el mal. Reconfigura su respuesta y señala ahora que *ser vencido* significa "aceptar mayores males en lugar de bienes menores".[79] El argumento es de índole cuantitativo —lo más y lo menos—, en lugar de ser cualitativo —lo bueno y lo malo—. Si lo malo supera cuantitativamente a lo bueno, entonces debe elegirse lo malo, de acuerdo con ese razonamiento. Las tres categorías cuantitativas aquí vertidas son: tamaño (μείζω τε καὶ σμικρότερα), número (ἀλλήλων καὶ πλείω) e intensidad (ἐλάττω καὶ μᾶλλον καὶ ἧττον).[80] ¿Cómo escoger a partir de estas tres variables? Sócrates introduce el argumento de la balanza.

---

78 Cf. *Prot.*, 355b y ss.

79 Vale la pena traer a colación aquí un pasaje de *Gorgias* (DK 82 B 11a.9, 46-47) donde, discutiendo sobre transacciones monetarias, escribe: "no es verosímil recibir poco dinero a cambio de grandes servicios (οὐκ εἰκὸς ἀντὶ μεγάλων ὑπουργημάτων ὀλίγα χρήματα λαμβάνειν)". La concordancia con el texto platónico está en el uso del verbo λαμβάνειν. Por ejemplo, en *Protágoras* lo encontramos en 355e3: ἀντὶ ἐλαττόνων ἀγαθῶν μείζω κακὰ λαμβάνειν, y más adelante en 356d2 (πράττειν καὶ λαμβάνειν) cuando λαμβάνειν tiene el mismo sentido que πράττειν (asumiendo actualmente un curso de acción), tal y como lo hace φεύγειν (buscando evitar un curso de acción) con μὴ πράττειν (Denyer, 2008: 190). La misma idea está en Santas (1982: 319-320 n. 20), quien además sugiere que λαμβάνειν es el verbo que está sustituyendo en este pasaje a ser vencido (1982: 205). Este verbo, continúa Santas, ha sido traducido como "tiene", "toma" o "escoge", cuando en este caso debería ser traducido como algo que el agente busca, escoge o posiblemente decide o prefiere hacer. La sugerencia de Santas permite comprender lo que Sócrates está analizando sobre el hedonismo de los muchos y el porqué optan por lo que no es mejor "sabiendo" que no es mejor.

80 Cf. *Prot.*, 356a3-5: ταῦτα δ᾽ ἐστὶ μείζω τε καὶ σμικρότερα γιγνόμενα ἀλλήλων καὶ πλείω καὶ ἐλάττω καὶ μᾶλλον καὶ ἧττον.

En primer lugar, hay que reunir lo placentero con lo placentero, y lo doloroso con lo doloroso, tanto lo que está cerca como lo que está lejos. Con esto pretende señalar que según la distancia —cerca-lejos— las cosas pueden parecernos más pequeñas o más grandes no siendo necesariamente así. Si, por un lado, pesamos lo agradable frente a lo agradable, ¿cuál escogeremos? Naturalmente siempre el que es más agradable, es decir, por la cantidad. Si, por otro lado, pesamos los dolores frente a los dolores, ¿cuál será nuestra elección? Escogeríamos el que tuviera menor cantidad. Pero, ¿qué sucede cuando pesamos placeres frente a dolores? Si notamos que hay mayor cantidad de placeres que de dolores, la elección sería por los placeres. Si, en cambio, sucediera lo contrario, i.e., que en nuestra balanza hubiera mayor número de dolores que de placeres, ¿qué haríamos? Sócrates sugiere la abstención, es decir, no actuar (οὐ πρακτέα),[81] evitar ese curso de acción.

De lo dicho se sigue que una razón hallada por Sócrates para explicar la acción humana que escoge el mal sabiendo que está escogiendo el mal es que el ser humano maximiza el placer y minimiza el dolor. Siempre votará por lo más placentero y despreciará lo más doloroso. Aunque empíricamente cierto, parece no explicar realmente nada. El hedonismo psicológico, sin embargo, estaría de acuerdo con dicha explicación, hedonismo propuesto por *los muchos* (οἱ πολλοί). Además, sigue sin quedar clara la relación que esto puede tener con la virtud. Hasta el momento, sólo se han analizado las causas de la debilidad del acto humano que escoge el mal conociéndolo. La explicación final que dará sobre este problema radicará en un tema de percepción. Así como las mismas magnitudes nos parecen más grandes si están cerca y más pequeñas si están lejos, de la misma manera cuando escogemos el mal sabiendo que estamos

---

81   Sobre este pasaje (356b-c), Santas (1982: 320 n. 22) tiene una discusión a propósito del uso y traducción de λ ηπτέα y de πρακτέα. Nota una sutil distinción que amarra el argumento de Sócrates sobre el conocimiento de la virtud. No deben tomarse en un sentido en que implique "debe ser preferido y debe ser escogido", sino como "habrán de ser preferidos y habrán de ser escogidos". El primer sentido debe considerarse si se toma en cuenta como verdadero el hedonismo psicológico y el agente conoce, tiene la oportunidad y habilidad, y no está prevenido. Sin embargo, el problema es que Sócrates está conduciendo la discusión precisamente hacia el polo contrario, pues ha mostrado ya el absurdo de señalar que uno hace el mal sabiendo que es malo porque es *vencido por el placer*. Lo que queda es que estos vocablos griegos apunten hacia una explicación del comportamiento del hombre, en donde se entiende que los hombres actúan como actúan no porque conozcan, sino por lo que buscan o desean hacer y creen conocer.

escogiendo el mal, no es porque realmente sepamos lo que estamos escogiendo, sino porque *creemos* que sabemos lo que estamos haciendo.

Pareciera como si el argumento no requiriera realmente de nombrar hedonistas a *los muchos* por considerar que cuando están frente a un bien, escogen lo contrario porque son *vencidos por el placer*. Como Smith Pangle (2014: 194) advierte, ¿no será que todos los errores en la acción deben considerar los errores al momento de evaluar la cantidad respectiva de bondad en cada opción? Precisamente este error en el juicio de lo que es bueno o malo se engarza con el problema perceptivo entre lo cerca y lo lejos cuando consideramos la magnitud. La propuesta ahora será introducir el arte de medir (ἡ μετρητικὴ τέχνη).

Como la posible causa para optar por algo distinto al bien conociendo el bien no ha sido concluyente, Sócrates elaborará una nueva investigación sobre el tema. Tal vez el problema radica en lo que se está entendiendo por bien. Como se notó anteriormente, la percepción de las magnitudes puede alterarse según su cercanía o lejanía. Probablemente, lo mismo esté sucediendo con el bien: la lejanía de lo mayormente bueno podría alterar la concepción del mismo impidiendo que el agente decida correctamente y opte por el mal, pues el bien lo percibe lejano. Para acercarlo, Sócrates nos dice que bienestar (εὖ πράττειν)[82] es "hacer y escoger los mayores tamaños, y evitar y renunciar a los más pequeños".[83] Aquí está reforzando la tesis anunciada en 356c5-6: "¿No os parece que, a simple vista, los mismos tamaños, de cerca, parecen mayores y, de lejos, más pequeños?" Esto lo prueba Euclides en la proposición 5 de su *Óptica*: "objetos del mismo tamaño a diferentes distancias parecen desiguales y el más cercano al ojo siempre parece más grande".[84] De allí

---

82   García Gual (1997) traduce esta expresión por felicidad, algo que considero incorrecto. Lo que la expresión griega realmente significa es "buena práctica" o "buen manejo". En cambio, felicidad se deriva de εὐδαιμονία, que se traduce principalmente por *felicidad*, aunque también acepta prosperidad. Vlastos (1995d: 55 n. 43) considera que tanto εὖ πράττειν como εὐδαιμονία son intercambiables por felicidad, pero me apego al análisis desarrollado por Brisson (2011), quien en su artículo identifica εὐδαιμονία con buscar una asimilación con Dios.

83   *Prot.*, 356d1-2.

84   Aunque la proposición 5 es la que explica el razonamiento de Sócrates en *Protágoras*, bien podríamos utilizar todo el tratado sobre óptica de Euclides para fundamentar matemáticamente el problema de las percepciones frente al conocimiento, que es el tema del pasaje aquí estudiado.

que el μετρητικὴ τέχνη sea el que nos auxiliará en temas como éste, pues servirá para distinguir entre lo que es de lo que parece ser. El arte de medir separa la apariencia de la realidad. Desde este pasaje de *Protágoras* es posible notar el futuro desarrollo de la alegoría de la línea, en donde los objetos matemáticos o geométricos brindan el conocimiento discursivo que sirve para resaltar la diferencia entre la *creencia* (πίστις) y un primer grado de conocimiento basado en el razonamiento matemático.

Entre el arte de medir y el impacto de las apariencias (φάντασμα), Sócrates escoge el arte de medir, pues las apariencias nos perderían y harían vacilar, haciendo que veamos arriba y abajo sobre las mismas cosas y provocando que nos arrepintamos (μεταμέλειν) de nuestras actos y elecciones. Las apariencias impiden a la persona que tenga certeza de lo que ve y de lo que sabe; en cambio, la métrica desvanece dicha ilusión —generada por la apariencia—, al mostrar la verdad y así mantener (μένουσαν) al alma serena (ἡσυχίαν),[85] para que ésta permanezca en la verdad.[86] Además, la métrica —considera Sócrates— "pondría a salvo nuestra vida".[87] El arte de medir, entonces, será lo que salve nuestra vida. Pero, ¿de qué ha de salvarla? De la apariencia y lo que el juicio basado en la apariencia puede provocar que escojamos el mal en lugar del bien, conociendo el bien. El arte de la métrica nos conduce, además, al conocimiento de lo par (ἀρτίου) y de lo impar (περιττοῦ), que nos salvaría cuando tengamos que discernir entre el más y el menos al comparar cosas, tanto si es de lejos como si es de cerca. Saber todo esto es tener conocimiento científico (ἐπιστήμη), porque adquirimos la ciencia de la métrica, que es la aritmética (ἡ ἀριθμητική).

Hemos encontrado una habilidad (τέχνη) que permite discriminar entre las apariencias y lo que es, es decir, entre las creencias y el conocimiento:

---

85   Como sugiere Denyer (2008: 192), aquí Sócrates está indirectamente atacando la tesis de Protágoras que afirma que "El hombre es la medida de todas las cosas, tanto del ser de las que son, como del no ser de las que no son (πάντων χρημάτων μέτρον ἄνθρωπον εἶναι, τῶν μὲν ὄντων ὡς ἔστι, τῶν δὲ μὴ ὄντων ὡς οὐκ ἔστιν)". Como se nota en el diálogo platónico, Protágoras no se da por enterado de que la argumentación de Sócrates está poniendo en jaque su propia tesis, lo cual resultaría extraño viniendo de un personaje de la talla del sofista.

86   Cf. *Prot.*, 356d-e.

87   *Prot.*, 356e2: ἔσωσεν ἂν τὸν βίον. La traducción es mía.

la aritmética. Mediante el estudio del arte de medir será posible ajustar lo que se percibe con lo que se conoce para que lo que se percibe no genere confusión entre lo que es y lo que no es. Si bien esta interpretación metafísica que estoy haciendo del pasaje de *Protágoras* es más propia de *Timeo* no deja de ser relevante apuntar que lo que Sócrates está haciendo es buscar aquello que le permita saber que sabe. La experiencia de Sócrates le lleva a desconfiar de las percepciones, pues éstas generan apariencias que distorsionan la realidad. En el caso examinado hasta este momento, las apariencias turban la concepción del bien. Era necesario hallar algo que permitiera ver a través de la neblina de la percepción para que se tuviera seguridad de que el bien es el bien, y el mal, el mal. Este arte y ciencia (τέχνη καὶ ἐπιστήμη), como los llama Sócrates, es la aritmética.[88]

La salvación de la vida de la persona está en aprender este arte y esta ciencia. ¿A qué se refiere exactamente con esta salvación de la vida? ¿Es que las creencias ponen en riesgo la vida? Para Sócrates sí. *Apología* y *Critón* son testimonios del pensamiento de Sócrates sobre la vida. Su mayor preocupación era comprender lo que significa hacer el bien, pues para él la vida consistía en vivir bien. Ser honorable y justo fueron los rectores en la vida de Sócrates. La muerte no le preocupaba; le preocupaba, en cambio, poder distinguir entre una vida buena y una buena vida.[89] La aritmética salva la vida de la persona porque con ella es posible alcanzar un conocimiento previamente confuso. Elaborará la última parte de su explicación sobre por qué elegimos mal conociendo el bien.[90]

Retoma una tesis planteada anteriormente (352b y ss.): nada es superior —más fuerte— al conocimiento (ἐπιστήμη).[91] Siempre que esté presente el conocimiento dominará a todo lo demás, incluyendo el placer. Cuando

---

88 En esto también es posible notar un ataque a una idea planteada por Protágoras al inicio del diálogo (318e), en donde él defiende que su enseñanza (τὸ δὲ μάθημά) es sobre lo que a la gente le interesa desdeñando la enseñanza de todo lo que involucre a las matemáticas (λογισμούς τε καὶ ἀστρονομίαν καὶ γεωμετρίαν καὶ μουσικὴν διδάσκοντες).

89 Cf. *Filebo*. Principalmente, el inicio del diálogo donde se establecen los términos de la discusión.

90 Cf. *Prot.*, 357c-e.

91 Cf. *Prot.*, 357c1-2.

se decía que se elegía el mal como consecuencia de *ser vencido por el placer* se hablaba mal porque el placer no puede vencer. Se yerra por falta de conocimiento, es decir, por elegir mal placeres y dolores. La falta de conocimiento es ignorancia (ἀμαθία). Por lo tanto, la causa del error es la ignorancia, la cual conduce a la persona a someterse al placer. El placer no es el que vence, sino la ignorancia sobre placeres y dolores. Ignorancia es "tener una falsa opinión y estar engañados sobre asuntos de gran importancia".[92] Por lo tanto, se prueba la tesis inicial de Sócrates, a saber, *nadie obra mal voluntariamente*.

A continuación, reproduzco el pasaje final aquí revisado, junto con la reconstrucción del argumento que Boeri (2007: 147) ofrece en su libro. La razón es que tras lo desarrollado mostrar el conjunto del pasaje con la reconstrucción del argumento iluminará mejor el análisis hasta el momento ofrecido.

> Si entonces, dije yo, lo agradable es bueno, nadie que sepa y que crea (οὔτε εἰδὼς οὔτε οἰόμενος) que hay otras acciones mejores que las que hace, y posibles, va a realizar luego esas, si puede hacer las mejores. Y el dejarse someter (τὸ ἥττω εἶναι) a tal cosa no es más que ignorancia (ἀμαθία), y el tener dominio de sí mismo (κρείττω ἑαυτοῦ), nada más que sabiduría (σοφία). [...] ¿Qué entonces? ¿Ignorancia llamáis a esto: a tener una falsa opinión y estar engañados sobre asuntos de gran importancia? [...] Por tanto, dije yo, hacia los males nadie se dirige por su voluntad, ni hacia lo que cree que son males, ni cabe en la naturaleza

---

92   *Prot.*, 358c4-5: τὸ ψευδῆ ἔχειν δόξαν καὶ ἐψεῦσθαι περὶ τῶν πραγμάτων τῶν πολλοῦ ἀξίων. Esta concepción de ignorancia (ἀμαθία) la encontramos también en otros diálogos. Por ejemplo, en *Alcibíades* (117d) se menciona que los errores en la conducta se producen cuando se actúa con ignorancia, es decir, cuando se cree saber lo que no se sabe. En *Sofista* (229c) reitera que la ignorancia que consiste en creer saber cuando no se sabe nada es la causa de todos los errores que cometemos. Finalmente, en *Cármides* (171d-e) señala que los errores son cometidos por falta de sensatez. Morris (2006) considera que, a diferencia de lo dicho en el diálogo, sí es posible hablar de un tema de incontinencia. Según él, la premisa que señala que entre dos opciones A y B, nadie escogería B sabiendo que A es mejor, pues nadie escoge lo peor para sí mismo, además de que no puede haber preferencias contradictorias simultáneamente, pues de hecho sí puede uno —afirma él— saber que A es mejor y decidirse en ese momento por B, invalidando la tesis socrática de que la virtud es conocimiento y que uno actúa mal por ignorancia (2006: 199, 227-228). No comparto sus conclusiones, pero el análisis que realiza vale mucho la pena.

humana, según parece, disponerse a ir hacia lo que cree ser males, en lugar de ir hacia los bienes. Y cuando se ve obligado a escoger entre dos males, nadie elegirá el mayor, si le es posible elegir el menor.[93]

La reconstrucción de Boeri:

1. Si el agente A sabe o cree que la acción *F* es mejor que la acción *Y*, y si le es posible llevar a cabo *F*, no lleva a cabo *Y*. Esta es la "tesis de racionalidad práctica natural", i.e., los seres humanos llevan a cabo una acción *F* en t sólo si en t no hay una acción mejor para sí mismos que les sea posible llevar a cabo.
2. Si esto es así, nadie se dirige voluntariamente hacia el mal o hacia lo que cree que es un mal porque
3. No está en la naturaleza humana querer encaminarse a un mal en vez de hacia un bien.
4. Sin embargo, de hecho, a veces ocurre que uno mismo se encamina a un mal en vez de a un bien; y ello ocurre cuando uno cree falsamente que algo *x* es un bien cuando en realidad es un mal.
5. Esto se debe a un estado de ignorancia, i.e., tener una opinión o creencia falsa cuando se encuentra en la falsedad respecto de lo que es digno de valor.

De este argumento se desprende lo que Gómez-Lobo (1998: 33) considerará el primer principio de la ética socrática: *una elección es racional si, y sólo si, elige lo que es mejor para el agente*. Es decir, que la razón por la cual uno llega a equivocarse en una elección de bienes y males es porque decidió sin inteligencia. Quien se equivoca es porque toma una decisión a partir

---

93 *Prot.*, 358b6-d4: Εἰ ἄρα, ἔφην ἐγώ, τὸ ἡδὺ ἀγαθόν ἐστιν, οὐδεὶς οὔτε εἰδὼς οὔτε οἰόμενος ἄλλα βελτίω εἶναι ἢ ἃ ποιεῖ, καὶ δυνατά, ἔπειτα ποιεῖ ταῦτα, ἐξὸν τὰ βελτίω· οὐδὲ τὸ ἥττω εἶναι αὐτοῦ ἄλλο τι τοῦτ᾽ ἐστὶν ἢ ἀμαθία, οὐδὲ κρείττω ἑαυτοῦ ἄλλο τι ἢ σοφία. [...] Τί δὲ δή; ἀμαθίαν ἄρα τὸ τοιόνδε λέγετε, τὸ ψευδῆ ἔχειν δόξαν καὶ ἐψεῦσθαι περὶ τῶν πραγμάτων τῶν πολλοῦ ἀξίων; [...] Ἄλλο τι οὖν, ἔφην ἐγώ, ἐπί γε τὰ κακὰ οὐδεὶς ἑκὼν ἔρχεται οὐδὲ ἐπὶ ἃ οἴεται κακὰ εἶναι, οὐδ᾽ ἔστι τοῦτο, ὡς ἔοικεν, ἐν ἀνθρώπου φύσει, ἐπὶ ἃ οἴεται κακὰ εἶναι ἐθέλειν ἰέναι ἀντὶ τῶν ἀγαθῶν· ὅταν τε ἀναγκασθῇ δυοῖν κακοῖν τὸ ἕτερον αἱρεῖσθαι, οὐδεὶς τὸ μεῖζον αἱρήσεται ἐξὸν τὸ ἔλαττον.

de una creencia que considera al mal como bien, es decir, cree que dicha acción es buena, aunque de suyo sea mala. Llega el error y el mal que dicho error produce. Es claro que se tomó una decisión mala, es decir, que se erró en la elección del bien. Esto, para Sócrates, es consecuencia de un estado de creencias en donde el mal es confundido con el bien. La ignorancia como aparece aquí surge, entonces, a partir de una creencia falsa que permanece en la falsedad sin lograr reconocer lo que verdaderamente es digno de valor. De lo que se trata es de poder distinguir entre el bien aparente del bien real.

La ignorancia también se convierte en un obstáculo cuando se trata de conocer si *x* es deseado o querido, como se vio al inicio de este apartado. La distinción entre ἐπιθυμοῦντα y βούλεται resultó importante en la concepción del bien. Porque deseo placeres y dolores, bienes y males, por no tener claro cuál es cuál, mientras que sólo puede querer el bien. Para alcanzar la concordancia (συμφωνία) entre querer y bien es necesario conocer. Finalmente, no parece haber en Sócrates un problema de ἀκρασία, ya que la razón para que un agente *X* escoja el mal sobre el bien no es por debilidad de la voluntad, sino por ignorancia. Es la ignorancia la que debilita a la voluntad, de modo que por soberanía del conocimiento no es posible hablar de una acción ácrata. No existen personas intemperantes, sino ignorantes, pues nadie buscaría hacerse daño si supiera que tal acción lo lastimaría. Las personas ácratas requieren de una formación aritmética que les permita poner verdad allí donde las apariencias buscan imponer su imperio de ilusiones. Como lo apunta Boeri (2007: 49) hablando sobre el bien aparente y el bien real: "Una cosa es creer que *x* es un bien sobre una base cognitiva débil (δόξα), y otra diferente es creerlo sobre una base cognitiva sólida (ἐπιστήμη)".

La extensión de este desarrollo obedece a que el intelectualismo socrático estuvo con Platón y es necesario comprender cómo entendía Sócrates el mal, pues Platón parte de esta base, aunque, como lo desarrollaré a continuación, supera la tesis en su alcance.

1.3.2. Platón

El intelectualismo socrático permaneció en Platón a lo largo de toda su vida. Diálogos como *Sofista*, *Timeo* o *Leyes* conservan esta idea germinal. No obstante, este intelectualismo maduró en Platón permitiéndole dar razón del mal desde nuevas causas. Después de haber reflexionado y analizado los argumentos de Sócrates en contra de la acracia y a favor de la fuerza del conocimiento, es necesario preguntarse sobre la aportación de Platón a este tema.

Inicialmente, parece que va por la misma línea. Tomo un pasaje conocido de *Timeo* (86d5-e3).

> En general, esto sucede en toda intemperancia (ἀκράτεια) en los placeres y no se procede rectamente si se formula un reproche en estos casos, ya que nadie es malo voluntariamente (κακὸς μὲν γὰρ ἑκὼν οὐδείς), sino que el malo se vuelve malo a causa de alguna disposición defectuosa del cuerpo y de una crianza descuidada, y estas aflicciones son odiosas para cualquiera y sobrevienen involuntariamente.[94]

Nadie es malo intencionadamente, la tesis que identifica virtud con conocimiento y vicio con ignorancia vuelve a mostrarse. Lo hace en uno de los últimos y más complejos diálogos de Platón. En este pasaje se reitera que quien actúa mal no lo hace por intemperancia en los placeres, sino por ignorancia. La novedad estriba en que Platón parece haber encontrado la causa de la ignorancia del hombre al señalar que el malo se hace tal por una disposición defectuosa del cuerpo o por una mala crianza. El alma enferma cuando el cuerpo es defectuoso y perjudica al alma, y también enferma cuando no recibió una buena crianza. La explicación que da Platón sobre esta relación cuerpo-alma en torno a las enfermedades es la siguiente. El origen de

---

94 καὶ σχεδὸν δὴ πάντα ὁπόσα ἡδονῶν ἀκράτεια καὶ ὄνειδος ὡς ἑκόντων λέγεται τῶν κακῶν, οὐκ ὀρθῶς ὀνειδίζεται· κακὸς μὲν γὰρ ἑκὼν οὐδείς, διὰ δὲ πονηρὰν ἕξιν τινὰ τοῦ σώματος καὶ ἀπαίδευτον τροφὴν ὁ κακὸς γίγνεται κακός, παντὶ δὲ ταῦτα ἐχθρὰ καὶ ἄκοντι προσγίγνεται. Hackforth (1946: 118-119) piensa que este pasaje de *Timeo* es consistente con la visión última de Platón sobre el mal moral, separándose claramente de la tesis socrática. Hackforth cita, inicialmente, dos pasajes donde muestra esto. El primero es de *Sofista* (227d) y el segundo es de *Leyes* (IX, 863b y ss.), en los cuales Platón hace una precisión sobre lo que produce el vicio. Mientras en *Rep.* IV (444b), a propósito de la tripartición del alma, la στάσις del vicio era la injusticia (ἀδικία), intemperancia (ἀκολασία), cobardía (δειλία) e ignorancia (ἀμαθία), en Sofista esta última es omitida como στάσις del vicio. En su lugar, la ἀμαθία es tratada como un tipo de ἄγνοια e identificada con la apariencia de sabiduría (δοξοσοφία). En el pasaje de *Leyes* que cita Hackforth recupera correctamente que los errores se deben a tres cosas: la Ira, los deseos y la ignorancia. La tercera clase guarda una relación estrecha con lo dicho en *Sofista*, pues vuelve a mencionar a la apariencia de sabiduría como causa.

las enfermedades no es anímico, es decir, no proviene del alma. Una de las enfermedades que se mencionan como del alma es la demencia (ἀνοίας), de la cual se derivan tanto la locura (μανία) como la ignorancia (ἀμαθία).[95] La demencia es resultado de que el cuerpo produce un exceso de simiente en torno a la médula, provocando una sucesión de placeres y dolores que tienen por efecto la demencia.

¿Quién podría afirmar que esta sobreabundancia de simiente causante de la demencia es provocada voluntariamente? Por un lado, *nadie obra mal voluntariamente*, desde la intervención del modo de proceder del cuerpo, queda clara, pues nadie puede, aunque deseara y quisiera, detonar una sobreabundancia o falta de la misma de alguno de los humores que recorren nuestro cuerpo. El exceso o el defecto de estas sustancias producen enfermedades, entre las que está la demencia. Nadie pretende ser demente por voluntad. Además de la razón recién expuesta, existen otras razones que contribuyen al desorden corporal. Eggers Lan (2012: 220 n. 252) las llama razones "estructurales", como lo son los malos gobiernos, los malos discursos y la mala educación.

En la misma nota, Eggers Lan continúa diciendo que para él esto muestra una visión optimista del elemento social y educacional que puede torcer tales excitaciones. Asimismo, nos habla de una armonización entre la concepción macrocósmica y microcósmica narrada en el diálogo.[96] Es decir, las enfermedades recrudecen en una sociedad indiferente a los males y, en cambio, el bien de cuerpo y alma debe buscarse en la imitación del bien del cuerpo y alma del mundo (AM). Esta imitación es un rasgo recurrente en el pensamiento de Platón. Su ética está basada en la idea de la asimilación a Dios (ὁμοίωσις θεῷ)[97] que aparece textualmente tanto en *República* X como en *Teeteto*.[98] En

---

95   Cf. *Tim.*, 86b.

96   Una idea similar con mayor profundidad en su análisis la encontramos en Lavecchia (2009: 145-156), quien rastrea y engarza los elementos que dan origen a la armonía microcósmica con la macrocósmica.

97   Remito al extraordinario desarrollo que Annas (1999) hace de esta expresión en el tercer capítulo de su libro y que en cierta medida mantendré presente durante el análisis que haré a continuación sobre el tema. Resulta por demás increíble que Irwin (2000) no haga una sola mención a este pasaje ni al de *República* X en su monumental obra sobre la ética de Platón.

98   *Rep.* X, 613b1; *Teet.*, 176b1. Otros diálogos donde aparece la misma idea son: *Fdr.*, 253b1; *Rep.* II, 383c4-5, VI, 500c4-5; *Tim.*, 90a; *Lg.* IV, 716c6-d4. Annas (1999: 62) apunta correctamente a la sutil diferencia que

Timeo aparece la misma idea, aunque invertida. Mientras que en *República* y en *Teeteto* es el hombre el que debe basar su vida moral buscando ser lo más semejante posible a Dios, en *Timeo* es Dios quien busca que las cosas se generen lo más semejantes a él, pues como es bueno, quiere (ἐβουλήθη) que el universo sea bueno.[99] Se habla de la semejanza como un ir y venir. Pero dicha semejanza sólo es posible porque así lo quiso Dios.

El pasaje de *Teeteto* (176a4-b3) dice lo siguiente: "Es también por eso que hay que tratar de escapar de aquí y dirigirse allí[100] lo más rápido posible, y ese escape consiste en volverse semejante al dios en la medida de lo posible. Dicha semejanza es volverse justo y pío con sabiduría (φρονήσεως)". La razón por la que hay que escapar de aquí, del mundo sensible, es que el mal es propio de la naturaleza mortal, es decir, de lo fenoménico. Evitar el mal y abrazar el bien implica alejarse lo más posible de este mundo para asemejarse lo más posible a Dios, siendo éste la medida de nuestro actuar moral. La pregunta natural sobre cómo alcanzar esa aproximación está respondida en el mismo texto: siendo justo y pío con sabiduría. Lo que quiere decir es que sólo es posible alejarse del mal y abrazar el bien mediante la virtud, la cual implica un desarrollo por parte de la inteligencia.

El reconocimiento que aquí está haciendo Platón sobre las virtudes es netamente socrático, es decir, está distinguiendo entre verdaderas y falsas virtudes. Una virtud será verdadera o auténtica cuando está acompañada de sabiduría. El tema no es nuevo, pues ya en *Fedón* (68e-69c) lleva a cabo un argumento similar. La valentía y la templanza pueden ser virtudes sí y sólo sí están acompañadas de sabiduría (φρονήσεως). El intelectualismo moral socrático se hace presente, aunque Platón le dará un toque novedoso, pues si

---

existe entre *República* y *Teeteto* a propósito de este pasaje. Mientras que en *Teeteto* la expresión *ser semejante a Dios* implica que lograrlo es huir de esta vida para asumir una más pura basada en la virtud, en *República* la expresión sólo cumple un valor explicativo sobre los premios que una persona virtuosa tendrá al final de su vida, a pesar de los males convencionales que haya experimentado en vida.

99 *Tim.*, 29e3: πάντα ὅτι μάλιστα ἐβουλήθη γενέσθαι παραπλήσια ἑαυτῷ.

100 Es decir, huir del reino de lo visible para dirigirse hacia el reino de lo inteligible, como quedó expresado con la alegoría de la línea al inicio de este capítulo. A propósito de la relación que existe entre un reino y el otro basta recordar la argumentación inicial de *Fedón* (65c7-8) sobre la necesidad de que el alma se separe lo más posible del cuerpo (de este argumento haré un desarrollo más detallado en el tercer capítulo).

bien es necesario ser justo y pío con sabiduría para asemejarse lo más posible a Dios, la causa de los males no es estrictamente la falta de sabiduría, sino el hecho de ser mortales. La naturaleza mortal, aunada a la ausencia de sabiduría son responsables de terribles males. Es debido a esta naturaleza que el ser humano debe esforzarse por *huir* lo más que pueda de lo que la ancla a lo mortal, i.e., lo sensible. Ser lo más semejante a Dios es apuntar hacia lo inteligible para permitir cierta separación del alma respecto del cuerpo sin necesidad de que sobrevenga la muerte. La expresión de *Teeteto* se convierte en el punto nodal de la ética de Platón. *Ser lo más semejante a Dios* es hacerse virtuoso, en lugar de considerar que la virtud es lo que nos humaniza y que, al tenerla, podemos alcanzar la semejanza con Dios. El razonamiento, que está ancorado a *Fedón*, es que hay que *huir* de este mundo en la medida de lo posible y *ser lo más semejante a Dios* logra la tarea porque allí están las virtudes.

Si retomamos lo dicho en *Timeo*, la maldad es consecuencia de una mala educación o de un cuerpo defectuoso. La educación, se mencionó antes, consiste en lograr armonizar el microcosmos (hombre) con el macrocosmos (universo) de modo que el cuerpo y el alma del hombre puedan imitar lo mejor posible al cuerpo y alma del mundo. Imitar al cuerpo y alma del mundo es imitar a Dios, quien creó el universo a partir de su bondad, haciéndolo lo más semejante a él posible. Este mecanismo que permite armonizar ambos cosmos, el interno y el externo, corre paralelo con el autoconocimiento. *Conócete a ti mismo* (γνῶθι σεαυτόν) no se quedó sólo como una invitación socrática a la búsqueda del propio yo, sino que Platón la incorporó a su sistema elevándola al reino de lo inteligible. El autoconocimiento requiere de la σοφία. Como lo apunta correctamente Lavecchia (2009: 146), la σοφία permitirá la creación de un κόσμος al interior de la persona a partir de la imitación del κόσμος que existe fuera de él. La razón gracias a la cual es posible ejecutar esto es que el hombre posee λόγος.

Cuando en *República* IV explica la tripartición del alma y su relación con la ciudad, manifiesta que es mediante la justicia que el hombre puede armonizar su alma, pues la justicia es lograr que cada cosa haga lo que le corresponde, es decir, sea fiel a su esencia, a sí misma. Mediante esta acción de justicia el hombre genera un orden interno que resulta de contemplar un orden externo perfecto, que es el universo. La σοφία entra en juego a partir del pasaje de *Fedón* que líneas arriba cité con relación a la virtud. Sólo puede existir virtud, la virtud filosófica, cuando ésta está acompañada de σοφία. Sin σοφία la virtud se convierte en un intercambio de placeres y dolores, desarrollando una falsa templanza. La justicia de *República* es posible gracias a la presencia de la σοφία. Obtener justicia interna, es decir, armonizar las tres partes del alma, es autogobernarse "poniéndose en orden a sí mismo con amor y armonizando las tres especies simplemente como los tres términos de la escala musical: el más bajo, el más alto y el medio".[101]

Tanto Lavecchia (2009: 156-165) como Annas (1999: 58) consideran que el autoconocimiento está ligado a cumplir esta máxima ética: *ser lo más semejante a Dios*, pues quien se conoce entiende su origen divino. Annas (1999: 52) incluso recupera algunos testimonios que sugieren que esta máxima es de influencia pitagórica, donde también había un proceso de autoconocimiento que conducía hacia la purificación del alma para lograr estar en contacto con lo divino. Consecuentemente, habiendo adquirido ambas propiedades, es decir, habiendo logrado el autoconocimiento y *siendo lo más semejante a Dios* el hombre es feliz, es decir, εὐδαίμων, pues como desarrolla Brisson (2011: 26-27), la εὐδαιμονία es lograr la asimilación a Dios. Si este desarrollo es correcto —y todo apunta a que sí lo es—, entonces el elemento clave en la adquisición del mayor bien para el hombre consiste en desarrollar la σοφία. El intelectualismo que aquí muestra Platón no está basado estrictamente en la tesis socrática que identifica la virtud con conocimiento,[102] sino en un desarrollo de toda la persona, a partir de un elemento propio de la razón.

---

101 *Rep.* IV, 443d4-7: ἄρξαντα αὐτὸν αὑτοῦ καὶ κοσμήσαντα καὶ φίλον γενόμενον ἑαυτῷ καὶ συναρμόσαντα τρία ὄντα, ὥσπερ ὅρους τρεῖς ἁρμονίας ἀτεχνῶς, νεάτης τε καὶ ὑπάτης καὶ μέσης, καὶ εἰ ἄλλα ἄττα μεταξὺ τυγχάνει ὄντα. En el tercer capítulo de esta tesis desarrollaré con precisión el tema de la tripartición del alma.

102 Zeyl (2000: LXXXIV) también está de acuerdo en que esta tesis extraída de *Timeo* no apela de ninguna manera a la tesis socrática, también conocida como la paradoja socrática, que asocia la virtud con el conocimiento. Esa tesis ya fue superada por el propio Platón en *República* (IV, 436a y ss.). El ejemplo de ello es el caso de Leoncio, sobre el que Bieda (2012) escribió un artículo donde discute la posibilidad de la incontinencia de Leoncio.

Nadie obra mal voluntariamente, la tesis que aparece en *Timeo* queda reconfigurada con la explicación que le sigue. "El malo se vuelve malo a causa de alguna disposición defectuosa del cuerpo y de una crianza descuidada".[103] El defecto del cuerpo se resuelve mediante el ejercicio, la medicina o la danza, al menos que el defecto sea incorregible, ante lo cual no hay nada que hacer. En el caso de la crianza descuidada, lo que se debe hacer es corregir esa crianza. Si se tiene la responsabilidad de un niño, brindarle una crianza que le permita distinguir lo que es que es, de lo que no es que no es, para que aprenda a separar las apariencias de la realidad. Una manera de lograrlo es mediante el estudio de las matemáticas,[104] pues éstas logran que toda creencia se eleve a conocimiento. El otro instrumento pedagógico será la música, que es matemática para el alma, es decir, es una matemática que trabaja directamente con el alma, especialmente con la parte inmortal, aunque también afecta a las otras dos.

El mismo diálogo brindará el parámetro de lo que se busca en el alma del hombre. Como apunta Zeyl (2000: LXXXVI), Platón se apoya en un principio estético básico para toda la cosmología, que es que "todo lo que es bueno es bello, y lo bello es proporcionado".[105] La tarea ya no es distinguir si la elección de *X*, entre A y B, debe ser la que tenga más relación con el bien y busque evitar el mal, sino en alcanzar la proporción interna, que debe iniciarse con establecer una buena relación cuerpo-alma para que entre ambos surja la proporción. La proporción, ya se vio al inicio de este capítulo, es una medida matemática de ciertas relaciones que apuntan hacia la belleza. Quien es proporcionado es bello y quien es bello es bueno. Finalmente, quien es bueno ha logrado asemejarse lo más posible al creador de este universo, tal como está dicho en *Timeo* (29a y ss.). "Puesto que este mundo es bello y el

---

103 86e1-2.

104 Para una concepción más clara sobre la relación entre el cuerpo y la gimnasia, y el alma y la matemática-música, remito al pasaje de *Timeo* (88c1-5) donde se discute este tema.

105 Platón escribió οὐκ ἄμετρον, que literalmente se traduce como "no desproporcionado". No obstante, y partiendo de los ejercicios matemáticos que en ocasiones se encuentran en los diálogos, aquí lo que noto es una doble negación que, como se sabe en matemática, da un positivo. Por ello, elijo traducir esa expresión como "proporcionado", a diferencia de Eggers Lan que se decide por la alternativa literal. Zeyl incluso busca enfatizar el tema de la proporcionalidad y traduce "well-proportioned".

demiurgo bueno, es evidente que éste estaba mirando hacia lo eterno". Por esto, la única vía de acceso hacia el ser del mundo es la razón, pues sólo ésta tiene acceso a lo inteligible. Según Platón, la razón (τὸ λόγῳ) y la inteligencia (φρονήσει) son las únicas que se comportan del mismo modo.

La falta de proporción es generada a partir del movimiento, tanto del cuerpo como del alma. La proporción justa se dará al obtener un acuerdo o amistad entre los opuestos que, por ejemplo, están en discordia en nuestro cuerpo (calor-frío, húmedo-seco); el peor estado para el cuerpo es el del reposo. La salud, por lo tanto, se produce cuando se juntan las cosas amigas (88e6: φίλον παρὰ φίλον). En el caso del cuerpo, como acabo de decirlo, lo que brinda proporción para armonizar su movimiento con el movimiento del mundo es el ejercicio moderado. El mejor movimiento será el que logre mayor afinidad con el movimiento del pensamiento y del universo. Estos movimientos se lograrán, de acuerdo con Timeo, mediante 1) la gimnasia y 2) el balanceo. En un tercer lugar habla de los fármacos, pero prefiere evitar reestablecer el movimiento del cuerpo a través de ellos.[106]

La armonía del alma se da cuando la parte inmortal logra gobernar a las dos partes mortales. En el diálogo somos testigos de que el alma inmortal del hombre fue hecha a partir de la misma mezcla de la que se creó el alma del mundo (AM), por lo que comparte la misma relación geométrica y, además, musical[107] con el AM. Por esto escribe Platón hacia el final del diálogo:

Quien se ha esforzado en el amor al conocimiento (φιλομαθίαν) y en los pensamientos verdaderos (τὰς ἀληθεῖς φρονήσεις) y ha ejercitado entre sus capacidades sobre todo éstas, piensa cosas inmortales y divinas (ἀθάνατα καὶ θεῖα). Y si entra en contacto con la verdad, es completamente necesario que, en la medida en que la naturaleza humana puede participar de la inmortalidad (καθ' ὅσον δ' αὖ μετασχεῖν ἀνθρωπίνῃ φύσει ἀθανασίας ἐνδέχεται), no deje de lado ninguna parte de ésta. Puesto que

---

106 La discusión completa sobre este tema, que aquí apenas estoy esbozando, se da en el capítulo cuarto de este libro, específicamente, en 4.3.

107 En el capítulo 3 desarrollo lo que llamo "La geometría del alma", partiendo de la descripción realizada en *Timeo*.

cultiva (θεραπεύοντα) siempre lo divino (τὸ θεῖον) y tiene él mismo bien dispuesto el demonio (τὸν δαίμονα) que habita en él, será eminentemente feliz (διαφερόντως εὐδαίμονα εἶναι). Ciertamente, en todos los casos hay un solo tipo de cuidado (θεραπεία): asignar a cada parte sus alimentos y movimientos propios. Los pensamientos y las revoluciones del universo son movimientos afines a lo divino (θείῳ συγγενεῖς εἰσιν) que hay en nosotros.[108]

El alma logra armonía cuando es capaz de entender las armonías del universo y se hace semejante a ellas. Las entiende cuando el alma procura el amor al conocimiento. La φιλομαθία de la que habla allí Platón es amar las cosas inteligibles, es decir —considerando la alegoría de la línea— que el alma pueda ubicar su ojo —girarlo (περιαγωγή) hacia— en el reino donde están los objetos matemáticos y las ideas. De esta manera el alma se hace semejante[109] a lo que es siempre lo mismo que, a su vez, es consecuencia de la intervención de Dios. La mecánica de esta asimilación consiste en que el alma se mueva, se ejercite (γεγυμνασμένῳ), en los pensamientos verdaderos para lograr que lo que hay de inmortal en el hombre —el alma que guarda el λόγος— acceda a lo que es inmortal del universo, es decir, las ideas. Mediante este ejercicio será posible entrar en contacto con nuestro δαίμων interno permitiéndonos alcanzar la felicidad (εὐδαιμονία). Dicho estado consiste en haber logrado igualar las revoluciones que hay en nuestra cabeza

---

108 *Tim.*, 90b6-d1: τῷ δὲ περὶ φιλομαθίαν καὶ περὶ τὰς ἀληθεῖς φρονήσεις ἐσπουδακότι καὶ ταῦτα μάλιστα τῶν αὐτοῦ γεγυμνασμένῳ φρονεῖν μὲν ἀθάνατα καὶ θεῖα, ἄνπερ ἀληθείας ἐφάπτηται, πᾶσα ἀνάγκη που, καθ' ὅσον δ' αὖ μετασχεῖν ἀνθρωπίνη φύσει ἀθανασίας ἐνδέχεται, τούτου μηδὲν μέρος ἀπολείπειν, ἅτε δὲ ἀεὶ θεραπεύοντα τὸ θεῖον ἔχοντά τε αὐτὸν εὖ κεκοσμημένον τὸν δαίμονα σύνοικον ἑαυτῷ, διαφερόντως εὐδαίμονα εἶναι. θεραπεία δὲ δὴ παντὶ παντὸς μία, τὰς οἰκείας ἑκάστῳ τροφὰς καὶ κινήσεις ἀποδιδόναι. τῷ δ' ἐν ἡμῖν θείῳ συγγενεῖς εἰσιν κινήσεις αἱ τοῦ παντὸς διανοήσεις καὶ περιφοραί·

109 Me resulta inevitable pensar, a propósito de lo desarrollado hasta aquí, en el pasaje de *Parménides* (129a1), donde Sócrates inicia el diálogo con Parménides preguntándose por la Forma de la semejanza (εἶδός τι ὁμοιότητος). No es mi propósito detenerme a analizar ese diálogo, pero resulta interesante observar que precisamente en esa discusión inicial Platón está buscando entender si es posible hablar de semejanza entre las Formas o Ideas y las cosas de las que las Ideas participan.

con las del universo, accediendo, simultáneamente, a lo divino, pues este universo está creado lo más semejante posible a Dios.[110]

Además de *Timeo*, es necesario revisar el tipo de intelectualismo que desarrolla Platón en *Leyes*, donde también toca el tema. Considerando que ésta es su última obra, es posible afirmar que lo dicho allí es la palabra definitiva sobre si la virtud puede ser conocimiento y de qué modo. En *Timeo* se vio que el intelectualismo de Platón difiere del de Sócrates en tanto que no enuncia que la virtud es conocimiento y que éste sólo conduce hacia la virtud. Afirma, sí como su maestro, que *nadie obra mal voluntariamente*, pero la causa que sugiere para este mal y su solución distan mucho de Sócrates. Es un intelectualismo, sin embargo, en tanto que el remedio a los problemas del mal en el hombre radica en ser capaces de desarrollar al máximo la σοφία que permita un auténtico amor al conocimiento que engendre pensamientos verdaderos logrando homologar el alma inmortal con lo inmortal del universo, erradicando así, el mal.

En *Leyes* (III, 689d6-7) Platón escribe que "la más bella y la mayor de las concordancias (συμφωνιῶν) debería llamarse, con absoluta justicia, la más grande sabiduría (σοφία)".[111] Líneas antes había afirmado que la ignorancia es la disonancia (πλημμελής) que existe entre la razón y las pasiones. Lo que quiere decir es que la ignorancia es una falta de afinación entre las partes del alma, principalmente, que las partes no están haciendo lo que les corresponde. En el caso de este pasaje, se refiere específicamente a que la razón no está gobernando, sino que se está dejando gobernar por lo inferior. Siempre que lo inferior tome control sobre lo superior habrá un estado disonante. En el caso del ser humano, este estado es la ignorancia. No puedo dejar de mencionar los dos adjetivos aquí utilizados para hablar de lo que tiene sabiduría y lo que tiene ignorancia. En el primer caso, la sabiduría es resultado de συμφωνία, es decir, de concordancia entre las partes; mientras que la ignorancia es un estado de disonancia al que llama πλημμελής. Tanto συμφωνία como πλημμελής son adjetivos musicales que está utilizando para un estado moral o inmoral de la persona. Será en el último capítulo de esta

---

110 Cf. *Tim.*, 30c2-31b3, 39e6-7 y 46c8-d1.

111 ἀλλ' ἡ καλλίστη καὶ μεγίστη τῶν συμφωνιῶν μεγίστη δικαιότατ᾽ ἂν λέγοιτο σοφία.

tesis donde aborde cómo puede el alma ser un tipo de armonía gracias a la cual es posible ser virtuoso.

Nuevamente, como en *Timeo*, será la σοφία la que otorgue unidad al desarrollo moral. Esta unidad no se corresponde con el intelectualismo de Sócrates en tanto que no equipara la virtud al conocimiento, sino que la virtud es consecuencia del ejercicio y desarrollo de la σοφία por parte del hombre. Este intelectualismo —el de Platón— está cimentado sobre una base matemática que Sócrates apenas logró intuir en *Protágoras*. En este diálogo la referencia matemática es la de poder distinguir entre las dimensiones de los placeres y dolores para que seamos capaces de apreciar con verdad los bienes y los males independientemente de su cercanía o lejanía. Sin embargo, tanto en *Timeo* como en *Leyes* Platón hace uso de las matemáticas no sólo como medios explicativos de fenómenos naturales, sino la razón del ser del universo y del alma humana. Las matemáticas son el corsé que sostiene y mantiene unido en amistad al universo, imprimiendo una consonancia (συμφωνία) entre todas sus partes. Esta consonancia no sólo es un ejercicio matemático en abstracto, sino desarrollado mediante la música. Las matemáticas musicalizan el universo y así lo mantienen en consonancia. El alma del hombre se musicaliza cuando es capaz de observar el mundo a través de los ojos de la σοφία. El alma y el universo, matematizados gracias a la música, se asemejan a Dios, pues adoptan un estado de bondad que participa del bien.

En este momento la ignorancia está asociada con la disonancia y el conocimiento con la consonancia. La disonancia produce vicios (lo inferior imponiéndose sobre lo superior), mientras que la consonancia, virtudes (lo superior gobernando a lo inferior). El mayor de los males es vivir injustamente, ya que la injusticia es un impedimento para la felicidad.[112] El *buen demonio* no puede estar donde impera el mal —la injusticia—. Para el injusto todas las cosas son malas, tanto las buenas como las malas, mientras que para los justos todas las cosas son buenas, incluyendo las malas. Reaparece la tesis socrática de *Critón*: justicia > vida. Si se tuvieran todos los bienes como la salud, el dinero y el escuchar bien, pero se viviera sin justicia y sin toda la virtud,

---

112 Cf. *Lg.*, II, 660e.

el hombre no merecería vivir por mucho tiempo.[113] En el libro IX de *Leyes* el ateniense menciona que la injusticia es "la tiranía del coraje (θυμοῦ) en el alma y el miedo, el placer y el dolor, las envidias y los deseos, sea que provoquen un daño o no".[114] Por otro lado, la justicia es "lo que obedece a tal gobierno en cada uno, así como es lo mejor para toda la vida de los seres humanos".[115] Esta definición de justicia es compatible con la ofrecida en el cuarto libro de *República* donde se afirma que la justicia es el estado perfecto del alma, pues cada parte ha logrado hacer lo que le corresponde.[116] El resultado de la justicia será el de la armonía (ἁρμονία). Nuevamente, lo moral queda asociado a la dimensión matemático-musical del mundo.

El mal —la injusticia— consiste en que la cólera (θυμός) y los apetitos (ἐπιθυμία) instauren un gobierno tiránico en el alma del hombre. Esta tiranía genera un estado disonante en la persona, pues nunca hace lo que realmente quiere,[117] sino que siempre está expuesta a los influjos del devenir que le generan los movimientos desordenados de los apetitos, cuya naturaleza es inestable, efímera y contradictoria. En *República* (IX, 573c7-9) define al tirano como alguien que "por naturaleza o por hábito o por ambas cosas a la vez, se torna borracho (μεθυστικός), erótico (ἐρωτικὸς) o melancólico (μελαγχολικὸς)".[118] En la época de Platón, así como en los tratados de Hipó-

---

113 Cf. *Lg.* II, 661c.

114 *Lg.* IX, 863e6-864a1: τὴν γὰρ τοῦ θυμοῦ καὶ φόβου καὶ ἡδονῆς καὶ λύπης καὶ φθόνων καὶ ἐπιθυμιῶν ἐν ψυχῇ τυραννίδα, ἐάντε τι βλάπτῃ καὶ ἐὰν μή, πάντως ἀδικίαν προσαγορεύω·

115 *Lg.* IX, 864a3-6: ἐὰν αὕτη κρατοῦσα ἐν ψυχαῖς διακοσμῇ πάντα ἄνδρα, κἂν σφάλληταί τι, δίκαιον μὲν πᾶν εἶναι φατέον τὸ ταύτῃ πραχθὲν καὶ τὸ τῆς τοιαύτης ἀρχῆς γιγνόμενον ὑπήκοον ἑκάστων, καὶ ἐπὶ τὸν ἅπαντα ἀνθρώπων βίον ἄριστον.

116 Cf. *Rep.* IV, 433b, 443d: "Y la justicia era en realidad, según parece, algo de esa índole, mas no respecto del quehacer exterior de lo suyo, sino respecto del quehacer interno, que es el que verdaderamente concierne a sí mismo y a lo suyo, al no permitir a las especies que hay dentro del alma hacer lo ajeno ni interferir una en las tareas de la otra".

117 Sobre el tema de si el tirano realmente hace lo que quiere recomiendo la lectura de *Gorgias* (466d y ss.) en donde Sócrates debate con Polo sobre el estatuto moral del tirano. Asimismo, es inevitable la referencia a *República*, donde en el libro IX Platón lleva a cabo una disertación antropológica y psicológica sobre el estatuto moral del tirano.

118 Prefiero traducir μελαγχολικὸς por melancólico en lugar de por lunático, como lo hace Eggers Lan.

crates, la melancolía se asociaba con la tristeza o con la apatía.[119] De modo que el tirano era alguien poseído por sus apetitos, ya fueran de placer o de tristeza, provocando en ambos casos un tipo de locura que ausentaba a su huésped de la realidad.

El bien —la justicia—, en cambio, es el gobierno, mediante la sabiduría (σοφία), de las partes del alma. Dicho gobierno instaura un estado consonante en el interior de la persona que le permite ser feliz, pues vive en plena amistad consigo mismo. Cuando la persona gobierna con σοφία ha alcanzado el más alto grado de consonancia y, por lo tanto, ha entrado en una perfecta comunidad (κοινωνία) consigo misma. Alma y cuerpo abandonan la discordia y la tensión que les caracteriza cuando están juntos, así como el alma inmortal y las almas mortales aprenden a ejecutar adecuadamente la función que les corresponde sin intervenir en la de las demás partes, ni permanecer en reposo cuando son llamadas a la acción. Un alma ordenada, es decir, en armonía se convierte en semejante a lo que es armonía. Dicha semejanza entre sí detona una fuerza electromagnética que atrae al alma en armonía con su semejante, el universo en armonía. A esto es a lo que Lavecchia (2009) se refiere con que el hombre puede crear un cosmos dentro de sí mismo. Dicho microcosmos en el hombre propicia una afinidad como semejanza con el creador de todo κόσμος: Dios.

Tanto en *República*, como en *Timeo* y *Leyes*, Platón está de acuerdo con el mismo tema: la mala educación, junto con cuerpos defectuosos, son la causa de los males que aquejan al hombre. Estos males no se resuelven afirmando que quien los ejecuta es un ignorante, que lo es, sino buscando comprender a) qué es lo que provoca la ignorancia, así como determinar b) de qué tipo de ignorancia estamos hablando. La respuesta a b) está en el apartado sobre el intelectualismo de Sócrates que ya trabajé en este mismo capítulo. La respuesta a a) es lo que Platón estudia en *República*. A partir de ese momento en su vida filosófica, Platón mantendrá la misma postura respecto de la causa de la ignorancia, apuntando siempre hacia la educación y

---

119 Cf. (Domínguez, 1991). También revisar la discusión y actualización que Segovia (2014) hace de la melancolía, tomando en cuenta el concepto desde su aparición hasta la última versión del DSM-5 (*Manual diagnóstico y estadístico de los trastornos mentales*).

la malformación. La malformación no sólo es corpórea, sino también pedagógica, pues una malformación del niño (παιδός) lo hará ignorante al hacerle
creer que sabe lo que no sabe. Un niño que desde la infancia no es adiestra-
do a distinguir lo que es que es, de lo que no es que no es, será muy difícil
que en la adolescencia o adultez pueda realizar semejante tarea.

Las creencias del niño mantendrán su vigencia en el adulto conducién-
dolo al mal, no voluntariamente, sino como consecuencia de no haber recibido una educación basada en la virtud. El intelectualismo de Platón lo resumo
en que para él el mal es el resultado de una mala educación o de un cuerpo
defectuoso que altera al alma. Asimismo, el bien surge a partir de una buena
educación[120] que conduce al instruido hacia la σοφία que le permite entrar en
amistad y consonancia consigo mismo. Esta armonía es provocada por tres
elementos que ha adquirido el σοφός: bien, belleza y amor.[121] En última instancia, quien más se asemeja a Dios es el filósofo.[122]

1.4. Inteligencia, necesidad y receptáculo

Sobre el tema del mal falta analizar el mal físico, en donde es posible obtener alguna respuesta sobre el cuerpo defectuoso del que habla Platón en *República* y *Timeo*, principalmente. En este segundo diálogo, apenas termina
su exposición sobre los tipos de causa, mismo que ya mencioné al inicio de

---

120 Tal y como lo resumen Smith Pangled (2014: 219) en su capítulo 5 —que versa sobre el intelectualismo de
Leyes— para combatir el mal y lograr que el ciudadano cumpla con las leyes y sea virtuoso se requiere de una
educación del carácter que se divide en dos: 1) mediante la educación de la poesía y la música que moldea
desde la infancia tanto el gusto como lo moral y 2) el aliento que las leyes provocan en la reflexión de cualquier ciudadano que las comienza a utilizar hacia una comprensión más profunda de lo que es la ética.

121 Cf. el artículo de Lavecchia (2009: 161-162). Chilcott (1923: 31) considera que al explicar Platón en qué consiste
el mal moral resuelve prácticamente todo tipo de mal, es decir, el mal en el mundo. Si bien esta interpretación
tiene algo de cierto, considero que no es del todo acertada, pues Chilcott pasa por alto la relación entre la χώρα
y la ἀνάγκη con respecto al νοῦς. Sin embargo, lo que es muy valioso del artículo de Chilcott es que identifica
el problema que se da entre lo ταὐτόν y lo θάτερον, un problema metafísico que abordaré más adelante.

122 Cf. Rosen (1979: 80), quien en su análisis del mito cosmológico de *Político* hace la observación de que cuando el dios no está trabajando, i.e., ordenando el cosmos, se encuentra en contemplación pura, así como el filósofo, que para poder hacer filosofía necesita la cesación de la actividad física.

este capítulo, expone el papel que juega el intelecto (νοῦς) en el curso del universo. Expongo el pasaje:

> Pues bien, los discursos precedentes, salvo en breves pasajes, han mostrado las cosas producidas artesanalmente (δεδημιουργημένα) por el intelecto (διὰ νοῦ). Pero es necesario agregar también al discurso las cosas que suceden por necesidad. En efecto, el nacimiento (γένεσις) de este mundo (κόσμου) se produjo como una mezcla (μεμειγμένη) resultante de la combinación de necesidad e intelecto (ἀνάγκης τε καὶ νοῦ). Pero el intelecto gobierna (ἄρχοντος) a la necesidad por cuanto la persuade (πείθειν) de que conduzca hacia lo mejor la mayoría de las cosas que se producen; de esta manera, y de acuerdo con esto, este universo se constituyó en un principio en virtud de una necesidad sometida a sabia persuasión (πειθοῦς ἔμφρονος). Según esto, si se ha de decir realmente cómo se generó, habrá que traer a colación también el movimiento que por naturaleza corresponde al género de la causa errante (πλανωμένης).[123]

Este pasaje sirve de preámbulo para desarrollar la teoría sobre la creación del mundo físico. Líneas antes, en *Timeo*, había explicado la creación del alma del mundo (AH) y su unión con el cuerpo, así como del alma humana (Ah) —la parte inmortal— y su unión con el cuerpo. Todo ello, la creación del AM y del Ah, como producto de la inteligencia; por ello, es pertinente ahondar más en todos los elementos que llevaron a la creación del universo. Por eso, ahora toca exponer el aparato ontológico y metafísico que da pie a la creación matemática del mundo. "El nacimiento de este mundo se produjo como una mezcla resultante de la combinación de necesidad e intelecto", se menciona en este pasaje. Lo que Platón entiende aquí por necesidad (ἀνάγκη) no es

---

123 *Tim.*, 47e-48a7: Τὰ μὲν οὖν παρεληλυθότα τῶν εἰρημένων πλὴν βραχέων ἐπιδέδεικται τὰ διὰ νοῦ δεδημιουργημένα· δεῖ δὲ καὶ τὰ δι᾽ ἀνάγκης γιγνόμενα τῷ λόγῳ παραθέσθαι. μεμειγμένη γὰρ οὖν ἡ τοῦδε τοῦ κόσμου γένεσις ἐξ ἀνάγκης τε καὶ νοῦ συστάσεως ἐγεννήθη· νοῦ δὲ ἀνάγκης ἄρχοντος τῷ πείθειν αὐτὴν τῶν γιγνομένων τὰ πλεῖστα ἐπὶ τὸ βέλτιστον ἄγειν, ταύτῃ κατὰ ταὐτά τε δι᾽ ἀνάγκης ἡττωμένης ὑπὸ πειθοῦς ἔμφρονος οὕτω κατ᾽ ἀρχὰς συνίστατο τόδε τὸ πᾶν. εἴ τις οὖν ᾗ γέγονεν κατὰ ταῦτα ὄντως ἐρεῖ, μεικτέον καὶ τὸ τῆς πλανωμένης εἶδος αἰτίας, ᾗ φέρειν πέφυκεν.

del todo claro. Como Eggers Lan (2012: 144-145 n. 121)[124] hace ver, por un lado, 1) la ἀνάγκη parece ser el encadenamiento mecánico de movimientos que por sí mismos carecen de razón e inteligencia, y, por otro, 2) se habla de la ἀνάγκη como si fuera un ser viviente sobre el cual se puede ejercer persuasión. En una tercera interpretación, también podría decirse que la ἀνάγκη es resultado de 1) y 2), al ser un encadenamiento mecánico que puede ser persuadido mediante el intelecto (νοῦς).

Líneas adelante, Timeo brindará la explicación según la cual los cuatro elementos —fuego, tierra, agua y aire— llegaron a existir, para lo cual parte de la geometría del triángulo y la mezcla de diferentes tipos de triángulos que resultan en los cinco sólidos platónicos: tetraedro (fuego), cubo (tierra), icosaedro (agua), octaedro (aire) y dodecaedro (universo). Estas estructuras son en sí mismas, aunque luego afectan al mundo sensible. El cómo lo hacen tiene que ver con la mezcla de la que se ha hablado anteriormente: necesidad e inteligencia. Uno de los problemas que presenta el pasaje citado es sobre el significado y función de la ἀνάγκη.[125]

La ἀνάγκη ha sido traducida normalmente como necesidad. Según Brisson y Meyerstein (1995: 18), en *Timeo* Platón ofrece un modelo cosmológico basado en un modelo científico, por lo que es necesario tomar en cuenta, como punto de partida, 12 axiomas de este modelo cosmológico (1995: 18-28). De estos axiomas, en este momento me interesa centrarme en el octavo: "Una causa, llamada *ananké*, constantemente resiste el orden que el demiurgo intenta introducir en el mundo". En este libro se menciona lo mismo sobre la traducción de la ἀνάγκη, aunque aclaran que la manera en que Platón utiliza el término ἀνάγκη se aleja de la definición común de lo que hoy se comprende por necesidad. Para él, la ἀνάγκη es un tipo de causa, en sentido negativo, que nombra causa errante (πλανωμένη αἰτία). Esta causa

---

124 Brisson (1994: 471-472) piensa que, si el principio general de la tesis de la ἀνάγκη es que la razón, gracias a la persuasión, controla a la necesidad y ésta cede, entonces se siguen dos grandes temas. Por un lado, el de la causa errante frente al demiurgo y el segundo, la implicación de la razón y la necesidad como causas complementarias en relación con el demiurgo y como segunda causa en relación con el Alma del mundo.

125 Considero que el análisis e investigación que sobre el término realiza Taylor (1928: 299-302) es valioso por la cantidad de información que documenta.

errante representa un principio no racional que permanentemente desafía el orden impuesto por el demiurgo.

La necesidad es una propiedad inherente de la χώρα. El axioma 7 establece que "el demiurgo ordena un algo primordial, la *khora*". Si el término ἀνάγκη generaba dificultades, el de la χώρα añade otras más. En *Timeo* (49a5-6) define la función de la χώρα: "El de ser receptáculo de toda generación, como una nodriza (τιθήνην)".[126] Hay quienes traducen χώρα como *espacio*, pero esta traducción desvía el sentido que tenía para Platón dicho término. Como correctamente apunta Zeyl (2000: LXIII), la traducción de χώρα por espacio conduce a una persona del siglo XX o XXI a pensar en el espacio desde una concepción newtoniana o einsteniana, cuando para Platón representaba algo similar a nuestra idea de habitación.

Anteriormente, había explicado la naturaleza del reino de lo visible y del reino de lo inteligible. El de lo visible es aquél en donde nada es pues todo siempre está llegando a ser, mientras que el de lo inteligible es el que siempre es, pues nada cambia. En *Timeo* (27d5-28a2) menciona ambos reinos, como el de lo eterno que es aprehensible por el pensamiento gracias a la razón, y el generado que se juzga con la opinión mediante la sensación que carece de razón. Ahora, introducirá la tercera clase, el receptáculo que sirve de nodriza y materia para lo generado a partir del modelo eterno. Como si de la alegoría del Sol se tratara, Platón vuelve a tender un puente entre dos realidades. Las tres cosas que componen el universo son: a) lo eterno, b) lo generado y c) el receptáculo. La χώρα es tanto c.1) aquello en donde se genera el mundo como c.2) aquello de lo que se genera el mundo. De manera que c) implica ambas cosas. Lo eterno es lo que siempre es y resulta idéntico a sí mismo, donde radican los modelos o arquetipos que conocemos como ideas. Lo generado es lo que siempre está llegando a ser y por eso mismo nunca es, siendo, además, siempre diferente de sí mismo. ¿Cómo podía lo eterno impactar en lo generado? El estado o elemento que los engarza es el receptáculo, aquello en donde y de lo que está hecho lo generado a partir de los modelos eternos.

---

126 πάσης εἶναι γενέσεως ὑποδοχὴν αὐτὴν οἷον τιθήνην.

En la narración del diálogo atestiguamos que esta χώρα permanentemente está en movimiento. Pero su movimiento no es uniforme ni idéntico a sí mismo nunca, como lo es el de lo eterno. La razón del comportamiento de la χώρα es la ἀνάγκη. La causa errante del receptáculo convierte a todo lo producido a partir de dicho receptáculo en algo con tendencia al desorden. Cuando el demiurgo notó esto, tomó el receptáculo y en contemplación con las ideas, como modelos, moldeó el universo. La causa errante o necesidad de lo que está hecho este universo tiene una naturaleza desobediente. Es por ello que el demiurgo busca persuadir (πειθώ), mediante el νοῦς, a la ἀνάγκη para que acepte el orden. De esta manera, el universo generado jamás podrá desligarse de la necesidad, pero logrará separarse de la causa errante mediante la persuasión del νοῦς.[127]

El cuerpo del universo, y todo lo generado en él, está construido en y desde la χώρα con influencia del νοῦς en la ἀνάγκη. Los cuatro elementos a partir de los cuales se estructura todo en el universo visible también son χώρα. Esto explica, por ejemplo, cómo es posible que el agua o el fuego no sean siempre agua o fuego. El agua, por ejemplo, puede evaporarse y convertirse en aire y éste, a su vez, retornar en agua.[128] Esta perpetua generación y estado de devenir se explica a partir del tercer estado del universo.[129] El receptáculo mantiene un constante estado de movimiento sin dirección

---

127 Me remito al trabajo desarrollado sobre el movimiento en la cosmología platónica de Castro (2009: 76), quien nota la relación que *Timeo* tiene con *Parménides*.

128 Sobre el tema de los elementos y de su vínculo con los presocráticos, especialmente Empédocles, sugiero lo escrito por Zeyl (2000: LIV-LV). Allí también se explica que para Platón la introducción de la χώρα era metafísicamente necesaria para dar sentido al mundo sensible. Sobre el mismo tema también hay que revisar lo escrito por Taylor (1928: 297-298), para quien la influencia de Empédocles es clara y evidente en la narración de este pasaje de *Timeo*. Su argumento lo apoya en el pasaje de *Fedón* (101d) donde se menciona que antes de sugerir alguna idea, uno debe primero examinarla para conocer sus consecuencias. Finalmente, Taylor vincula todo este discurso con la matemática pitagórica.

129 Vlastos (1939: 80-81) considera que, de acuerdo con *Timeo*, el mal es resultado de la materia, una lectura imprecisa pues traduce χώρα por materia, algo que no es correcto. Sin embargo, Cherniss (1954: 25) realiza la denuncia y precisión adecuadas a propósito de esa lectura de Vlastos, pues señala que, de acuerdo con Platón, nada espacial o corporal puede ser la causa de su propio movimiento, por lo que la χώρα no puede ser la causa del mal. Meldrum (1950: 66), por otro lado, rescata la lectura apegada al diálogo resaltando la dificultad que tiene el νοῦς para persuadir a la ἀνάγκη. El mal radica en ese punto, en la incapacidad por parte del demiurgo para imponer el orden en absolutamente todo, pues, si bien logra lo mejor posible con los materiales disponibles, el elemento de desorden que queda tras la intervención del demiurgo genera los males.

debido a la causa errante que anida en él. Por eso, el demiurgo debe persuadir —gobernar— a la necesidad para dejarse ordenar. Como se ve a lo largo de las siguientes páginas del diálogo, el imperio del νοῦς sobre la ἀνάγκη se logra mediante las ideas y las matemáticas (εἴδεσί τε καὶ ἀριθμοῖς).[130] La presencia del demiurgo forma a la naturaleza, en el sentido de ordenar y poner en equilibrio a los objetos que están en la χώρα. En cambio, la ausencia de Dios en el mundo hace que los objetos estén completamente dispersos, ya que antes de la generación del universo todos los objetos se comportaban sin razón ni proporción (ἀλόγως καὶ ἀμέτρως).

La descripción sobre la generación del universo deja rastros sobre el comportamiento del cuerpo humano. El cuerpo, tanto del universo como del hombre, está generado a partir de esta materia primordial dominada por la necesidad y su causa errante. Cuando falta el intelecto en esta ecuación lo que sucede es un estado corpóreo desordenado, falto de razón y de proporción. Un cuerpo desproporcionado es un cuerpo malo e insalubre, disonante. Un cuerpo insalubre, según se vio en el apartado sobre el intelectualismo de Platón, afecta al alma provocándole escoger incorrectamente, es decir, llevándola a actuar mal involuntariamente. En el presente apartado de *Timeo*, además, Platón detalla que allí donde no hay razón tampoco hay Dios, pues Dios es la razón del orden del mundo.

El cuerpo humano está constituido de la geometría triangular que describirá en el mismo diálogo líneas más adelante, a propósito de los cinco sólidos platónicos o poliedros regulares (*Tim.*, 53b7-54d2). Si, como se viene diciendo, el νοῦς debe persuadir a la ἀνάγκη para establecer orden y proporción (μέτρον) en el universo (κόσμος), también será necesario llevar a cabo este proceso en el cuerpo humano. Lo divino que hay en cada ser humano está inserto en el alma inmortal, y es la razón (λόγος). Mediante ésta hay que persuadir al cuerpo —tal y como lo lleva a cabo el demiurgo sobre la necesidad— para que logre equilibrio y proporción. Según lo revisado antes, para que el cuerpo sea consonante y no disonante. El universo está perpetuamente persuadido por el demiurgo y por eso es posible captar el orden y estudiar las cosas que hay

---

130 Cf. *Tim.*, 53b5.

en él; de la misma manera, el alma inmortal, mediante la razón, debe llevar a cabo una sabia persuasión sobre las partes mortales del alma para que se alcance el estado de consonancia. Basta la ausencia de Dios en el mundo para que impere el caos, de la misma manera que la ausencia de la razón provocará inevitablemente un estado disonante en la persona. Dicho estado generará enemistad consigo mismo impidiendo la felicidad.

Lo que está implicado en toda la discusión sobre el receptáculo, el demiurgo y los modelos en que se inspira el demiurgo para la creación del mundo es de corte metafísico. Al pensar en la χώρα es inevitable referirse al problema entre lo ταὐτόν y lo θάτερον, presentes en la composición del AM.[131] Como se narra en *Timeo* (35a7-8): el demiurgo "forzando (βίᾳ) a la reluctante naturaleza de lo Otro (θατέρου) a unirse (συναρμόττων) con lo Mismo (ταὐτὸν) las mezcló (μειγνὺς) con el ser".[132] Cornford (1937: 61) señala acertadamente que este pasaje implica un preconocimiento de ciertos conceptos que Platón ha explicado anteriormente. El diálogo en donde esto queda explicado es *Sofista* (254e y ss.). Lo diferente (θάτερον) lo es siempre respecto de otra cosa; lo mismo (ταὐτὸν) lo es siempre respecto de sí mismo y el ser (τὸ ὄν) se dice de la existencia.

La fuerza que tiene que utilizar el demiurgo para llevar a cabo esta mezcla es la del νοῦς. Algo muy similar sucede con la persuasión que el νοῦς debe ejercer sobre la ἀνάγκη para que tenga un movimiento ordenado. Todo el universo está creado de una doble naturaleza ontológica, que tiene como puntos referentes lo Mismo y lo Otro, junto con el ser. Lo mismo (ταὐτὸν) es siempre idéntico a sí mismo, lo otro (θάτερον) es siempre distinto de sí mismo y el ser (οὖσαν). De esta manera, el AM está hecha de lo Mismo y de lo Otro, que le permite, gracias a lo ταὐτὸν, tener contacto con el reino de lo inteligible y acceso a las ideas, mientras que lo θάτερον la conecta con el reino de lo visible, es decir, el mundo sensible. Debido a esto, el AM produce

---

131 Brisson (1994) se centra en la estructura ontológica desarrollada en *Timeo* a partir de lo Mismo y lo Otro. Sobre la estructura ontológica del AM me remito al capítulo 3 de este libro.

132 τὴν θατέρου φύσιν δύσμεικτον οὖσαν εἰς ταὐτὸν συναρμόττων βίᾳ. μειγνὺς δὲ μετὰ τῆς οὐσίας [...]. Me separé completamente de la traducción de Eggers Lan. La que propongo me parece que aporta claridad en la lectura sobre el conflicto que presenta el demiurgo, que es la de poder unir la naturaleza de lo mismo con la de lo otro.

tanto νοῦς como ἐπιστήμη, junto con δόξα, pues lo Mismo genera movimientos uniformes, mientras que lo Otro genera movimientos no-uniformes, como bien advirtió Zamora (2010: 67 n. 71).[133]

Por último, es necesario revisar el mito cosmológico que aparece en *Político* (269c-274e), en donde el demiurgo tiene un rol similar al descrito antes en *Timeo*.[134] El Extranjero narra el mito y en él cuenta las edades del universo, así como los tipos de movimiento que ha tenido a lo largo de su existencia.[135] Como en *Timeo*, el cosmos de *Político* tiene alma[136] y fue creado por un demiurgo. De la misma manera, el cosmos busca imitar los movimientos más afines a sí mismo, copiando los movimientos de su artífice. Su creación se la debe a este demiurgo quien imprimió su belleza y orden en él. Este demiurgo, sin embargo, está sujeto a la necesidad (ἀνάγκη), a la ley divina (θέμις) y al destino (εἱμαρμένη). Su correspondencia con la divinidad no parece ser completa, salvo la de girar por sí mismo (τῆς αὐτοῦ κινήσεως: 269e4) y es guiado en su marcha por una causa divina (θείας αἰτίας) diferente a él. Debido a esto, el universo no siempre se desplaza de la misma manera, explica el Extranjero en el diálogo. En ocasiones, incluso, tiene un movimiento opuesto al que conocemos, en donde de la vejez se pasa a la adultez y finalmente a la infancia. Este movimiento es llamado movimiento inverso.

El movimiento inverso del universo se debe a que en el universo existe una doble naturaleza: por un lado es racional y por el otro es corpóreo. La razón, impresa por el demiurgo, hace que el universo gire de una manera, mientras que el cuerpo provoca que se gire en dirección opuesta. Este universo

---

133 Zeyl (2000: XL) se pronuncia en el mismo sentido y para apoyar los tipos de juicio que tendrá que hacer el AM a propósito de su naturaleza menciona: 37a2-b3; 43e8-44a4, y 44b4-7.

134 Así también lo considera Santa Cruz (2002: 30).

135 Vidal-Naquet (1978: 136) señala correctamente que, en este mito, Platón reagrupa tres narraciones o historias de los viejos tiempos. El primero que se recoge la leyenda de Atreo y Tiestes, en donde el segundo jura devolver el trono a su gemelo siempre y cuando el Sol se moviese hacia atrás en el cielo, deseo concedido por Zeus. El segundo es una tradición que el propio Platón ya había utilizado en *República* (III, 414c y ss.), referente a los "hijos nacidos de la tierra" que culmina con las famosas tres razas: de oro, de plata y de bronce. El tercer relato es sobre el tiempo de Cronos. Hemmenway (1994: 253) y Santa Cruz (2002: 28) también lo mencionan.

136 En el mito no se menciona explícitamente esto, pero lo deduzco del hecho que se narra al señalar que el cosmos tiene inteligencia. El único lugar en todo este pasaje en donde aparece la palabra ψυχή es en *Pol.*, 270e7, a propósito de la descripción del envejecimiento en reversa que nos convertirá en niños en cuerpo y alma.

recibió todo cuanto tiene de bello gracias a quien compuso el mundo, pero todo cuanto ocurre de defectuoso e injusto en el cielo es consecuencia del elemento corpóreo del que está constituido (*Pol.*, 273a-c). El universo comenzó a desordenarse hasta que el dios que lo organizó cambió lo que había enfermado y vuelto disoluto y le devolvió el orden, enderezándolo (ἐπανορθῶν).[137] No está del todo claro cuál es la causa del movimiento desordenado y, por lo tanto, del mal, a partir de lo enunciado en *Político*. ¿Acaso hay una causa psicológica? Es decir, ¿es el AM la responsable del desorden? En este diálogo ni siquiera se menciona el AM como en *Timeo*, pero debido a que el cosmos narrado en *Político* tiene alma, asumiré que es la misma alma narrada en *Timeo*. Reconstruiré el argumento ofrecido por Platón en *Político* (269c4-270a8) para determinar claramente lo que está sucediendo.[138]

Ti: Hubo un tiempo en el que dios personalmente guió la marcha de este universo y condujo su revolución circular. Por otro lado, cuando el universo ha alcanzado la medida de duración que le corresponde, el dios lo ha abandonado. Como el mundo es un organismo vivo dotado de inteligencia por quien lo compuso comienza a girar de nuevo espontáneamente en dirección contraria. Esta marcha retrógrada es necesaria por la siguiente razón.

A1: Sólo los más divinos de los seres pueden comportarse siempre idénticamente y del mismo modo. La naturaleza corpórea no pertenece a ese orden. Lo que llamamos cielo y mundo ha recibido muchos dones de quien lo engendró, pero este cielo y mundo también participa del cuerpo. Por lo que le será imposible estar totalmente exento de cambio.

A1a: A pesar de lo anterior, en la medida de lo posible se mueve en un mismo lugar y con un tipo de desplazamiento. En consecuencia, le ha tocado cumplir un movimiento circular retrógrado, pues éste es la mínima variación de su propio movimiento.

---

137 Cf. *Pol.*, 273d-e.

138 Seguiré el análisis ofrecido por Mohr (1985: 143-157) a propósito de este argumento, así como la reconstrucción del mismo.

A1b1: Girar por sí mismo no le es posible casi a ninguno, a excepción de aquél que conduce a todo cuanto se mueve.

A1b2: A aquél por el cual todo se mueve no le fue dado mover ora de un modo e inmediatamente del modo opuesto.

A2: Por ello (lo dicho en A1b1-2 y Ti), no debe afirmarse que el mundo gire por sí mismo.

A3: Tampoco es correcto afirmar que a todo el mundo lo hace girar un dios en dos direcciones opuestas.

A4: Tampoco es correcto afirmar que dos dioses con designios entre sí opuestos lo hagan girar.

C: Por lo tanto, debe afirmarse que el mundo en ciertos momentos es guiado en su marcha por una causa divina diferente de él, recuperando la vida y recibiendo de su artífice una inmortalidad renovada. En otros momentos, cuando ha sido librado a sí mismo, anda por su propio impulso, pues ha sido abandonado a sí mismo, lo que le permite marchar hacia atrás durante muchas miríadas de revoluciones. Sin embargo, inmenso y equilibrado, como es, se mueve sosteniéndose sobre un mínimo punto de apoyo.

La estructura del argumento es la siguiente. En la primera sección, el Extranjero establece la tesis a probar, que represento como tesis inicial (Ti). El argumento como tal se estructura a partir de un silogismo disyuntivo que se desarrolla en varios axiomas. Estos axiomas son los que llamé A1, A2, A3 y A4. Estas cuatro alternativas se van eliminando hasta llegar a la última (A4). El inicio de C es en donde enuncia ὅπερ ἄρτι ἐρρήθη καὶ μόνον λοιπόν[139] (*Pol.*, 270a2), que indica tanto la forma del argumento como el final del silogismo disyuntivo. C corresponde a la conclusión del argumento, que resulta en la prueba de Ti. La tesis que enuncia que hubo un tiempo en que el dios guió la marcha del universo, pero cuando notó que éste había adquirido la medida de duración correspondiente, el dios lo abandonó. Como este ser, i.e., el universo, está dotado

---

[139] "La única alternativa que queda es la que se estableció recientemente" (la traducción es del autor).

de inteligencia, reinicia su movimiento (αὐτόματος),[140] pero en sentido contrario. La causa de que esto sea así, la dice Platón al final del argumento, es divina. Fue el dios quien puso la inteligencia en el universo, pues el universo tiene un alma, que se mencionó anteriormente como AM.

Me parece que sigue sin quedar claro si el movimiento desordenado del universo se da como consecuencia del AM o de que en el universo hay un elemento corpóreo intrínseco a su propia naturaleza. Es claro que la presencia del dios otorga la medida correcta y en su ausencia se genera el movimiento opuesto. Pero este movimiento desordenado se genera debido a que el universo es a) cuerpo o debido a que el universo b) tiene alma, cuya inteligencia hace girar en sentido opuesto. La cercanía que algunos ven en este diálogo con *Timeo*[141] hace pensar que este movimiento desordenado es consecuencia de la χώρα. Otros, como Hemmenway (1994), piensan que todo el mito es sólo un recurso pedagógico para mostrarle al joven Sócrates la importancia de la formación de la inteligencia humana. Aunque estoy de acuerdo con Hemmenway en que el mito es un recurso pedagógico para mostrarle, no sólo al joven Sócrates, sino también a los lectores, la naturaleza del político y la relevancia que tiene conocer a la persona humana para entender las funciones y habilidades que debe poseer quien esté al frente de un Estado, no es lo único que allí está sucediendo.

La lección por parte del Extranjero deja ver algunos elementos relevantes sobre la constitución de los seres vivos. Ya lo señaló Santa Cruz (2002: 29), las cuestiones que el mito aborda son cuatro: 1) la existencia de dos ámbitos —inteligible y sensible— mutuamente diferentes, pero estrechamente ligados

---

140 Naas (2017: 15-16) dedica su artículo a explorar la relevancia de este vocablo en el mito. Específicamente se enfocará en cómo al analizar el término αὐτόματος se verá cómo la Edad de Cronos es análoga en el mito que estamos por leer como un discurso de la ciudad ideal, mientras que la Edad de Zeus corresponde con una era de la escritura, oponiendo la transmisión oral a la escritura, mostrando el predominio de la primera sobre la segunda. La cercanía con el Mito de Theut y Thamus que aparece en *Fedro* (274c5-275b2) es notable.

141 Así, por ejemplo, Mohr (1978b: 250; 1985: 141), Santa Cruz (1988: 490; 2002: 27), Robinson (1967: 57), Vidal-Naquet (1978: 137 n. 41 y 139-140), Brisson (1994: 478), Lisi (2004: 79), Verlinsky (2008: 58; 2009), Hernández de la Fuente (2016: 53) y Naas (2017: 17). En cambio, Rosen (1979) y Hemmenway (1994) ni siquiera mencionan a *Timeo* en su análisis del mito del diálogo aquí revisado. Tampoco lo hace Pappas (2017: 93), quien centra su atención en desentrañar el porqué del mito a propósito de una supuesta trilogía que incluiría *Sofista*, *Político* y *Filósofo*, un diálogo que no sabemos si realmente fue escrito y se perdió o Platón no llegó a escribirlo. Pappas piensa que en él encontraríamos la respuesta al mito cosmológico de *Político*.

entre sí; 2) la existencia de dos principios constitutivos y explicativos del ámbito sensible; 3) la correlación necesaria entre el orden humano y el orden cósmico, sometidos ambos a una misma ley común, y 4) la necesidad de un constante equilibrio entre los dos principios para preservar tanto el orden humano como el orden cósmico.

El cosmos es un ser con movimiento propio (αὐτόματος) que comienza a moverse en sentido inverso cuando el dios se ha retirado a su puesto de vigilancia. Esta regresión, correspondiente con el mundo como es actualmente, se mueve cada vez con mayor énfasis hacia la tempestad y el desorden. Al ver esto, el dios decide retomar el timón (τῶν πηδαλίων) para evitar que el universo caiga en una "infinita desemejanza (ἀνομοιότητος ἄπειρον)" y, corrigiendo la enfermedad, le pone orden y lo endereza.[142] Aquí tenemos un doble movimiento que en el mito se denominan como la era de Cronos (EC) y la era de Zeus (EZ).[143] En la primera, EC, corresponde al movimiento correcto, el que está guiado por el dios y que sería el ideal, es aquél en donde se envejecía hacia la infancia y se nacía completo desde la tierra, sin necesidad de nada, pues se tenía todo. En EZ el movimiento del universo es inverso, corresponde con la época actual, donde el ser humano surge de la procreación, debe trabajar y poco a poco va llegando a su fin. EC es propia de la memoria, mientras EZ es la del olvido; la primera (EC) es donde la filosofía es más propicia, mientras que en la segunda sólo puede hacerse mediante el esfuerzo y la ayuda divina.

Sabemos por *Fedro* que la pérdida de la memoria es uno de los más grandes males que puede sucederle al hombre, debido a que sin memoria es incapaz de albergar conocimiento alguno. Sin memoria, la filosofía es imposible. En EZ la filosofía no es natural a los hombres. En EZ los animales y los

---

142 Cf. *Pol.*, 273d-e.

143 A propósito de esto, Verlinsky (2008: 57-58) recoge muy bien lo que llama la interpretación tradicional y la nueva interpretación del mito, específicamente de los movimientos del universo y de sus eras. Él considera que la interpretación tradicional es la correcta —la que propone que sólo hay dos fases—, frente a la nueva interpretación que propone tres fases. Personalmente, me apego, como lo hace Verlinsky, a la interpretación tradicional. La tercera fase no corresponde con la lectura del mito y fuerza a una interpretación innecesaria. Recomiendo, también, el análisis y refutación que Lisi (2004: 75-78) hace de la nueva interpretación ofrecida por Brisson (1994: 478-496).

humanos dejan de existir, pues terminan sus ciclos y esto conduce hacia el desorden, a punto de una infinita desemejanza. De lo dicho es posible concluir que la falta de filosofía genera desorden. Lo que sucede en EC es que, al tener un movimiento guiado por el dios, los hombres hablaban entre sí y con las bestias, aprovechando todas esas ventajas para la práctica de la filosofía (κατεχρῶντο τούτοις σύμπασιν ἐπὶ φιλοσοφίαν: *Pol.*, 272b8-c1). La presencia de la memoria permite conocer el mundo. El conocimiento del mundo estimula la investigación filosófica. El mundo de EC tiene orden. Por lo tanto, se puede concluir que la filosofía es un elemento fundamental para el orden. Lo ordenado es bueno y lo desordenado malo. La filosofía es necesaria para el bien.

Los dos movimientos del universo presentados en *Político* son horizontales, de ida y vuelta, si son vistos cronológicamente. El de ida (EC) es el ideal, mientras que el de vuelta (EZ) es el que puede desaparecer en la desemejanza de sí mismo, que es en el que habitamos. Se puede llevar a cabo una relación entre estos movimientos del cosmos y los narrados en *Timeo*. Entre ambos hay una diferencia importante: en *Timeo* estos dos movimientos representan al círculo de lo Mismo y al círculo de lo Otro, y son movimientos circulares. Lo Mismo gira en una dirección y lo Otro en la dirección opuesta. Lo Mismo, como ya mencioné, es lo semejante, mientras que lo Otro, lo desemejante. En *Político*, EZ correspondería con el movimiento de lo Otro y EC con el de lo Mismo, con la diferencia de que el movimiento no es circular, sino horizontal. También es importante mencionar que mientras que en *Timeo* los círculos de lo Mismo y de lo Otro giran simultáneamente con direcciones opuestas, en el mito de *Político*, los movimientos de EC y EZ son sucedáneos el uno del otro. Lo sintetizo de la siguiente manera.

EC: el universo gira de Oeste a Este; el demiurgo está presente y guía el curso del universo; los seres humanos nacen de la tierra (reviven de los muertos) y envejecen hacia jóvenes hasta convertirse en semilla y desaparecer; no hay necesidad de procreación; los seres humanos inician con conocimiento y propician la filosofía; las personas son más felices; no hay necesidad de agricultura, ni de vestido o techo; los frutos brotan espontáneamente de la tierra. El final de esta era termina cuando el dios se da cuenta de que el universo ha alcanzado ya la medida de duración que le corresponde.[144]

EZ: el universo gira de este a oeste; el universo es αὐτόματος; los seres humanos nacen de las mujeres y es necesaria la procreación entre sí; deben cultivar su propia comida, necesitan vestido y techo; se nace sin conocimiento y poco a poco se adquiere el saber, desarrollando la memoria, que existe debido al olvido. El movimiento de este universo termina cuando el desorden es de tal magnitud que este movimiento lleva al universo a la posibilidad de caer en un estado de desemejanza infinita, razón por la cual el dios decide volver de su puesto de vigilancia para iniciar, nuevamente, el ciclo anterior, es decir, EC.

Una de las diferencias fundamentales entre ambas eras, como la mayoría de los comentadores de este mito notan, es la presencia de la filosofía en EC, y la necesidad de la misma en EZ. Por un lado, en EC se parte de un movimiento que va de la perfección y que termina en el equilibrio, mientras que en EZ se inicia con terremotos y catástrofes que terminan con todos los seres vivos (273a), hasta que por sí solo, y debido a la inteligencia que aún conserva, es capaz de cierto equilibrio hasta que ocurre la decadencia en la desemejanza. Realmente, como lo advierte Platón al inicio del mito, la perfección no es humana. Me refiero, específicamente, a que en un momento estamos de lo mejor hacia lo peor y cuando está a punto de la destrucción la intervención del demiurgo permite el movimiento que va de lo peor hacia lo mejor. Este segundo movimiento, propio de EC, necesita de una guía con conocimientos sobre lo que es lo mejor. El responsable de ese conocimiento será quien pueda guiar al Estado. En Platón, sólo el filósofo puede tener un conocimiento así.

---

144 Verlinsky (2008: 58) se equivoca tajantemente al señalar, a partir de *Pol.*, 270b1-d2, que en ambos movimientos, tanto el que va de este a oeste (EZ) como el que va de oeste a este (EC), el fin es una destrucción a gran escala. En el pasaje que él cita sólo se menciona la destrucción del movimiento correspondiente con EC, mientras que el correspondiente con EZ está perfectamente claro en 269c4-d3. En cambio, considero que lo que sucede es que EC inicia bajo el comando del dios y finaliza con el comando del dios, mientras que EZ inicia sin el comando del dios, destruyendo el universo de EC, y termina con la destrucción en el desorden. Es decir, la destrucción se da al inicio y al final de EZ. La destrucción de EC no se da en EC, sino en EZ.

El mal, a partir del mito cosmológico de *Político*, se explica como resultado de la automoción del universo, misma que surge cuando el demiurgo permanece en su puesto de vigilancia. Este movimiento, que corresponde con EZ, es donde surge la escritura como remedio para la memoria, tal y como se narra en *Fedro*. Este mismo hecho es un obstáculo para la propia filosofía, que requiere del diálogo vivo para cumplir su acometido: la ἐπιστήμη, que brindará σοφία al hombre. El problema presente en *Político* es la naturaleza del universo. La corporeidad de la que está hecho impide la semejanza perfecta y el equilibrio absoluto. Siempre habrá de existir algo que imprima orden a dicha corporeidad, que por sí sola terminaría inevitablemente en la desemejanza infinita.

Para finalizar este apartado, recupero el tema con el que inicié el planteamiento del mal. ¿Es posible que exista un alma perversa como lo propone Platón en *Leyes* X? Toda la discusión alrededor de esta posibilidad es debido a lo que llamé el argumento de la soberanía del alma sobre el cuerpo (ASA). Lo que en *Leyes* X Platón está planteando, a propósito del automovimiento (αὐτοκίνησις) del alma es que, si ésta es anterior al cuerpo y causa de su movimiento, i.e., causa de vida, entonces debemos conceder que el alma es causa de todo lo que le sucede al cuerpo, los bienes y los males. Una misma alma no puede causar bienes y males simultáneamente, pues violaría el principio de no contradicción. Por ello, Platón propone que existen dos almas, una que causa el bien y otra que causa el mal.

Si colocamos este argumento en un plano cosmológico, tomando como referencia el AM de *Timeo*, entonces lo que aquí se estaría afirmando es que existen dos AM, una buena y otra mala o perversa, que llamaré AMb y AMp. Además, en *Leyes* X se sugiere que estas dos almas coexisten (896e). Líneas adelante en el diálogo, el ateniense se pregunta: "¿Qué tipo de alma pensamos que domina el cielo, la tierra y todo el periodo? ¿La inteligente y llena de virtud (τὸ φρόνιμον καὶ ἀρετῆς πλῆρες) o la que no posee ninguna de esas dos cualidades?" (897b7-c1). La respuesta queda abierta, no se decide por ninguna; sin embargo, a partir tanto del mito cosmológico de *Político* como del AM de *Timeo* me atrevo a señalar que el alma que domina (ἐγκρατὲς) el cielo, la tierra y todo el periodo es la inteligente y llena de virtud. El alma inteligente y llena de virtud corresponde a lo que llamé AMb, mientras que la que no tiene ninguna de esas dos cualidades es AMp.

Como lo concluí en su momento, el desarrollo de las dos almas parece más un ejercicio hipotético que algo realmente considerado por Platón.[145] Por ello, pienso que el problema de AMb y AMp puede resolverse desde el mito cosmológico de *Político*. Allí se nos narra que existe el universo compuesto de un elemento corporal y un alma. El universo posee, gracias al alma que tiene, un tipo de movimiento. Por otro lado, el universo se mueve en una dirección opuesta cuando la causa de su movimiento no es él mismo, sino el dios que lo dirige. En *Político* se hace ver que cuando el dios dirige al universo, éste alcanza un estado de bondad y de perfección propios para algo corpóreo, mientras que cuando el dios se retira a su puesto de vigilancia y deja al universo a su "suerte", éste gira por sí mismo hacia la desemejanza. Esto es debido a que cuando gira por sí mismo sin una dirección, es decir, sin la guía de una inteligencia o νοῦς, entonces el universo se vuelve olvidadizo e ignorante (ἄνοια). Dicha ignorancia es la causa de los males, pues no hay dirección. Sin embargo, en última instancia, la razón por la cual se produce esta ignorancia es porque el universo tiene corporeidad y ésta siempre será imperfecta.

Como en *Timeo*, el universo está ordenado cuando la inteligencia provoca la persuasión en la necesidad, pero desordenado si no lo consigue. Incluso, existiendo la inteligencia que persuade a la necesidad, el universo tenderá al desorden por el receptáculo o χώρα. Me parece que es lo mismo que está sucediendo en *Político* y en *Leyes* X. Las distintas eras del mito cosmológico de *Político* (EC y EZ) tienen que ver con la posibilidad de que un dios imprima inteligencia en el desorden, es decir, que EC es como es gracias a que hay una inteligencia *persuadiendo* a la automoción del universo, mientras que en EZ la automoción no tiene guía alguna. En *Leyes* X el AMb es la dotada de inteligencia y de virtud, mientras que el AMp, la que carece de ambas. Un alma que carece de inteligencia, como desarrolla Platón en *Timeo*, es un alma mortal y, por lo tanto, no es causa de ningún movimiento en el sentido cosmológico. Así lo concluye Platón

---

145 Varios autores así lo consideran, entre quienes están Santa Cruz (2002: 38, 39) y Carone (2005: 175).

en el siguiente pasaje: "Ya que el alma es la que conduce las revoluciones de todo, debemos decir que la que dirige necesariamente la revolución del cielo, cuidándola y ordenándola (ἐπιμελουμένην καὶ κοσμοῦσαν), es, o bien, la mejor alma (AMb) o la contraria (AMp). [...] sobre la base que acabamos de decir no sería pío sostener otra cosa que no fuera que el alma que posee toda la virtud la conduce".[146]

El AMp es ontológicamente inferior al AMb, debido a su condición, es decir, a la imposibilidad de tener virtud. Sólo lo que tiene virtud puede guiar hacia el bien, cuidándolo y ordenándolo, para que pueda mantenerse siempre de la misma manera y se distancie lo más posible de la desemejanza. En realidad, aquí se nota que el AMp no puede existir como tal, siendo sólo una hipótesis para probar que los bienes siempre son mayores que los males y que sólo mediante el νοῦς es posible la existencia de un κόσμος. Con esto, Platón pretende convencer a los ateos de que sin Dios es imposible explicar el bien, del mundo y del hombre.[147]

Conclusiones

A lo largo del primer capítulo analicé algunos pasajes que consideré relevantes para plantear el problema sobre el que trata este libro: el mal. ¿Por qué existe y cuál es su causa? Platón hace una *agatología*, es decir, una filosofía del bien. Como lo señalé al inicio del capítulo, la alegoría de la caverna[148] la dejaría para más adelante. Ahora es el momento de introducir los elementos sobre dicha alegoría que me permitirán cerrar los análisis realizados.

El prisionero del que nos habla Platón en la caverna está encadenado de pies a cuello, sin la posibilidad de girar (περιαγωγή) hacia ningún lado. Es incapaz de ver siquiera a quienes están a su lado, condicionado a sólo ver hacia el fondo de la caverna. Lo que se proyecta en el fondo de la caverna

---

146 898c2-8.

147 Recomiendo el análisis que a propósito de las conclusiones que estoy proponiendo aquí hace Carone (2005: 174-175), quien considera los mismos elementos sobre AMp, apelando al orden del mundo.

148 *Rep.* VII, 514a1-518b4.

son las sombras de los objetos que detrás del prisionero manipulan los titiriteros emitiendo, además, sonidos. De modo que el prisionero ve y escucha cosas que no son reales. En el plano de la alegoría de la Línea, el prisionero está en AD, enclavado en los íconos y sólo logrando conjeturas. Los titiriteros forman parte de DC. Cuando el prisionero es liberado, es capaz de girar, el cuello y todo su cuerpo. Este primer giro es necesario para poder distinguir las sombras de la luz. Ahora sabe que las sombras que veía y los sonidos que escuchaba provenían de los titiriteros que manipulaban los objetos frente a un fuego y emitían distintos sonidos.

A raíz de lo analizado en este capítulo es posible señalar que el mal se encuentra en este plano de la caverna, pues a partir de las conjeturas y creencias emitimos juicios sobre la realidad que consideramos no como conjeturas (εἰκασία) y creencias (πίστις), sino como conocimientos verdaderos (ἐπιστήμη). De este modo surge lo que llamé ignorancia del arrogante (IA), pues quien considera que un conocimiento verdadero es una creencia, es quien cree que sabe lo que no sabe. Es el momento que analicé a partir de *Menón*, *Protágoras* y *Gorgias*, pues se confunde el bien con el mal y el mal con el bien, siendo incapaces de distinguir lo que es cada cosa. A partir de semejante creencia es que se considera que debe siempre buscarse el placer y evitarse siempre el dolor, pues se asocian bien-placer y mal-dolor, algo que se muestra falso, debido a que hay placeres que llevan al mal (la glotonería, por ejemplo) y dolores que conducen hacia el bien (el ejercicio, en este caso).

Sócrates, al percatarse de este problema, sugiere el tema de la balanza. En ocasiones preferimos el mal sobre el bien porque consideramos que el bien es menos, pues se ve a lo lejos. Nuevamente, como en el caso del ejercicio o de la dieta. Hoy decido que quiero tener salud y por eso inicio una rutina de ejercicios y su dieta correspondiente. Sin embargo, hacer ejercicio y tener régimen alimenticio genera dolor, pues en el caso del ejercicio me debo esforzar por correr, a pesar de tener flojera y, en el de la dieta, de privarme de comidas y bebidas que me generan placer. El tema está en que la salud es un bien, y nadie negaría que prefiere tener salud que tener enfermedad, pero debido a esta falta de proporción entre bienes y males, hoy veo más cerca los males que los bienes (dolor, privación frente a la salud) y desisto del ejercicio y de la dieta. La razón es que fui incapaz de comprender que, aunque el bien se halla lejano, es importante llegar a él, pues será mejor que cualquier mal o dolor que hoy experimente. Incluso, será más placentero. La incapacidad para notar esto, piensa Sócrates, es por nuestra falta de habilidades aritméticas que permitan medir correctamente los bienes de los males, los placeres de los dolores. La tendencia es a buscar los placeres y bienes inmediatos sobre los placeres y bienes más lejanos. La mayoría de las veces, estos placeres y bienes inmediatos son sólo una apariencia de bien y no el bien. De acuerdo con la caverna, somos el prisionero que permanece con juicios sobre el bien y el mal, la verdad y la falsedad, sólo a partir del conocimiento que tiene de los objetos, el fuego y los titiriteros.

Proponer la aritmética es consecuente con el desarrollo de la línea, pues con ello se pretende subir un escalón en la comprensión del mundo y, por lo tanto, del bien. En la caverna esto sucede cuando el prisionero da los primeros pasos fuera de la caverna y tiene la vista turbada por el cambio de la oscuridad hacia la luz. En lo que se acostumbra a la intensidad de la luz natural, la luz del Sol, debe mirar primero las sombras de los objetos reales, los reflejos en el agua, la Luna en la noche para finalmente levantar la mirada. De acuerdo con la línea, el prisionero está en CE, correspondiente a los objetos matemáticos (γεωμετρίας) que generan el conocimiento discursivo (διάνοια). El prisionero ahora es capaz de confirmar la veracidad de su creencia. Puede ver el origen de los objetos que los titiriteros manipulaban, así como el verdadero fuego. Pasó de DC a CE, pudiendo verificar lo que antes era una mera creencia. A partir de DC puedo, con la vista, ver a un amigo y creer que tiene salud. Sin embargo, sólo puedo afirmar que se ve, que parece, que creo que está saludable, pero jamás sostener que, de hecho, tiene salud. Este es el error que está denunciando Sócrates en los muchos hedonistas que afirman algo a partir de una creencia, es decir, que el placer es lo único que debe perseguirse.

Mi juicio será errado y seré un ignorante arrogante (IA) si considero que una creencia es un conocimiento. La presencia de la aritmética permite determinar el valor de la creencia. La salud de una persona no puede afirmarse ni tampoco negarse, sólo a partir de una inspección física. Lo veo y concluyo que tiene salud. Será hasta que dicha persona se realice un análisis de sangre que pueda determinarse la salud de esa persona. Con los resultados del análisis sanguíneo puede saberse, ahora sí, si la persona tiene o no salud. Los análisis arrojaron la matemática de las sustancias, permitiendo al médico y al paciente confirmar qué sustancias están dentro de los parámetros considerados de salud y cuáles están en defecto o en exceso. La creencia, es decir, DC, se convirtió en un conocimiento al momento de aplicar una valoración que erradica el estado de creencia elevándolo al plano de la ἐπιστήμη. La creencia es irrelevante, pues las matemáticas (CE) son irrefutables y no sujetas a la opinión; la creencia, en cambio, sí lo es.

Podría, sin embargo, seguir poniendo en duda los resultados matemáticos. ¿Cómo saber si esos parámetros que indican salud son realmente objetivos? ¿Cómo saber si el laboratorio encargado de realizar los análisis hizo correctamente su trabajo y sus instrumentos arrojaron lo que es? Para ello es necesario el último tramo de la línea, EB, que le permite al hombre adquirir el mejor tipo de conocimiento sobre el universo. Lo que el prisionero logra mirar cuando eleva la vista, tras acostumbrar sus ojos al impacto de la luz, es el Sol. El mismo que en la alegoría del Sol sirvió para explicar y emparentar con la idea madre de toda la cosmogonía platónica: el bien. El prisionero, al ver el Sol, está contemplando el Bien y, con ello, adquiriendo propiamente inteligencia (νόησις). El Bien, el conocimiento que irradia su luz sobre todo lo cognoscible, permite comprender el valor de las matemáticas en el paso anterior (CE) y así determinar si las matemáticas de los análisis están bien o mal.

El intelectualismo de Sócrates no alcanza este último proceso, pues analiza el bien desde una mera posibilidad de distinguir entre una creencia y un conocimiento, sin percatarse de que el conocimiento matemático se apoya en el conocimiento brindado por la inteligencia, que provoca una dialéctica de la inteligencia. La dialéctica, entendida por Platón, como aquello que te permite llegar a la causa última de las cosas, gracias a la cual es posible dar razón del propio conocimiento, aporta los motivos últimos y reales sobre por qué alguien actúa mal, es decir, escoge el mal considerándolo el bien ignorando que lo está haciendo. Por eso, para Sócrates la virtud queda vinculada al conocimiento —conocer lo bueno y siempre hacerlo— y el vicio con la ignorancia —creer que conoces sin conocer.

El intelectualismo de Platón, en cambio, no es tan radical. Para él, conocer el bien no es lo que necesariamente conduce a la buena acción y evita el mal. En Platón, lo fundamental es desarrollar la inteligencia, para que podamos estar exentos de la peor de los males, i.e., la ignorancia, sin que la ignorancia sea causa directa de la falta del desarrollo de la inteligencia. Platón toma en consideración la estructura dualista del universo, pues el mal no está necesariamente en el alma, sino en la corporeidad. Como desarrolla en *Timeo*, el hombre no es incontinente, pues siempre que actúa mal lo hace involuntariamente. Aunque se repite la tesis socrática —οὐδείς ἑκὼν ἁμαρτάνει—, Platón explica que la involuntariedad con la que se cometió la acción mala no se debe a la ignorancia, sino al cuerpo y a la educación. El mal, pues, para Platón, es consecuencia de la naturaleza de lo corpóreo —la χώρα— o de la educación recibida.

El bien, como emulación del Bien, es lograr concordancia (συμφωνία) entre todos los elementos que somos. Lo que esto quiere decir es que el mal es desorden, que provoca disonancia, mientras que el bien es orden, generador de consonancia. Pero el orden sólo puede surgir de aquello que naturalmente es capaz de orden, es decir, de la razón (λογιστικόν) o inteligencia (νοῦς). En el sentido más radical del Bien, lograr el bien es ejecutar debidamente las funciones propias de las que somos responsables. Al hacerlo, se logra un estado proporcionado en el alma que genera justicia.

Debido a todo esto es que en *Timeo* se insiste en la necesidad de la persuasión de la inteligencia sobre la necesidad. El mal sería consecuencia de que la inteligencia no logró persuadir a la necesidad. Si la inteligencia no logra persuadir a la necesidad es porque no cumplió con su función y esto genera injusticia. Lo mismo debe hacerse con el alma o almas y el cuerpo. La parte inmortal debe persuadir a las mortales y corpóreas para que exista la justicia, que es un estado proporcional en el ser humano que le permite ser lo más semejante a Dios, pues hay semejanza en sí mismo. Este desarrollo persuasivo es posible cuando el hombre hace filosofía y es amante del conocimiento, pudiendo desarrollar plenamente la σοφία, virtud propia de la razón.

Finalmente, ante la pregunta de si existe un ἀρχὴ κακοῦ en Platón, se debe responder que no. Lo más cercano que estuvo de algo semejante fue en el planteamiento del alma perversa de *Leyes* X que, como ya se vio, terminó siendo sólo una hipótesis para reforzar la bondad de Dios y la importancia de la virtud. No existen, en Platón, entidades metafísicas malas. Todo mal —físico, moral o psicológico— tiene su raíz en la naturaleza corpórea y en la ignorancia arrogante (IA) propia de una mala educación. El cómo debe ser esta educación lo revisaré en el último capítulo de este libro. Ahora corresponde pasar a buscar las fuentes pitagóricas presentes en la filosofía de Platón para comprender la importancia de la música y las matemáticas como condiciones de posibilidad para alcanzar y permanecer en el bien.

Capítulo 2

Armonía y cosmos:
proporciones geométricas y orden

Mathematics, rightly viewed, possesses not only truth, but supreme beauty
—a beauty cold and austere, like that of sculpture,
without appeal to any part of our weaker nature,
without the gorgeous trappings of painting or music,
yet sublimely pure, and capable of a stern perfection
such as only the greatest art can show.

Bertrand Russell

νοῦσος ὑγιείην ἐποίησεν ἡδὺ καὶ ἀγαθόν, λιμὸς κόρον, κάματος ἀνάπαυσιν[1]

Heráclito, fr. 111

Platón menciona sólo una vez a Pitágoras[2] en su obra (*Rep.* X, 600b2) y Aristóteles suele referirse al filósofo matemático como οἱ Πυθαγόρειοι, los pitagóricos, nombrándolo directamente sólo en dos ocasiones: *Met.* I, 5, 986 a30 y *Ret.* II, 23, 1398 b16. A diferencia de otros primeros o proto filósofos,[3] no

---

1   La enfermedad hace a la salud agradable y buena; el hambre, a la saciedad; la fatiga al reposo.

2   Cf. DL, *Vidas*, VIII, 12. Lloyd (2014: 34-37) realiza una extraordinaria síntesis sobre la evidencia que existe alrededor del mentado teorema de Pitágoras. Por un lado, se sabe que él no lo descubrió, pues dichas relaciones geométricas en triángulos ya existían en Babilonia, por lo que queda sólo que a él se le atribuya su demostración, algo que también resulta turbulento y poco evidente. Es a partir de Euclides, nos recuerda el autor, que se asocia a Pitágoras con dicho teorema. Cf. Aristóteles., *Met.* I, 5 986 a23-986 b5, donde expone las razones por las que piensa que Pitágoras hace del número el origen del cual están hechas todas las cosas.

3   Sobre la complejidad e inexactitud que el concepto de presocráticos tiene para designar a todos los pensadores monistas, pluralistas y metafísicos antes de Sócrates y Platón, André Laks (2010) ha hecho un extraordinario análisis en *Introducción a la filosofía "presocrática"* (Cf. pp. 13-49). Por ello me inclinaré en esta investigación a llamar a todos estos pensadores como *primeros filósofos* o *proto filósofos*, tal y como lo hizo Aristóteles: τῶν δὴ πρώτων φιλοσοφησάντων (*Met.* I, 3, 983 b7)

tenemos fragmentos atribuidos directamente a Pitágoras, entre otras razones, porque se dice que no escribió nada.[4] Gigon (1985: 138) piensa que existe cierta polémica en este tema, pues encuentra contradicciones en los testimonios de unos y otros pitagóricos. Señala que basta que existan testimonios que den fe de obras de Pitágoras para deshacer la teoría ágrafa del samio. Pone tres ejemplos para reforzar su postura: Heráclito (22 B 129), Ion de Quíos (36 B2) y Heródoto (II, 81 y 123).[5]

El fragmento de Heráclito dice lo siguiente: "Pitágoras, hijo de Mnesarco, se ejercitó en la investigación (ἱστορίην) más que los otros hombres, y después de haber hecho una selección de sus escritos (συγγραφὰς), los convirtió en su propia sabiduría, mera erudición y arte de maldad".[6] Primeramente, sobre este fragmento de Heráclito existió un debate, ya que Diels-Kranz lo colocaron como dudoso, aunque Walzer, Reinhardt y Wilamowitz determinaron su autenticidad. En segundo lugar, es un fragmento recuperado de Diógenes Laercio para probar que estaban equivocados quienes sostenían que Pitágoras no dejó nada escrito aprovechando, además, para mencionar que el matemático escribió tres obras: *Sobre la educación* (Παιδευτικόν), *Sobre el gobierno* (Πολιτικόν) y *Sobre la naturaleza* (Φυσικόν). El hecho de que sea Diógenes Laercio quien lo sustenta hace aún más dudosa la información, pues la distancia entre él y Pitágoras es de ocho siglos, y es conocida la inexactitud de su información en *Vidas*. A mi juicio, el hecho más polémico sobre este fragmento es que Gigon está traduciendo συγγραφὰς como "sus escritos",[7] de lo que está infiriendo que el adjetivo posesivo "sus" hace referencia a escritos hechos *por* Pitágoras y no sencillamente escritos que eran *de* Pitágoras. Además, συγγραφὰς también puede significar "aquello que

---

4   Alrededor de este tema existe un debate amplio. Por un lado, autores como Gigon (1985) apuestan por la obra escrita de Pitágoras, mientras que otros, como Zhmud (1989) afirman tajantemente que Pitágoras mismo no escribió nada.

5   Sobre la relevancia de estas fuentes me remito a lo hecho por Lloyd (2014: 28-32), quien a diferencia de Gigón, no ve en estos autores evidencia de que Pitágoras haya escrito algo.

6   Πυθαγόρης Μνησάρχου ἱστορίην ἤσκησεν ἀνθρώπων μάλιστα πάντων καὶ ἐκλεξάμενος ταύτας τὰς συγγραφὰς ἐποιήσατο ἑαυτοῦ σοφίην, πολυμαθίην, κακοτεχνίην. Este fragmento lo recoge Diógenes Laercio (VIII, 6).

7   Lloyd (2014: 29 n.8) se muestra cauteloso sobre este pasaje y la traducción συγγραφὰς al señalar que el fragmento de Heráclito podría, incluso, señalar un posible plagio por parte de Pitágoras.

está escrito". De hecho, el posesivo "sus" no está en griego, es un añadido de Gigon, con lo que tanto su traducción como la interpretación que hace no dan en el blanco. Al traducir συγγραφὰς como "sus escritos" debe uno entender que la posibilidad de que sean los escritos redactados por el mismo Pitágoras o la de que los escritos eran de otros y Pitágoras consultaba, queda abierta. La evidencia histórica y filológica apunta hacia la dirección contraria, es decir, que no existe documento escrito por el filósofo-matemático; ésta será la postura que asumiré en esta investigación.

Más allá de saber si hubo o no tres obras suyas hoy no tenemos ninguna con la cual sea posible trabajar. Su vida misma es un vaivén de datos. Pareciera como si todo lo que se acerca al filósofo samio fuera, como escribió Gigon (1985: 135), sumido "en la niebla de lo legendario". Guthrie (1984: 146 n. 1) advierte sobre la tentación de pretender agotar la investigación sobre el pitagorismo, pues la información que tenemos resulta parca para reconstruir fidedignamente su pensamiento. Cornford (1922: 139) escribe que "cualquier reconstrucción sobre el propio sistema de Pitágoras debe ser mayoritariamente conjetural". Tenemos la biografía de cinco autores que en la antigüedad escribieron sobre Pitágoras: Porfirio, Jámblico, Diógenes Laercio, Diodoro de Sicilia y Focio de Constantinopla. Entre ellos hay coincidencias y discrepancias. También existen cinco preplatónicos que lo mencionan: los ya citados Heráclito e Ion de Quíos, Jenófanes, Empédocles y Heródoto. No puedo dejar de mencionarse los escritos de Sexto Empírico sobre estos temas. La referencia por parte de Platón es suficiente para acreditar la existencia de éste; sin embargo, en cuanto a su doctrina no queda sino recolectarla como si de un rompecabezas se tratara. Jámblico, Porfirio, Aristóteles y otros autores dejaron piezas que con paciencia pueden embonar entre sí.

Discrepo, por otro lado, con Raven (1948: 1) en que la referencia platónica a Pitágoras implique que Platón consideraba al samio no primeramente como un científico sino como un maestro religioso. Recojo el pasaje de *República* al que se refiere Raven:

> Así como Pitágoras era especialmente amado por este motivo [su modo de vida], y cuyos discípulos son famosos entre los demás hombres, aún hoy, por lo que llaman a ese modo de vida pitagórico.[8]

En primer lugar, esta cita, puesta en contexto, busca realizar una crítica a Homero a propósito de la influencia pedagógica de la que éste gozó gracias a su obra; razón por la cual Platón sugiere que algunos de los versos de la *Ilíada* y la *Odisea* sean recortados, pues son mala pedagogía.[9] Por otro lado, claramente de lo que el ateniense habla es del estilo de vida de Pitágoras, no de sus enseñanzas como matemático. Puede aducirse la relevancia que en este pasaje tiene la vida predicada y ejecutada por el samio, pero no encuentro razones para por ello jerarquizar en Platón una cosa sobre la otra, que es la propuesta de Raven.

Notoriamente en otros pasajes Platón permite ver el aprecio que tiene por las ideas pitagóricas en el ámbito científico. *Timeo* probablemente es el mejor ejemplo de cómo las ideas pitagóricas fueron asimiladas y fundamentadas. Sin la *tetraktys* y la Década en mente difícilmente hubiera podido Platón desarrollar su cosmovisión, basada casi enteramente en un modelo matemático, como lo mostraré más adelante en este capítulo.

Filebo es otro diálogo en donde la influencia pitagórica aparece, aunque lo hace sin que se le dé crédito.[10] El tratamiento sobre el límite y lo ilimitado que en dicho diálogo surge es parte de la Tabla de los diez opuestos que Aristóteles recoge. Esta idea de los opuestos también podemos rastrearla en *Fedón* (60b2-3) cuando al inicio del diálogo, y previo al argumento de los ciclos (70e-72a), Sócrates enfatiza la reciprocidad existente entre el placer y el dolor.[11]

---

8   X, 600b2-5. ὥσπερ Πυθαγόρας αὐτός τε διαφερόντως ἐπὶ τούτῳ ἠγαπήθη, καὶ οἱ ὕστεροι ἔτι καὶ νῦν Πυθαγόρειον τρόπον ἐπονομάζοντες τοῦ βίου διαφανεῖς πῃ δοκοῦσιν εἶναι ἐν τοῖς ἄλλοις.

9   Sobre este tema remito al último capítulo de este libro.

10   Es conocida la inexactitud histórica con la que Platón hace uso de sus fuentes; utiliza el contenido que adjudica a sus personajes como un instrumento de su reflexión filosófica sin tener en cuenta la precisión de las palabras pronunciadas por éstos. También tenemos casos de omisión, en donde Platón no da crédito al filósofo del que está tomando la idea; un ejemplo puede ser el señalado aquí y el otro el del *Banquete*, pues la teoría del andrógino la pronuncia Aristófanes, cuando sabemos que quien la pronunció originalmente fue Empédocles.

11   Por supuesto que también es importante considerar la influencia de Heráclito en dicho argumento.

Lo indudable es la influencia que la llamada escuela pitagórica tuvo en el porvenir filosófico de la antigüedad griega. Si bien no existe todo el material que uno desearía sobre las palabras exactas de Pitágoras, sí podemos dar cuenta de la bibliografía inspirada en su doctrina que las escuelas helénicas, helenísticas y medievales recogieron.

A lo largo de las siguientes páginas de este capítulo exploraré las problemáticas que existen alrededor de la filosofía pitagórica; concretamente, el problema de la relación entre los números y las cosas sensibles. Me adentraré en la temática alrededor de la construcción del mundo en la mente de los pitagóricos para dilucidar si existen o no semejanzas entre la filosofía de los pitagóricos y la de Platón. Específicamente me interesa asomarme a la relación entre ciertos conceptos que los pitagóricos utilizaron y legaron, como κόσμος, y la relación que éste tiene con el límite, un concepto sumamente relevante en la filosofía de Platón. Asimismo, explicaré algunas doctrinas básica, como la *tetraktys*, la tabla de los opuestos y la ordenación del mundo.

También verificaré qué significa la tesis atribuida a los pitagóricos que enuncia que *Todo es número*. ¿Es realmente una tesis pitagórica que viene de las primeras comunidades pitagóricas o es una idea posterior a la época de Platón? Ni Filolao ni Arquitas parecen defender dicha tesis. De ser cierto que los pitagóricos no concebían que la realidad es número, entonces, ¿cuál es realmente su filosofía matemática y por qué el interés en filósofos como Platón y Aristóteles en la misma?

Una vez trazado el camino entre pitagóricos y platónicos sobre las matemáticas y su relevancia para la filosofía estudiaré el vínculo que Pitágoras y su legado establecieron entre las matemáticas y la música; posteriormente, abordaré el tema de la pedagogía matemática platónica expuesta en el libro VII de *República*. Para ello también confrontaré lo hallado con la crítica platónica a la concepción que según el ateniense los pitagóricos tenían del estudio de la música. Profundizaré en la construcción geométrica del mundo que realiza Platón en *Timeo* y la escala musical que resulta de la construcción del alma del mundo por parte del demiurgo.

2.1. Κόσμος y πέρας: los principios de la realidad pitagórica

La cosmovisión pitagórica partía de que el ἀρχή eran los números.[12] Para Aristóteles los pitagóricos concebían que toda la realidad estaba compuesta por números, no como unidades abstractas, sino con magnitud.[13] En este punto, el estagirita busca distanciar a los discípulos de Pitágoras de Platón, cuando señala que "unos afirman que los números son de ambos tipos: el que tiene anterioridad y posterioridad, es decir, las Formas, y el número matemático, fuera de las Formas y de las cosas sensibles".[14] Para los pitagóricos la realidad se construye a partir de los números; así, el 1 fue el punto; el 2, la línea; el 3, el triángulo, y el 4, el tetraedro. Esta metafísica basada en el número pretende explicar la distinción entre la unidad y la multiplicidad, el ser y el devenir. El mundo, y todo lo que nos rodea y podemos conocer, tiene su base en ello. Más allá de una abstracción, los números son para los pitagóricos los elementos primarios de la composición del mundo.

Los antiguos griegos concebían el mundo como un κόσμος que debía ser descifrado. Un κόσμος que en sí mismo guarda el principio teleológico permitiendo ser conocido mediante la razón humana. Un κόσμος en donde el propio λόγος, que nutre a cada uno de los objetos, se encuentra con ese otro λόγος, el de la razón, que puede develar el λόγος del κόσμος naturalmente oculto a la

---

12   Existe una amplia discusión alrededor de este tema. Por un lado, autores como Burkert (1972) y Zhmud (1989) sostienen que la teoría pitagórica que sentencia *todo es número* no es de Pitágoras, sino una creación de Platón. Otros como Guthrie (1984), Cornford (1922; 1923; 1989), Taylor (1928) y Kirk-Raven-Schofield (2008) consideran que existen elementos suficientes para afirmar que dicha teoría es de Pitágoras. Cornford (1922: 138) advierte, específicamente, que es posible reconocer dos maneras de la teoría-número de los pitagóricos. La discusión estriba en determinar si para Pitágoras los números eran una realidad ontológica a partir de la cual el mundo era creado y, por lo tanto, el mundo a su vez está conformado por números o si los números juegan un papel estrictamente matemático, pero no ontológico. Rohde (2006: 282-283) se muestra más cauto, pues mientras afirma que mucho de lo que sabemos sobre Pitágoras es gracias a Platón, también señala que la teoría mística de los números no es del propio pensador de Samos, sino anterior.

13   Cf. *Met.* XIII, 6, 1080 b16-21: καὶ οἱ Πυθαγόρειοι δ' ἕνα, τὸν μαθηματικόν, πλὴν οὐ κεχωρισμένον ἀλλ' ἐκτούτου τὰς αἰσθητὰς οὐσίας συνεστάναι φασίν: τὸν γὰρ ὅλον οὐρανὸν κατασκευάζουσιν ἐξ ἀριθμῶν, πλὴν οὐ μοναδικῶν, ἀλλὰ τὰς μονάδας ὑπολαμβάνουσιν ἔχειν μέγεθος: ὅπως δὲ τὸ πρῶτον ἓν συνέστη ἔχον μέγεθος, ἀπορεῖν ἐοίκασιν.

14   *Met.* XIII, 6, 1080 b11-14: οἱ μὲν οὖν ἀμφοτέρους φασὶν εἶναι τοὺς ἀριθμούς, τὸν μὲν ἔχοντα τὸ πρότερον καὶ ὕστερον τὰς ἰδέας, τὸν δὲ μαθηματικὸν παρὰ τὰς ἰδέας καὶ τὰ αἰσθητά, καὶ χωριστοὺς ἀμφοτέρους τῶν αἰσθητῶν.

sensibilidad humana.[15] Mediante este encuentro, que podríamos llamar dialéctico, surge el verdadero conocimiento del mundo. Para los pitagóricos, particularmente, ese λόγος oculto a los sentidos son los números que estructuran a la realidad. De modo que los números, que no son entes sensibles, dan forma a objetos materiales, al mismo tiempo que dichos números no parecen existir fuera de ese λόγος que supuestamente los descubrió. Para los pitagóricos, sin embargo, los números sí son entes reales más allá de la sensibilidad y de la construcción racional que hemos creado para interpretar al mundo.[16]

Que el mundo puede explicarse matemáticamente es un hecho. Nuestra capacidad para estudiar y comprender en profundidad la naturaleza depende en gran medida de saber matemáticas. Como lo señala Guthrie (1984: 263-264) discurriendo sobre los pitagóricos: "La diferencia esencial entre las diferentes clases de cuerpos reside en la *harmonía* o *logós* (*sic*) con que se mezclan los elementos. Los mismos elementos se forman a partir de figuras matemáticas definidas y, así, 'el universo todo es una *harmonía* y un número". El modo de formarse el *límite* es lo que lo hace un *cosmos* y, de este modo, bueno'".[17] Esta concepción pitagórica parte de entender lo que para ellos significaban dos palabras: κόσμος y πέρας.

Κόσμος es un vocablo normalmente traducido por universo o mundo. Sin embargo, la riqueza semántica del griego supera a la castellana. Κόσμος también significa orden, buen comportamiento, decencia, gobierno, ornamento, decoración, regulador e incluso humanidad. Muchas nociones que

---

15   Resulta imposible no pensar en Heráclito (22 B 123): φύσις κρύπτεσθαι φιλεῖ, que traduzco como "la naturaleza ama esconderse" y si lo que realmente tenía en mente era precisamente el desarrollo que aquí he realizado, en el cual no ahondo más por no ser el tema de esta investigación. Aprovecho, sin embargo, para referir a otro fragmento del mismo filósofo que sirve tanto para lo aquí analizado como para lo que desarrollaré más adelante (22 B 54): ἁρμονίη ἀφανὴς φανερῆς κρείττων, que se traduce como "la armonía oculta es superior a la manifiesta".

16   Aristóteles así lo menciona: "Parece que también éstos consideran que el número es principio, no sólo como materia para los entes, sino también como afecciones y hábitos": φαίνονται δὴ καὶ οὗτοι τὸν ἀριθμὸν νομίζοντες ἀρχὴν εἶναι καὶ ὡς ὕλην τοῖς οὖσι καὶ ὡς πάθη τε καὶ ἕξεις (*Met.* I, 5, 986 a16-17). También vale la pena revisar el testimonio que el mismo filósofo presenta en *Fís.* III, 203 a6-8: "Para los pitagóricos [el infinito] está en las cosas sensibles (pues no consideran que el número sea algo separable), y piensan también que lo que está fuera del cielo es infinito": Πλὴν οἱ μὲν Πυθαγόρειοι ἐν τοῖς αἰσθητοῖς (οὐ γὰρ χωριστὸν ποιοῦσιν τὸν ἀριθμόν), καὶ εἶναι τὸ ἔξω τοῦ οὐρανοῦ ἄπειρον.

17   Las cursivas son del autor.

de una u otra manera formaron la noción de κόσμος enseñada por Pitágoras y legada a los pensadores posteriores. Como lo mencioné líneas antes, este κόσμος está formado por números como sus elementos (στοιχεῖα) primarios.

En *Vida de Pitágoras* (18.82.8-18), Jámblico recupera la siguiente información sobre los *acúsmata*:[18]

Todas las así "llamadas" sentencias se dividen en tres clases: algunas indican lo que una cosa es, otras qué es lo más, y otras qué es lo que se debe hacer o no hacer. Ejemplos de esta clase "¿qué es?" son ¿qué son las islas de los bienaventurados?: el Sol y la Luna. ¿Qué es el Oráculo de Delfos?: la *tetraktys*, que es la armonía de las sirenas.[19] Ejemplos de la clase "¿qué es lo más?", son ¿qué es lo más justo?: el sacrificar. ¿Qué es lo más sabio?: el número; pero después es el hombre que asignó nombres a las cosas. ¿Qué es la más sabia de las cosas en nuestro poder?: la medicina. ¿Qué es lo más hermoso?: la armonía. ¿Qué lo más poderoso?: el conocimiento. ¿Qué es lo mejor?: la felicidad. ¿Cuál de las cosas que se dicen es la más verdadera?: que los hombres son malvados.[20]

---

18 A la muerte de Pitágoras sus discípulos fueron inclinándose hacia dos vertientes principales de las enseñanzas del maestro: por un lado los llamados *matemáticos* recogían la tradición exotérica, que era la que centraba su atención en la realidad numérica del mundo, los considerados científicos; por otro lado, los *acusmáticos*, llamados así por los denominados *acúsmata* o *sýmbola*, que eran las enseñanzas esotéricas que conocían sólo los miembros de la escuela pitagórica en forma de sentencias como la que Jámblico expone y que se consideraban místicas. Originalmente ambas enseñanzas se complementaban, pero en la decadencia de la escuela se inició un debate sobre cuál plasmaba más fehacientemente la doctrina del samio.

19 También conocida como cuaternario o serie de los cuatro primeros números y constituye la esencia de la doctrina pitagórica, en donde 1, 2, 3 y 4 son la base con la que se forman las proporciones armónicas. La traducción de Miguel Periago (2003) comete el error de pensar que la subordinada ὅπερ ἐστὶν ἡ ἁρμονία, ἐν ᾗ αἱ Σειρῆνες es parte del encadenamiento de preguntas que formula Jámblico. A continuación reproduzco la traducción de Periago: "¿Qué es el Oráculo de Delfos?, la *tetraktys*"; "¿Qué es exactamente la armonía de las Sirenas". Para Cornford (1923: 1) la *tetraktys* es el compendio del misticismo pitagórico. Simboliza los elementos del número que son los elementos de todas las cosas y contiene las proporciones afines de la armonía musical. Son la raíz y la fuente de la siempre móvil naturaleza, pues contiene en sí misma a todo el universo.

20 πάντα δὲ τὰ οὕτως <καλούμενα> ἀκούσματα διῄρηται εἰς τρία εἴδη· τὰ μὲν γὰρ αὐτῶν τί ἐστι σημαίνει, τὰ δὲ τί μάλιστα, τὰ δὲ τί δεῖ πράττειν ἢ μὴ πράττειν. τὰ μὲν οὖν τί ἐστι τοιαῦτα, οἷον τί ἐστιν αἱ μακάρων νῆσοι; ἥλιος καὶ σελήνη. τί ἐστι τὸ ἐν Δελφοῖς μαντεῖον; τετρακτύς· ὅπερ ἐστὶν ἡ ἁρμονία, ἐν ᾗ αἱ Σειρῆνες. τὰ δὲ τί μάλιστα, οἷον τί τὸ δικαιότατον; θύειν. τί τὸ σοφώτατον; ἀριθμός· δεύτερον δὲ τὸ τοῖς πράγμασι τὰ ὀνόματα τιθέμενον. τί σοφώτατον τῶν παρ› ἡμῖν; ἰατρική. τί κάλλιστον; ἁρμονία. τί κράτιστον; γνώμη. τί ἄριστον; εὐδαιμονία. τί δὲ ἀληθέστατον λέγεται; ὅτι πονηροὶ οἱ ἄνθρωποι. Α

Este testimonio proporciona información relevante sobre la cosmovisión pitagórica. El oráculo de Delfos era el centro religioso del mundo helénico, por lo que la respuesta a la pregunta τί ἐστι τὸ ἐν Δελφοῖς μαντεῖον; que responde que es la *tetraktys*, también conocida como Década, manifiesta lo que los pitagóricos pensaban sobre el κόσμος. La *tetraktys*[21] es la suma de los primeros cuatro números, que en el caso de considerar la secuencia natural sería: 1 + 2 + 3 + 4 = 10. Los pitagóricos la representaban acomodando diez pequeñas piedras de la siguiente manera:

Este triángulo equilátero representa todo lo que hay en el mundo y por lo que el mundo existe. Tenemos, al inicio, la Mónada o Uno, que es de donde proviene todo lo demás. Este Uno no es un número, es unidad donde se agrupan los opuestos, tanto lo par como lo impar, lo limitado como lo ilimitado. El dos representa a los pares y también a lo ilimitado, fuente del mal y la desproporción en el mundo. Mediante el gnomon es posible corroborar esta teoría, pues en él cada que sumamos un número impar a la unidad anterior

---

partir de este momento me referiré al concepto de la suma de los primeros cuatro números como *tetraktys* por conservar la tradición que así la ha empleado, en lugar del original en griego: τετρακτύς.

21 De acuerdo con Teón de Esmirna, en su libro *Sobre la tetraktys y la Década* existen diez *tetraktys* que supuestamente estos cuatro números simbolizan. Lo que a continuación estará escrito tiene claramente elementos platónicos incorporados a la doctrina pitagórica:
Números: 1, 2, 3, 4.
Magnitudes: punto, línea, superficie y sólido.
Cuerpos simples: fuego, aire, agua y tierra.
Figuras de cuerpos simples: pirámide, octaedro, icosaedro y cubo.
Cosas vivientes: semilla, crecimiento longitudinal, ensanchamiento y engrosamiento.
Sociedades: el hombre, el pueblo, la ciudad y la nación.
Facultades: razón, conocimiento, opinión y sensación.
Partes de un ser vivo: cuerpo y las tres partes del alma.
Estaciones del año: primavera, verano, otoño e invierno.
Edades: infancia, juventud, adultez y vejez.

se logra la misma figura en una escala mayor, mientras que cuando realizamos la suma mediante números pares, el gnomon modifica su forma. El primer caso será el del cuadrado y el segundo el de lo oblongo, tal como se verá líneas adelante gracias a la tabla de opuestos.

Si comenzamos con una unidad y le sumamos sucesivamente números impares en forma de gnomon la figura resultante siempre será la misma, un cuadrado:

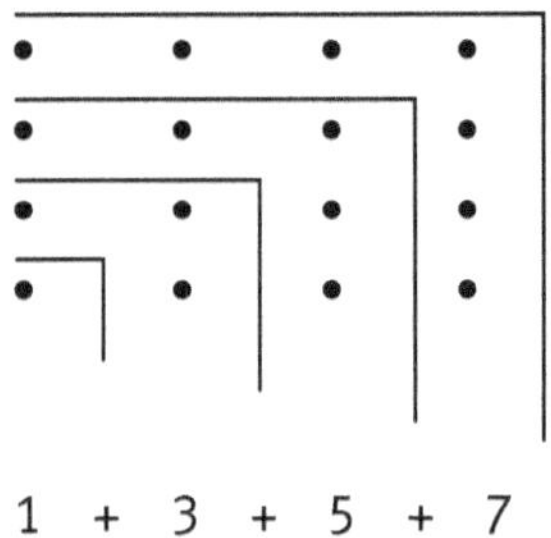

1 + 3 + 5 + 7

Si, en cambio, iniciamos con dos unidades y disponemos los números sucesivos alrededor de ellas de la misma manera, obtendremos series de oblongos que difieren constantemente en la forma.

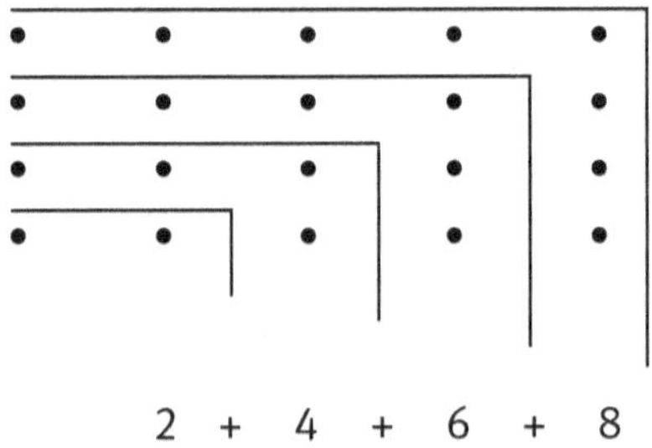

2 + 4 + 6 + 8

Los números oblongos, como se puede ver, forman una figura en donde una cara siempre es mayor que la otra por una sola unidad, algo que no sucede con los números cuadrados.

Retomando la *tetraktys*, cada número representa una parte del mundo, pero, además, la suma de ellos da 10, que sumado a su vez da 1 (1 + 0), el número de la divinidad. Además, es el número que indica que todo vuelve a iniciar, pues como notaron los pitagóricos, todas las civilizaciones conocidas por ellos contaban del uno al diez y volvían a empezar, pues el once es diez más uno y así con el resto de los números.

Recupero el testimonio de Aecio (I, 7, 18, *Dox.*) en donde dice que "de los principios, Pitágoras dijo que la mónada era Dios y el bien, la verdadera naturaleza del Uno, la Inteligencia misma; la díada indefinida, por el contrario, es un *daímon* y malo, relacionado con la pluralidad material". La díada es un término que aparece en Platón como parte de sus ἄγραφα δόγματα, en donde el ateniense indica que los principios del mundo son dos: el Uno y la Díada. No está claro si esta díada es parte del pitagorismo antes de Platón o una consecuencia del pitagorismo platónico. Lo que sí sabemos es que los pitagóricos concebían el número 2 como el primer número del que aparecen todos los demás. El dos formaba parte, dentro de la tabla de opuestos que más adelante recuperaré, de lo *ilimitado*. Los discípulos de Pitágoras colocan en la columna de lo ilimitado también a lo femenino y al mal, a lo que está en movimiento y es plural. Así, el 2 es el principio del mal.

En cambio, el 3 forma parte de la columna de lo *limitado*, en donde está la unidad, lo masculino, el reposo y la bondad. Curiosamente Aristóteles comparte esta cosmovisión con los pitagóricos: "En efecto, tal como dicen también los pitagóricos, el todo y todas las cosas quedan definidos por el 3; pues fin, medio y principio contienen el número del todo y esas tres cosas constituyen el número de la tríada".[22] Una idea similar se encuentra en Platón: "Si es un todo, ¿no tendrá principio (ἀρχὴν), medio (μέσον) y fin (τελευτήν)? ¿O acaso le es posible a algo ser un todo sin estas tres cosas? Si le faltara alguna de ellas, ¿consentiría aún en ser un todo (ὅλον)?".[23]

El 3 es el límite (πέρας), mientras que el 2 lo ilimitado (ἄπειρον). La relación entre ambos da lugar a lo que consideran el primer matrimonio, el 5, pues éste representa, al igual que el 6, la unión del 2 y el 3 (2 + 3 y 2 x 3), femenino

---

22 *De Ca.*, I 268 a11-14: Καθάπερ γὰρ φασι καὶ οἱ Πυθαγόρειοι, τὸ πᾶν καὶ τὰ πάντα τοῖς τρισὶν ὥρισται· τελευτὴ γὰρ καὶ μέσον καὶ ἀρχὴ τὸν ἀριθμὸν ἔχει τὸν τοῦ παντός, ταῦτα δὲ τὸν τῆς τριάδος.

23 *Parm.* 145a9 11: εἰ ὅλον, οὐ καὶ ἀρχὴν ἂν ἔχοι καὶ μέσον καὶ τελευτήν; ἢ οἷόν τέ τι ὅλον εἶναι ἄνευ τριῶν τούτων; κἂν του ἓν ὁτιοῦν αὐτῶν ἀποστατῇ, ἐθελήσει ἔτι ὅλον εἶναι.

y masculino creando el orden del mundo. El κόσμος nace del matrimonio del par e impar, en donde el impar impone límite y orden sobre lo plural y móvil, creando objetos limitados, estructurados y cognoscibles. Asimismo, lo menciona Platón en *Filebo*[24] al explicar cómo a partir de la unión mediante el número de lo ilimitado con lo limitado obtenemos conmensuración y armonía. En este diálogo la dialéctica socrática sólo puede comprenderse si se le compara con la estructura matemática de las cosas y con el conocimiento transmitido de que lo uno es múltiple y lo múltiple, uno.[25]

El 4 es el número que asociaron con la justicia, pues es el encargado de conciliar en armonía las tensiones previas, es decir, como reciprocidad:[26] sufrir uno mismo lo que hizo a otro, sea esto bueno o malo. El 4 cumple con la reciprocidad al permitir que el par y el impar, 2 y 3, convivan en correspondencia. En el tercer capítulo desarrollaré la idea que vincula esta noción de justicia con el número 4 y la división tripartita del alma que Platón descubre en *República* IV (439a y ss.); específicamente que el resultado de que las tres partes cumplan con su función sin interferir entre sí es, precisamente, δικαιοσύνη. Esta es la cuarta virtud que aparece sólo después de que la moderación (σωφροσύνη), la valentía (ἀνδρεία) y la prudencia (σοφία) han florecido en el alma del individuo.

Ahora es posible contemplar a la *tetraktys* y comprender por qué para los pitagóricos representaba a la divinidad y al mundo entero. Todo lo que el hombre necesita saber sobre sí mismo y el mundo está dentro de ese triángulo equilátero. Están la ἀρχή y la γένεσις del κόσμος que además representarán, mediante la Década o tabla de opuestos, el funcionamiento de la realidad. El 10 es el resultado natural de la suma de los cuatro números descritos (1 + 2 + 3 + 4 = 10), por lo que, junto con la Mónada o Unidad, de la Díada surgen diez principios duales que Aristóteles recupera de la siguiente manera en su *Metafísica* (I, 986 a22):

---

24   Cf. 25a-26b.

25   Cf. *Fil.*, 14e. La interpretación de este pasaje remito al análisis de Zellini (2018: 109), quien encuentra motivos para engarzar el λόγος como discurso y argumentación, y como razón matemática.

26   Cf. Arist., *EN*, V, 5. 1132 b21 y ss.

(1)	Límite (πέρας)	:	Ilimitado (ἄπειρον)
(2)	Impar (περιττὸν)	:	Par (ἄρτιον)
(3)	Uno (ἓν)	:	Pluralidad (πλῆθος)
(4)	Derecho (δεξιὸν)	:	Izquierdo (ἀριστερόν)
(5)	Masculino (ἄρρεν)	:	Femenino (θῆλυ)
(6)	En reposo (ἠρεμοῦν)	:	En movimiento (κινούμενον)
(7)	Recto (εὐθὺ)	:	Curvo (καμπύλον)
(8)	Luz (φῶς)	:	Oscuridad (σκότος)
(9)	Bueno (ἀγαθὸνκαὶ)	:	Malo (κακόν)
(10)	Cuadrado (τετράγωνον)	:	Oblongo (ἑτερόμηκες)

Como he venido señalando, el primer par de opuestos —límite-ilimitado— es el principio de los nueve restantes. La unidad representa lo bueno en tanto que pertenece a la columna del límite, por lo que el 1 es siempre un mejor número que el 2, no en tanto que Mónada sino en tanto que une y evita la dispersión propia de la pluralidad. Aquí el 1 es el límite, πέρας, que estructura al κόσμος. Esta imposición sobre lo ilimitado logra que todo tenga sentido. Porque πέρας también significa fin;[27] así, lo que tiene límite, está ordenado a un fin que permite su comprensión. Πέρας y τέλος se unifican mediante el λόγος que lo contiene. Porque πέρας limita y al hacerlo proporciona no sólo finitud sino finalidad. El propio Aristóteles da testimonio de este razonamiento cuando en *Ética nicomáquea* (II, 6, 1106 b29 y ss.) señala que, así como los pitagóricos lo imaginaron, el mal está asociado a lo ilimitado mientras que el bien a lo limitado, pues el exceso y el defecto son propios de la maldad, mientras que el justo medio (μέσου) de la bondad.

---

27 García Yebra traduce πέρας como finito. Entiendo que πέρας y τέλος no significan lo mismo, pues mientras el primero tiene una connotación de término el segundo apunta hacia la causa final. No obstante, dado el tratamiento que los pitagóricos hacían de πέρας y la relevancia que este vocablo tenía para la construcción de su cosmovisión me atrevo a señalar que en la tabla de los opuestos también puede asumir la condición de finalidad. En Liddell Scott τέλος arroja seis entradas: 1) el cumplimiento o terminación de algo; 2) el fin propuesto; 3) autoridad suprema; 4) un cuerpo de soldados; 5) aquello que se paga para fines estatales, impuesto, y 6) ofrecimientos o sacrificios.

2.2. Todo es número: esencia y conocimiento del mundo

De acuerdo con el testimonio de Aristóteles los pitagóricos pensaban que las cosas mismas son números (*Met.* I, 6, 987 b28). ¿Exactamente qué quería decir Aristóteles con esto? Dicho pasaje busca por un lado distanciar la postura pitagórica de la platónica respecto de la relevancia que los números tienen para unos y otros. Burkert (1972: 15 y ss.) incluso se pregunta si el pitagorismo del que habla Aristóteles es un pitagorismo platónico o preplatónico.[28] La bibliografía que acompaña a esta discusión es amplia y con muy buenos argumentos para sembrar inquietudes sobre la ya difusa y polémica personalidad de Pitágoras. Sin embargo, a diferencia de Platón, Aristóteles procura mayor cuidado de las fuentes que utiliza; es un historiador más confiable. A los pitagóricos los menciona en los libros I, XIII y XIV de la *Metafísica*. En el primero, como parte de la reconstrucción de los proto filósofos antes de iniciar su investigación sobre la sustancia. En los XIII y XIV los emplea para establecer un diálogo sobre los principios de la realidad. Por ambas razones considero que el testimonio del estagirita es válido y así lo dispondré a lo largo de esta investigación.

Aristóteles nos recuerda que los pitagóricos fueron los primeros en cultivar las matemáticas (μαθημάτων) y creer que los principios (ἀρχὰς) de las matemáticas eran los principios de todas las cosas, que los números eran los elementos de todos los entes (ὄντων στοιχεῖα πάντων) por lo que pensaron que el cielo era armonía (ἀρμονίαν) y número (ἀριθμόν).[29] No está claro exactamente cuál es la fuente de la que parte Aristóteles para semejante afirmación, pues

---

28   Cherniss (1993: 14 y ss.) piensa que todo lo dicho sobre Platón por parte de Aristóteles es una inferencia falsa o una falsificación de su doctrina. Dedica especial interés al pasaje de la *Metafísica* aquí citado. De acuerdo con el profesor Cherniss la única manera correcta de conocer el pensamiento de Platón es leyendo los diálogos, una postura difícil de sostener hoy tras la tradición de la escuela de Tubinga y la investigación que Reale (2003), Gaiser (1994) y Krämer (1996) han hecho alrededor de las ἄγραφα δόγματα. Como lo dice el propio Ross (2001: 172) a propósito de la crítica de Cherniss sobre los comentarios que Aristóteles hace a la "doctrina no escrita" de Platón en sus libros XIII y XIV de la *Metafísica*: "Ni por un momento creo que haya comprobado el extremo de que todo lo dicho de Platón por Aristóteles, que no pueda verificarse en los diálogos, sea pura incomprensión o tergiversación".

29   Cf. *Met.* I, 5 985 b23 y ss. Es meritorio el análisis que Huffman (1993: 57-64) lleva a cabo del testimonio de Aristóteles.

si bien es cierto que dedicó tiempo a la investigación sobre los pitagóricos,[30] sabemos que antes de él sólo Arquitas[31] y Filolao[32] tuvieron publicaciones en las cuales pudo haberse basado. Los fragmentos que se conservan de este último no apuntan hacia la tesis de que *todo es número*. Lo que se obtiene de dichos fragmentos es que para Filolao todas las cosas que conocemos las conocemos gracias a los números, un giro ligeramente distinto al propuesto por el estagirita. Entonces, ¿cómo surge la teoría de que *todo es número*?

El pasaje de Aristóteles recién citado puede tener la clave a este problema. Si reproduzco la línea original en griego puede notarse que Aristóteles no se refiere a este grupo como los pitagóricos, sino como los *así llamados pitagóricos*: οἱ καλούμενοι Πυθαγόρειοι. Considerando la autoridad que testimonialmente tiene el Estagirita sobre sus fuentes, lo que esta expresión lleva a pensar es que él mismo no estaba seguro de si la tesis *todo es número* era una tesis auténtica de Pitágoras y sus discípulos o de otro grupo de personas que se decían pitagóricos pero cuya procedencia intelectual Aristóteles consideraba dudosa.

Es decir, a partir de οἱ καλούμενοι Πυθαγόρειοι no es posible concluir categóricamente que *todo es número* sea una tesis pitagórica, pero tampoco que no lo sea. Lo que se puede concluir —y en esto me adhiero a la tesis de Philip (1963: 253-255)— es que cuando Aristóteles habla de los pitagóricos en general se refiere al grupo de pensadores cuya actividad principal realizaban en la Magna Grecia, sea de los pitagóricos o de los *así llamados pitagóricos*.

Por otro lado, Aristóteles tiene muy clara la tesis de que *todo es número* como pitagórica. Tal vez el siguiente pasaje, en donde Aristóteles busca

---

30   Es sabido que Aristóteles dedicó al menos un libro a la exposición y crítica de la doctrina pitagórica (*Sobre los pitagóricos*). Para este tema me remito a Burkert (1972: 29 n.5). Una investigación anterior a la de Burkert, pero igualmente interesante sobre la interpretación de Aristóteles alrededor de los pitagóricos es la de Philip (1963), quien revisa los pasajes en la obra del estagirita para determinar cuándo se habla de los pitagóricos y cuándo de los *así llamados pitagóricos*.

31   Es el pitagórico a quien Aristóteles más cita en sus obras: *Pol.* 1340 b26; *Prob.* 915 a29; *Ret.* III, 11, 1412 a12.

32   Aristóteles cita sólo en una ocasión a Filolao y es en relación con un tema de la posesión de ciertos deseos y pensamientos sobre la racionalidad: ὥστε καὶ διάνοιαί τινες καὶ πάθη οὐκ ἐφ' ἡμῖν εἰσίν, ἢ πράξεις αἱ κατὰ τὰς τοιαύτας διανοίας καὶ λογισμούς, ἀλλ' ὥσπερ Φιλόλαος ἔφη εἶναί τινας λόγους κρείττους ἡμῶν (EE II, 8, 1225 a30-33).

clarificar y distinguir la teoría de números de pitagóricos frente a Platón, aclare mejor este problema.

Además, al lado de lo sensible y de las Formas (εἴδη), admite [Platón] las cosas matemáticas como entes intermedios, diferentes, por una parte, de los objetos sensibles por ser eternas e inmóviles, y, por otra, de las Formas, por ser muchas semejantes, mientras que la Forma misma es sólo una en cada caso.

Y, puesto que las Formas son causas para las demás cosas, creyó que los elementos de aquéllas eran elementos de todos los entes. Así, pues, como materia, consideró que eran principios lo grande y lo pequeño, y como sustancia, el Uno; pues a partir de aquéllos por participación de lo Uno, las Formas eran los números. Al enseñar que el Uno es sustancia y que no se dice Uno lo que es otra cosa, su doctrina era semejante a la de los pitagóricos (τοῖς Πυθαγορείοις), y, al afirmar que los números eran las causas de la sustancia para las demás cosas, enseñaba lo mismo que ellos. Pero al poner una Díada en lugar del infinito como Uno y hacer el infinito a partir de lo grande y lo pequeño, le era propio. Además, éste [Platón] separa los números de las cosas sensibles, mientras que aquéllos dicen que las cosas mismas son números (οἱ δ' ἀριθμοὺς εἶναί φασιν αὐτὰ τὰ πράγματα), y no atribuyen a las cosas matemáticas una posición intermedia. Así, pues, el poner el Uno y los números fuera de las cosas y no como los pitagóricos (οἱ Πυθαγόρειοι), y la introducción de las Formas, tuvo su origen en la investigación de los enunciados (pues los anteriores no conocían la dialéctica),[33] y el convertir en Díada la otra naturaleza, en el hecho de que los números, fuera de los primeros, se generan cómodamente de ella como de una pasta blanda.

Pero sucede precisamente lo contrario. Pues no es razonable así. Estos filósofos, en efecto, hacen salir de la materia muchas cosas, pero la Forma sólo genera una vez y, evidentemente, de una sola materia sólo

---

33 En este pasaje Aristóteles se refiere a la dialéctica platónica, el estudio que implementó en la Academia y que era el que permitía la νόησις. Más adelante, en este mismo capítulo, abordaré el tema.

sale una mesa, mientras que el que induce la Forma, siendo uno, hace muchas. Lo mismo sucede con el macho con relación a la hembra, pues ésta es fecundada por un solo coito, mientras que el macho fecunda a muchas. Éstas son, sin embargo, imitaciones de aquellos principios.

Esto es lo que enseñó Platón acerca de los temas que nos ocupan. Y es evidente por lo dicho que sólo utilizó dos causas: la de "lo que es" (τῇ τε τοῦ τί ἐστι) y la relativa a la materia (pues las Formas son causas de "lo que es" para las demás cosas y el Uno, para las Formas). Y la materia que constituye el sujeto, de la cual se dicen las Formas en las cosas sensibles y el Uno en las Formas es, según él, la Díada, lo grande y lo pequeño. Además, asignó a ambos elementos la causa del bien y del mal.[34]

---

34 Met. I, 6, 987 b14-988 a15: ἔτι δὲ παρὰ τὰ αἰσθητὰ καὶ τὰ εἴδη τὰ μαθηματικὰ τῶν πραγμάτων εἶναί φησι μεταξύ, διαφέροντα τῶν μὲν αἰσθητῶν τῷ ἀΐδια καὶ ἀκίνητα εἶναι, τῶν δ' εἰδῶν τῷ τὰ μὲν πόλλ' ἄττα ὅμοια εἶναι τὸ δὲ εἶδος αὐτὸ ἓν ἕκαστον μόνον. ἐπεὶ δ' αἴτια τὰ εἴδη τοῖς ἄλλοις, τἀκείνων στοιχεῖα πάντων ᾠήθη τῶν ὄντων εἶναι στοιχεῖα. ὡς μὲν οὖν ὕλην τὸ μέγα καὶ τὸ μικρὸν εἶναι ἀρχάς, ὡς δ' οὐσίαν τὸ ἕν· ἐξ ἐκείνων γὰρ κατὰ μέθεξιν τοῦ ἑνὸς [τὰ εἴδη] εἶναι τοὺς ἀριθμούς. τὸ μέντοι γε ἓν οὐσίαν εἶναι, καὶ μὴ ἕτερόν γέ τι ὂν λέγεσθαι ἕν, παραπλησίως τοῖς Πυθαγορείοις ἔλεγε, καὶ τὸ τοὺς ἀριθμοὺς αἰτίους εἶναι τοῖς ἄλλοις τῆς οὐσίας ὡσαύτως ἐκείνοις· τὸ δὲ ἀντὶ τοῦ ἀπείρου ὡς ἑνὸς δυάδα ποιῆσαι, τὸ δ' ἄπειρον ἐκ μεγάλου καὶ μικροῦ, τοῦτ' ἴδιον· καὶ ἔτι ὁ μὲν τοὺς ἀριθμοὺς παρὰ τὰ αἰσθητά, οἱ δ' ἀριθμοὺς εἶναί φασιν αὐτὰ τὰ πράγματα, καὶ τὰ μαθηματικὰ μεταξὺ τούτων οὐ τιθέασιν. τὸ μὲν οὖν τὸ ἓν καὶ τοὺς ἀριθμοὺς παρὰ τὰ πράγματα ποιῆσαι, καὶ μὴ ὥσπερ οἱ Πυθαγόρειοι, καὶ ἡ τῶν εἰδῶν εἰσαγωγὴ διὰ τὴν ἐν τοῖς λόγοις ἐγένετο σκέψιν (οἱ γὰρ πρότεροι διαλεκτικῆς οὐ μετεῖχον), τὸ δὲ δυάδα ποιῆσαι τὴν ἑτέραν φύσιν διὰ τὸ τοὺς ἀριθμοὺς ἔξω τῶν πρώτων εὐφυῶς ἐξ αὐτῆς γεννᾶσθαι ὥσπερ ἔκ τινος ἐκμαγείου. καίτοι συμβαίνει γ› ἐναντίως· οὐ γὰρ εὔλογον οὕτως. οἱ μὲν γὰρ ἐκ τῆς ὕλης πολλὰ ποιοῦσιν, τὸ δ' εἶδος ἅπαξ γεννᾷ μόνον, φαίνεται δ› ἐκ μιᾶς ὕλης μία τράπεζα, ὁ δὲ τὸ εἶδος ἐπιφέρων εἷς ὢν πολλὰς ποιεῖ. ὁμοίως δ' ἔχει καὶ τὸ ἄρρεν πρὸς τὸ θῆλυ· τὸ μὲν γὰρ ὑπὸ μιᾶς πληροῦται ὀχείας, τὸ δ' ἄρρεν πολλὰ πληροῖ· καίτοι ταῦτα μιμήματα τῶν ἀρχῶν ἐκείνων ἐστίν. Πλάτων μὲν οὖν περὶ τῶν ζητουμένων οὕτω διώρισεν· φανερὸν δ' ἐκ τῶν εἰρημένων ὅτι δυοῖν αἰτίαιν μόνον κέχρηται, τῇ τε τοῦ τί ἐστι καὶ τῇ κατὰ τὴν ὕλην (τὰ γὰρ εἴδη τοῦ τί ἐστιν αἴτια τοῖς ἄλλοις, τοῖς δ' εἴδεσι τὸ ἕν), καὶ τίς ἡ ὕλη ἡ ὑποκειμένη καθ› ἧς τὰ εἴδη μὲν ἐπὶ τῶν αἰσθητῶν τὸ δ' ἓν ἐν τοῖς εἴδεσι λέγεται, ὅτι αὕτη δυάς ἐστι, τὸ μέγα καὶ τὸ μικρόν, ἔτι δὲ τὴν τοῦ εὖ καὶ τοῦ κακῶς αἰτίαν τοῖς στοιχείοις ἀπέδωκεν ἑκατέροις ἑκατέραν. A diferencia de García Yebra prefiero traducir el vocablo εἴδη por Formas, mientras que él hace por Especies. También descapitalicé sustantivos comunes que gozaban del atributo de propios como "Grande y Pequeño" (τὸ μέγα καὶ τὸ μικρὸν), "Números" (τοὺς ἀριθμούς), "Infinito" (ἄπειρον) y "Dialéctica" (διαλεκτικῆς) que aparecen en la traducción de García Yebra. Finalmente, no puedo dejar de mencionar lo que me parece una falta importante cuando traduce τῇ τε τοῦ τί ἐστι por "quididad", que, como bien lo menciona en la nota 47 de su traducción, es la causa formal. La traducción correcta tiene que ser "lo que es".

Mediante esta cita es posible asomarnos al pensamiento pitagórico desde Aristóteles y corroborar la fuente de la tesis *todo es número*. De acuerdo con esto, para Platón los números son un intermedio entre las Formas (εἴδη) y las cosas sensibles (τῶν πραγμάτων), mientras que para los pitagóricos "las cosas mismas son números" (οἱ δ' ἀριθμοὺς εἶναί φασιν αὐτὰ τὰ πράγματα). Si bien en 985 b23 se refirió a este grupo como los *así llamados pitagóricos* (οἱ καλούμενοι Πυθαγόρειοι), unas páginas más adelante no tiene problemas en escribir *los pitagóricos* (οἱ Πυθαγόρειοι), acreditándolos como los autores de la tesis "las cosas mismas son números", mejor conocida como *todo es número*.

La distinción entre establecer que *todo es número* y que *todo proviene del Uno* permitirá comprender la evolución e influencia del pitagorismo en el platonismo. De acuerdo con Aristóteles, los pitagóricos identifican a los números con τοῦ τί ἐστι, pues ellos consideraban que "las cosas mismas son números", estableciendo una relación esencial entre el mundo y los números. Así, la causa formal (τοῦ τί ἐστι) del mundo son los números; pero no sólo la formal, sino también, la material. Los números explican por qué existe el mundo y también de qué está hecho. Platón abrevará de esta doctrina, pero ello lo trataré más adelante en este capítulo. Sin embargo, ¿cuál era el fundamento que le permitía a los pitagóricos concluir dicha tesis?

Diógenes Laercio recupera las siguientes sentencias que Alejandro Polyhistor escribió en sus *Sucesiones de filósofos*:

> Que el principio de todo es la unidad (o mónada). Que de esta unidad surge la dualidad (o díada) infinita, que se establece frente a la unidad originaria como la materia (frente a la forma). De la unidad y la dualidad infinita se originan los números, y de los números los puntos, y de éstos las líneas, de las que se forman las superficies planas, y de las superficies nacen los volúmenes sólidos. De ellos se producen los cuerpos sensibles, cuyos elementos son justamente cuatro: fuego, agua, tierra y aire.[35]

---

35   *Vidas*, VIII, 25.1-7: ἀρχὴν μὲν τῶν ἁπάντων μονάδα· ἐκ δὲ τῆς μονάδος ἀόριστον δυάδα ὡς ἂν ὕλην τῇ μονάδι αἰτίῳ ὄντι ὑποστῆναι· ἐκ δὲ τῆς μονάδος καὶ τῆς ἀορίστου δυάδος τοὺς ἀριθμούς· ἐκ δὲ τῶν ἀριθμῶν τὰ σημεῖα· ἐκ δὲ τούτων τὰς γραμμάς, ἐξ ὧν τὰ ἐπίπεδα σχήματα· ἐκ δὲ τῶν ἐπιπέδων

La *tetraktys* se hace presente nuevamente y la doctrina pitagórica se esclarece con este testimonio de Alejandro, pues incorpora tanto el aspecto místico de los acúsmata sobre la mónada y la díada infinita, como el científico matemático al señalar el modo en que se construye el mundo a partir de las relaciones numéricas. Esto también hace pensar en la doctrina no escrita de Platón y el planteamiento sobre lo Uno y la Díada, ya mencionada en este capítulo por Aristóteles. El testimonio de Alejandro comienza claramente con ἀρχὴν μὲν τῶν ἀπάντων μονάδα, así que la crítica que Aristóteles hacía sobre los pitagóricos parece diluirse. El principio de todo es la mónada y de ella surge la díada, de la cual aparecen los números, de los cuales los puntos, líneas, planos y sólidos. Sin embargo, debido a que Alejandro toma esta idea de *Apuntes pitagóricos* (Πυθαγορικοῖς ὑπομνήμασιν) vuelve a surgir la duda de si estas tesis pitagóricas son preplatónicas o postplatónicas. Burkert (1972: 53) piensa que no es una fuente fidedigna del pensamiento pitagórico del siglo IV a.C., y la ubica en el siglo I a.C., alrededor de la época en la que vivió Alejandro Polyhistor. Por eso el texto de Alejandro resulta compatible con la doctrina de Platón sobre los principios y los números, mientras que es incomprensible frente al texto de Aristóteles citado.

Del pasaje de Alejandro, sin embargo, puede servirnos la segunda parte, i.e., aquella que explica de qué manera el número es la causa de la existencia del mundo sensible. Para ello es necesario regresar, como había mencionado, a la concepción de la *tetraktys*. El 1 era el punto, el 2 la línea, el 3 el plano y el 4 el sólido. Dicho de otro modo, el 1 no tiene dimensión, el 2 es la primera dimensión, el 3 la segunda y el 4 la tercera. Al ejemplificarlo queda así:

τὰ στερεὰ σχήματα· ἐκ δὲ τούτων τὰ αἰσθητὰ σώματα, ὧν καὶ τὰ στοιχεῖα εἶναι τέτταρα, πῦρ, ὕδωρ, γῆν, ἀέρα.

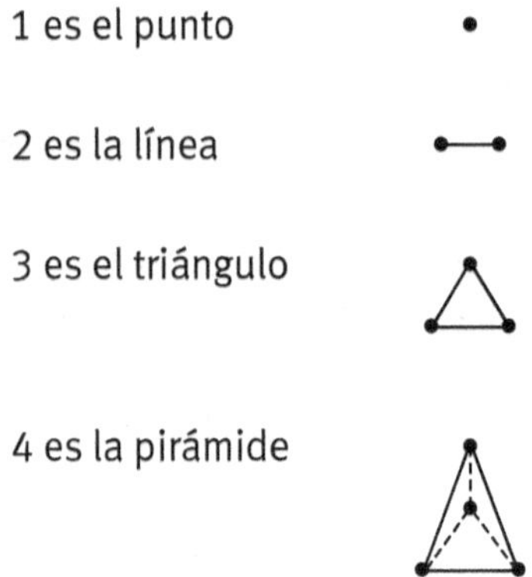

Todo sólido está formado de esta manera. La lógica pitagórica parte de identificar los números con puntos para así construir las dimensiones de la realidad física. Lo que los pitagóricos no han logrado ver hasta este momento es el problema de cómo a partir de esta explicación surgen los seres sensibles. Es perfectamente razonable la teoría de pasar del punto a la pirámide, pero cómo explicar el paso hacia el agua, por ejemplo. Esta es, de fondo, la crítica que Aristóteles hace del planteamiento pitagórico e indirectamente a Platón. Son dos planos argumentativos: el matemático y el físico. Como lo detalla Cornford (1989: 53): "Los números pitagóricos no parecen darse cuenta de que su cosmogonía consta realmente de dos partes: la primera matemática, que concluye en el sólido geométrico, y la segunda física, que empieza con el primer cuerpo sensible".

Sexto Empírico[36] atribuye estas ideas a Pitágoras. En *Esbozos pirrónicos* escribe sobre la teoría de los números pitagórica y de las cosas incorpóreas:

De lo que se concluye que los elementos de los seres son los números ¡no manifiestos, incorpóreos e implícitos en todo!, y no directamente ellos; sino la Unidad y, engendrándose por síntesis de una Unidad en

---

36   Cf. *EP* III, 20 151-167; *Vs. Fís.* II, 4 248-309: *Vs. Mate.* X, 248-309. Si bien el testimonio de Sexto es tardío, los elementos que recoge sobre el pitagorismo son histórica y filosóficamente relevantes para la discusión aquí planteada.

otras, la Paridad en abstracto, por participación en la cual se hacen pares los números pares particulares. A partir de éstas, en efecto, dicen que se forman los demás números —los implícitos en las cosas numerables— y se constituye el Mundo.

En efecto, el punto mantiene la proporción de la Unidad. La línea, la de la díada; pues aparece entre dos puntos. La superficie, la de la tríada; pues dicen que es el deslizamiento a lo ancho de una línea hacia otro punto situado fuera de ella. Y el cuerpo, la de la tétrada; pues se forma como levantamiento de la superficie hacia un punto situado encima.[37]

Estas observaciones ya habían sido hechas, muy probablemente, por Platón en su Academia. El pitagorismo de Platón resulta irrefutable,[38] razón por la cual es posible concluir que él ya conocía esta teoría de los pitagóricos, pues en *Timeo* busca conciliar el problema entre las razones matemáticas de las cosas y las físicas. La generación de seres vivos es una crítica pertinente que Pitágoras y su escuela parecen no haber atendido. Sin embargo, la descripción geométrico-matemática del mundo que ofrece Timeo en el diálogo platónico concilia y busca resolver el problema matemático-físico o numérico-sensible que he descrito anteriormente. Nos dice que antes de la generación del universo todos los elementos carecían de proporción y medida; que fuego, agua, tierra y aire estaban en un estado primitivo, con una configuración inicial con formas y números (Cf. *Tim.* 53a7-b5).[39]

---

37 III, 20, 153-154: ἢ γὰρ ἕν ἐστιν ἢ δύο ἢ πλείω. δι᾽ ὧν συνάγεται, ὅτι τὰ στοιχεῖα τῶν ὄντων εἰσὶν οἱ ἄδηλοι καὶ ἀσώματοι καὶ πᾶσιν ἐπιθεωρούμενοι ἀριθμοί. καὶ οὐχ ἁπλῶς, ἀλλ᾽ ἥ τε μονὰς καὶ ἡ κατὰ ἐπισύνθεσιν τῆς μονάδος γινομένη ἀόριστος δυάς, ἧς κατὰ μετουσίαν αἱ κατὰ μέρος γίγνονται δυάδες δυάδες. ἐκ τούτων γὰρ καὶ τοὺς ἄλλους γίνεσθαι ἀριθμούς, τοὺς ἐπιθεωρουμένους τοῖς ἀριθμητοῖς, καὶ τὸν κόσμον κατασκευάζεσθαι λέγουσιν. τὸ μὲν γὰρ σημεῖον τὸν τῆς μονάδος ἐπέχειν λόγον, τὴν δὲ γραμμὴν τὸν τῆς δυάδος (δύο γὰρ σημείων μεταξὺ θεωρεῖσθαι ταύτην), τὴν δὲ ἐπιφάνειαν τὸν τῆς τριάδος (ῥύσιν γὰρ εἶναί φασι τῆς γραμμῆς εἰς πλάτος ἐπ᾽ ἄλλο σημεῖον ἐκ πλαγίου κείμενον), τὸ δὲ σῶμα τὸν τῆς τετράδος· ἐπανάστασιν γὰρ γίγνεσθαι τῆς ἐπιφανείας ἐπί τι σημεῖον ὑπερκείμενον.

38 Zamora (2010: 81) señala que "Platón estaba muy atento al desarrollo de la matemática de su época" como una manera de prestar atención a los elementos pitagóricos que componen su filosofía cosmológica.

39 καὶ τὸ μὲν δὴ πρὸ τούτου πάντα ταῦτ᾽ εἶχεν ἀλόγως καὶ ἀμέτρως· ὅτε δ᾽ ἐπεχειρεῖτο κοσμεῖσθαι τὸ πᾶν, πῦρ πρῶτον καὶ ὕδωρ καὶ γῆν καὶ ἀέρα, ἴχνη μὲν ἔχοντα αὐτῶν ἄττα, παντάπασί γε μὴν διακείμενα ὥσπερ εἰκὸς ἔχειν ἅπαν ὅταν ἀπῇ τινος θεός, οὕτω δὴ τότε πεφυκότα ταῦτα πρῶτον διεσχηματίσατο

Lo que sigue en el diálogo es la descripción de los sólidos regulares, también conocidos como los cinco sólidos platónicos. Iré brevemente describiendo el proceso que ofrece Platón sobre la transición de meros elementos geométricos a cuerpos sensibles, no sin antes citar las palabras de Heisenberg (1972: 297) sobre este tema: "Las partículas elementales pueden compararse con los cuerpos regulares de *Timeo*, de Platón. Son los prototipos, las ideas de la materia". Para Heisenberg, la intuición de Platón de que los átomos eran partículas matemáticas, concretamente triángulos, que mezclados entre sí eran la razón de los cuatro elementos de Empédocles, era una idea que merecía atención y respeto. Las partículas elementales de la física cuántica no son materia, como tampoco lo son los triángulos que propone Platón para la formación de los cinco sólidos regulares,[40] pero son los elementos a partir de los cuales se levanta toda la materia.

La reconstrucción que haré va de 53c4 a 56e7. Primeramente, para Platón resalta la evidencia de que fuego, agua, aire y tierra son cuerpos (σώματά ἐστι),[41] mismos que poseen volumen y cuya superficie rodea al volumen. La idea ya existía, por lo que Platón hará a continuación es mostrar el origen de estos elementos, especialmente, su origen matemático. Sabía que al hacerlo estaba siendo completamente original en la descripción y comprensión del universo.[42] Señala el filósofo que toda superficie rectilínea está compuesta por triángulos y que todo triángulo surge de dos triángulos, cada uno con un ángulo recto y dos agudos. Uno tiene de uno y otro lado una parte de ángulo

---

εἴδεσί τε καὶ ἀριθμοῖς. Vale la pena recordar que la intuición de Platón acerca de los átomos como entes matemáticos, es decir, geométricos, fue celebrada por Heisenberg (1953: 137-140; 1958: 67-75; 1972: 12-20, 293-305).

40   Cf. Heisenberg (1972: 303). También vale la pena revisar (Heisenberg, 1953: 137): "La particular forma de la filosofía de la naturaleza planteada por Platón en *Timeo* debe considerarse, con especial énfasis en un rasgo característico de este enfoque que resurge en la física atómica moderna, en la teoría de las partículas elementales, y que desempeña un papel importante".

41   Eggers Lan (2012: 68-70) realiza un interesante análisis sobre la evolución y relevancia que adquiere aquí la palabra σῶμα para referirse no sólo al cuerpo como oposición de la ψυχή, sino de los cuerpos sensibles que son generados y pueden verse y tocarse.

42   Cf. Brisson-Meyerstein (1995: 40). En su libro, Brisson y Meyerstein extraen los 12 axiomas para la composición del universo que aparecen en *Timeo*. El que será desarrollado a partir de este momento es el axioma 9 que dice lo siguiente: "Los sensibles particulares, incluyendo a los cuerpos celestes, están hechos sólo de cuatro elementos: fuego, aire, agua y tierra".

recto divido en lados iguales; el otro tiene partes desiguales de ángulo recto dividido en lados desiguales. Aquí Platón está describiendo dos de los tipos de triángulos conocidos: rectángulo isósceles y rectángulo escaleno. Esto se ejemplifica mediante las siguientes figuras:

	Triángulo rectángulo isósceles Un ángulo recto Dos ángulos agudos
	Triángulo rectángulo escaleno No hay lados iguales No hay ángulos iguales

Tabla 1

A continuación, Platón expondrá la manera en que estos triángulos dan forma a los cuerpos sensibles, no sin antes advertir sobre lo que está a punto de decir, pues por un lado señala que lo que está por narrar es "un discurso verosímil (εἰκότα λόγον) acompañado de necesidad",[43] y por otro, introduce "suponemos (ταύτην δὴ)" para referirse al origen geométrico del fuego proveniente del tercer tipo de triángulo, a saber, el escaleno. Esto va de la mano con lo anticipado en 29d2 cuando Timeo se refiere a la explicación cosmológica que está por dar como εἰκός μῦθος, es decir, un "mito

---

43   *Tim.* 53d5-6. La expresión εἰκός λόγος contrasta con εἰκός μῦθος, que es la que da origen a la narración sobre la cosmología del mundo. En 29d2 Timeo se escuda en la naturaleza humana, como algo falible, para señalar que lo que a continuación describirá es un "mito verosímil", εἰκός μῦθος, sobre la creación del mundo. Esta expresión aparece, además de en el pasaje citado, en 59c6 y 68d2. Sobre el mismo tema, Vlastos (Cf. 1939: 71-73) revisa si a propósito de este pasaje podemos considerar el contenido de este diálogo como una narración mitológica o realmente tiene tintes científicos por los que deba ser tomada en cuenta; específicamente cara al problema del mal y el "movimiento desordenado". La expresión "explicación verosímil", εἰκός λόγος, aparece en este diálogo en el pasaje citado y otras seis veces (30b7, 48d2, 55d5, 56a1, 57d6 y 90e8). Para Brisson (1994: 105) "On ne peut donc absolument pas arguer de ce que le *Timée* est un mythe pour récuser la valeur effective de la structure ontologique qui s'y trouve (no podemos argumentar absolutamente que *Timeo* es un mito, pues desafiaría el valor efectivo de la estructura ontológica que hay en el diálogo)". Wright (Cf. 2000: 7 y 10-11 n.26) es más cauteloso y primeramente conecta este pasaje de *Timeo* con *Apología de Sócrates* (23b1-3) en donde Sócrates entiende que la respuesta del oráculo de que no hay hombre más sabio que él significa que sólo Dios es sabio mientras que la sabiduría humana tiene un valor bastante menor. Para Wright esto significa que Platón intercambia las palabras μῦθος, λόγος e incluso ἀπόδειξις para la explicación mítica del control divino sobre el movimiento del cosmos.

verosímil". Si bien la palabra μῦθος puede generar ruido por ser normalmente asociada con una narración fantástica, en realidad significa "historia". Así, si la historia es mitología o historia natural depende del tipo de historia que ésta sea (Vlastos, 1939: 72). Por lo que el uso aquí de εἰκός λόγος orienta hacia el tipo de relato del que estamos participando; un relato razonable.

Platón procede a enunciar cuáles serán los cuatro cuerpos más bellos, que son desiguales entre sí, pero con la capacidad (δυνατὰ) de generarse uno de otros cuando se disuelven. Si conseguimos dar con esto, entonces tendremos la verdad sobre la tierra y el fuego y de los elementos que, proporcionadamente (ἀνὰ λόγον), están en medio de ellos. Es muy probable que Platón esté pensando en 32b, cuando explica que para armonizar (συναρμόττουσιν) los sólidos jamás basta un medio, sino que siempre se requieren dos. Para comprender la naturaleza de estos cuerpos debemos esforzarnos, dicta Timeo, en armonizar (συναρμόσασθαι) los cuatro géneros de cuerpos que se distinguen por su belleza.

Continúa la exposición señalando que, de los dos triángulos descritos anteriormente, i.e., el isósceles y el escaleno, al primero le corresponde una única naturaleza, mientras que al segundo infinitas (ἀπεράντους), y de éstas buscaremos la más bella para iniciar ordenadamente. De los triángulos escalenos el más bello es aquél del que surge el tercero, el equilátero. Será la combinación de los triángulos isósceles con el equilátero lo que dé origen al fuego y los demás cuerpos. Se aclara que no se generan todos, i.e., los cuatro entre sí, sino sólo tres, pues el cuarto es el que se genera de la combinación de dos triángulos isósceles. De esta manera, el triángulo equilátero servirá de base para la formación de tres de los cuatro cuerpos ya mencionados. La combinación de los triángulos isósceles formará el cuarto, como a continuación describirá.

Antes de parafrasear la descripción que Platón hará de la formación de dichos cuerpos, quiero remarcar el pitagorismo inserto en todas estas explicaciones. No se puede ignorar que lo hecho hasta este momento en *Timeo* por parte de Platón es la implementación pura de los principios de la *tetraktys*. Es notorio el paso del punto al plano o del 1 al 3. Precisamente 3, la figura geométrica básica que puede formarse de este número, el triángulo, es el número a partir del cual Platón está construyendo el mundo; 3, un número impar que representa para los pitagóricos lo limitado y lo bueno. Dos tipos de triángulos le bastaron para dar inicio a su recorrido cosmológico. No sólo cosmológico, como se verá más adelante, también ontológico y ético. La relevancia de la doctrina pitagórica *todo es número* encuentra en Platón a su mejor intérprete y divulgador, pues logra aprehender lo necesario para elevarlo a un plano metafísico que los pitagóricos no habían logrado desarrollar; tal vez ni siquiera otear. En ellos, la *tetraktys* servía lo mismo para explicar el mundo que el comportamiento humano y la purificación del alma para asemejarse a Dios,[44] mezclado bajo un sistema aparentemente difuso. Platón entendió los puntos esenciales de cada parte de dicha doctrina y les dio coherencia ontológica, metafísica, física, antropológica y ética. *Todo es número* y la *tetraktys* son una filosofía mucho más honda de lo que hasta el momento parecía haberse manifestado. Platón desarrollará su propia *tetraktys* cuando narra la creación del alma del mundo (AM) en *Timeo*.

Tras dejar la descripción de si el fuego es un triángulo escaleno y el cuadrado, o cuarto elemento, el resultado de dos triángulos isósceles, Platón intentará conciliar lo que Aristóteles y Sexto criticaron a los pitagóricos, a saber, de no explicar el paso de lo matemático a lo físico, de los números a los cuerpos sensibles. Haré uso del texto platónico para ejemplificar el grado de conocimiento matemático, y presumiblemente pitagórico, que tenía Platón para explicar con exactitud la formación del tetraedro. Posteriormente, desarrollaré la construcción de cada uno de estos triángulos que resultarán en los sólidos platónicos.

Y a continuación habrá que explicar cómo se ha generado la especie de cada uno y por el agregado de cuántas unidades. Comenzamos pues con la primera especie, es decir, el más pequeño de los compuestos. Su elemento es el triángulo que tiene la hipotenusa de longitud dos veces mayor que el lado menor. Si dos de estos triángulos se combinan según la diagonal [del cuadrilátero] y esto se repite tres veces haciendo coincidir las

---

44 El desarrollo de esta idea, la de asemejarse a Dios, ya fue tratada en el capítulo anterior.

diagonales y los lados menores en un mismo punto tomado como centro, se ha generado un único triángulo a partir de los seis [anteriores]. Ahora bien, cuatro de estos triángulos equiláteros combinados en tres ángulos planos forman un único ángulo sólido que tiene el valor inmediatamente siguiente [al del] más obtuso de los ángulos planos. Una vez que se han conformado estos cuatro triángulos está compuesta la primera especie de sólido, la cual divide la totalidad de la esfera [en la que se inscribe] en partes iguales y similares.[45]

La descripción anterior forma el primer sólido regular: el tetraedro o pirámide, que resulta de la combinación de cuatro triángulos equiláteros. El segundo sólido regular en formarse será el octaedro, que toma la base del tetraedro, pero cuando en lugar de combinar cuatro triángulos equiláteros, combina ocho, forma cuatro ángulos planos. La tercera figura o sólido regular será el icosaedro, formado por 20 triángulos equiláteros. Nos dice Platón que mientras los equiláteros formaron la estructura de los tres primeros sólidos regulares, será labor del isósceles el desarrollo del cuarto sólido regular, el cual, al combinarse pegándose uno al otro por el lado más largo, formará un cuadrilátero. Se necesitarán seis de éstos para formar el cubo o hexaedro. Hay una quinta figura, nos advierte Platón, que el dios aplicó para el todo (τὸ πᾶν ὁ θεὸς) cuando bordó las figuras (διαζωγραφῶν);[46] sin embargo, de ella se ocupará después.

---

45   54d3-55a4: οἷον δὲ ἕκαστον αὐτῶν γέγονεν εἶδος καὶ ἐξ ὅσων συμπεσόντων ἀριθμῶν, λέγειν ἂν ἑπόμενον εἴη. ἄρξει δὴ τό τε πρῶτον εἶδος καὶ σμικρότατον συνιστάμενον, στοιχεῖον δ' αὐτοῦ τὸ τὴν ὑποτείνουσαν τῆς ἐλάττονος πλευρᾶς διπλασίαν ἔχον μήκει· σύνδυο δὲ τοιούτων κατὰ διάμετρον συντιθεμένων καὶ τρὶς τούτου γενομένου, τὰς διαμέτρους καὶ τὰς βραχείας πλευρὰς εἰς ταὐτὸν ὡς κέντρον ἐρεισάντων, ἓν ἰσόπλευρον τρίγωνον ἐξ ἓξ τὸν ἀριθμὸν ὄντων γέγονεν. τρίγωνα δὲ ἰσόπλευρα συνιστάμενα τέτταρα κατὰ σύντρεις ἐπιπέδους γωνίας μίαν στερεὰν γωνίαν ποιεῖ, τῆς ἀμβλυτάτης τῶν ἐπιπέδων γωνιῶν ἐφεξῆς γεγονυῖαν· τοιούτων δὲ ἀποτελεσθεισῶν τεττάρων πρῶτον εἶδος στερεόν, ὅλου περιφεροῦς διανεμητικὸν εἰς ἴσα μέρη καὶ ὅμοια, συνίσταται.

46   Es difícil saber qué quiso decir Platón cuando señala que el dodecaedro sirve para que el dios lo διαζωγραφῶν. A diferencia de Eggers Lan, quien reconoce que la palabra suscita interrogantes importantes y se decide a traducirla por "para embellecerlo", me parece que la traducción que hago, "cuando bordó las figuras", origina menos problemas que la propuesta por él. Por otro lado, cuando en la introducción de su traducción Eggers Lan (2012: 71) explica la matematización del mundo modifica ligeramente en la traducción del diálogo optando por "darle ornamento", siguiendo la misma línea de Archer-Hind, quien utiliza "embellishing"; aunque el

Tras explicar cómo se forman los cuatro sólidos regulares descritos clasificará, mediante un discurso verosímil (εἰκός λόγος), a cada figura con uno de los cuatro cuerpos bellos: fuego, agua, aire y tierra. Comienza por el único sólido que no surge de un triángulo escaleno, sino isósceles: el cubo o hexaedro al que le corresponde la tierra, ya que advierte Platón que de entre los otros cuatro elementos es la más remisa a moverse (ἀκινητοτάτη), así como la más maleable (πλαστικωτάτη) entre los cuerpos, por lo que es de máxima necesidad (μάλιστα δὲ ἀνάγκη) que el cuerpo con las caras más firmes tengan tales características desde su nacimiento.

De los tres cuerpos restantes al agua le será asignada la forma (εἶδος) menos móvil, al fuego la más móvil y al aire la intermedia. El cuerpo más pequeño será asignado al fuego, el más grande al agua y el intermedio al aire. Finalmente, el más agudo irá al fuego, el segundo más agudo al aire y el menos agudo le pertenecerá al agua. La lógica detrás de estas asignaciones es que nos dice Platón que necesariamente la figura que posea menos caras por naturaleza debe ser la más móvil, pues es incisiva y aguda en todo sentido; además de ser la más ligera. La forma de la pirámide o tetraedro será la correspondiente al fuego; el aire tendrá forma de octaedro, y el agua de icosaedro.

Platón explica que estas figuras son tan pequeñas que es imposible notarlas a simple vista e individualmente, pero que cuando se agrupan varias sí es posible llegar a notar tales estructuras.[47] Posteriormente, en el diálogo

---

autor inglés agrega "with signs", una precisión que no pasa desapercibida por Taylor, quien en su traducción escoge "broidering figures on it (bordando las figuras)". Al respecto Cornford (1937: 219) realiza una aportación interesante buscando dilucidar este tema, me parece que apoyándose en Plutarco (*Q. Plat.* V.1D), y escribe: "La palabra διαζωγραφῶν es ambigua. Puede significar "darle un patrón de varios colores"; pero resulta poco apropiado para el cielo. Por otro lado, todo el cielo está cubierto por animales —no sólo los doce signos del zodiaco, sino también las otras constelaciones". Brisson (1992, n. 420) considera que además de la explicación de Cornford, dicha palabra hace alusión también a las figuras que pueden dibujar las otras constelaciones en el cielo, por lo que en su traducción escribe "quand il en a dessiné", cuando [el dios] dibujó. Para una explicación un poco más detallada del mismo punto remito del mismo autor a la siguiente obra (Brisson, 1994: 47).

47   Lanza González (2009: 20-23) recoge algunos ejemplos que es posible encontrar en la naturaleza. De hecho, mediante su tesis doctoral es posible unir la doctrina pitagórica que he venido exponiendo aquí con el desarrollo platónico de los sólidos regulares. De acuerdo con ella, la biografía de Pitágoras arroja algunas pistas sobre el interés matemático-geométrico del filósofo samio, pues de ser cierto que Mnesarco fue su padre y entre sus oficios estaba el de grabador de piedras preciosas, resulta inevitable pensar que el pequeño Pitágoras tuvo acceso a dichas piedras en su estado natural. Por ejemplo, los cristales de cuarzo, un mineral compuesto de dióxido de silicio ($SiO2$) que cristaliza por encima de 573°C bajo la forma hexagonal y por debajo de

explica cómo unas formas se mezclan en otras y dan lugar a nuevas partiendo de estas cuatro básicas. El quinto sólido regular será el dodecaedro que, como recordamos en 55c4-6 "el dios aplicó al todo cuando bordó las figuras". Platón no aporta más pistas aquí para la formación del quinto sólido regular, que "se compone de 12 pentágonos equiláteros, que no pueden reducirse a ninguna de las dos clases de triángulos elementales. Por eso se lo aplica al Todo, ya que éste es esférico y el dodecaedro es el poliedro regular más próximo a la esfera" (Eggers Lan, 2012: 71). Es muy probable que aquí Platón esté pensando en el siguiente pasaje de *Fedón* (110b5-7) donde en el mito escatológico narra cómo es la verdadera Tierra: "Se cuenta que esa tierra en su aspecto visible, si uno la contempla desde lo alto, es como las pelotas de doce franjas de cuero, variopinta, decorada por colores".[48]

Aunque existe un fragmento de Aecio[49] en donde afirma que Pitágoras ya sabía que la tierra estaba formada por el cubo, el fuego por la pirámide, el aire por el octaedro, el agua por el icosaedro y el dodecaedro componía la esfera del todo, Platón no registra el mismo conocimiento por parte del samio.[50] En *Timeo* es claro cuando dice que "hasta hoy nadie ha dado a conocer su origen. Al contrario, como si se supiera qué es el fuego y cada una de esas cosas las llamamos principios y las postulamos como elementos del universo (στοιχεῖα τοῦ παντός)".[51] Platón está anunciando que mediante un "discurso verosímil" se aventurará a dar a conocer cómo es que se forman los cuatro bellos cuerpos que son la base de todo lo visible, que fue el recién pronunciado. También se deduce de esta cita que la tesis *todo es número* no resuelve para Platón la explicación sobre el origen y principios del universo. Claro que toma en cuenta

---

esa temperatura en forma trigonal. También hubiera conocido los cristales de granate, neosilicato de fórmula [(A3B2(SiO4)3] de cristalización en sistema cúbico, con forma de rombododecaedro, hexaoctaedro o combinaciones de ambos. Además, se cuenta que tras abandonar Samos, Pitágoras se aoja al sur de Italia, que es una zona rica en pirita, sulfuro de hierro (FeS2) de cristalización cúbica y, en ciertas ocasiones, octaédrica.

48 πρῶτον μὲν εἶναι τοιαύτη ἡ γῆ αὐτὴ ἰδεῖν, εἴ τις ἄνωθεν θεῷτο, ὥσπερ αἱ δωδεκάσκυτοι σφαῖραι, ποικίλη, χρώμασιν διειλημμένη.

49 Cf. *De placitis reliquiae*, 334.8-.335.2.

50 Remito a la disertación que realiza Heath (1921) sobre la autoría de los poliedros regulares, especialmente cuando analiza la aportación de Platón a la matemática griega.

51 48b5-8: νῦν γὰρ οὐδείς πω γένεσιν αὐτῶν μεμήνυκεν, ἀλλ᾽ ὡς εἰδόσιν πῦρ ὅτι ποτέ ἐστιν καὶ ἕκαστον αὐτῶν λέγομεν ἀρχὰς αὐτὰ τιθέμενοι στοιχεῖα τοῦ παντός.

la doctrina pitagórica para explicar cuáles son dichos principios, pero se distancia claramente de los "físicos" y de los pitagóricos.

La composición geométrica del universo queda de la siguiente manera. Recupero de la tabla 1 las figuras allí expuestas, es decir, los triángulos rectángulos isósceles y escaleno, que serán las figuras a partir de las cuales el Demiurgo construirá los poliedros regulares. Con el triángulo rectángulo isósceles construirá el cuadrado y con el triángulo rectángulo escaleno armará el triángulo equilátero.

Figura 1

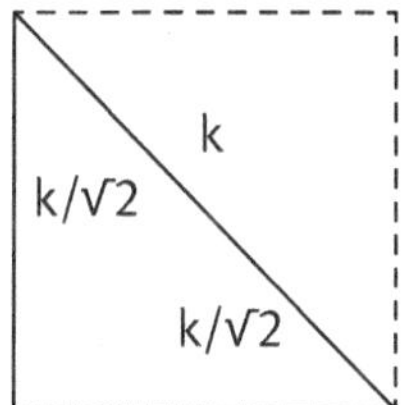

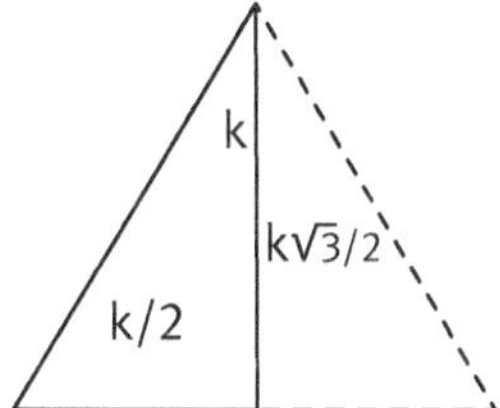

A partir de los triángulos aquí mostrados en la Fig. 1, obtendremos todo lo necesario para la creación de la materia, de los cuatro elementos. Platón dice en *Timeo* (55b2-6): "El triángulo isósceles, por otra parte, dio nacimiento al cuarto elemento, por composición de cuatro triángulos y reunión de sus ángulos rectos en el centro para formar un cuadrilátero equilátero".

Figura 2

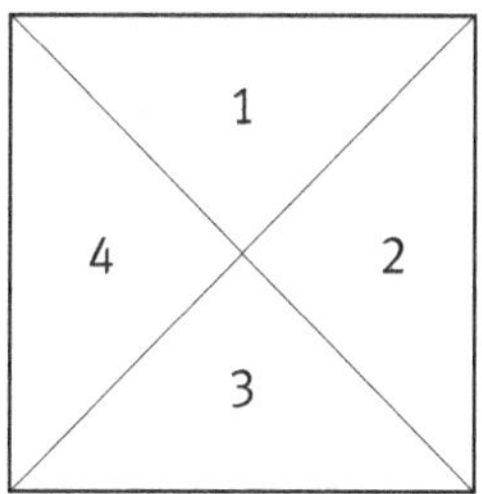

La siguiente figura será la construcción del triángulo equilátero. Me uno a la incertidumbre de Brisson-Meyerstein (1995: 46) en este punto, al no comprender la razón por la que Platón necesitó de seis triángulos rectos isósceles para construirlo, cuando dos eran suficientes. En *Timeo* (54d5-e3) así se narra: "En primer lugar, trataré la figura primera y más pequeña cuyo elemento es el triángulo que tiene una hipotenusa de una extensión del doble del lado menor. Cuando se unen dos de éstos por la hipotenusa y esto sucede tres veces, de modo que las hipotenusas y los catetos menores se orienten hacia un mismo punto como centro, se genera un triángulo equilátero de los seis".[52]

Figura 3

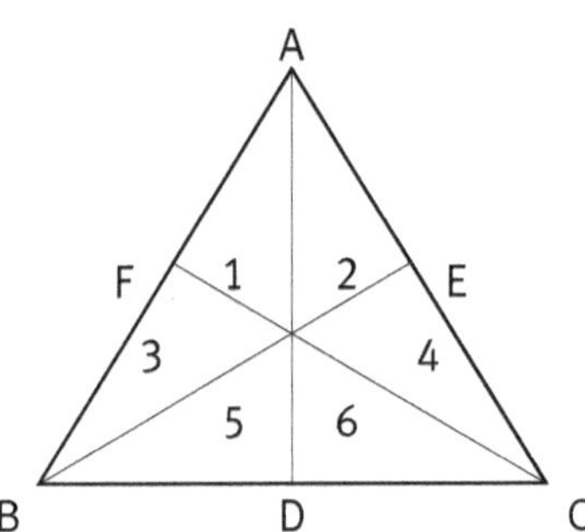

A partir de este triángulo equilátero, Platón desarrolla cuatro de los cinco poliedros y tres de los cuatro elementos, pues el cubo, que representa a la tierra, se forma como se especificó en la figura 2 de cuatro triángulos isósceles. El primer sólido que surge del triángulo equilátero es el tetraedro. "La unión de cuatro triángulos equiláteros según tres ángulos planos genera un ángulo sólido, el siguiente del más obtuso de los ángulos llanos. Cuatro ángulos de éstos generan la primera figura sólida, que divide toda la superficie de la esfera en partes iguales y semejantes" (*Tim.*, 54e3-55a4).

---

52   La traducción que utilizaré para la construcción de los poliedros regulares será la de Lisi, por considerarla más clara en estos puntos específicamente. Posterior a esta reconstrucción, seguiré utilizando la de Eggers Lan.

Figura 4

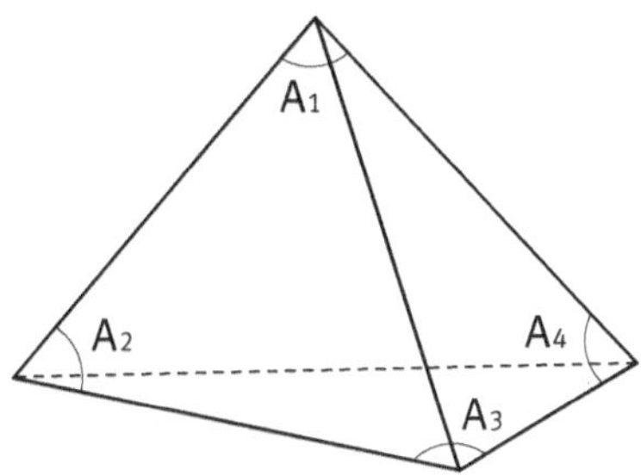

El siguiente sólido a construir será el octaedro: "El segundo elemento se compone de los mismos triángulos cuando se unen ocho triángulos equiláteros y se construye un ángulo sólido a partir de cuatro ángulos planos. Cuando se han generado seis de tales ángulos, se completa así el segundo cuerpo" (*Tim.*, 55a3-8).

Figura 5

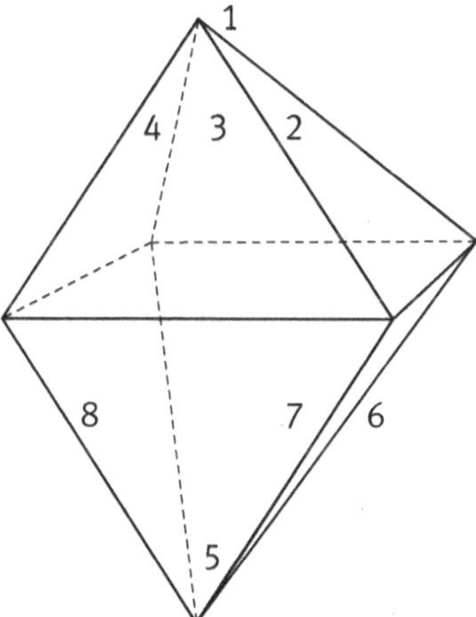

A continuación, el armado del icosaedro. "El tercer cuerpo nace de ciento veinte elementos ensamblados y doce ángulos sólidos, cada uno rodeado de cinco triángulos equiláteros planos y con veinte triángulos equiláteros por base" (*Tim.*, 55a8-b3).

Figura 6

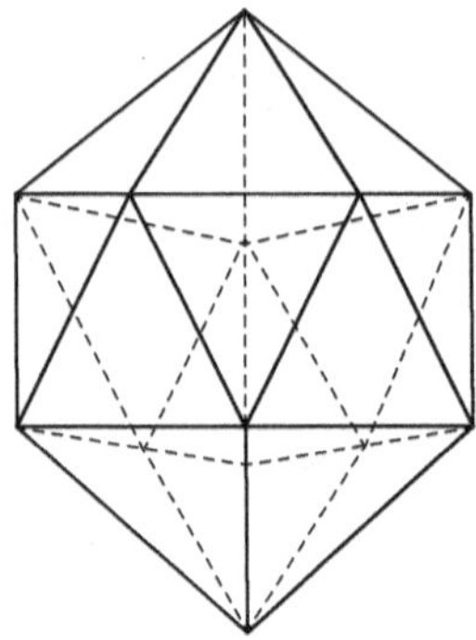

Finalmente, se describe la composición del cubo. "La reunión de seis figuras semejantes produjo ocho ángulos sólidos, cada uno de ellos compuesto según tres ángulos planos rectos. La figura del cuerpo creado fue cúbica con seis caras de cuadriláteros equiláteros" (*Tim.*, 55b7-c4).

Figura 7

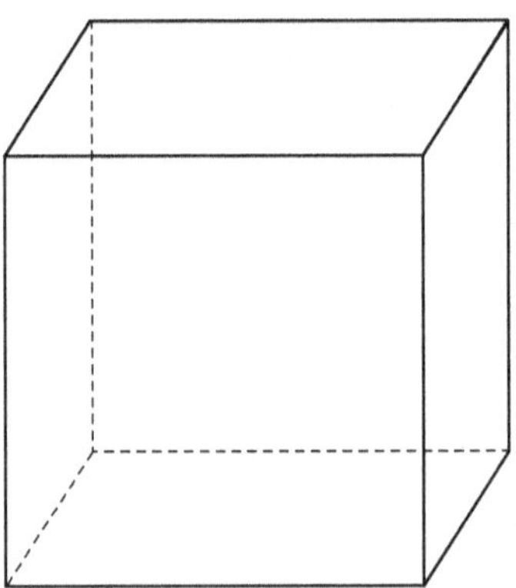

Para finalizar con esta explicación reproduciré la tabla que permite visualizar mejor la geometría de los poliedros regulares junto con su manifestación en la materia. La tabla la tomo de Zamora (2010: 82), quien la elabora a partir de la información previamente desarrollada por Brisson (1994: 381-393).

Poliedro regular	Hexaedro o cubo	Tetraedro	Octaedro	Icosaedro	Dodecaedro
Caras	6 cuadrados	4 triángulos rectángulos	8 triángulos equiláteros	20 triángulos equiláteros	12 pentágonos regulares
Vértices	8	4	6	12	20
Aristas	12	6	12	30	30
Aristas por vértice	3	3	4	5	3
Ángulo directo (entre 2 caras)	90°	70° 31' 43.6"	109° 28' 16.4"	138° 11' 22.6"	116° 33' 54.2"
Seno del ángulo diedro	1	$\frac{2}{3}$	$\frac{2}{3}$	$\frac{2}{3}$	$\frac{2}{3}$
Área/superficie exterior A = arista	$6a^2$	$a^2\sqrt{3}$	$a^2\sqrt{3}$	$5a^2\sqrt{3}$	$3\sqrt{25} + 10\sqrt{5}\,a^2$
Volumen	a^3	$\frac{1}{12}a^3\sqrt{2} = 0.1178\,a^3$	$\frac{1}{3}a^3\sqrt{2} = 0.4714\,a^3$	$\frac{5}{12}a^3(3+\sqrt{5}) = 2.1817\,a^3$	$\frac{1}{3}a^3(15+7\sqrt{5}) = 7.6631\,a^3$
Triángulos por cara	4 triángulos rectángulos isósceles	6 triángulos rectángulos escalenos	6 triángulos rectángulos escalenos	6 triángulos rectángulos isósceles	30 triángulos rectángulos escalenos
Triángulos rectángulos totales	24 triángulos isósceles	24 triángulos escalenos	48 triángulos escalenos	120 triángulos escalenos	360 triángulos escalenos
Elemento	Tierra	Fuego	Aire	Agua	Universo

Tabla 2

Como se observa en esta tabla, además de los cuatro sólidos regulares descritos y diagramados en las páginas anteriores, coloqué el quinto poliedro regular —el dodecaedro— que Platón reserva para el universo y del cual no ofrece ninguna descripción en el diálogo. A partir de 56d Timeo describe la fusión de unos elementos en otros dando origen a las mutaciones con que se forman los cuerpos del universo. Así, por ejemplo, y según lo señalado en la tabla anterior, el fuego está formado por cuatro triángulos equiláteros. Llamemos a esto un átomo de fuego, de modo que un átomo de fuego está hecho de cuatro triángulos equiláteros. ¿Cómo podría el fuego convertirse en aire? El aire, que es el octaedro, está formado por ocho triángulos equiláteros, es decir, dos átomos de fuego. El agua se forma con un átomo de fuego, al que se le suman dos átomos de aire (4 + 2 x 8), que resulta en los 20 triángulos equiláteros de los que se compone el átomo de agua. Otra manera de formar un átomo de agua es mediante dos y medio átomos de aire (2.5 x 8). El cubo no tiene movimiento, por lo que no se transforma en ninguno de los elementos descritos.

Mediante la explicación de los sólidos regulares Platón pretende engarzar el aspecto geométrico con el físico, al detallar cómo a partir de los triángulos rectángulos isósceles y escalenos se forman los cuatro elementos o cuerpos sensibles. También es cierto que con ello no termina de resolverse la crítica sobre cómo a partir de puntos y líneas puede algo llegar a tener peso, que es la crítica que Aristóteles hace a pitagóricos y platonistas.[53] Por otro lado, el desarrollo de la teoría geométrica de Platón, que pasa de plana a sólida —o estereometría, como era conocida por Aristóteles—, está encaminada hacia la conciliación de la matemática con la física. Lo que resulta incuestionable es la evidencia empírica que muestra la cristalización de muchos minerales en sólidos regulares y otras figuras geométricas, que realmente resultan de la mezcla de dichos sólidos.

Aunque para Platón la tesis *todo es número* no es una tesis certera, tampoco la considera errónea por completo. Lo que en *Timeo* hace es mostrar las relaciones que existen entre los números y las distintas manifestaciones de lo sensible. Los números no son el ἀρχή del mundo o del todo, sino el instrumento que el dios o demiurgo utiliza para moldear el mundo —la χώρα— con base en las ideas.[54] En última instancia, los números son las huellas que el dios deja para que el hombre pueda, mediante el estudio de las matemáticas, comprender el κόσμος y acercarse a la divinidad.

Finalmente, para ir concluyendo este apartado recupero Πῶς Πλάτων ἔλεγε τὸν θεὸν ἀεὶ γεωμετρεῖν que según el testimonio de Plutarco,[55] Platón alguna vez mencionó. Líneas más adelante lo repite, ἀεὶ γεωμετρεῖν τὸν θεόν: Dios siempre hace geometría. Semejante sentencia confirma que la aspiración

---

53   Cf. *De Ca.* III, 1, 299 a6-8.

54   Cf. 53b3-5.

55   *Q. Conv.* 718b8.

que tenemos de conocer el mundo y asemejarnos a la divinidad (como se analizó en el capítulo anterior) podrá realizarse sólo mediante el estudio de la geometría. Más adelante, en este capítulo, profundizaré sobre el modelo pedagógico que Platón propone para los guardianes que han de llegar a ser filósofos. Aquí me limitaré a enunciar los pasos que debe andar el guardián para alcanzar el nivel máximo de filósofo (Cf. *Rep.* VII, 522c-532b). En primer lugar, todo guardián debe ocuparse de la aritmética (ἀριθμόν); en segundo, de la geometría (γεωμετρία); en tercero, del estudio de los cubos y lo que tiene profundidad (τῶν κύβων αὔξην καὶ τὸ βάθους μετέχον), también llamada geometría de sólidos;[56] el quinto lugar será de la astronomía (ἀστρονομία); en sexto, el de la armonía (ἁρμονία), y por último, la dialéctica (διαλέγεσθαι).

Todo es número es una tesis complicada que interesó a Platón, quien la aprovechó para la explicación sobre la formación del mundo.[57] Mientras para los pitagóricos esta tesis significaba que todo lo que existía era número, para Platón todo lo que existe lo hace gracias al número. Mientras para Pitágoras y los pitagóricos la tesis *todo es número* es una concepción ontologista del mundo, Platón la considera epistemológica. *Todo es número* para la doctrina pitagórica significa que los principios de la realidad son, precisamente, número: de él surgen, por él se explican y para él existen. Platón, en cambio, distingue entre aquello gracias a lo cual puedo conocer el mundo y lo que hace que el mundo sea tal. Es posible reconstruir ambos planteamientos de la siguiente manera.

Tesis ontológica (TON) *todo es número*:

1. X es número.
2. Si X es número, entonces cualquier objeto X es número.
3. La pelota es un objeto X.
4. De 1, 2 y 3 se sigue que la pelota es número.

---

56 La geometría de sólidos o estereometría (στερεομετρία) aparece con dicho nombre por primera vez en *Epínomis*, 990d8, la obra atribuida a Platón pero que se ha probado lo contrario.

57 Resulta sumamente interesante la discusión que sobre este tema recoge a manera histórica Burkert (1972), especialmente en el primer capítulo de su libro.

Tesis epistemológica (TEN) *todo es número*:

1. X se explica —y se entiende— gracias al número.
2. Si X se explica gracias al número, entonces cualquier objeto X podrá explicarse mediante el número.
3. La pelota es un objeto X.
4. De 1, 2 y 3 se sigue que la pelota podrá explicarse gracias al número.

En el caso de TON, la pelota sería, según la *tetraktys* un 4. Pero ¿cómo podría la pelota ser un 4? Porque el 4 es el número del volumen y la pelota tiene volumen, por lo que tiene que ser 4. Ahora bien, ¿qué podría decirse de un libro? Un libro también es un 4, pues igualmente posee volumen. De ello se sigue que un libro y una pelota son 4, lo que provocaría un terrible problema ontológico, pues si ambos son 4, entonces la pelota y el libro serían lo mismo, pues su τοῦ τί ἐστι es 4. Porque afirmar *todo es número* y fundamentar dicha tesis bajo el funcionamiento de la *tetraktys* nos deja que el problema mencionado es de corte ontológico, pues el τὸ ὄν de las cosas siempre sería 4, ya que todas las cosas tienen volumen y el 4 es el número del volumen.

La TEN no cae en ese inconveniente de reducir toda la realidad a 4, pues el número no es el ἀρχή del mundo, sino aquello mediante lo cual se puede explicar y entender. Así, la pelota tiene un τὸ ὄν que no es el 4, sino algo distinto, al mismo tiempo que los números sirven para explicar a la pelota. Por ejemplo, la circunferencia, el radio, la presión a la que debe estar inflada, etcétera. Los números me permiten conocer mejor a la pelota sin que ésta se reduzca a ellos. La pelota no es ni su circunferencia, ni su radio, ni la presión a la que debe estar inflada.

Mientras TON muestra una incongruencia lógica y ontológica difícil de sortear, TEN sirve para hacer uso de *todo es número* sin caer en absurdos. Simultáneamente, nos permite realizar una reconstrucción del mundo en donde dicha reconstrucción servirá para conocerlo mejor, desocultarlo de los velos en que está envuelto, para auténticamente dar con su τὸ ὄν. La TEN recupera la importancia de las matemáticas como herramientas para interpretar el mundo, antes que como determinantes ontológicas del mismo. Además, sirve como fundamento epistemológico al ayudarnos a llegar a los principios de la realidad, pues las matemáticas, explica Platón, enseñan a pensar el mundo a partir de ὑπόθεσις.

2.3. Inmersión matemática

Acertadamente Zellini (2018: 9 y ss.) advierte la importancia que en la *Ilíada* y la *Odisea* tenía el catálogo de las naves y de muchas otras cosas que se cuentan. Homero escribe, por ejemplo, que "inmortal, el egipcio Proteo, conoce (οἶδε) las profundidades de todo el mar" (*Od.*, IV 385-386).[58] Hablar de *todo el mar* (ὅς τε θαλάσσης πάσης) es una forma de mencionar lo inconmensurable. El infinito es el número de lo inconmensurable, pero Proteo es capaz de ese conocimiento. El mar, el vasto mar, representa aquello que escapa a la capacidad humana de conocimiento. Este pasaje de *Odisea* es muestra del vínculo que existía en los antiguos griegos entre conocimiento y número. Proteo sintetiza ese saber.

Proteo también era capaz de la profecía.[59] Él, quien conoce el vasto mar, el infinito, puede ver lo que sucede en el futuro. La palabra que utiliza Homero para decir que Proteo conoce es οἶδε, que viene de εἴδω, cuyo significado es ver y cuyo aoristo es εἶδον. El perfecto de este verbo es οἶδα y es *yo he visto* e incluso *yo sé*. De aquí se deriva la palabra que será fundamento de la metafísica y ontología platónica: εἰδός o, la menos utilizada por Platón, ἰδέα. Proteo conoce porque puede ver y ve porque puede conocer. La simiente de la teoría de las ideas está presente en este pasaje de *Odisea*. Las ideas en Platón, como se sabe, son predicados morales y matemáticos, es decir, son los modelos a partir de los cuales nuestras acciones se miden y la realidad se limita. Cornford (1932b: 174, 181) piensa que hay ideas matemáticas e ideas morales, creencia que Ross (2001: 74-84) comparte, y con la que concuerdo. Ambos autores se encuentran analizando, tanto en el artículo de Cornford,

---

58 La traducción es del autor.

59 Cf. *Od.*, IV, 387-393, en donde Idotea, hija de Proteo, le comunica a Menelao, cómo puede averiguar la razón por la cual siguen varados, así como lo que ha sucedido, malo y bueno (κακόν τ᾽γαθόν), en su casa.

como en la sección citada de Ross, uno de los pasajes más comentados en la filosofía de Platón: las alegorías del Sol, la línea y la caverna. Precisamente a lo que me refiero, las ideas como excelencias matemáticas y morales.

El número era necesario para el conocimiento. En un inicio, todo indica que λόγος no sólo tenía el significado de razón o de palabra, sino también de número. Además de Homero, Hesíodo y luego Tales, Heráclito, Parménides, Sócrates y Platón también harán uso de λόγος tanto para lo que se piensa como para lo que se cuenta. Los números y las matemáticas son inseparables de la comprensión del universo. Como se ha venido trabajando en este capítulo, el corsé matemático que Platón descubre que tiene el universo nos permite confirmar la sospecha de que, efectivamente, *Dios siempre hace geometría.*

En el primer capítulo llevé a cabo un análisis de las alegorías del Sol, de la línea y, escasamente, de la caverna. Aquí retomaré dicho análisis y lo dirigiré hacia el curso pedagógico impuesto para quien deba convertirse en filósofo. Como se recordará, el tercer segmento de la línea —CE— es el de los objetos matemáticos. Reproduzco, nuevamente, la línea dividida para mayor claridad.

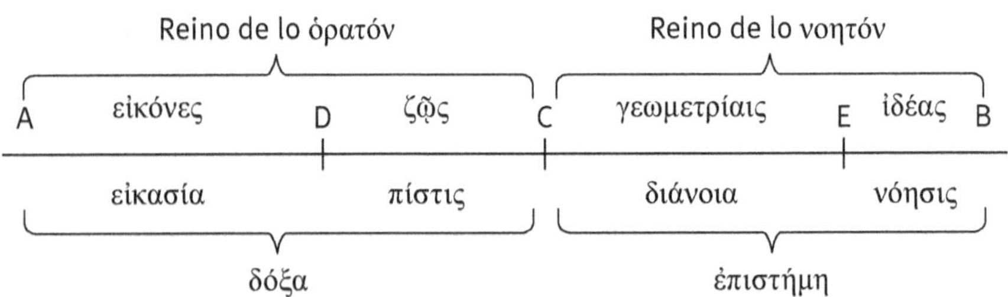

Como advertí desde aquel capítulo, este tercer segmento ha provocado diversos análisis intentando responder sobre el tipo de objetos que son los ταῖς γεωμετρίαις mencionados por Platón. Autores como Cornford (1932a; 1932b) y Ross (2001: 84) piensan que, en este pasaje, la referencia es a las ideas matemáticas. Ross (2001: 81) también considera la opinión común alrededor de este tercer segmento, i.e., que ταῖς γεωμετρίαις son objetos matemáticos que sirven como puente entre el segundo y el cuarto. Su conclusión, sin embargo, es que, aunque Platón sí muestra indicios de usar a los objetos matemáticos como puente, dicha idea no aparece escrita y sustentada por él sino hasta la *Carta VII*, por lo que la lectura correcta en *República* sobre ταῖς γεωμετρίαις debe ser la de ἰδέας μαθηματική. La explicación brindada por Cornford es muy persuasiva por la cantidad de datos que incluye en su análisis, pero me parece que deduce mal. Para Montserrat (1995: 135), el problema entre los segmentos referentes al reino de lo visible y los de lo inteligible, es que Platón trata a los primeros desde un plano ontológico y a los segundos con una reflexión gnoseológica.

Lo relevante, me parece, es el tipo de conocimiento que dichos objetos producen en el alma del cognoscente. Los ταῖς γεωμετρίαις son los perfectos aliados, por sus propiedades, sobre la estructura del pensamiento de quien desea alcanzar la perfección cognoscitiva, es decir, aquél que es capaz de captar la realidad ontológica más radical en Platón: τό ἀγαθός. El pensamiento discursivo (διανοία) es resultado de este tercer segmento. En él encontramos una bisagra entre lo numérico y lo racional. El pensamiento discursivo entrena al cognoscente a pensar ordenada, sistemática y correctamente. Las matemáticas enseñan a pensar bien y las matemáticas son la base del pensamiento discursivo, es decir, de todo silogismo. Quien carece de διανοία es incapaz de formular hipótesis y sus consecuentes comprobaciones y conclusiones, debido a que no está desarrollando su σοφία. En el capítulo anterior realicé dicho análisis, notando la relación que existía entre la σοφία y la posibilidad de asemejarse a Dios (ὁμοίωσις θεῷ) como máxima moral. No lograrlo implicaría el alejamiento absoluto de la verdad y, con ella, de la Idea del Bien. Sin esta idea, el ser humano puede ser cualquier cosa, pues está sumergido en la indeterminación, en un vasto mar sin horizontes, sin límites. El reino de lo ilimitado pitagórico se presenta con sus nefastas consecuencias, analizadas en *Filebo*.

Los ταῖς γεωμετρίαις son el Proteo que puede discernir entre lo malo y lo bueno, y descubrir las razones de la tempestad, pero también el modo correcto de navegar. Las matemáticas imprimen, ante todo, límites que guían al pensamiento hacia la verdad y el bien. Como quedó visto al inicio de este capítulo, todo lo bueno parte del límite. Lo que carece de límites es malo, desordenado, caótico y sin posibilidad de ser conocido. De allí que el dialéctico deba realizar una inmersión matemática si verdaderamente desea alcanzar la máxima contemplación.

El programa pedagógico que Platón ofrece en *República* VII es el siguiente: 1) aritmética (522c y ss.), 2) geometría (526c-d), 3) estereometría (528b), 4) astronomía (528e), 5) armonía (530d) y 6) dialéctica (532a). Recurriendo a la alegoría de la caverna se diría que el prisionero, mientras está dentro de la caverna, vive en el reino de lo visible, pero cuando sale de ella y ve los objetos reales, está en el reino de lo inteligible. Retomando el tema del tercer segmento de la línea, lo que el prisionero debe hacer para acceder a la visión del Sol es estudiar las materias anteriormente descritas. Quien investiga requiere de un supervisor (ἐπιστάτου) que lo guíe para poder descubrir todo sobre estos temas.[60] De acuerdo con Gómez Robledo (2000: CLXVIII n. 15), parece que aquí Platón tiene en mente ya sea a Teeteto o a Eudoxo, quienes realizaron grandes aportaciones a la matemática de la época y que eran integrantes de la Academia.

De acuerdo con los testimonios de Elías y Juan Filópono —comentadores de Aristóteles— (el primero en su *Comentario a las categorías*, XVIII, 118, 18-19 y el segundo en su *Comentario sobre el alma*, XV, 117, 27) en el frontispicio de la Academia de Platón estaba escrita la siguiente sentencia: "No entre aquí quien no sepa geometría" ἀγεωμέτρητος μέδεις εἰσίτω. El libro VII de *República* brinda acceso a lo que un alumno de la Academia vivía bajo la tutela de Platón. Las matemáticas eran tomadas muy en serio, no porque Platón pretendiera la formación de físicos o matemáticos como los tenemos actualmente, sino porque para Platón la esencia de la Academia era la formación de dialécticos, i.e., seres humanos capaces de alcanzar los primeros principios de la realidad.[61] Atisbó que las matemáticas aportan las herramientas

---

60 Cf. *Rep.*, VII, 528b6-9.

61 Sobre la concepción de los primeros principios en la Academia y, específicamente, en lo dicho por Platón, la Escuela de Tubinga ha sugerido poner especial atención a la *doctrina no escrita*. Krämer (1996: 154), por ejemplo, escribe que "de aquí resulta claro que *la concepción ontológica fundamental de Platón posee al mismo tiempo un significado axiológico*: todo lo que es, en la medida en que es delimitado y determinado por lo uno es no sólo *ser* y *cognoscible*, sino que está, al mismo tiempo, *provisto de valor* (bueno y bello: καλόν)". Esta cita de Krämer, también valida el vínculo entre la filosofía pitagórica y la de Platón. Por otro lado, Reale (2003: 315-361) lleva a cabo un minucioso análisis sobre la Idea del Bien que surge en *República* y su vínculo con la protología, haciendo notar que para Platón el bien establece los nexos fundacionales axiológicos, gnoseológicos y ontológicos. Esta última idea la desarrolla, específicamente, a partir de la página 336. No debe olvidarse

necesarias para que, en primer lugar, la persona mantenga una disposición abierta y comprometida con la verdad y, en segundo lugar, porque al obtener lo anterior, el bien es algo asequible.

2.3.1. Aritmética[62]

Es necesario, menciona Platón, que todo varón guerrero sepa contar y calcular (λογίζεσθαί τε καὶ ἀριθμεῖν δύνασθαι). Es necesario, ante todo, "si es que va a ser un hombre (ἄνθρωπος ἔσεσθαι)".[63] Como he venido señalando, la intención de Platón es la formación de la persona. Esta *paideia* hacia la excelencia humana inicia con la capacidad para saber contar y calcular,[64] pues quien puede hacerlo separa sus sentidos de su inteligencia, nutriendo a ésta de información con la que puede estudiar y entender el mundo sin necesidad de la presencia del mundo. Contar es prescindir del particular. Cuando se cuenta el número de sillas que hay dentro de un salón se prescinde de las sillas. En la operación 2 + 2 es irrelevante, para la matemática y, por ende, para el desarrollo de la inteligencia, si se trata de árboles, sillas, pelotas o granos de arena.

La inteligencia es formada por la operación, no por los particulares a los que dicha operación representa o puede representar. Los objetos de los que habla Platón deben ser estimulantes (παρακαλοῦντα) (*Rep.*, VII, 523c). Más adelante (524d3 y ss.), mencionará que algunos objetos estimulan (παρακλητικὰ) el pensamiento y otros no. Por objetos estimulantes (παρακλητικὰ) entiende aquellos que producen sensaciones contrarias a la vez (αἴσθησιν ἅμα τοῖς ἐναντίοις ἑαυτοῖς). Los objetos aludidos son el número y la unidad (ἀριθμός τε καὶ τὸ ἓν). Lo que pretende Platón con la idea de *sensaciones contrarias* es un aliciente para que el alma se ponga en búsqueda del conocimiento. Cuando, por ejemplo,

---

que Cherniss (1993: 7) inicia su crítica a Aristóteles a partir de la famosa conferencia impartida por Platón en la Academia —περί τοῦ ἀγαθοῦ—, donde aparentemente se habló no sólo de la Idea del Bien, sino de los primeros principios.

62   El examen sobre la aritmética en *Rep.*, VII abarca de 522e1 a 526c6.

63   *Rep.*, VII, 522e1-4. En *Leyes* (VII, 519c) menciona que los alumnos instruidos en aritmética se convierten en los hombres más útiles y más despiertos.

64   En el último capítulo de este libro ahondaré en los elementos dialécticos necesarios empleados por Sócrates y Platón para que la persona pueda ser un καλοκἀγαθός.

reflexionando sobre la unidad, ninguna de dos cosas opuestas parezca más unidad que la otra, será necesaria la intervención de un tercero que indague sobre la cuestión. Esto excitará en sí mismo el pensamiento (κινοῦσα ἐν ἑαυτῇ τὴν ἔννοιαν) interrogándose qué es en sí misma la unidad (ἀνερωτᾶν τί ποτέ ἐστιν αὐτὸ τὸ ἕν).

El aprendizaje resultante de esta reflexión está entre los que guían y vuelven (ἀγωγῶν ἂν εἴη καὶ μεταστρεπτικῶν) al alma hacia la contemplación de lo que es.[65] Es significativo que Platón aquí utilice el adjetivo μεταστρεπτικός para indicar lo que le sucede al alma tras la reflexión de la contradicción sobre la unidad. En el último capítulo se verá que uno de los conceptos clave en el proceso pedagógico de Platón es el de περιαγωγή, que significa girar.[66] De hecho, μεταστρεπτικός aquí está directamente vinculado con las anteriores[67] ocasiones en que aparece περιαγωγή en el proceso del prisionero para salir de la caverna. La educación consiste en girar el alma para que su contemplación pase de lo que deviene a lo que es. Este primer acercamiento, la aritmética, apoya el giro del alma hacia la contemplación de lo que es. Debido a que el arte de calcular y la aritmética (λογιστική τε καὶ ἀριθμητικὴ) tratan del número, estas artes conducen hacia la verdad (ἀγωγὰ πρὸς ἀλήθειαν).

Era necesario encontrar un guía que sirviera al filósofo para escapar del ámbito de la génesis y pudiera girar hacia el de la esencia. Quien es capaz de dicha empresa es la aritmética, que a partir de este momento en el diálogo se convierte en una asignatura por decreto para quien vaya a participar de los más altos cargos del Estado. Su estudio, sentencia Platón, no debe ser como aficionados (μὴ ἰδιωτικῶς), sino con el ojo puesto en la contemplación de la naturaleza de los números por medio de la inteligencia. El estudio de la aritmética no debe ser ni para uso privado ni para contar, como hacen los mercaderes y comerciantes, sino para "facilitar (ῥαστώνης) la conversión (μεταστροφῆς) del alma desde la génesis hacia la verdad y la esencia".[68]

---

65   Cf. *Rep.*, VII, 525a1.

66   Para un análisis más detallado de este punto, remito al artículo de Lisi (2018).

67   Los pasajes en donde περιαγωγή aparece son: *Rep.*, VII, 514b2; 516c6, y 518c8-9.

68   *Rep.*, VII, 525c5-6: τῆς ψυχῆς ῥαστώνης μεταστροφῆς ἀπὸ γενέσεως ἐπ᾽ ἀλήθειάν τε καὶ οὐσίαν.

La aritmética sirve, efectivamente, para aprender a contar, pero su estudio no debe reducirse a eso, sino que sirva para conocer. La expresión que utiliza Platón en este pasaje —ἐπιτηδεύῃ ἀλλὰ μὴ τοῦ καπηλεύειν— es un juego de ideas, pues lo que literalmente dice es que hagamos de la aritmética nuestro propio negocio y no negocios con otros. Un intercambio de ideas curioso después de que quedó establecido que la aritmética no debe ser para uso personal (ἰδιωτικῶς), sino para que el alma pueda elevarse hacia la contemplación de la verdad y el ser. Cuando se busca la aritmética para el uso privado es porque se quiere hacer negocio con otros, mientras que cuando la aritmética no se estudia por un uso privado, entonces permite el conocimiento de la esencia, que es a lo que se refiere con el negocio con uno mismo (ἐπιτηδεύῃ).

La función de la aritmética es elevar al alma para discurrir acerca del estudio de los números en sí, es decir, pensar los números sin necesidad de la presencia de ningún cuerpo o figura sensible. La razón de esto es que a los números en sí no es posible manipularlos, pues lo que se busca es que el alma se obligue a servirse de su inteligencia para alcanzar la verdad misma (αὐτῇ τῇ νοήσει χρῆσθαι τὴν ψυχὴν ἐπ' αὐτὴν τὴν ἀλήθειαν).[69] Además, nota Platón, quienes aprenden aritmética son más rápidos, por naturaleza, para aprender.

Esta primera asignatura sirve para que la inteligencia inicie un proceso de conversión de lo sensible hacia lo inteligible, de la génesis hacia el ser. Pensar los números en sí es enseñarnos a pensar sin la materia, es decir, pensar de una manera en donde la verdad no es manipulable, donde lo que es, es. La unidad es unidad independientemente de aquello de lo que se predica la unidad. La estimulación de la aritmética eleva al alma al obligarla a servirse de su propia inteligencia para alcanzar la verdad.

2.3.2. Geometría[70]

La siguiente asignatura a considerarse en la formación del guerrero-filósofo es la geometría. Al igual que con la aritmética, la geometría debe servir para el conocimiento de la verdad. Específicamente, Platón apunta a que la

---

69   Cf. *Rep.*, VII, 526b2-3.

70   El análisis de la geometría como proceso pedagógico abarca de *Rep.*, VII, 526c10-528a7.

geometría debe servir para divisar más fácilmente la Idea del Bien (τὴν τοῦ ἀγαθοῦ ἰδέαν), es decir, forzar a que el alma gire (μεταστρέφεσθαι) hacia donde se halla lo más dichoso de lo que es. Nuevamente, se recalca que este estudio, como el anterior, no serviría si contemplara el devenir (γένεσιν). Lo generado no sirve para lograr el giro de la pedagogía platónica.

La geometría debe centrar el objeto de su estudio en los objetos en sí, es decir, en lo cuadrado, lo añadido y lo aplicado, para que el resultado de todo ello sea un mejor conocimiento (μάθημα). Y así define Platón a la geometría, como "el conocimiento de lo que siempre es".[71] Mediante la geometría, el filósofo será capaz de girar su mirada hacia arriba en lugar de hacerlo indebidamente hacia abajo. El alma es atraída hacia la verdad que produce el pensamiento de dicho estudio.

Si bien la geometría puede servir para la guerra, el verdadero objeto de estudio de esta disciplina es que ayude al alma del filósofo a dirigirse hacia la contemplación, ya no sólo de los números en sí, sino de las figuras y todo lo concerniente a la geometría. De modo que sea posible pensar en el cuadrado sin referirse a un cuadrado en específico. El tránsito es que el alma abandone la mirada que tenía puesta en el devenir y en la opinión que el propio devenir detona. Ha sido clara la postura de Platón en relación con este tema, pues su preocupación es que el estudioso de estas disciplinas pueda encontrar la verdad y llegar a un conocimiento en donde las cosas son lo que son. En el devenir ese conocimiento está vedado por la condición de la sensibilidad y la fugacidad de las percepciones.

Estos estudios (μαθήμασιν) velan por el ojo del alma, la inteligencia, un órgano que se va purificando (ἐκκαθαίρεταί) en la medida en la que aprende mejor sobre los números en sí y las superficies. La utilidad de este estudio, además de la ya mencionada purificación del alma, es la de la recuperación de la luz ante el estrago y enceguecimiento por otros hábitos.[72] Sólo a este órgano le está permitido conocer la verdad. Para quienes no estén familiarizados con esto, naturalmente pensarán que la geometría y la aritmética son

---

71   *Rep.*, VII, 527b7-8: τοῦ γὰρ ἀεὶ ὄντος ἡ γεωμετρικὴ γνῶσίς ἐστιν.

72   Cf. *Rep.*, VII, 527d-e.

una pérdida de tiempo más allá de enseñar a sumar y hacer negocios. Aquí Platón sigue pensando en el ἰδιωτικός mencionado anteriormente. El aficionado, quien carece de habilidad, será incapaz de valorar la implantación de estos estudios debido a que su naturaleza sigue siendo hosca. Platón sugiere tener cuidado con este tipo de personas.

2.3.3. Estereometría[73]

El tercer estudio concierne a la dimensión de los cubos y su participación con la profundidad. Platón sigue el orden pitagórico de la comprensión de la realidad. Primero lo unidimensional, el punto; luego lo bidimensional, las figuras planas; ahora lo tridimensional, las figuras con profundidad. Hay que estudiar, dice Platón, "el sólido que está en movimiento",[74] no tanto para quedarnos en el estudio del sólido sino para poder captarlo en sí mismo. De lo que aquí se está hablando es de la geometría de sólidos (στερεὸν), un tema que desarrollará, como ya se vio en este mismo capítulo, en *Timeo*. Los poliedros regulares surgen de este estudio y Platón es consciente de que está incursionando en algo nuevo.

Afirma que este estudio, cuando él lo propone, es "subestimado y mutilado (ἀτιμαζόμενα καὶ κολουόμενα)"[75] por la mayoría de la gente, incluyendo investigadores (ζητούντων λόγον), pues no logran darse cuenta del uso que tiene. La utilidad que Platón le halla a este estudio es la del entendimiento del comportamiento y creación del mundo. Los cuatro elementos están construidos a base de triángulos que componen, al mezclarse bajo distintos modos geométricos, los poliedros regulares. Para tenerlos presentes, éstos son: tetraedro (fuego), octaedro (aire), icosaedro (agua) y cubo (tierra). El dodecaedro está asignado al universo. Sin este nuevo estudio, que será llamado, no por Platón, sino por Aristóteles, como estereometría o geometría de

---

73   El análisis de la estereometría como proceso pedagógico abarca de *Rep.*, VII, 528a9-e1. Cabe resaltar que la estereometría o estudio de los sólidos no tuvo ese nombre sino hasta el diálogo pseudo platónico, *Epínomis* (990d8). Posteriormente, también encontramos este sustantivo en Aristóteles (*An. Post.*, I, 13, 78 b38).

74   *Rep.*, VII, 528a9-b1.

75   *Rep.*, VII, 528c5.

sólidos, es imposible comprender la formación de cualquier objeto presente en este universo.

La estereometría sirve, pues, al estudio de la realidad sensible a partir de un objeto inteligible y sólo captado mediante la inteligencia. Mediante la estereometría Platón logra entender algo esencial en el universo: la belleza está presente. Los poliedros regulares obedecen a leyes matemáticas y existe una proporción entre sí. En *Timeo* expresa lo siguiente: "De modo que [...] dio forma por vez primera a esta naturaleza con las Ideas y los números (εἴδεσί τε καὶ ἀριθμοῖς). Entonces el dios las constituyó del modo más bello y mejor (κάλλιστα ἄριστά) a partir de cosas que no tenían este carácter [el sensible]".[76] Y en su libro XIII de los *Elementos*, Euclides desarrolla los axiomas que permiten entender los poliedros; de hecho, todo ese libro está dedicado a la explicación y desarrollo de los sólidos platónicos. La proposición 18 de dicho libro dice: "Construir los lados de las cinco figuras y compararlos entre sí",[77] y tras realizar las verificaciones geométricas concluye: "Digo ahora que, aparte de las cinco figuras antedichas, no se construirá otra figura comprendida por (figuras) equiláteras y equiangulares iguales entre sí".[78] La belleza está en la armonía que estas figuras guardan entre sí, pues son proporcionadas.

El estado de la cuestión, cuando redactó *República*, sin embargo, le lleva a afirmar que no tiene mucho que agregar. Lo hará más adelante cuando redacte *Timeo* y la investigación sobre los sólidos geométricos haya permitido la conclusión de los poliedros regulares. Si bien existe una disputa sobre si los cinco poliedros regulares fueron un descubrimiento de Platón o de Pitágoras, sigo a Heath (1921: 294-295) en esto, quien considera que éstos no fueron un descubrimiento de Platón pues se sabe que fueron investigados anteriormente por los pitagóricos y, posteriormente, por Teeteto, miembro de la Academia. Sin embargo, son atribuidos a Platón por el uso que de ellos hace en *Timeo* al dar razón de la creación del mundo. Asimismo, tampoco puede

---

76   *Tim.*, 53b4-6: οὕτω δὴ τότε πεφυκότα ταῦτα πρῶτον διεσχηματίσατο εἴδεσί τε καὶ ἀριθμοῖς. τὸ δὲ ἦ δυνατὸν ὡς κάλλιστα ἄριστά τε ἐξ οὐχ οὕτως ἐχόντων τὸν θεὸν αὐτὰ συνιστάναι.

77   *El.*, XIII, 18.1-2: Τὰς πλευρὰς τῶν πέντε σχημάτων ἐκθέσθαι καὶ συγκρῖναι πρὸς ἀλλήλας.

78   *El.*, XIII, 18.114-116: Λέγω δή, ὅτι παρὰ τὰ εἰρημένα πέντε σχήματα οὐ συσταθήσεται ἕτερον σχῆμα περιεχόμενον ὑπὸ ἰσοπλεύρων τε καὶ ἰσογωνίων ἴσων ἀλλήλοις.

afirmarse que son de hallazgo pitagórico en su totalidad debido a la estrecha relación que guardaron en ese tiempo con los cuatro elementos del planteamiento cosmológico de Empédocles. Lo que no puede ponerse en duda es la importancia que tuvo este nuevo estudio.

2.3.4. Astronomía[79]

Después de haber estudiado la geometría de sólidos y comprender la razón de la transformación de los objetos sensibles desde lo inteligible, es momento de estudiar estos objetos tridimensionales en su movimiento. Sentencia que el estudio de la astronomía está erróneamente asociado a lo que ayuda al alma a ver hacia arriba, sólo por el hecho de que los astros se encuentran en el firmamento. Esta concepción, manifestada por Glaucón, es rápidamente refutada por Sócrates, quien le hace ver que no porque alguien mire el techo está mirando el techo con la inteligencia. Lo único que tal persona ha hecho es voltear los ojos y ver con ellos hacia el techo. De lo que se trata es de que el alma, el ojo del alma, la inteligencia, gire hacia las ideas. La razón de su argumento es que ver hacia arriba o hacia abajo los objetos de la naturaleza no genera ningún tipo de ciencia (ἐπιστήμη) en quien está percibiendo.

En la mente de Platón sigue presente la alegoría de la línea, donde el último grado de conocimiento que obtiene el alma es, precisamente, el de νόησις que cierra el proceso para tener ἐπιστήμη. En la línea, tanto los objetos matemáticos como las ideas generan ἐπιστήμη. Lo que Platón busca es que no sea el ojo el que mire hacia arriba, sino el alma.

La astronomía debe ocuparse de estudiar los "bordados que hay en el cielo (οὐρανῷ ποικίλματα)",[80] es decir, las estrellas, pero no en su manifestación empírica. Por bellas que sean, son inferiores en belleza de los verdaderos (ἀληθινῶν πολύ). Además, es necesario estudiar los movimientos con que se mueven estos astros según el verdadero número (τῷ ἀληθινῷ ἀριθμῷ) y las verdaderas figuras (τοῖς ἀληθέσι σχήμασι).

---

79   El análisis de la astronomía como proceso pedagógico abarca de *Rep.*, VII, 528e3-530d2.

80   *Rep.*, VII, 529c7.

Nuevamente, el estudio astronómico al que apela Platón no está desarrollado en *República*, sino en *Timeo*. Después de las progresiones geométricas con que compone al AM explica los movimientos de los planetas considerando las progresiones surgidas a partir de lo Otro. En *República* apunta ya a que se mire el cielo con la inteligencia al seguir el curso de los astros para dibujarlos en la mente y así poder trazar dichos movimientos, con la ayuda de un geómetra, para poder captar en estos movimientos "la verdad de lo igual, de lo doble y de cualquier otra relación".[81]

Aunque será hasta *Timeo* donde se haga explícita la explicación de la creación del mundo a manos de un Artesano, desde aquí está presente esta idea en Platón. "Considerará que el artesano (δημιουργῷ) del cielo y de cuanto hay en él ha dispuesto todo con la máxima belleza con que es posible construir tales obras".[82] El estudio de la astronomía comprende separarse, como en los casos anteriores, de la belleza física de los astros para estudiarlos en sí mismos y así entender cómo es que existe el día y la noche y los meses y los años, si han existido cambios o no. De este estudio volveremos útil lo que haya de inútil en nuestra alma.

2.3.5. Armonía[83]

Corresponde ahora el estudio de la contraparte de la astronomía, pues si hay un estudio, así como los ojos han sido provistos para la astronomía, los oídos lo han sido para la armonía, pues "se trata de ciencias hermanas entre sí, como dicen los pitagóricos".[84] La armonía es el estudio de los movimientos del sonido. Tal y como reconoce su deuda con los pitagóricos, también asesta una crítica hacia la manera en que ellos estudiaban la armonía.

Primero dice que hay que seguir lo descubierto y estudiado por los pitagóricos, pero estar atentos ya que ellos se quedaron en un análisis empírico

---

81 *Rep.*, VII, 529e5-530a1: ὡς τὴν ἀλήθειαν ἐν αὐτοῖς ληψόμενον ἴσων ἢ διπλασίων ἢ ἄλλης τινὸς συμμετρίας.

82 *Rep.*, VII, 530a4-7: νομιεῖν μὲν ὡς οἷόν τε κάλλιστα τὰ τοιαῦτα ἔργα συστήσασθαι, οὕτω συνεστάναι τῷ τοῦ οὐρανοῦ δημιουργῷ αὐτόν τε καὶ τὰ ἐν αὐτῷ·

83 El análisis de la armonía como proceso pedagógico abarca de *Rep.*, VII, 530d6-531e5.

84 *Rep.* VII, 530d7-9: αὗται ἀλλήλων ἀδελφαί τινες αἱ ἐπιστῆμαι εἶναι, ὡς οἵ τε Πυθαγόρειοί φασι.

del sonido. Tal tipo de estudio es insuficiente para el objetivo pedagógico, pues no eleva al alma ni la hace girar hacia la verdad. Estudiar lo empírico es estudiar lo imperfecto (ἀτελὲς). Concretamente, quien estudia armonía no debe centrarse en escuchar acordes y medir los sonidos entre sí. Es decir, dejar de verificar las proporciones pitagóricas y las relaciones geométricas que hay en una cuerda, donde a toda nota le corresponde su octava, su quinta y su cuarta (2:1, 3:2 y 4:3).

La crítica es la siguiente: "¿O no sabes que con la armonía hacen algo similar? En efecto, se pasan escuchando acordes y midiendo sonidos entre sí, con lo cual, como los astrónomos, trabajan inútilmente".[85] Líneas más adelante aclara, aunque no del todo, a quiénes se refiere; después de explicarle a Glaucón que no se refiere los músicos, señala lo siguiente:

En realidad, no es de ellos de quienes hablo, sino de aquellos a los cuáles decía que debíamos interrogar acerca de la armonía. Pues éstos hacen lo mismo en la armonía que los otros en la astronomía, pues buscan números en los acordes que se oyen, pero no se elevan a los problemas (προβλήματα) ni examinan (ἐπισκοπεῖν) cuáles son los números armónicos y cuáles no, y por qué en cada caso.[86]

Según Moutsopoulos (1989, § 29, 7) lo recién citado hace clara referencia a los pitagóricos dado que la idea de la armonía como intervalos numéricos es pitagórica. Adam en su traducción del diálogo platónico señala que cuando Platón escribe ἐκείνους se está refiriendo a los pitagóricos. Así también lo señalan Jowett y Eggers Lan en su traducción. De modo que este pasaje de *República* muestra, por un lado, la teoría pitagórica sobre la armonía y el número que se tenía, probablemente hasta Filolao y Arquitas, y, por

85   530e7-531a3: ἢ οὐκ οἶσθ᾽ ὅτι καὶ περὶ ἁρμονίας ἕτερον τοιοῦτον ποιοῦσι; τὰς γὰρ ἀκουομένας αὖ συμφωνίας καὶ φθόγγους ἀλλήλοις ἀναμετροῦντες ἀνήνυτα, ὥσπερ οἱ ἀστρονόμοι, πονοῦσιν.

86   531b7-c4: ἀλλ᾽ ἐκείνους οὓς ἔφαμεν νυνδὴ περὶ ἁρμονίας ἐρήσεσθαι. ταὐτὸν γὰρ ποιοῦσι τοῖς ἐν τῇ ἀστρονομίᾳ· τοὺς γὰρ ἐν ταύταις ταῖς συμφωνίαις ταῖς ἀκουομέναις ἀριθμοὺς ζητοῦσιν, ἀλλ᾽ οὐκ εἰς προβλήματα ἀνίασιν, ἐπισκοπεῖν τίνες σύμφωνοι ἀριθμοὶ καὶ τίνες οὔ, καὶ διὰ τί ἑκάτεροι.

otro, la crítica que Platón está haciendo de dicha teoría sobre la armonía por quedarse en un segundo plano de interpretación y análisis.

Si bien los pitagóricos apuntaban hacia el estudio del número y de su relación con el κόσμος Platón piensa que, con respecto a la armonía, se quedaron en lo empírico cuando sentencia ταῖς συμφωνίαις ταῖς ἀκουομέναις ἀριθμοὺς ζητοῦσιν. Si la armonía no apunta hacia el bien se convierte en un estudio de segundo plano, mismo que no interesa a Platón. Entendida así, la armonía forma parte, epistemológicamente, de lo doxástico y metafísicamente compartiría lugar entre las imágenes (εἰκασία) y las creencias (πίστις), es decir, de las cosas visibles (ὁρατόν), todo aquello que forma parte del mundo perceptible y, por lo tanto, particular.[87]

Retomando en lo que se ha insistido desde el inicio de este decreto pedagógico para alcanzar la verdad y el bien, el estudio de cualquiera de las ciencias aquí citadas debe concentrarse en los problemas (προβλήματα). En el caso de la armonía, abandonar la preocupación sobre la numeración de los acordes y centrar su atención en examinar "cuáles son los números armónicos (σύμφωνοι ἀριθμοί) y cuáles no, y por qué en cada caso".[88] La recompensa del estudio así realizado es el hallazgo de lo bello y lo bueno (τοῦ καλοῦ τε καὶ ἀγαθοῦ). Finalmente, la intención de Platón no es que cada uno de estos cinco estudios esté aislado entre sí, sino que se compenetren encontrando las relaciones y parentescos entre unos y otros, para hallar la afinidad y así llegar al puerto deseado: la verdad.

2.3.6. Dialéctica[89]

La dialéctica es la meta a alcanzar, el estudio que permitirá al filósofo "dar razón y recibirla (δοῦναί τε καὶ ἀποδέ ξασθαι λόγον)",[90] pues es capaz de usar su inteligencia sin necesidad de manifestación sensible alguna. Dice Platón que

---

87 Vale la pena referir aquí a mi primer capítulo en donde llevo a cabo el análisis y desarrollo de la alegoría de la línea, misma que permite comprender el proceso epistemológico del alma humana. Su discernimiento permitirá al lector penetrar de mejor manera en el pensamiento pitagórico aquí presentado.

88 *Rep.*, VII, 531c3-4: ἐπισκοπεῖν τίνες σύμφωνοι ἀριθμοὶ καὶ τίνες οὔ, καὶ διὰ τί ἑκάτεροι.

89 El análisis de la dialéctica como proceso pedagógico abarca de *Rep.*, VII, 532a1-533e2.

90 *Rep.*, VII, 531e4.

ésta es la melodía (νόμος) que ejecuta la dialéctica. Retoma las indicaciones brindadas al prisionero una vez afuera de la caverna, sobre cómo acostumbrar el ojo a la verdadera luz: "Ensaya mirar primeramente a los seres vivos y luego a los astros, y, por fin, al Sol mismo".[91] De la misma manera debe proceder el ojo del alma que ha de llegar a la dialéctica, pues debe llegar a lo que es en sí cada cosa por medio de la razón (διὰ τοῦ λόγου) y sin sensación alguna (ἄνευ πασῶν τῶν αἰσθήσεων).

Los estudios anteriores sirvieron de propedéutico —πρό-παιδεία— para el estudio verdaderamente importante. Lo que tienen en común los estudios anteriores es el planteamiento de ὑπόθεσις o supuestos.[92] Como lo anota Gómez Robledo (2000: CLXIV n. 35), "en las matemáticas y en las ciencias en general, las hipótesis se toman como 'principios'. En la dialéctica, por el contrario, son verdaderas hipótesis, ya que se parte de ellas para alcanzar, en la Idea, el principio anhipotético". Es decir, la radicalidad entre los estudios matemáticos y la dialéctica es que ésta alcanza los principios por lo que su pensamiento ha abandonado la referencia a cualquier sensación que estorbe en la captación de lo que es en sí. Mientras los estudios matemáticos proveen al hombre de διάνοια, la dialéctica le ofrece νόησις y ἐπιστήμη.

El dialéctico es, por lo tanto, quien "alcanza la razón de la esencia".[93] Es capaz de σοφία y con ello de autoconocimiento, pues puede dar razón de sí mismo, y al hacerlo distingue la Idea del Bien (τοῦ ἀγαθοῦ ἰδέαν) con la razón, abstrayéndola de las demás. Quien estudia la dialéctica no sólo conoce las Ideas, sino el principio de todo. Apropiarse de la Idea del Bien fortalece la intelección, siendo ésta capaz de superar cualquier dificultad al lograr distinguir entre la apariencia y la esencia, considerando sólo a ésta en todo cuestionamiento. Quien aprehende la Idea del Bien, nos dice Platón, puede despertar (ἐξεγρέσθαι) de las opiniones y de las apariencias que éstas generan. Quien

---

91   *Rep.*, VII, 532a3-5: ἣν ἐλέγομεν πρὸς αὐτὰ ἤδη τὰ ζῷα ἐπιχειρεῖν ἀποβλέπειν καὶ πρὸς αὐτὰ <τὰ> ἄστρα τε καὶ τελευταῖον δὴ πρὸς αὐτὸν τὸν ἥλιον.

92   Vale la pena revisar el análisis que Cornford (1932a: 39-43) hace de este vocablo, quien se apoya en Aristóteles (*An. Post.*, I, 10, 76 b27) para comprender el sentido en el que "hipótesis" es tomado por Platón. No debe olvidarse la demostración "por vía de hipótesis" que se realiza en *Menón*, 86e y ss.

93   *Rep.*, VII, 534b3-4: τὸν λόγον ἑκάστου λαμβάνοντα τῆς οὐσίας.

no logra despertar aquí, dormirá eternamente en el Hades, pero quien despierte aquí, permanecerá despierto siempre.

El dialéctico, finalmente, es quien está versado en preguntar y responder de la mejor manera posible. Por eso, "la dialéctica es el coronamiento supremo de los estudios",[94] por encima del cual no puede haber ningún otro. Dado que la dialéctica es el estudio de lo en sí en tanto que en sí mismo, prescinde de la ὑπόθεσις, con lo que se corona como la máxima de las ciencias. La ascensión epistemológica del alma está completa pues ha alcanzado la máxima verdad ontológica, el principio del universo, sin el cual ninguna hipótesis sería posible. Ha surgido un filósofo.

Finalmente, el programa educativo de Platón está completo. Los dos intereses —la educación y la investigación— quedaron completos cuando el filósofo se formó en la dialéctica. Ambos intereses quedan unidos cuando el investigador, que siempre está aprendiendo, comunica los resultados de su investigación, con lo cual educa.[95] ¿Y quiénes serán los beneficiados de esta educación? Los niños. Son los niños a quienes se debe enseñar, mediante el juego, todas las artes antes mencionadas.[96]

Por último, quiero retomar la proposición que dice que la melodía (νόμος) de la dialéctica es dar y recibir razón. Esto significa que la dialéctica es la norma (νόμος) última del conocimiento y aprendizaje humano. El uso de este vocablo griego remite a este orden, tanto en lo musical como en lo social y antropológico. La dialéctica es la máxima disciplina porque integra los tres órdenes fundacionales de la metafísica platónica: el axiológico, el gnoseológico y el ontológico.

---

94 *Rep.*, VII, 534e2-3: τοῖς μαθήμασιν ἡ διαλεκτικὴ ἡμῖν ἐπάνω κεῖσθαι.

95 Cf. Cornford (1932b: 173).

96 Cf. *Rep.*, VII, 536d-537a. En *Leyes* (VII, 819a8-b7) se menciona "que los libres deben aprender de cada una de estas materias por lo menos lo mismo que en Egipto aprende junto con las primeras letras una inmensa multitud de niños. Primero aprenden con ayuda del juego y con placer operaciones de cálculo que los niños descubren simplemente, como la distribución de algunas manzanas o coronas, de manera que las mismas cantidades se ajusten a un número mayor y a uno menor de receptores o las que se realizan cuando deben esperar turno para boxear o luchar por no tener pareja o se emparejan por sorteo, haciendo esto por grupos y de manera sucesiva o como sea normal que se hagan esas competencias".

2.4. La armonía de las esferas

Al inicio de este capítulo desarrollé brevemente la relevancia que κόσμος y πέρας tenían para la cosmovisión pitagórica. El κόσμος es el nombre con el que se identifica al mundo entero en el periodo clásico griego. Sustantivo y adjetivo a la vez, pues no sólo nombra al universo, sino que lo describe como ordenado y ornamentado, es decir, bello. Κόσμος es no sólo el universo sino el modelo de comportamiento humano.[97] Tensado gracias al límite (πέρας), κόσμος se convierte en una ἁρμονία perfecta. Aristóteles (*Met.* I, 986 a2-3) confirma este hecho cuando menciona que los pitagóricos pensaron καὶ τὸν ὅλον οὐρανὸν ἁρμονίαν εἶναι καὶ ἀριθμόν, es decir, "que todo el cielo era armonía y número". Jámblico escribe lo siguiente sobre este mismo tema:

> [Pitágoras] aplicaba sus oídos y ajustaba su mente a las sublimes sinfonías del universo (ταῖς μεταρσίαις τοῦ κόσμου συμφωνίαις), escuchando él solo y comprendiendo, según se manifestaba, la universal armonía y consonancia de las esferas y de los astros que se mueven entre ellas; armonía que produce una especie de melodía mucho más profusa y abundante que las humanas.[98]

Filolao es el primer pitagórico del que tenemos una obra escrita, y quien en el fragmento 6 explica que lo limitado e ilimitado son insuficientes para explicar el orden del mundo, pues éste no pudo darse sin un tercer elemento que los uniera. Este tercer elemento fue la armonía.[99] La relevancia de este pitagórico ha sido relegada o ignorada tal vez por la presencia de Platón en su

---

97 Cf. *Grg.* 507e6-508a3: φασὶ δ᾽ οἱ σοφοί, ὦ Καλλίκλεις, καὶ οὐρανὸν καὶ γῆν καὶ θεοὺς καὶ ἀνθρώπους τὴν κοινωνίαν συνέχειν καὶ φιλίαν καὶ κοσμιότητα καὶ σωφροσύνην καὶ δικαιότητα, καὶ τὸ ὅλον τοῦτο διὰ ταῦτα κόσμον καλοῦσιν. Santa Cruz (2013, n. 333) sugiere que Sócrates está pensando en los pitagóricos cuando se refiere a οἱ σοφοί.

98 *VP*, 15.65.13-16: χρώμενος ἐνητένιζε τὰς ἀκοὰς καὶ τὸν νοῦν ἐνήρειδε ταῖς μεταρσίαις τοῦ κόσμου συμφωνίαις, ἐνακούων, ὡς ἐνέφαινε, μόνος αὐτὸς καὶ συνιεὶς τῆς καθολικῆς τῶν σφαιρῶν καὶ τῶν κατ᾽ αὐτὰς κινουμένων ἀστέρων ἁρμονίας τε καὶ συνῳδίας, πληρέστερόν τι τῶν θνητῶν.

99 ὑφ᾽ ἁμῶν γα γενέσθαι μὴ ὑπαρχούσας τᾶς ἐστοῦς τῶν πραγμάτων, ἐξ ὧν συνέστα ὁ κόσμος, καὶ τῶν περαινόντων καὶ τῶν ἀπείρων. ἐπεὶ δὲ ταὶ ἀρχαὶ ὑπᾶρχον οὐχ ὅμοιαι οὐδ᾽ ὁμόφυλοι ἔσσαι, ἤδη ἀδύνατον ἦς κα αὐταῖς κοσμηθῆναι, εἰ μὴ ἁρμονία ἐπεγένετο ὡιτινιῶν ἄδε τρόπωι ἐγένετο.

misma época y la aparición de Arquitas, otro pitagórico considerado uno de los tres o cuatro mayores contribuyentes a la historia de la matemática griega (Schofield, 2014: 69). Huffman (1993: 55) piensa en Filolao "como el primer pensador autoconsciente y temático en utilizar ideas matemáticas para resolver problemas filosóficos".

En el capítulo 10 del primer libro de *De musica* Boecio investiga cómo fue que Pitágoras desarrolló la idea de que la música es el resultado de proporciones y consonancias. En dicho capítulo el filósofo latino recupera la anécdota según la cual Pitágoras elaboró toda la teoría de la proporción musical a partir de la experiencia de unos herreros que martillaban y cuyo sonido resultaba armonioso excepto uno, que era el quinto martillo.

Retomo el fragmento 6 de Filolao y lo reproduzco completo.

Sobre la naturaleza y la armonía la situación es ésta: el ser de las cosas, que es eterno, y la naturaleza misma admiten conocimiento divino y no humano, excepto que era imposible para cada una de las cosas que son y que son conocidas por nosotros que hayan llegado a ser, si el ser de las cosas de donde el *kósmos* (κόσμος) se formó (συνέστα), tanto las cosas limitadas como las ilimitadas, no existían. Pero dado que estos principios preexitieron y no eran ni iguales o siquiera relacionados, hubiera sido imposible para ellos que estuvieran ordenados si una armonía no se hubiera interpuesto, de cualquier manera que esto haya sido. Como las cosas y las cosas relacionadas no necesitaban adicionalmente ninguna armonía, pero las cosas que son desiguales y ni siquiera relacionadas ni [a la misma velocidad], es necesario que dichas cosas sean unidas mediante la armonía, si van a sostenerse en un orden.[100]

---

100 περὶ δὲ φύσιος καὶ ἁρμονίας ὧδε ἔχει· ἁ μὲν ἐστὼ τῶν πραγμάτων ἀίδιος ἔσσα καὶ αὐτὰ μὲν ἁ φύσις θείαν γα καὶ οὐκ ἀνθρωπίνην ἐνδέχεται γνῶσιν πλέον γα ἢ ὅτι οὐχ οἷόν τ' ἦν οὐθὲν τῶν ἐόντων καὶ γιγνωσκόμενον ὑφ' ἁμῶν γα γενέσθαι μὴ ὑπαρχούσας τᾶς ἐστοῦς τῶν πραγμάτων, ἐξ ὧν συνέστα ὁ κόσμος, καὶ τῶν περαινόντων καὶ τῶν ἀπείρων. ἐπεὶ δὲ ταὶ ἀρχαὶ ὑπᾶρχον οὐχ ὁμοῖαι οὐδ' ὁμόφυλοι ἔσσαι, ἤδη ἀδύνατον ἧς κα αὐταῖς κοσμηθῆναι, εἰ μὴ ἁρμονία ἐπεγένετο ὡιτινιῶν ἅδε τρόπωι ἐγένετο. τὰ μὲν ὦν ὁμοῖα καὶ ὁμόφυλα ἁρμονίας οὐδὲν ἐπεδέοντο, τὰ δὲ ἀνόμοια μηδὲ ὁμόφυλα μηδὲ ἰσοταγῆ ἀνάγκα τᾶι τοιαύται ἁρμονίαι συγκεκλεῖσθαι, οἵαι μέλλοντι ἐν κόσμωι κατέχεσθαι.

La crítica platónica luce bastante imprecisa e injusta tras leer completo el fragmento de Filolao. Aquí la armonía no está siendo tratada en un plano doxástico, sino metafísico. El pitagórico explica que la armonía es necesaria para unir lo que naturalmente no está unido, es decir, lo que es desigual y sin relación. La armonía en este fragmento funge como engarce que configura, pues une aquello que es desigual (ἀνόμοια) y sin relación (μηδὲ ὁμόφυλα). En la última oración de este fragmento está la clave de la función que tiene la armonía en esta concepción cosmológica: οἷαι μέλλοντι ἐν κόσμωι κατέχεσθαι. Para que las cosas que son desiguales y sin relación logren sostenerse en un orden Filolao vislumbra la necesidad de la armonía. Ésta une y configura a las cosas para que se mantengan unidas y ordenadas. Este orden es belleza y finalidad, por lo que la armonía de acuerdo con Filolao es la responsable de que el mundo sea auténticamente κόσμος.

De acuerdo con este testimonio la armonía no queda reducida a contar y apreciar auditivamente; bastante más compleja es la concepción que aporta aquí Filolao. Ciertamente, no queda de manifiesto que Filolao contemple la complejidad de la teoría platónica sobre la armonía y la fabricación del universo, pero tampoco se ve que para él la armonía sea el resultado de sólo medir notas en una cuerda.

Con seguridad esta idea está en consonancia con la formulación que tiene Filolao de las matemáticas, a saber, como una herramienta epistemológica que permite comprender mejor al mundo, como lo muestra el fragmento 4: "Y de hecho todas las cosas que son conocidas tienen número. Pues no es posible que cualquier cosa pueda entenderse o conocerse sin esto".[101] Así, la armonía en el pensamiento de Filolao cohesiona y ordena el κόσμος para que podamos conocerlo y entenderlo. Parece un hecho que Platón está uniendo esta idea con la anterior de armonía para de ello concluir que los pitagóricos no estaban interesados en la armonía en sí, sino en los números que sirven para comprender a la armonía.

De acuerdo con Burkert (1972: 371 y ss.), el pasaje de *República* es suficiente evidencia para saber que ni Pitágoras ni sus seguidores inmediatos

---

101 καὶ πάντα γα μὰν τὰ γιγνωσκόμενα ἀριθμὸν ἔχοντι· οὐ γὰρ οἷόν τε οὐδὲν οὔτε νοηθῆμεν οὔτε γνωσθῆμεν ἄνευ τούτου.

tenían una teoría musical metafísica. Es decir, se acepta que fue Pitágoras quien descubrió las relaciones numéricas pero no que haya sido un pensador dedicado a la teoría pura del número más allá de la experiencia. Páginas más adelante concluye que la teoría acústica encontrada en Arquitas, Eudoxo y Platón no es una teoría pitagórica (p. 383).[102] De allí la búsqueda por una metafísica del sonido emparejándolo con el número y dirigido hacia el bien, ejecutado por un alma tripartita que ha de armonizarse en la justicia al lograr que cada una de sus partes cumpla con su función, como lo desarrollaré en el siguiente capítulo.

Considero que la única auténtica muestra que hoy tenemos para analizar, comprender y saber lo que Pitágoras y sus primeros discípulos pensaban sobre la música es la filosofía de Filolao. El fragmento que cité brinda suficiente material para la interpretación. Si bien es cierto que para Filolao la armonía no apunta hacia el bien, sí lo es que mediante ella lo que no está unido logra unirse. Allí existe una relación metafísica que claramente no satisfizo completamente a Platón. ¿Por qué el planteamiento del pitagórico no alcanzó los requisitos buscados por Platón?

En Filolao leemos por primera vez el vínculo entre κόσμος y ἁρμονία, siendo ésta una condición a partir de la cual y gracias a la misma existe el κόσμος. La crítica de *República* encontrará en *Timeo* la respuesta que Platón buscaba cuando hablaba de música y, específicamente de ésta como una herramienta destinada a conducir al ser humano hacia el bien. En este diálogo Platón desarrolla una teoría musical a partir del número que pretende explicar la razón de la creación del alma del mundo (AM). Dicha elucidación toma de Pitágoras la base de la teoría musical a partir de las relaciones numéricas, pero la supera en muchos sentidos. Para el ateniense, la relación numérica es la razón por la cual existe una armonía en el mundo. Además, como se expuso antes, la armonía debe estudiar el movimiento del sonido para elevar al alma hacia la dialéctica y así hallarse frente a la Idea del Bien, como principio axiológico, gnoseológico y ontológico.

---

102 Esta misma idea la comparte Kahn (2001: 154) tomando en cuenta las investigaciones recientes alrededor de este mismo tema.

La descripción que hace Timeo de la manera en la que el demiurgo crea el alma del mundo refiere a las medias aritmética y armónicas. El demiurgo, tras unir las tres partes de las que está constituido el mundo (lo Mismo, lo Otro y el Ser), dividió este conjunto en tantas partes como fuera conveniente.

Comenzó la división del siguiente modo: (i) en primer lugar, del total separó una porción, (ii) luego quitó otra que era el doble de la anterior, (iii) nuevamente una tercera equivalente a una vez y media la segunda y al triple de la primera, (iv) una cuarta igual al doble de la segunda, (v) y una quinta que era el triple de la tercera, (vi) una sexta equivalente a ocho veces la primera, y, (vii) por último, una séptima igual a veintisiete veces la primera.

Después de esto, el Dios llenó los intervalos dobles y triples, separando más porciones de la mezcla y poniéndolas en medio de éstos, de modo que en cada intervalo hubiera dos términos medios: el primero, que excedía a uno de los extremos y era excedido por el otro por la misma fracción de cada uno de ellos; el segundo, que excedía a uno de los extremos y era excedido por el otro por la misma cantidad. De estas relaciones nacen, en los intervalos antes mencionados, intervalos de tres medios, cuatro tercios y nueve octavos, y por medio del intervalo de nueve octavos, llenó todos los de cuatro tercios, de modo que dejó de cada uno de ellos una fracción tal que el intervalo restante tuviera los términos en "la relación" numérica entre 256 y 243.[103]

---

[103] 35b4-36b5: ἤρχετο δὲ διαιρεῖν ὧδε. μίαν ἀφεῖλεν τὸ πρῶτον ἀπὸ παντὸς μοῖραν, μετὰ δὲ ταύτην ἀφῄρει διπλασίαν ταύτης, τὴν δ᾽ αὖ τρίτην ἡμιολίαν μὲν τῆς δευτέρας, τριπλασίαν δὲ τῆς πρώτης, τετάρτην δὲ τῆς δευτέρας διπλῆν, πέμπτην δὲ τριπλῆν τῆς τρίτης, τὴν δ᾽ ἕκτην τῆς πρώτης ὀκταπλασίαν, ἑβδόμην δ᾽ ἑπτακαιεικοσιπλασίαν τῆς πρώτης· μετὰ δὲ ταῦτα συνεπληροῦτο τά τε διπλάσια καὶ τριπλάσια διαστήματα, μοίρας ἔτι ἐκεῖθεν ἀποτέμνων καὶ τιθεὶς εἰς τὸ μεταξὺ τούτων, ὥστε ἐν ἑκάστῳ διαστήματι δύο εἶναι μεσότητας, τὴν μὲν ταὐτῷ μέρει τῶν ἄκρων αὐτῶν ὑπερέχουσαν καὶ ὑπερεχομένην, τὴν δὲ ἴσῳ μὲν κατ᾽ ἀριθμὸν ὑπερέχουσαν, ἴσῳ δὲ ὑπερεχομένην. ἡμιολίων δὲ διαστάσεων καὶ ἐπιτρίτων καὶ ἐπογδόων γενομένων ἐκ τούτων τῶν δεσμῶν ἐν ταῖς πρόσθεν διαστάσεσιν, τῷ τοῦ ἐπογδόου διαστήματι τὰ ἐπίτριτα πάντα συνεπληροῦτο, λείπων αὐτῶν ἑκάστου μόριον, τῆς τοῦ μορίου ταύτης διαστάσεως λειφθείσης ἀριθμοῦ πρὸς ἀριθμὸν ἐχούσης τοὺς ὅρους ἓξ καὶ πεντήκοντα καὶ διακοσίων πρὸς τρία καὶ τετταράκοντα καὶ διακόσια.

De acuerdo con Archer-Hind (1888: 107) cuando Platón introduce ἤρχετο δὲ διαιρεῖν ὧδε está realmente pitagorizando, pues lo que sigue en esta descripción del ordenamiento del alma del mundo es que el demiurgo construye un conjunto de dos longitudes correspondientes a las dos series numéricas 1, 2, 4, 8 y 1, 3, 9, 27, según las progresiones geométricas encontradas en razón de 2 y 3, partiendo de 2^0 y 3^0 a 2^3 y 3^3. Lo que obtenemos son dos series de cuatro elementos que a su vez suman siete, pues el 1 se repite en ambas progresiones, es decir, tenemos la *tetraktys* pitagórica.[104] Considero que realmente estamos ante la presentación platónica de la *tetraktys* pitagórica. La estructura es semejante, pero los elementos son de Platón. La representación de lo anteriormente descrito es de la siguiente manera con una lambda:

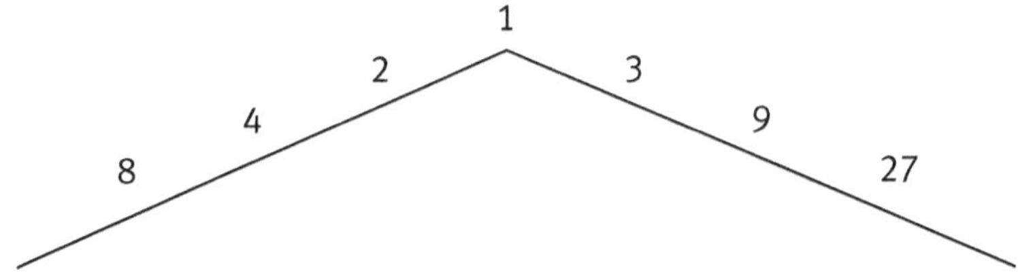

Ambas progresiones parten del 1, que, como sabemos, es el ἀρχή para los pitagóricos, pues combina lo par con lo impar. Vemos a continuación una progresión en par y otra en impar, naciendo ambas del número a partir del cual surge todo lo par (2) e impar (3), tomando a su vez ese número como razón a partir de la cual y hasta la cual llegará dicha serie. Esto da como resultado que dichas progresiones contengan elementos entre cada uno de los intervalos, que es a lo que Platón se refiere en el diálogo, cuando habla de la existencia entre cada uno de éstos de dos medios, uno que supera y otro que es superado por los extremos en la misma proporción, que es lo que conocemos como medio armónico (H), y tenemos otro que se diferencia de ellos por el mismo número, conocido como el medio aritmético (A). En breve ejemplificaré cómo

---

104 Junto con Archer-Hind, también Cornford (1937: 66-73) y Taylor (1928: 136-146) comparten esta misma idea. Un tanto más cauteloso se muestra Brisson (1994: 314-332), quien no nota en la descripción de Timeo signos de que Platón esté siguiendo una teoría musical pitagórica.

esto es la base para la armonía del mundo, en donde Platón está tratando de mostrar cómo el AM está construida sobre la base de una escala musical.

Discrepo de Cornford (1937: 69), quien piensa que las series de notas que acaba de compartir Platón no forman un sistema cerrado —en esto estoy de acuerdo—, pues si un pianista tocara las teclas blancas de C (do) a C tocaría una escala diatónica mayor; si, en cambio, toca de A (la) a A, sería una escala diatónica menor. Cualquiera de estas dos octavas forma un sistema cerrado cuya estructura se repite en cualquier otra octava en el mismo modo. Sin embargo, no logro comprender la razón que tuvo Cornford para decidir que la escala platónica presentada en *Timeo* debía iniciar en C, dado que esa costumbre es tardía en la música occidental. En cambio, los griegos tomaban como su primera nota E (mi), con lo que lo señalado por Cornford pierde sentido pues él partía de la tradición occidental de iniciar en do (C).

"Platón [...] está buscando la naturaleza de las cosas. El alma debe estar hecha de acuerdo con una armonía y avanzar *tan lejos como los números sólidos* y ser armonizada por dos medios, *de modo que, extendiéndose por todo el cuerpo sólido del mundo*, pueda captar todas las cosas que existen" (Cornford, 1937: 68).[105] Por esto Platón estableció la escala en las proporciones ya descritas, aunque también es cierto que dicha escala puede extenderse *ad infinitum* hacia ambos lados. Un pianista, por ejemplo, puede iniciar en donde guste y terminar donde guste. La sola escala propuesta por Platón no determina dónde debe iniciar ni dónde debe terminar. Sí busca establecer las condiciones para el ordenamiento y, por lo tanto, comprensión del mundo. Que haya tomado la base pitagórica para ello es significativo, si bien superó los conocimientos de los mismos respecto de la música y las matemáticas.

Tal y como lo señala Ferrari (1999: 329), en el pasaje recién citado y analizado, Platón expresa su opinión sobre el origen cosmológico, la naturaleza ontológica y la división matemática del AM, algo que Pitágoras y los suyos no desarrollaron. Para Platón los números no quedaban reducidos a relaciones aritméticas que permitían comprender mejor el mundo; los números son la razón por la cual el mundo es cognoscible, pues no sólo brindan objetividad

---

105 Las cursivas son del autor.

a la interpretación del mismo, sino que por ellos el κόσμος mantiene un orden cuya finalidad da sentido a lo demás. Así, la racionalidad que Platón le imprime a esta explicación supera la noción pitagórica sobre la música a la vez que mantiene la crítica de *República* VII. Tanto Burkert (1972, parte V, cap. 2) como Brisson (1994: 314-332) coinciden en que lo que Platón ejecuta aquí es una teoría propia que i) nada tiene que ver con la idea de la música de las esferas, i.e., una teoría musical pitagórica y ii) que el alma sea una especie de "cosa matemática intermedia", como Aristóteles denunció (*Met.* 987 b, 1082 b).

Continúo con el desarrollo geométrico de la escala anteriormente presentada. Entre cada una de las notas existen dos más que sirven para unirlas entre sí. La manera de extraer la siguiente secuencia es aplicando la media armónica (H) y la media aritmética (A). La fórmula para H es la siguiente: $\frac{2ab}{a+b}$ mientras que la que expresa el valor de A es $\frac{a+b}{2}$. De esta manera obtenemos los siguientes números.

Media armónica y aritmética para la secuencia par:

A	b	Armónica	Aritmética
1	2	4/3	3/2
2	4	8/3	3
4	8	16/3	6

Tabla 3

Media armónica y aritmética para la secuencia impar:

A	b	Armónica	Aritmética
1	3	3/2	2
3	9	9/2	6
9	27	27/2	18

Tabla 4

Todos los comentadores y estudiosos de *Timeo* han reconstruido de una u otra forma el pasaje ya citado y trabajado; Zamora (2010: 72-73) logra una extraordinaria y muy clara síntesis de la actividad del demiurgo haciendo uso de sus predecesores en este terreno. Así, para comprender lo que se narra en el diálogo, primero hay que utilizar los números obtenidos de H y A de la serie par e insertarlos entre los ya existentes: 1, 4/3, 3/2, 2, 8/3, 3, 4, 16/3, 6, 8. Entre todos los términos de la progresión hay un intervalo de 4/3 o de 9/8, como se ve a continuación:

1	4/3	3/2	2	8/3	3	4	16/3	6	8
	4/3	9/8	4/3	4/3	9/8	4/3	4/3	9/8	4/3

Tabla 5

Se hace lo mismo con la serie impar y se insertan los números obtenidos: 1, 3/2, 2, 3, 9/2, 6, 9, 27/2, 18, 27. Entre todos los términos existe un intervalo de 4/3 o de 3/2:

1	3/2	2	3	9/2	6	9	27/2	18	27
	3/2	4/3	3/2	3/2	4/3	3/2	3/2	4/3	3/2

Tabla 6

De estos intervalos 4/3 es común a ambas progresiones, mientras que 9/8 es propia de la progresión par y 3/2 de la impar. No sólo eso, sino que estos intervalos tienen relevancia musical.

4/3 es la cuarta, i.e., la distancia entre do (C) y fa (F).

3/2 es la quinta, i.e., la distancia entre do (C) y sol (G), contando ambas.

9/8 es el tono, i.e., el intervalo entre do-re (C-D), re-mi (D-E), fa-sol (F-G), sol-la (G-A) y la-si (A-B).

Como se lee en la última línea del texto que cité de *Timeo*, "de estas relaciones nacen, en los intervalos antes mencionados, intervalos de tres medios, cuatro tercios y nueve octavos, y por medio del intervalo de nueve octavos, llenó todos los de cuatro tercios, de modo que dejó de cada uno de ellos una fracción tal que el intervalo restante tuviera los términos en 'la relación' numérica entre 256 y 243". Esta última relación numérica es lo que hoy se conoce como semitono menor —λεῖμμα—, que es la distancia entre mi y fa (E y F) y si y do (B y C). Sin embargo, aún nos falta entender qué sería F# o BH. Siguiendo unas operaciones matemáticas a partir de la información que el propio diálogo nos ofrece obtenemos un semitono mayor —ἀποτομή— que se expresa 2187/2048, como resultado de la siguiente división: $\frac{9}{8} \div \frac{256}{243} = \frac{2187}{2048}$. Este semitono mayor es lo que equivaldría a cualquier nota sostenida (#) o bemol (H).

A partir de esto la lambda antes expresada quedaría de la siguiente manera con los valores musicales:

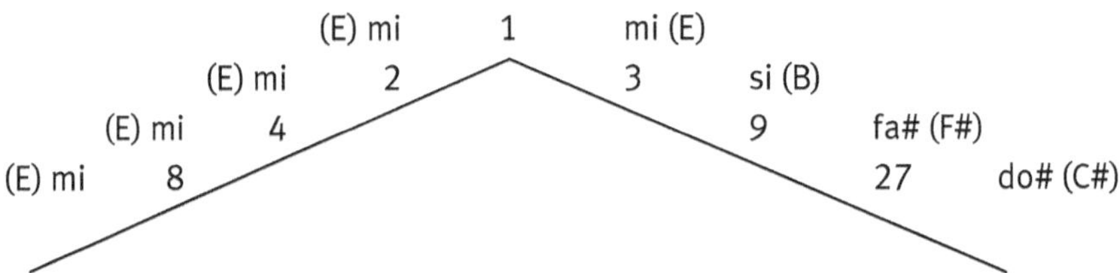

Finalmente, si se funden ambas progresiones en una sola eliminando los intervalos que se repitan la serie queda de la siguiente manera:

1	4/3	3/2	2	8/3	3	4	9/2	16/3	6	8	9	27/2	18	27

Tabla 7

Así es como queda constituida el alma del mundo antes del movimiento astronómico, constitución que le permite participar "de la razón y de la armonía, y ha nacido como la mejor de las criaturas, engendrada por el mejor de los seres inteligibles que existen siempre".[106]

---

106 *Tim.*, 36e6-37a2: λογισμοῦ δὲ μετέχουσα καὶ ἁρμονίας ψυχή, τῶν νοητῶν ἀεί τε ὄντων ὑπὸ τοῦ ἀρίστου ἀρίστη γενομένη τῶν γεννηθέντων.

Cornford (1937: 69) considera que estas progresiones no representan la intención por parte de Platón de establecer la estructura de una escala basada en principios musicales, pues de haberlo querido hacer así hubiese seguido la tradición pitagórica de la *tetraktys*, en donde partiendo de la progresión aritmética 1, 2, 3 y 4 es posible establecer las proporciones para la consonancia perfecta: 2/1 es la octava, 4/3 la cuarta y 3/2 la quinta; estas proporciones, junto con 9/8, que forma el tono a partir de lo anterior, era la manera pitagórica de entender la música. Considero, sin embargo, que i) no es necesario que Platón tuviera que proceder de tal modo para establecer una estructura para el AM basada en principios musicales, dado que lo realizado por el ateniense en *Timeo* coincide con una escala diatónica; ii) lo relevante aquí es que independientemente de lo anterior, lo que es innegable es la base geométrica en la construcción del AM, una base que resulta en una escala musical, y iii) la influencia pitagórica sobre Platón es evidente, así como el posterior desarrollo y aportaciones propias que el filósofo realizó sobre la doctrina del matemático y sus seguidores.

Innegablemente, Platón abrevó de la filosofía y doctrina pitagórica, comprendiéndola y explotándola más allá de sus propios límites. Vio en la geometría y sus derivados no sólo una manera de comprender el mundo, sino de crearlo, estructurarlo y darle sentido, no por el hombre, sino por el κόσμος mismo. Gracias a esto es que Platón puede estudiar, entender y aportar una solución al tema del mal, que como quedó manifiesto en este capítulo, viene desde la doctrina del límite-ilimitado de los pitagóricos. *Timeo* es la manifestación más grande del entendimiento de dicha filosofía, así como de la superación de la misma explotando y corrigiendo el sentido metafísico que el filósofo ateniense pensaba que le faltó a Pitágoras y sus seguidores.

Conclusiones

A lo largo de este capítulo busqué, en primer lugar, exponer la problemática sobre la identidad de Pitágoras, personaje mítico y envuelto en un aura de chamanismo por muchos pensadores antiguos, pero cuya misma existencia ha sido puesta en duda. No obstante, el legado que sigue a su nombre es innegable, así como la escuela de pensamiento que dejó. Haya o no existido Pitágoras lo que me interesa es el contenido de la filosofía denominada pitagórica, cuyo elemento principal es la relación entre los números y la naturaleza, relación que interesó a filósofos como Platón y Aristóteles. Además, no todo en Pitágoras son únicamente números y teorías matemáticas. Por ejemplo, lo visto al inicio de este capítulo. Allí exploré la concepción cosmológica de los pitagóricos cuyos conceptos de κόσμος y πέρας son fundamentales, tanto para entender el sistema completo de la escuela del samio, como para establecer las bases del pensamiento platónico cuyo fundamento ético-cosmológico está también presente.

Lo primero que llama la atención sobre la investigación que realicé en este primer capítulo es la falta de fuentes primarias para estudiar el pensamiento pitagórico; no pidamos el de Pitágoras, porque fue un ágrafo cuyo pensamiento sólo fue transmitido oralmente. Los dos discípulos que podrían arrojar luces sobre las ideas pitagóricas son Filolao y Arquitas, pues son pitagóricos contemporáneos a Platón. Filolao, incluso, es el pitagórico más antiguo del que tenemos obra escrita. Así que el primer problema al que me enfrenté cuando quise estudiar la filosofía de Pitágoras fue la obtención de fuentes. La existencia del filósofo-matemático llega a ser puesta en duda por la problemática generada. Sin embargo, enfoqué mi investigación en la filosofía pitagórica haciendo a un lado la polémica de la existencia del fundador. Lo cierto es que el mismo pitagorismo fue cambiando a lo largo del tiempo, lo que dificulta determinar qué ideas son realmente del fundador y cuáles de sus discípulos.

A pesar de lo dicho, noto las siguientes constantes: 1) todos los pitagóricos son estudiosos de las matemáticas; 2) los números representan más que meros valores aritméticos; 3) creen en la inmortalidad del alma; 4) la ética está ligada a la metafísica y todo a la matemática. Estas cuatro constantes las encuentro en todo lo que gira alrededor de la filosofía del samio. El sistema pitagórico entrelaza la reflexión numérica con la búsqueda por la purificación del alma, incluyendo el estudio del mundo en su totalidad.

Por ello es que inicio el capítulo con el desarrollo de dos conceptos que son torales en la filosofía pitagórica: κόσμος y πέρας. Se dice que Pitágoras y sus discípulos fueron los primeros en nombrar al universo y todo lo contenido en él como κόσμος, algo bastante relevante. Es notorio que se designe κόσμος porque el vocablo significa principalmente dos cosas: orden y belleza. La vida pitagórica, sustentada en su filosofía, se basaba en esto. Lo ordenado es bello y lo bello es orden. Una idea tiende hacia la otra y viceversa. Pero ¿qué significa que el universo sea un κόσμος, es decir, tenga orden? Entender el universo como κόσμος es concluir la causa final de la naturaleza. Algo que está ordenado lo está porque hubo un ordenador que así lo dispuso. Además, lo dispuso para que cumpliera con alguna función. De este modo el orden apela a la inteligencia y a la finalidad. La inteligencia se manifiesta porque es capaz de poner límites, πέρας, a las cosas. Esto se engarza con la idea pitagórica que como se vio mediante la cita que compartí de Aristóteles, los pitagóricos asociaban el límite con el bien y lo ilimitado con el mal. Así, un κόσμος necesita obligatoriamente de límites si ha de ser ordenado. También serán necesarios los límites si ha de ser bello, como lo desarrollaré más adelante en los capítulos 3 y 4, y como se vio también en el primero.

Lo que es importante tener siempre en mente cuando se trata de la filosofía pitagórica es la presencia de los números. Mediante ellos los discípulos de Pitágoras y él mismo descubrirán el κόσμος. Lo primero a considerar es la *tetraktys*, que para los pitagóricos fue un descubrimiento relevante. Como lo desarrollé, la *tetraktys* es la secuencia numérica del 1 al 4 que en sí misma encierra varios conocimientos. Si sumamos 1 + 2 + 3 + 4 obtenemos 10, un hallazgo que significaba el reinicio de todo, pues 1 + 0 es 1 y todo vuelve a empezar. De hecho, todas las civilizaciones cuentan del 1 al 10 y reinician el conteo en 1, como 10 + 1, 10 + 2, etcétera. La *tetraktys* también sirve para dar razón del κόσμος. El 1 representa la unidad, el origen, donde se unen los opuestos, es el punto. El 2 es la díada, los opuestos, el segundo principio de la cosmología pitagórica; es la línea o unión de dos puntos. El siguiente número, el 3, el primer número impar que aparece porque recordemos que el 1 en estricto sentido no es un número para los pitagóricos, pues es el origen. Lo impar, para los pitagóricos, era parte de lo que representaba el bien, y tanto para Platón como para Aristóteles el 3 es el número asociado con la virtud. La unión de tres puntos nos da un triángulo en segunda dimensión. Finalmente, el 4. Este número es la representación de los principios básicos de la realidad sensible: fuego, aire, agua y tierra. También es el número asociado con la justicia, como desarrollaré con mayor detenimiento en el capítulo 3, con fuerte influencia en Platón. La unión de cuatro puntos da como resultado una pirámide y el surgimiento de la tercera dimensión.

Entre los testimonios más utilizados para la filosofía pitagórica está el de Platón, Arquitas, Filolao y Aristóteles, quien distingue entre el tratamiento que los pitagóricos le daban a los números y la platónica. Como discípulo de Platón conocía muy bien la concepción de su maestro respecto de la relación entre los números y el universo. Lo que llega a ser sorprendente es entender si lo que Aristóteles dice que dijeron los pitagóricos es cierto y cuál, además de Platón, es su fuente. Menciono esto porque especialmente me llamó la atención que Aristóteles sea quien, por primera vez desde el surgimiento del pitagorismo, mencione la teoría de que *todo es número* como una teoría netamente pitagórica. No la encontramos en ninguno de los diálogos de Platón ni en Filolao, quien sostiene que los números son herramientas epistemológicas, más no realidades ontológicas, como la tesis de Aristóteles afirma sobre los pitagóricos. Resulta plausible que haya sido en la Academia en donde escuchó que la tesis *todo es número* era una tesis pitagórica. El lugar del que la haya obtenido Platón o alguno de sus discípulos no está claro, pues como ya mencioné, Filolao fue el primer pitagórico del que tenemos escrito alguno y ahí no aparece dicha tesis. Tampoco en Arquitas, el otro pitagórico contemporáneo de Platón, y lamentablemente no hay ninguna otra referencia directa.

La tabla de los opuestos fue otro de los desarrollos pitagóricos relevantes en la filosofía de Platón. En ella enumeran diez principios con su opuesto, en seguimiento a la díada. El primer par de opuestos es el del límite-ilimitado, que como ya mencioné, para ellos estaba asociado al bien y al mal. La columna del límite es la columna en donde se encuentran, entre otros principios, el del bien, el del impar y el del uno; la columna opuesta contiene lo ilimitado, lo par, la pluralidad y el mal. De cierto modo, mediante esta tabla los pitagóricos fijan su normativa moral al señalar que lo ilimitado y lo plural son malos, una idea que tanto Platón como Aristóteles recuperarán en su reflexión metafísica y ética.

Por otro lado, una de las críticas más importantes que Aristóteles realiza sobre el pensamiento pitagórico *todo es número* es que no logra explicar cómo es posible que los números, que básicamente son realidades mentales, puedan convertirse en objetos sensibles. Esta crítica queda tentativamente resuelta en *Timeo* cuando Platón narra la formación de los cuatro elementos (fuego, aire, agua y tierra) a partir de la combinación de triángulos rectángulos isósceles y escalenos. Recordemos que los triángulos se forman a partir del número 3 de la *tetraktys* y el 4 es el sólido. A partir de estos triángulos Platón explica la formación de los sólidos regulares —también conocidos como platónicos—, que forman los cuatro elementos y el universo. Estos sólidos son el tetraedro-fuego, octaedro-aire, icosaedro-agua y hexaedro o cubo-tierra, y el dodecaedro-universo. Se sabe, por ejemplo, que cristales como el cuarzo cristalizan en forma hexagonal; otros como el granate lo hacen en forma cúbica; incluso sabemos que la estructura básica del VIH y de muchos virus y bacterias es un icosaedro regular. Definitivamente esto no prueba que de los números surjan objetos sensibles, pero sí que la realidad está formada mediante triángulos, como lo intuyó Platón. Tal intuición no es gratuita y con probabilidad es resultado de una reflexión alrededor de la *tetraktys*.

La descripción de la composición del mundo a partir de los sólidos regulares inevitablemente nos hace pensar en dos tesis atribuidas a Platón. La primera va en relación con los testimonios de Elías y Juan Filópono —comentadores de Aristóteles—, quienes escribieron que en el frontispicio de la Academia de Platón estaba escrito la sentencia *No entre aquí quien no sepa geometría* (ἀγεωμέτρητος μέδεις εἰσίτω). La segunda es la de Plutarco (*Q. Conv.* 718b8), ya mencionada en este capítulo, quien señaló que Platón constantemente decía ἀεὶ γεωμετρεῖν τὸν θεόν: Dios siempre hace geometría.

La geometría estudiada en *Timeo* logra mostrar y explicar la manera en que la naturaleza —el κόσμος— se forma a partir de triángulos. Con este desarrollo Platón hace de la matemática en general, y de la geometría en particular, herramientas que permiten comprender el mundo. Porque Platón no suscribió en ningún lugar la tesis pitagórica *todo es número*, sino que él, probablemente siguiendo a Filolao, se percató del poder explicativo de la matemática, es decir, como artilugio epistemológico. Él consideraba que las matemáticas son el eslabón que permiten unir el mundo divino con el humano, pues Dios se ayuda de las matemáticas para ponerle límite a la χώρα con la que tuvo que moldear el mundo. A lo largo de este libro, en todos los capítulos siguientes, irá cobrando más fuerza y claridad este postulado. Para Platón las matemáticas —recordemos la alegoría de la línea— son fundamentales en la adquisición del conocimiento, pero son un conocimiento dianoético. Gracias a las matemáticas el mundo tiene orden y resulta cognoscible para todos de la misma manera.

Las matemáticas, además, recuperando la alegoría de la línea desarrollada en el primer capítulo, son el puente entre el reino de lo visible y el de lo inteligible. En el libro VII de *República,* Platón decreta el estudio obligatorio, por parte del guardián que ha de convertirse en filósofo, de varios estudios matemáticos concernientes al entrenamiento del alma para poder captarlo *en sí mismo*. Aritmética, geometría, estereometría, astronomía y armonía son las ciencias que debe estudiar quien pretenda elevar su alma para que alcance lo más puro que hay en el universo. Recalca a lo largo de este pasaje de *República* la importancia de que todos estos estudios abandonen la parte sensible con la que pueden relacionarse y se concentren en los problemas que presentan cada uno en sí mismo: la unidad, la relación espacial, la formación de los sólidos regulares, el movimiento de los astros y el movimiento de los sonidos. Todos estos estudios son escalones —πρό-παιδεία— que el alma va escalando hacia la máxima contemplación, que será la Idea del Bien. Ésta, sin embargo, sólo es posible cuando se realiza el último de los estudios: la dialéctica. El dialéctico es quien puede dar razón de sí mismo y de lo demás, de su propio conocimiento y de las cosas que son, porque conoce ya no a partir de ὑπόθεσις como en las artes matemáticas, sino que prescinde de ella al captar el principio de las cosas. El alma ahora conoce la esencia y puede, ahora sí, hacer a un lado las apariencias.

Finalmente, la relación entre las matemáticas y la música. La historia del pensamiento acredita a los pitagóricos como los primeros en realizar dicho descubrimiento. Una leyenda —que con probabilidad no es más que sólo eso— cuenta que en alguna ocasión Pitágoras caminaba junto a una herrería cuando un sonido lo detuvo de momento. Eran cinco herreros forjando hierro, pero uno de ellos tenía un martillo que faltaba a la armonía que los otros cuatro sí tenían. Se dice que pesó los martillos y a partir de una ecuación determinó el valor armónico de cada uno respecto del hierro que golpeaban. Lo cierto es que la relación música-matemática fue asociada por primera vez por los pitagóricos. Esta asociación es fundamental, ya que para Platón el vínculo entre música y matemática es tan importante que de él depende gran parte de la formación moral de todo ser humano.

Necesariamente hay que regresar a la *tetraktys*, pues en ella está el fundamento de la armonía. La relación 1/2 es la de una octava; 4/3 es una cuarta, la distancia entre do (C) y fa (F); 3/2 es la quinta, la distancia entre do (C) y sol (G), tomando en cuenta ambas. Además, como ya se vio líneas antes y lo retomo unos párrafos más adelante, de obtener las medias armónicas (H) y aritméticas (A) de la progresión surgida en *Timeo*, 9/8 es el tono, es decir, el intervalo entre do y re (C y D), re y mi (D y E), fa y sol (F y G), sol y la (G y A), y la y si (A y B). Como es visible, nos falta la secuencia entre mi y fa (E y F) y si y do (B y C). Sucede que entre estas dos notas no existe un intervalo completo de un tono, sino lo que es un semitono menor, que Platón representó mediante lo que se denomina una *leimma*: 256/243. El semitono mayor, conocido como *apotomé* es 2187/2048, resultado de realizar la siguiente operación $\frac{9}{8} \div \frac{256}{243} = \frac{2187}{2048}$, que es la distancia entre F y F# o B y BH.

De esto tenemos noticia en *Timeo* cuando Platón explica la formación del AM. Allí narra una progresión matemática que se divide en pares e impares —nuevamente los pitagóricos presentes—, en donde el AM se forma dividiendo del total una porción, luego otra y otra hasta culminar con la siguiente progresión: 1, 2, 3, 4, 8, 9, 27 que resulta en una lambda que podemos expresar de la siguiente manera:

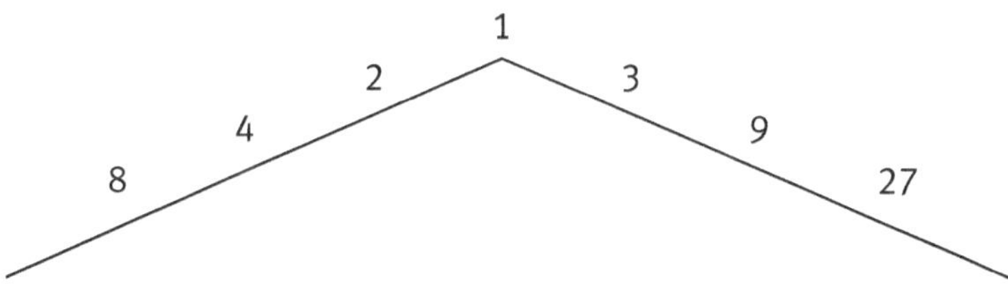

Ambas progresiones parten del 1, que como quedó explicado anteriormente, es el ἀρχή para los pitagóricos; posteriormente vemos una progresión en par y otra en impar, naciendo ambas del número a partir del cual surge todo lo par (2) e impar (3), tomando a su vez ese número como razón a partir de la cual y hasta la cual llegará dicha serie. Para unir las partes antes descritas del AM son necesarios unos eslabones que son la media armónica (H) y la media aritmética (A). Tras realizar la operación matemática correspondiente obtenemos nuevos números, que serán los encargados de engarzar todo. Son dos nuevas progresiones en donde tenemos números que se repiten y otros que no.

Finalmente, si fundimos ambas progresiones en una sola eliminando los intervalos que se repitan nos queda la siguiente serie:

1	4/3	3/2	2	8/3	3	4	9/2	16/3	6	8	9	27/2	18	27

Esa es la idea de armonía para Platón. Estamos frente a una escala diatónica, misma que en la actualidad es la base para la composición musical desde Bach hasta Wagner, desde Pink Floyd hasta Tool. Hoy la dividimos en mayor y menor, como por ejemplo el *Cannon* de Pachelbel en D mayor o la *Sinfonía 2, la Resurrección*, de Mahler en C menor.

En el siguiente capítulo exploraré la manera de armonizar la investigación músico-matemática de Platón con su teoría del alma. ¿Cuál es la relación que existe entre la teoría tripartita del alma y la música? ¿Por qué piensa Platón que la música es no sólo terapéutica sino profiláctica?

Para responder estas preguntas y otras que surgirán en el capítulo revisaré la teoría psicológica de Platón y la evolución de la misma, de manera que logre hilvanar el pensamiento sobre lo que es el alma y su funcionamiento. Para ello la primera parte del siguiente capítulo estudiaré las concepciones psicológicas de principalmente cuatro diálogos: *Fedón, República, Fedro* y *Timeo*. Explicaré cómo es que Platón pasa de una concepción simplista del alma a una tripartita a una en donde el alma que tiene el hombre es tanto inmortal como mortal. Asimismo, mostrar el hilo conductor que desde *Fedón* hasta *Timeo* conserva respecto de ciertas funciones del alma y su relación con el cuerpo, pues es en dicha relación en donde surge de una manera más crítica la vinculación con la música para templar un alma o cuerpo corrupto.

CAPÍTULO 3

Fundamentos psicológicos en la filosofía de Platón

El alma es un vaso que sólo se llena con eternidad.

La sed

Amado Nervo

La muerte de Sócrates significó para Platón el ojo de agua de donde brotaron sus inquietudes intelectuales. ¿Por qué un hombre que pretende la justicia no puede apreciar a otro hombre que es, en palabras de Platón, el más justo de su época?[1] Entre otras razones porque, aunque los hombres buscamos el conocimiento y la verdad, no todos estamos listos para hacerla propia, sea porque i) existe un defecto, corporal o psíquico, para detectar su presencia o ii) la detectamos, pero no estamos dispuestos a aceptarla generalmente por una perturbación por parte de la ἐπιθυμία que genera un θυμός desordenado. Platón encuentra una posible cura para este mal que consiste en no poder ver la verdad. La educación, como formación del alma, es la respuesta. Para llegar a ella, lo cual haré en el siguiente capítulo, primero debo abordar la pregunta por el alma.

Adimanto inicia el libro IV de *República* de la siguiente manera: "¿De qué modo te defenderías, Sócrates, si alguien afirmara que no haces en absoluto felices a estos hombres, y eso por causa de sí mismos?"[2] En el contexto del diálogo "estos hombres" hace referencia a los guardianes, aunque líneas más adelante Sócrates señalará que "la totalidad" de quienes

---

1   *C. VII*, 324d8-e2: τά τε ἄλλα καὶ φίλον ἄνδρα ἐμοὶ πρεσβύτερον Σωκράτη, ὃν ἐγὼ σχεδὸν οὐκ ἂν αἰσχυνοίμην εἰπὼν δικαιότατον εἶναι τῶν τότε […].

2   419a1-3: Τί οὖν, ἔφη, ὦ Σώκρατες, ἀπολογήσῃ, ἐάν τίς σε φῇ μὴ πάνυ τι εὐδαίμονας ποιεῖν τούτους τοὺς ἄνδρας, καὶ ταῦτα δι᾽ ἑαυτούς [...].

conforman una ciudad deben estar incluidos. No obstante, hay que poner atención a la expresión ταῦτα δι' ἑαυτούς, pues parecería una obligación de Sócrates hacer felices a los hombres, al tiempo que se especifica que no lo son "por causa de sí mismos".

Ταῦτα δι' ἑαυτούς llama la atención porque sobre la felicidad se piensan varias cosas, entre ellas, que i) ésta se obtiene por medios externos, a saber, el dinero y los bienes; ii) depende del modo de relacionarme con los demás, por lo que si el otro me dañó me imposibilitó para ser feliz, y iii) porque solemos pensar que la felicidad es un estado emocional, a saber, la alegría o la satisfacción del deseo. Por eso, Adimanto tiene claro que su pregunta está encaminada a reflexionar sobre lo que realmente hace felices a los hombres. Nadie puede lograr alcanzar dicho bien si "por causa de sí mismos" no lo hacen. No sólo eso, sino que pareciera como si Sócrates fuera responsable de la felicidad o infelicidad de las demás personas. Platón es consciente de que los acusadores de su maestro y el tribunal de los 500 depositaron en Sócrates responsabilidades que no le correspondían. Como si la cláusula de *corromper a los jóvenes*[3] también le imputara la de *no hacer felices a los hombres*.[4]

¿En qué sentido se está realizando semejante equivalencia? Corromper a alguien más ¿puede alejarlo de la posibilidad de ser feliz? ¿Qué significaría corromper, y qué ser feliz? Será indispensable revisar ambos conceptos para aclarar lo que caía sobre Sócrates y que Platón recupera en *República*. Recordemos también que más adelante en el mismo diálogo (IV, 441a3)[5] Platón habla de la corrupción de la parte del alma encargada de la fogosidad o cólera,[6] que principalmente sirve para poner en movimiento a la persona, i.e., el θυμός y señala que éste puede corromperse (διαφθαρῇ) debido a una

---

3   *Ap.* 24b8-c1: ἔχει δέ πως ὧδε· Σωκράτη φησὶν ἀδικεῖν τούς τε νέους διαφθείροντα καὶ θεοὺς οὓς ἡ πόλις νομίζει οὐ νομίζοντα, ἕτερα δὲ δαιμόνια καινά.

4   Soy consciente de que lo señalado por Adimanto al inicio del libro IV de *República* se liga directamente con el final del libro III, donde se anuncia la casta social con el mito de los metales. Allí se relata que los guardianes no han de poseer bienes ni concubinas, ni asistir a grandes banquetes y deben vivir en comunidad con los demás guardianes.

5   ἐὰν μὴ ὑπὸ κακῆς τροφῆς διαφθαρῇ;

6   A lo largo de este libro utilizaré tanto fogosidad como cólera para referirme al θυμός.

mala educación (κακῆς τροφῆς). Los niños nacen con una cólera (θυμός) muy fuerte que en la medida de su crecimiento debe ser increpada mediante la razón (λογιστικός); de no lograrlo, dicha fogosidad quedará corrupta al no cumplir correctamente con su función. ¿Cuál es ésta? "Ser servidor y aliado de aquél [el raciocinio]".[7] Asimismo, explica que la injusticia es la consecuencia de no hacer cada quien lo suyo: "Debemos recordar entonces que cada uno de nosotros será justo en tanto cada una de las partes[8] que hay en él haga lo suyo, y en cuanto uno mismo haga lo suyo".[9] De modo que la corrupción consiste en que aquello que tenía una función determinada pierda dicha función por alguna otra o deje de cumplirla. El argumento quedaría de la siguiente manera:

a) Todo objeto *X* tiene una función que llamaremos *lo suyo*.

b) Cuando cualquier objeto *X* hace *lo suyo* hay justicia.

c) De b) podemos obtener su negación al decir que todo objeto *X* que no hace *lo suyo*, i.e., cumplir con su función, comete injusticia.

d) Todo objeto *X* que comete injusticia se corrompe pues está realizando una función distinta que la que le corresponde.

e) Por lo tanto, la corrupción consiste en alterar o modificar la función de todo objeto *X* para que pueda hacer *lo suyo*.

A partir de este argumento, ¿realmente Sócrates corrompía a la juventud? Corromper a la juventud significaría que Sócrates, de alguna manera, provoca que la juventud no cumpla con la función propia de la juventud. Sin embargo, el tema no es tanto la juventud, cuanto las personas, a los jóvenes, no por jóvenes, sino por ser seres en formación. Así que lo que se debe inspeccionar es si Sócrates corrompía a las personas. Corromper a una

---

7   IV, 441e5-6: τῷ δὲ θυμοειδεῖ ὑπηκόῳ εἶναι καὶ συμμάχῳ τούτου.

8   Esteban Bieda (2012: 128 n.1) nota la flexibilidad de Platón cuando éste se refiere ya sea a las partes del alma o de la ciudad, al usar un léxico variado, pues en ocasiones utiliza μέρος (Cf. v.gr. 428e7), εἶδος (Cf. v.gr. 434b2) y γένος (Cf. v.gr. 429a1). Tal y como lo menciona Bieda, hablaré de "partes" de la ciudad o del alma, pero también de "clases" o "especies" sin que ello implique una diferencia cualitativa relevante.

9   IV, 441d12-e2: Μνημονευτέον ἄρα ἡμῖν ὅτι καὶ ἡμῶν ἕκαστος, ὅτου ἂν τὰ αὑτοῦ ἕκαστον τῶν ἐν αὑτῷ πράττῃ, οὗτος δίκαιός τε ἔσται καὶ τὰ αὑτοῦ πράττων.

persona sería modificar su naturaleza de tal manera que la persona dejara de hacer las funciones que le son propias a la persona para hacer otras. Las funciones propias de cada ser humano están sujetas a lo que significa ser *ser humano*, es decir, ὁ ἄνθρωπος.[10]

Como Platón nos hace ver en *Fedón*, todo ἄνθρωπος es su alma (ψυχή), algo que refuerza y detalla en diálogos posteriores como *Fedro*, *República* (concretamente el libro IV) y *Timeo*. Si el ἄνθρωπος es su alma, entonces es necesario entender cómo es el alma y cuáles son sus funciones. Para lograr entender realmente qué es la corrupción y cómo ésta puede o no afectar al ser humano, así como desarrollar el tema de la educación y todo lo que conlleva, es necesario detallar minuciosamente la psicología platónica. A continuación, dedicaré las siguientes páginas a exponer el pensamiento de Platón sobre el alma y la evolución que este mismo tema tuvo a lo largo de sus diálogos.

En Platón, el alma es el ser del hombre.[11] En realidad, lo es todo. En *Fedón* busca argumentar racionalmente la inmortalidad del alma. Sería baladí una reducción ontológica de la ψυχή de Platón, pues le confiere características que pueden considerarse divinas. En este momento de la filosofía se da el primer enfrentamiento entre alma y cuerpo, ψυχή y σῶμα. Tanto que para Platón resulta cardinal poder llevar a cabo la demostración de que el alma es inmaterial y, por lo tanto, opuesta al cuerpo.

Previo a *Fedón*, no se notan demostraciones racionales que defendieran la postura que los griegos tenían sobre lo que consideraban que era la ψυχή. Entre los antecesores de Platón que tocan o hablan del alma en sus escritos menciono apenas a un puñado, quienes son los que considero sentaron las

---

10   Cabe mencionar que Platón utiliza indistintamente el artículo junto a ἄνθρωπος para denominar al hombre en general. Es decir, puede o no estar acompañado por su artículo: ὁ ἄνθρωπος. Cf. *Prot.* 322a3; *Rep.* X, 619b1.

11   Vale la pena recordar aquí lo señalado en dos diálogos: Alcibíades I y Fedro. En el primero Sócrates comenta lo siguiente: "Entonces, puesto que ni el cuerpo ni el conjunto son el hombre, sólo queda decir, en mi opinión, que o no son nada o, si efectivamente son algo, ocurre que el hombre no es otra cosa que alma (Ἐπειδὴ δ' οὔτε σῶμα οὔτε τὸ συναμφότερόν ἐστιν ἄνθρωπος, λείπεται οἶμαι ἢ μηδὲν αὐτ' εἶναι, ἢ εἴπερ τί ἐστι, μηδὲν ἄλλο τὸν ἄνθρωπον συμβαίνειν ἢ ψυχήν: 130c1-3)". Soy consciente de los problemas de autenticidad que este diálogo tiene cara a la tradición del *corpus* platónico, siendo Schleirermächer el primero en denunciar que Platón no fue el autor de este diálogo.

    En el segundo me refiero a la alegoría del carro alado (246a-247a), donde Platón hace explícito que quien conoce, siente y desea es el alma, haciendo del cuerpo un mero vehículo, como se verá que sucede en el *Fedón*.

bases de la psicología que culminaría con Platón como un alma que manda y gobierna al cuerpo. Entre dichos autores pienso en Homero, quien fue un poeta; los órficos, un grupo religioso sin intención en demostrar sus creencias; los pitagóricos —como ya se vio en el capítulo anterior—, quienes estaban interesados en la purificación del alma, que obtendrían mediante una cadena de preceptos que iban desde la alimentación hasta el conocimiento matemático y los famosos *acúsmata*;[12] Heráclito, un filósofo aforístico con algunos fragmentos[13] para conocer su pensamiento, haciendo imposible decir si éstos venían acompañados o no de hilos argumentativos; Sófocles, un poeta trágico, cuya concepción de la psicología humana usaba para delimitar a sus personajes, pero que en ningún momento pretendió probar la existencia del alma ni las funciones que ésta tenía. Por último, Sócrates mediante la mayéutica buscaba arribar a definiciones sobre los conceptos que se tenían y, por este medio, generar *paideia*. No se encuentra, sin embargo, noción alguna de que estos conceptos o teorías fueran llevados al terreno del análisis en el sentido que Platón lo hace.

La evolución de la ψυχή desde Homero hasta Platón puedo resumirla de la siguiente manera:

1. Para Homero la ψυχή era una mera sombra que vagaría en el Hades junto al cuerpo; en realidad, una nada. Existe la psique, pero sin conciencia es un fantasma.

2. Los órficos realizaron dos aportaciones: a) El cuerpo como la cárcel del alma y b) el alma inmortal.

3. En los pitagóricos encontramos la idea de la inmortalidad de la ψυχή por medio del conocimiento, que para ellos consistía en el matemático.

4. Heráclito sugiere un alma individual que además es incorpórea e inabarcable por medio de la razón humana.

5. Sófocles le otorga la capacidad de padecimiento al ubicarla en el centro de la educación del hombre.

---

12 Grube (1980: 121) nota cierto paralelismo entre la concepción órfica, pitagórica y platónica respecto del alma.

13 De acuerdo con Diles-Kranz sólo existen 139 fragmentos auténticos. Cf. Mondolfo, 2000: 30.

6. Para Sócrates la ψυχή resulta algo aún indefinido. Sin embargo, se preocupa por su cuidado, dado que en ella ubica el aposento de las virtudes.[14]

7. Finalmente, Platón acomoda la mayoría de los elementos que del alma se han mencionado, donde para él la ψυχή tiene los siguientes atributos:

   a) Inmortal
   b) Racional
   c) Distinta al cuerpo
   d) Otorga vida al cuerpo
   e) Individual
   f) Rectora de las pasiones
   g) Sujeto del conocimiento

A diferencia de la tradición, Platón no tiene problemas en colocar predicados evaluativos al alma.[15] Por ejemplo, en ciertos pasajes de *República*, el alma puede ser perversa (πονηραῖς) (III, 409a; X, 610a); en *Critias* habla de la excelencia (ἀρετὴν) del alma (112e); en *Teeteto* expresa que las almas pueden ser pequeñas (σμικροὶ) o incorrectas (οὐκ ὀρθοὶ) (173a); y puras (καθαρὸς) e impuras (ἀκάθαρτος) en *Leyes* (IV, 716e).

A continuación, elaboraré la radicalidad del alma respecto del cuerpo, así como su inevitable convivencia para ser capaz del desarrollo de las virtudes. Repasaré la evolución que el vocablo ψυχή tuvo en Platón, desde su concepción simplista en *Fedón* hasta su elaboración más compleja en *República* IV y *Fedro*. Finalmente, entraré en la geometría que Platón propone en *Timeo*, primero para explicar la armonía y consonancia del alma del mundo (AM) con respecto al universo como un todo y, posteriormente, para comprender la nueva concepción que Platón tiene del alma humana, pues, aunque mantiene la tripartición que surgió desde *República*, ya no considera a las tres partes del

---

14   Para una mayor profundización sobre la concepción que Sócrates tenía sobre el alma remito a Burnet (1990).

15   Cf. Boeri-Kanayama (2018: 6-7). Debo a los autores la clasificación que hicieron de los predicados evaluativos o adjetivos que Platón menciona a lo largo de su obra.

alma inmortales, sino que sólo la racional será digna de la inmortalidad, mientras que las otras dos, la relacionada con la cólera y la vinculada a los apetitos, perecerán junto con el cuerpo una vez llegada la muerte.

3.1. El alma y su independencia somática

Fedón es no sólo el primer diálogo de Platón en el que se explora formalmente el tema del alma, sino el primer texto en la historia del pensamiento occidental donde existe registro de una búsqueda por comprender, desde la filosofía y no desde la religión, las características del alma. El resultado será no sólo la claridad sobre lo que es el alma, concepción a partir de la cual toda tradición occidental ha partido, sino también el inicio de una reflexión aún vigente. ¿Qué es el alma?, es una pregunta que requiere toda nuestra atención. Platón aprovechará el último día de la vida de Sócrates para cuestionarse la naturaleza y función del alma.

Previo al desarrollo de los tres argumentos desarrollados en *Fedón* me detengo a señalar algunas nociones sobre el alma que tiene Platón en los diálogos socráticos. En *Cármides* (156b1-157b6), Sócrates le explica a Critias la distinción que existe entre el alma y el cuerpo, así como la relación entre ambos. Sin duda es el diálogo más joven en donde atestiguamos esta dualidad, así como la superioridad del alma sobre el cuerpo. También es un muy viejo antecedente de la teoría psicosomática y somatopsíquica que desarrollará posteriormente en *Timeo*, pues en *Cármides* la enfermedad del cuerpo será incurable sin curar y atender primero al alma: "Es el alma lo primero que hay que cuidar al máximo".[16] Todavía más revelador es lo que dice Sócrates un par de líneas antes: "Es del alma de donde arrancan todos los males y los bienes para el cuerpo y para todo el hombre".[17] Esta idea ya fue trabajada al inicio de este libro y la retomaré en el siguiente capítulo cuando revise el tema de la armonización del alma. Mientras tanto sólo dejo lo mencionado en el

---

16   *Carm.* 157a1-2: δεῖν οὖν ἐκεῖνο καὶ πρῶτον καὶ μάλιστα θεραπεύειν [...].

17   *Carm.* 156c6 8: πάντα γὰρ ἔφη ἐκ τῆς ψυχῆς ὡρμῆσθαι καὶ τὰ κακα καὶ τὰ ἀγαθὰ τῷ σώματι καὶ παντὶ τῷ ἀνθρώπῳ [...].

diálogo socrático como muestra de que Platón pensaba el tema del alma y su relación con el cuerpo desde su juventud, si bien lo desarrolló en su madurez.

Así como en *Cármides*, en *Fedón* notamos una clara oposición entre el cuerpo y el alma. La reflexión con la que inicia este último diálogo es provocada por Sócrates, quien le pide a Cebes que le diga a Eveno, que si es sensato (σωφρονῇ), lo siga lo antes posible (ἐμὲ διώκειν ὡς τάχιστα).[18] Simmias reprocha el consejo de Sócrates ante lo que éste le pregunta: "¿No es filósofo Eveno?"[19] Cuando Sócrates sugiere que Eveno lo siga lo antes posible significa que Sócrates está deseando a Eveno una pronta muerte. La idea queda reforzada al señalar que Eveno es un filósofo.[20] La tesis aquí planteada es la siguiente: Si X es un filósofo, luego X debe desear la muerte. La lectura también obliga a poner atención en una pequeña equivalencia que Platón está dejando en el diálogo provocando una variante de la misma tesis. T1a: Si X es sensato, luego deseará seguirme, i.e., buscará la muerte. T1b quedaría de la siguiente manera: Si X es filósofo, estaría dispuesto a seguirme. Pienso que perfectamente se podrían juntar ambas variantes y dejar T1 de la siguiente manera: Si X es sensato y filósofo, entonces estará dispuesto a morir. A esta tesis la renombraré como TFM.[21] ¿Acaso alguien sensato es un filósofo o un filósofo es alguien necesariamente sensato? En *Fedón* no está clara la postura sobre si el filósofo debe tener la cualidad de sensato o no. En *República*[22] todo apunta a que quien se diga filósofo sólo puede serlo en tanto que, entre otras cosas, sea capaz de moderación, valentía, prudencia-sabiduría[23] y justicia. La sensatez sería una cualidad propia de la moderación. Lo que sí tenemos en *Fedón* es una pista bastante contundente, pues el hecho de que primero mencione que si Eveno es sensato debe seguirlo cuanto

---

18   *Fd.* 61b8.

19   *Fd.* 61c6: οὐ φιλόσοφος Εὔηνος.

20   Inicia en el diálogo lo que se conoce como "La defensa de Sócrates" (63e7-69e4), pues Sócrates defiende la posibilidad de una mejor vida más allá de la muerte, frente a la opinión de la mayoría.

21   Tesis de la filosofía para la muerte.

22   Son varios pasajes los que hay que referir a propósito de este tema (IV, VII), que serán tratados más adelante en este mismo capítulo.

23   La σοφία platónica se traduce como prudencia, aunque no es la prudencia (φρόνησις) aristotélica, sino una prudencia que además es sabia.

antes deja sentado que esa afirmación es la base de una más contundente, a saber, que si Eveno es un *filósofo* entonces debería entender la propuesta de Sócrates, pues "los verdaderos filósofos están prestos a la muerte".[24]

Hasta este momento sólo contamos con la tesis de que el filósofo debe buscar la muerte, pero no la razón de por qué así lo sentencia. Sócrates aclara que tal afirmación no implica suicidarse: "No es lícito que el filósofo se haga violencia".[25] Cebes denuncia ante el ateniense la contradicción que su afirmación implica, pues si el filósofo debe desear la muerte lo lógico sería que el suicidio fuera algo lícito. Aquí no es lugar para entrar en esta polémica, por demás interesante, que ocupa la introducción de este diálogo (61c9-63e7). En cambio, sí me ocuparé de comprender TFM. Para justificar dicha tesis, Sócrates afirma que "quien ha dedicado su vida a la filosofía está esperanzado en que allá obtendrá mayores bienes (63e9-64a2)". No hay nada contundente, sino apenas un acto de fe, pues está esperanzado (εὔελπις), de que allá, es decir, en el Hades, exista una recompensa mayor que la que hasta el momento se ha obtenido aquí. A esta primera tesis arrojada por Sócrates la llamaré la tesis de la esperanza (TE). TE toma como premisa lo ya mencionado aquí, i.e., que *los verdaderos filósofos están prestos a la muerte*. Esto es así, justifica Sócrates, porque el verdadero filósofo guarda la esperanza de mayores bienes tras la muerte. Falta ahora entender a qué se refiere con *verdadero filósofo* y cuáles serían esos mayores bienes de los que se tienen esperanza.

La muerte es el abandono del alma del cuerpo, en donde tanto cuerpo como alma quedan apartados y librados a sí mismos.[26] ¿A qué se dedica el filósofo?, se pregunta Sócrates. ¿A los placeres del cuerpo o al alma? Simias responde que el verdadero filósofo desprecia los placeres del cuerpo. Curioso que es el mismo Simias quien responde ἀληθῶς φιλόσοφος, validando la afirmación de Sócrates, quien aprovecha para unir que la muerte es la

---

24 *Fd.* 64b9: οἵου θανάτου οἱ ὡς ἀληθῶς φιλόσοφοι.

25 *Fd.* 61d4: τὸ μὴ θεμιτὸν εἶναι ἑαυτὸν βιάζεσθαι [τὸν φιλόσοφον] [...].

26 A partir de este momento desarrollaré las premisas que permitan verificar la veracidad o falsedad de por qué el filósofo debe estar presto para la muerte, por lo que parafrasearé los diálogos entre Sócrates, Simias y Cebes en *Fedón* que abarcan de 64c4-69e5. A menos que considere necesario por razones argumentativas citar el pasaje examinado, seguiré dicho orden para no entorpecer el ejercicio dialéctico que se presenta en este diálogo platónico.

separación del alma del cuerpo con el desprecio por los placeres corporales para proporcionar una nueva idea: el filósofo busca liberar lo más posible al alma de la comunidad (κοινωνία) con el cuerpo.

El argumento puede reconstruirse de la siguiente manera. Se busca probar TFM, es decir, que el filósofo está presto para la muerte.

1. El hombre es el resultado de la comunidad del alma con el cuerpo.
2. La muerte consiste en la separación del alma del cuerpo.
3. El filósofo está más interesado en asuntos del alma que en los del cuerpo.
4. De 1, 2 y 3 se sigue que el filósofo está buscando separar en vida los asuntos del alma del cuerpo.
5. Quien busca separar los asuntos del alma del cuerpo está más cerca de la muerte que de la comunidad entre alma y cuerpo.
6. Por lo tanto, de 4 y 5 se sigue que el filósofo está más cerca de la muerte por su objeto de estudio.

Con este argumento queda parcialmente respondida la pregunta sobre qué es un verdadero filósofo, pues Sócrates advierte que el filósofo es quien está centrado en los asuntos del alma y no en los del cuerpo. Así, la sentencia ἀληθῶς φιλόσοφος no es peyorativa, sino encomiástica, pues sería auténticamente redundante hablar de verdaderos y no verdaderos filósofos. Filósofo es quien busca estudiar las cosas del alma; en cambio, quien tiene otro objeto de estudio sencillamente no es filósofo. No puedo dejar de mencionar la perpetua disputa que guarda Platón hacia los sofistas y que este guiño sea una forma de separar al filósofo del sofista.

Aún falta abordar cuáles son los mayores bienes que el filósofo espera hallar tras la muerte. Además, el argumento que probó TFM deja una nueva cuestión, a saber, ¿por qué el filósofo se interesa más por los asuntos del alma que por los del cuerpo? Partiré de una obviedad que es clara en toda la obra platónica, que es la definición de filosofía como *amor a la sabiduría*.[27]

---

27   Cf. *Fd*. 66e3. Lo que más desea el filósofo es la sabiduría.

Es decir, lo que el filósofo busca es la sabiduría, así que ahora corresponde indagar el lugar en donde la puede encontrar. La pregunta que se abre inmediatamente en esta discusión es la siguiente: ¿la adquisición de la sabiduría se da gracias al cuerpo o gracias al alma?

¿Cuál es el valor cognitivo que aportan los sentidos a la adquisición de la sabiduría? De acuerdo con Sócrates, ni la vista ni el oído ni ninguna de las percepciones proporcionadas por el cuerpo brindan una certeza absoluta de su propia percepción, pues no son precisas ni seguras, afirmando incluso que cuando se busca la verdad con ayuda del cuerpo existe la posibilidad del engaño.[28] Si bien de aquí (*Fd.*, 65a9-b7) se ha desprendido una idea sobre la relación entre el cuerpo y el supuesto desprecio de éste, nada en este diálogo apunta a confirmarlo. Al contrario, más adelante en este capítulo, en la reconstrucción del argumento de la reminiscencia (AR), quedará afirmada la relevancia de la sensibilidad (αἴσθησις) en la adquisición, así sea mediante la reminiscencia de las formas. De hecho, en el pasaje que estoy analizando tampoco hay evidencia de un absoluto desprecio hacia el cuerpo, sino sólo una denuncia fáctica de lo que el conocimiento mediante el cuerpo puede acarrear.[29] Sólo indica lo precavido que se debe ser cuando se utilizan los sentidos como único medio para la adquisición del conocimiento, que evidentemente, apunta hacia la verdad. Los dos casos en los que pienso que esto sucede es a) con la ilusión óptica, donde claramente algo parece distinto de lo que es, y el otro es b) que los sentidos, aunque nos reporten algo verdadero, siempre se tratará de verdades contingentes, sujetas a los caprichos de la realidad sensible. Específicamente, dice Platón, que el cuerpo no resulta confiable cuando el alma intenta examinar (σκοπεῖν) algo. Tal y como se explica con la alegoría de la Línea que desarrollé en el primer capítulo.

En cambio, cuando el alma busca lo que es sin entrar en comunidad con el cuerpo lo hace mejor. Es así porque el alma se dirige a las cosas en sí como

---

28   Recuérdese lo desarrollado en el capítulo 1 a propósito del análisis de los placeres y dolores, bienes y males respecto del intelectualismo socrático proporcionado en *Protágoras*.

29   Contrario a lo que Nussbaum (1986: 201) denuncia sobre *Fedón* al continuar con una tradición que entiende este pasaje de Platón erróneamente como un absoluto rechazo del cuerpo para alcanzar la sabiduría, así como de la imposibilidad del filósofo para albergar deseos.

la justicia, el bien y la belleza. Reale (2003: 169-170) ve en este pasaje de *Fedón* el momento en el que Platón introduce claramente, por primera vez en el pensamiento occidental, dos planos de la realidad: el de lo inteligible y el de lo sensible. Dicho de otro modo, es la distinción entre el plano metafísico y el físico, entre el lugar o región de lo sensible y el lugar o región de lo inteligible. La razón que Platón da de ello es que ni la justicia ni el bien, ni la belleza en sí han sido captadas jamás por los sentidos, es decir, "la esencia (τῆς οὐσίας) de todas las demás cosas, aquello que cada una precisamente es".[30] No será mediante el cuerpo que pueda percibirse la esencia de las cosas, sino mediante algo más. Ese algo más será el pensamiento (διάνοια),[31] para dar caza (θηρεύειν), desembarazándose (ἀπαλλαγεὶς) lo más posible de los sentidos, a cada una de

---

30   *Fd.* 65d13-e1: καὶ τῶν ἄλλων ἑνὶ λόγῳ ἁπάντων τῆς οὐσίας ὃ τυγχάνει ἕκαστον ὄν. García Gual, siguiendo a Eggers Lan, en su traducción al diálogo, prefiere utilizar *realidad* para τῆς οὐσίας, en lugar de *esencia* o *sustancia*. Vigo prefiere esencia y concuerdo con ello. Decir que las cosas tienen su realidad puede ser confuso y motivo de relativismos innecesarios, mientras que mencionar que las cosas tienen su esencia o sustancia es más preciso porque apela a una noción objetiva, como distinta del sujeto del conocimiento, que puede ser conocida. Eggers Lan (2006: 159 n. 47), sin embargo, brinda algunas razones de por qué prefiere traducir τῆς οὐσίας por *realidad*. Entre ellas está, que como bien señala, en Platón no existe una distinción entre esencia y existencia, como sí la hay en Aristóteles mediante la causa eficiente. También, como lo menciona en la "Introducción" a la propia traducción (pp. 55-56), "*ousía* es la realidad particular, es *tò ón* particularizado, lo que es cada cosa; la riqueza de cada cosa, el patrimonio de cada cosa cuenta, si conservamos las resonancias económicas del término en su acepción vulgar (que implica la noción de propiedad privada, por lo que mantiene siempre una referencia a lo singular, que impediría un significado como 'la realidad en general')". Más adelante continúa con su explicación: "Lo importante es que esa multiplicidad de *ousíai* y su unidad en el Bien ofrecen la posibilidad de cumplir aquella doble función que buscaba Platón: la de ser categorías que explicaran la realidad (de cada cosa particular y de todas en conjunto) y la de presentarse como sentido orientador de la realidad (de cada cosa en particular y del todo en su conjunto)". Precisamente, por esta última cita es que pienso que la traducción de τῆς οὐσίας por *realidad* puede resultar confuso, mientras que *esencia* no da pie a ello y sí logra esa doble función de la que habla Eggers Lan. Además, como Vigo (2009: 231 n. 42) expresa, el término τῆς οὐσίας se emplea aquí para designar "aquello que cada cosa precisamente es" (ὃ τυγχάνει ἕκαστον ὄν). Realmente valiosa es la aportación que Vigo hace en la misma nota sobre los usos de τῆς οὐσίας en otras partes del *corpus platonicum*. En *Eutifrón* (11a7), un diálogo temprano, lleva a cabo un tratamiento similar con la expresión: τὴν μὲν οὐσίαν. Posteriormente en *Menón* (72b1-2), un diálogo antecedente a *Fedón* y en el que por primera vez hay un apartado sobre las Formas y la reminiscencia, se establece una relación entre οὐσία y εἶδος, precisamente a propósito de determinar qué es una abeja: εἴ μου ἐρομένου μελίττης περὶ οὐσίας ὅτι ποτ' ἐστίν.

31   Como explica Eggers Lan (2006: 160 n. 50), en *Fedón* la palabra διάνοια no significa razonamiento en oposición a inteligencia, sino contenido mental o pensamiento, como oposición a sensación o conocimiento sensible. La constante referencia a lo dianoético por parte de Platón en esta parte del diálogo queda manifiesta: διανοηθῆναι, 65e3; διανοεῖσθαι, 65e9; διανοίᾳ, 65e8, 66a2. También quiero recordar lo analizado sobre este término en los dos primeros capítulos de este libro.

las cosas que son. Los sentidos, junto con el cuerpo, perturban (ταράττοντος) al alma impidiéndole llegar a la posesión (κτήσασθαι) de la verdad y la sabiduría (ἀλήθειάν τε καὶ φρόνησιν). Platón concibe el desembarazo del alma respecto del cuerpo como una liberación de la comunidad que existe entre ambos, dado que el vínculo que hay entre los dos impide al alma a alcanzar su objetivo: la verdad y la sabiduría, como se vio en el capítulo anterior a propósito de la pedagogía matemática.

El catálogo de los males del cuerpo es el siguiente: es un distractor a casusa del alimento, enfermedades, deseos sexuales, apetitos, temores y fantasías. También el cuerpo es responsable de guerras, sublevaciones y contiendas, a causa de sus apetencias, como el deseo de riqueza haciéndonos "esclavos a su servicio".[32] El cuerpo nos esclaviza por el cúmulo de apetitos que conducen a la persona a buscar bienes sensibles por encima de los inteligibles, cuando, de acuerdo con Platón, son estos últimos los únicos bienes que hay, pues son la esencia de las cosas, que como en *Menón* vinculó, son las Ideas.

El cuerpo es responsable, piensa Platón, de que "no tengamos tiempo libre para la filosofía"[33] ni podamos "contemplar la verdad".[34] Con esta problemática, Sócrates otea dos posibilidades: a) "no es posible llegar a poseer el conocimiento en ninguna parte" o b) "sólo una vez muerto, ya que es cuando el alma quedará librada a sí misma y separada del cuerpo".[35] Platón apuesta a la segunda, descartando la primera, al considerar que es el alma el sujeto del conocimiento y no el cuerpo. Por ello, asume que mientras estemos vivos el modo de acercarnos lo más posible al conocimiento es evitando lo más posible todo intercambio y comunidad con el cuerpo, cuando no sea en absoluta necesidad. En esta parte del diálogo[36] Platón apela a intentar una purificación del alma respecto del cuerpo. Por esto la necesidad de liberarse de él lo antes posible, siempre y cuando sea buscando la sabiduría.

---

32 *Fd.* 66d1-2: δουλεύοντες τῇ τούτου θεραπείᾳ.

33 *Fd.* 66d2: καὶ ἐκ τούτου ἀσχολίαν ἄγομεν φιλοσοφίας [...].

34 *Fd.* 66d7: αὐτοῦ καθορᾶν τἀληθές.

35 *Fd.* 66e5-7.

36 Cf. *Fd.* 67a2 y ss.

Festugière (1950: 124) se pregunta si esta idea del desembarazo o purificación (κάθαρσις) del alma del cuerpo planteada por Platón podría provenir de los pitagóricos, quienes apuntaban a la purificación del cuerpo mediante la medicina y del alma gracias a la μουσική-σοφία.[37] La sugerencia de que hay que liberarnos del cuerpo, pues éste produce males y guerras[38] es una idea que Platón aprovecha e incorpora en su propia filosofía antropológica. La encontramos a lo largo de toda su obra y la iré mencionando en la medida en la que sea pertinente para el desarrollo de este libro.

La liberación, sin embargo, no debe darse de otro modo sino mediante la orden del dios mismo (ὁ θεὸς αὐτὸς). A continuación transcribo el pasaje que estoy revisando de *Fedón* para comentarlo:

> Y si nos mantenemos puros de este modo, dejando de lado la insensatez del cuerpo, es probable que lleguemos a estar en compañía de los que son de la misma índole, y que lleguemos a conocer, librados a nosotros mismos, todo lo que está libre de mezcla, que es, con seguridad, lo verdadero. Pues ciertamente no es lícito que lo impuro llegue a tocar lo puro.[39]

Se refuerza la idea de que el cuerpo es algo impuro y de lo que es necesario separarse lo antes posible. Platón nos dice que hay que estar lejos de la *insensatez* (ἀφροσύνης) del cuerpo. En *República* IV (430e6 y ss.) parece tener esto en mente cuando señala que la falta de moderación (σωφροσύνη) nos hace esclavos de nosotros mismos, pues "la moderación es un tipo de ordenamiento y de control de los placeres y apetitos" que nos permiten ser *dueños de nosotros mismos* (κρείττω αὑτοῦ). En este mismo capítulo desarrollaré con mayor detenimiento la concepción sobre el gobierno de sí mismo. Lo relevante aquí es notar cómo lo desarrollado en *República* está incoado en esta

---

37   La idea de la κάθαρσις no es nueva en la literatura griega. Se encuentra en Homero (*Il.* XIV, 171; *Od.* VI, 61) y en Esquilo (*Coéf.*, 968; *Eum.*, 227-283) como referencias anteriores a los diálogos de Platón.

38   Cf. *Rep.* II, 373b-e.

39   *Fd.* 67a6-b2: καὶ οὕτω μὲν καθαροὶ ἀπαλλαττόμενοι τῆς τοῦ σώματος ἀφροσύνης, ὡς τὸ εἰκὸς μετὰ τοιούτων τε ἐσόμεθα καὶ γνωσόμεθα δι' ἡμῶν αὐτῶν πᾶν τὸ εἰλικρινές, τοῦτο δ' ἐστὶν ἴσως τὸ ἀληθές· μὴ καθαρῷ γὰρ καθαροῦ ἐφάπτεσθαι μὴ οὐ θεμιτὸν ᾖ.

parte de *Fedón* brindando detalles sobre la separación del alma del cuerpo a propósito de un tema de sensatez-moderación. La tesis de que el cuerpo es insensato por naturaleza dice mucho sobre por qué en *República* IV será necesaria la moderación para lograr concordia y armonía. Naturalmente, si el cuerpo alberga insensatez es necesario alejarse de él. La pregunta es si para Platón el cuerpo es insensatez o si el cuerpo es la causa de la insensatez. Líneas antes de lo citado Platón es claro cuando insiste en evitar el intercambio y comunidad con el cuerpo para "no contaminarnos con su naturaleza".[40] Inmediatamente después de eso señala que hay que dejar de lado la insensatez del cuerpo, por lo que se puede concluir que para Platón el cuerpo es insensatez. Es decir, el cuerpo es causa de la insensatez como algo que alberga insensatez. Tal como lo hará hacia el final de *Fedón* en donde dirá que la nieve es causa de lo frío, el fuego del calor, el tres de lo impar y el alma de la vida, así veo aquí la relación que se establece entre el cuerpo y su naturaleza: la insensatez. Evidentemente, resulta imposible alcanzar la verdad bajo un estado de insensatez; ésta es un obstáculo natural para cumplir con el mandato filosófico. Aquí Platón utiliza el término φρόνησις para hablar de sabiduría y usó ἀφροσύνης para insensatez, casi como si la insensatez se opusiera contradictoriamente a la sabiduría.

La mezcla resultante del alma con el cuerpo tira con fuerza hacia la insensatez, pues no es posible separarnos por completo del cuerpo mientras tenemos vida. La adquisición de la sabiduría se convierte en una tarea compleja y producto del esfuerzo. Hacia ello tiende el filósofo, pues como está dicho en el pasaje citado, "todo lo que está libre de mezcla [...] es, con seguridad, lo verdadero". Por libre de mezcla entiendo lo que no está sujeto a la materia, que con toda seguridad es la οὐσία de la que habló Platón líneas antes. La esencia o el ser de las cosas no está en la mezcla, pues resulta invisible a cualquiera de los sentidos y sólo puede captarse mediante el λόγος. Aquí hay una anticipación de lo que será la crítica que Sócrates desempeña contra Anaxágoras (*Fd.* 97b8-99d2).[41] En ella, Anaxágoras es criticado por no cumplir lo que pro-

---

40   *Fd.* 67a5: μηδὲ ἀναπιμπλώμεθα τῆς τούτου φύσεως [...].

41   Al pasaje que corresponde de 95e8 a 102a9 se conoce como "La autobiografía intelectual de Sócrates" Cf. (Vigo, 2009: 131-143). Gerson (2016) tiene buenas razones para proponer que lo que realmente leemos en

mete, pues éste "decía que, en realidad, es el intelecto (νοῦς) el responsable del orden cósmico y la causa de todas las cosas".[42] El intelecto, continúa Sócrates en su exposición, debía ordenar todas las cosas estableciendo cada una de ellas del mejor modo posible. Ya desde aquí es posible conectar con la idea de justicia que desarrollará Platón en *República*, pero si cabe cualquier duda de ello, la siguiente línea que pronuncia Sócrates deja el tema totalmente sentado: "Consiguientemente, si se quiere hallar la causa por la cual cada cosa se genera, se destruye o existe, eso es lo que es preciso hallar respecto de cada cosa: *el modo en que es mejor para ella existir o bien padecer o producir algún otro tipo* 'de acción'".[43] Sócrates busca una causa con tintes teleológicos, quiere la *causa* y *necesidad* (τὴν αἰτίαν καὶ τὴν ἀνάγκην) de las cosas. Sin embargo, como él mismo lo narra, se decepciona de que Anaxágoras no recurre al νοῦς para explicar las razones de la realidad, sino a huesos, tendones, sonidos y cosas de esa índole. Es decir, Anaxágoras explica la realidad mediante la mezcla y aduce razones mecánicas y materiales en lugar de a través del intelecto, que, como se vio líneas antes, sólo mediante la separación de la mezcla es que podemos llegar a la verdad.

La otra idea toral en el pasaje del diálogo citados páginas atrás, es: μὴ καθαρῷ γὰρ καθαροῦ ἐφάπτεσθαι μὴ οὐ θεμιτὸν ᾖ, pues lo impuro no debe entrar en contacto con lo puro. Esta misma tesis será reforzada más adelante en el diálogo cuando Sócrates dice que lo semejante conoce lo semejante. Lo puro en el contexto de *Fedón* es el alma, mientras que lo impuro es la mezcla (alma-cuerpo). Aquí tenemos un problema, porque si es cierto que lo impuro no puede entrar en contacto con lo puro, entonces, ¿cómo es posible la comunidad del alma con el cuerpo? La razón está al inicio del diálogo

---

este pasaje de *Fedón* no es la biografía intelectual de Sócrates, sino la de Platón. El texto que estoy citando es el que Lloyd Gerson leyó en el XI *Symposium platonicum* el 5 de julio de 2016 en Brasilia. Montserrat (1995: 60) también así lo piensa.

42 *Fd.* 97c1-2. Sócrates se refiere al siguiente fragmento de Anaxágoras: "Y cuantas cosas estaban a punto de ser y cuantas eran, que ahora no son, y cuantas ahora no son y cuantas serán, a todas las ordenó cósmicamente [el intelecto]" (DK 59 B 12).

43 *Fd.* 97c6-d1: εἰ οὖν τις βούλοιτο τὴν αἰτίαν εὑρεῖν περὶ ἑκάστου ὅπῃ γίγνεται ἢ ἀπόλλυται ἢ ἔστι, τοῦτο δεῖ περὶ αὐτοῦ εὑρεῖν, ὅπῃ βέλτιστον αὐτῷ ἐστιν ἢ εἶναι ἢ ἄλλο ὁτιοῦν πάσχειν ἢ ποιεῖν. Las cursivas son del autor.

cuando Sócrates explica por qué *hacerse violencia a sí* no es lícito. Entre los argumentos que brinda aparece el que apunta hacia que somos posesión de los dioses, y son ellos quienes han hecho que nuestra alma entre en comunidad con el cuerpo como una forma de penitencia.

Que lo puro no debe entrar en contacto con lo impuro debe leerse bajo el cariz del conocimiento, en donde el alma difícilmente puede hallar verdad —siendo ésta pura e incontaminada— cuando está en contacto con el cuerpo. Apela a la separación y una posición platónica común que dice que *lo semejante es amigo de lo semejante*. Inevitablemente, me remito al siguiente pasaje de *Leyes* (IV, 716c2-4):[44] "Lo semejante ama a lo semejante si es mesurado, pero que las cosas que carecen de medida no se aman entre sí ni a las mesuradas". Se refuerza la idea de por qué el alma ha de buscar la verdad, pues son semejantes en tanto que ambas son puras en sí mismas. Incluso, como Vigo (2009: 30 n. 45) apunta en su traducción, la idea de que lo impuro entre en contacto con lo puro parece un capricho por parte de Platón para determinar que el verdadero filósofo es el que tiene, en su contenido nuclear, una idea pitagórica sobre la purificación del alma, así como aprovechar el momento para hacer de Sócrates un genuino filósofo pitagórico a través de esta confesión.[45] Salta, nuevamente, la carga pitagórica que nutre parte de la filosofía de Platón, que puede notarse en tres elementos: a) el culto a Apolo (60d2), b) la idea de que la filosofía es música (61a3-4) y c) el deseo de garantizar la transmisión de su alma tras la muerte (61b7 y ss.).

De lo revisado se puede confirmar por qué el filósofo debe estar preparado, mejor que nadie más, para la muerte, pues la muerte "es precisamente una liberación y separación del alma respecto del cuerpo".[46] El tema de este diálogo es la posibilidad de la existencia del alma después de la muerte. Si esto es así, como pretende Platón mostrar con los argumentos procedentes y que como

---

44   ὅτι τῷ μὲν ὁμοίῳ τὸ ὅμοιον ὄντι μετρίῳ φίλον ἂν εἴη, τὰ δ' ἄμετρα οὔτε ἀλλήλοις οὔτε τοῖς ἐμμέτροις. Una idea muy parecida la encontramos en *Gorg.* (507d7-508a4) cuando señala que quien es incapaz de convivencia (κοινωνίαν), amistad (φιλίαν), buen orden (κοσμιότητα), moderación (σωφροσύνην) y justicia (δικαιότητα) es un hombre que no es grato a ningún otro hombre ni a ningún dios.

45   Carrasco (2014: 41) señala que Platón presenta a Sócrates "como una *anima naturaliter pythagorica*".

46   *Fd.* 67d4-5: λύσις καὶ χωρισμὸς ψυχῆς ἀπὸ σώματος.

colofón desarrollaré en este apartado del capítulo, entonces el filósofo ha de desear el momento de la muerte ya que éste es, incluso, un instante pitagórico de purificación pues el alma queda liberada del cuerpo. Dado que la "ocupación propia de los filósofos consiste justamente en eso: la liberación y separación del alma respecto del cuerpo"[47] es que la muerte adquiere una connotación positiva en el pensamiento de Platón. Οἱ ὀρθῶς φιλοσοφοῦντες ἀποθνῄσκειν μελετῶσι es una de los pasajes más aludidos cuando se menciona la relación que la muerte tiene con la filosofía: "los que cultivan correctamente la filosofía se ejercitan en el morir",[48] parafraseada como *la filosofía es una preparación para le muerte*.

Para cerrar con lo iniciado páginas atrás, la TFM ha quedado reforzada al comprender por qué el filósofo debe desear la muerte. Recapitulo.

1. El filósofo debe desear la muerte.
2. El filósofo es un amante de la sabiduría.
3. El filósofo en vida es una comunidad del alma con el cuerpo.
4. El cuerpo impide el acceso a la sabiduría.
5. Lo que es capaz de sabiduría es el alma.
6. La muerte es la separación del alma del cuerpo.
7. Por lo tanto, el filósofo, para alcanzar la sabiduría, debe buscar la separación del alma del cuerpo.
8. Se reafirma la primera tesis: el filósofo debe desear la muerte.

Los argumentos previos sirven para probar la superioridad del alma respecto del cuerpo, pero no han logrado dar cuenta de si el alma realmente continúa existiendo una vez separada de la comunidad con el cuerpo o si se destruye, ni tampoco si separada del cuerpo aún es capaz de conocer. Para finalizar con este apartado es importante hablar de los argumentos[49] que desarrolla Platón en este diálogo para mostrar mediante razones estas

---

47 *Fd.* 67d9-10: τὸ μελέτημα αὐτὸ τοῦτό ἐστιν τῶν φιλοσόφων, λύσις καὶ χωρισμὸς ψυχῆς ἀπὸ σώματος.

48 *Fd.* 67e4-5.

49 En *Fedón* hay varios argumentos que giran alrededor del tema del alma, pero los principales son tres: argumento de los ciclos (AC), argumento sobre la reminiscencia (AR) y el argumento final (AF) que realmente es una síntesis de los dos anteriores.

dos cuestiones, a saber, que a) el alma sobrevive al cuerpo y que b) el alma conserva alguna capacidad (δύναμιν) y entendimiento (φρόνησιν)[50] una vez separada del cuerpo. El primer argumento que aparece es el de los contrarios (AC),[51] en donde Platón usa la relación entre la vida y la muerte, y sus procesos para determinar qué es lo que sucede con el alma. En primer lugar, es necesario saber qué es la muerte para mostrar que el alma es una δύναμις capaz de sobrevivir al cuerpo. Para ello inicia con el argumento anteriormente mencionado.

1. Para que exista algo grande es necesario que previamente exista lo pequeño y viceversa.
2. Las cosas contrarias surgen a partir de sus contrarios.
3. En todos los casos hay aumento y disminución (Platón los llama *procesos generativos*).
4. Morir es contrario de vivir.
5. De 2), 3) y 4) se sigue que De la muerte surge la vida.
6. Morir es evidente y es un proceso generativo.
7. Para aceptar 6) es necesario aceptar el proceso generativo contrario, y éste será el revivir (ἀναβιώσκεσθαι).
8. De 6) y 7) se sigue que: Los vivos han nacido de los muertos de la misma forma que los muertos de los vivos.

---

50 Cf. 69e6-70b4. Gallop (1999), en su versión sobre el *Fedón*, traduce estos dos términos por *power* y *wisdom* respectivamente, lo cual considero más apropiado que la traducción de entendimiento propuesta por García Gual (1997) en la edición de Gredos. Es un hecho que la traducción de φρόνησιν admite variaciones que el encasillamiento de las palabras de las lenguas modernas, en concreto con lo que a este trabajo respecta el castellano, no logran del todo respetar la vastedad de la misma. La traducción más frecuente es prudencia, la cual, es posible relacionar con *wisdom* dada la fuerza del concepto de φρόνησιν. En el caso citado considero preferible traducirla por prudencia que, por entendimiento, pues éste no alberga las características virtuosas que el otro sí. Por su parte, Eggers Lan (2006) traduce este mismo vocablo por *inteligencia*: "Tal vez se necesite de no poca convicción y fe para creer que, una vez muerto el hombre, el alma existe y cuenta con alguna capacidad e inteligencia".

51 69e5-72d10. Estoy de acuerdo con Vigo (2009: 41) al considerar a este argumento de corte cosmológico, pues en primer lugar "se basa a asunciones vinculadas con el carácter cíclico e incesante que poseerían los procesos propios del devenir natural", pero también por en dicho argumento no restringir "al caso particular del hombre, sino extensivo también al caso de los animales, de los vegetales y, en general, de todo lo que admite generación o nacimiento".

9. Por lo tanto, las almas de los muertos existen en algún lugar donde luego nacen de nuevo.[52]

AC acaba de hacer patente la necesidad de que las almas postexistan una vez separadas del cuerpo. Lo que sigue sin ser evidente es que el alma, separada del cuerpo, sea una δύναμις capaz de entendimiento. Cebes encuentra otra objeción para Sócrates. AC probó la necesidad de que el alma exista en algún lugar una vez separada del cuerpo, pero nada garantiza que además preexistió al cuerpo. Por lo que no sólo es necesario probar la δύναμις del alma sino su preexistencia. A continuación, Platón articula una nueva demostración en donde puedan notarse ambas cuestiones, a saber, que el alma posee δύναμις separada del cuerpo y que existe antes de entrar en comunidad con el cuerpo. La prueba se conoce como el argumento sobre la reminiscencia (AR), el cual reconstruyo a continuación (72e1-78b3):

AR
1. Recordar X significa que conocí X con anterioridad.
2. Hablar de X significa que conozco X.
3. Puedo conocer X de alguna de estas dos maneras: o mediante la percepción sensible, i.e., cuerpo y alma o mediante el intelecto, i.e., pura alma.
4. Nada sensible me remite al conocimiento de X.
5. De 2, 3 y 4 se sigue que el conocimiento de X lo obtuve mediante el intelecto, i.e., mi alma sin cuerpo.
6. Si puedo reconocer X significa que la conocí previamente.
7. De 5 y 6 se concluye que mi alma conoció X antes de tener percepción sensible.

AR sirve para responder a las objeciones de Cebes y determinar si realmente el alma es capaz de δύναμις una vez separada del cuerpo al tiempo que

---

52 Me adscribo a la interpretación que Vigo (2009: 42-43) realiza de este argumento, criticado injustamente en otros momentos. Ya Gallop (1982) defendió la relevancia del mismo en el contexto de la argumentación por parte de Platón para probar la inmortalidad del alma.

también se prueba su preexistencia. El ejemplo que Platón utiliza en este argumento es el de lo Igual. Igual es el objeto *X* que conozco, pero que jamás he percibido mediante ninguno de los sentidos, pues no existe ningún objeto que sea igual a otro. Por ejemplo, una manzana. Llamémosle a la manzana M y a la manzana de Pedro Mp, a la de Santiago Ms y a la de Matías Mm. Tanto Mp como Ms y Mm son ejemplos claros de manzana, pero Mp no es igual a Ms ni a Mm y, sin embargo, es posible afirmar que las tres son manzanas. ¿Cómo es esto posible si no son iguales, acaso semejantes? Platón explica que por lo igual en sí (αὐτὸ τὸ ἴσον) que nos permite identificar lo que hay de igual en donde se perciben sólo diferencias. La pregunta es ¿cómo obtuvimos la idea de lo Igual si ésta no es sensorialmente perceptible? La respuesta de Platón es que será mediante una percepción del alma separada del cuerpo, con lo cual prueba que hay conocimientos en nosotros que no hemos obtenido mediante los sentidos. Por eso, puedo decir que M es lo presente en cualquier M particular, sea ésta Mp, Ms o Mm.[53] Lo que distingue a una manzana de otra es evidente, pero lo que las hace igual es una condición que está en M, aunque es invisible a los ojos que perciben M como particular. De esta manera se puede representar de la siguiente manera. La idea de lo Igual en sí (I) está presente en la manzana de Pedro, de Santiago y de Matías: I(Mp, Ms, Mm). Esto Igual es, pues, un conocimiento adquirido previamente, una μάθησις por ἀνάμνησις, ya que no lo adquirí en vida, sino antes de ésta. Por eso AR amarra las dos objeciones de Cebes previamente planteadas, a saber, que el alma preexista y que ésta conserve una δύναμις que le permita seguir conociendo separada del cuerpo.

El último escalón en la concepción psicológica de Platón en *Fedón* es el último argumento que brinda en el diálogo, conocido como el argumento final (AF). Hasta este momento se ha visto que el alma es a) independiente del cuerpo, b) sobreviviente a la muerte, c) preexistente a la vida y d) capaz

---

53 Para un desarrollo sobre cómo operan las relaciones y los particulares en este diálogo con relación a las Formas o Ideas recomiendo la lectura de Castañeda (1976: 51-79), quien mediante el uso de la lógica de los cuantificadores muestra que "Platón distinguió las relaciones de las cualidades" (p. 11), pues "concibe una relación como una secuencia de Formas, de modo que hay en cierto modo una reducción de las relaciones a las cualidades. Pero él concibe que un hecho relacional es un complejo indivisible en que cada Forma es ejemplificada por un ente, de modo que no reduce Platón los hechos relacionales a hechos cualitativos" (pp. 11-12).

de conocimiento separada del cuerpo. AF brindará una nueva característica al alma. Reconstruyo AF[54] que aparece en *Fedón* (102a10-107b10). Este argumento es el resultado de la síntesis de los argumentos desarrollados previamente en el diálogo y su desarrollo es el siguiente:

1. La muerte es contraria de la vida.
2. El alma conlleva vida, i.e., es causa de vida.
3. Si el alma aceptara lo contrario a la vida, i.e., la muerte, ya no podría ser causa de vida, pues admitiría su contrario.
4. De 1, 2 y 3 se sigue que el alma no acepta la idea de muerte.
5. A lo que no acepta la idea de muerte se le llama inmortal.
6. De 4 y 5 se concluye que el alma es inmortal.

A las cuatro características ya mencionadas del alma se agrega una más y se confirma la razón por la que se conduce este diálogo. El alma, en AF adquiere el carácter de causa de vida (βίος αἰτία), oponiéndola a la idea de muerte. Para cualquier objeto X que es causa de A, jamás será posible que sea causa de B (no A). Dicho de otra manera, siempre que X sea causa A, jamás podrá ser causa del contrario de A, es decir, no A. En el diálogo menciona que, así como la nieve es causa de frío y jamás puede ser causa de calor, así tampoco el alma, que es causa de vida, podrá alguna vez ser causa de la muerte o siquiera albergarla en sentido alguno. Siendo esto cierto, el alma además de ser e) causa de vida, también será f) inmortal. Las seis características que Platón otorga al alma son: a) independiente del cuerpo, b) sobreviviente a la muerte, c) preexistente a la vida, d) capaz de conocimiento separada del cuerpo, e) causa de vida e f) inmortal. El mayor problema radica en probar que *el alma es causa de vida*, la cual es una idea griega que existía desde antes de

---

54 En alguna ocasión, platicando con André Laks, me comentaba que él veía un problema biológico en este argumento. No obstante, sigo pensando que es un argumento sólido para probar la inmortalidad del alma. También así lo considera Vigo (2009: 164-165) quien comprende la premisa de que el alma es causa de vida como una explicación de que los cuerpos tengan animación. Asimismo, recomiendo el desarrollo y análisis que hace Montserrat (1995: 68-75) sobre la construcción que realiza Platón a partir de las objeciones de Simias y Cebes para determinar los fundamentos de la ciencia como conceptos proposicionales necesarios para cualquier tipo de conocimiento científico, que será la base para la construcción del AF.

la filosofía helénica. El razonamiento para esta conclusión fue el siguiente. Ante dos cuerpos iguales uno con vida y otro sin vida, ¿qué diferencia existe? La razón por la que un cuerpo C_1 está vivo y un cuerpo C_2 no es porque en C_1 hay algo que en C_2 no. A ese *algo* le llamaré cualidad (q). C_1 tiene una cualidad de la que C_2 carece. Esta cualidad que hace que C_1 esté vivo es el alma, misma de la que carece C_2, como se vio indirectamente en AC páginas atrás. Lo puedo representar como $A(C_1)$ y $\sim A(C_2)$. Así, vida se define como la unión en comunidad del alma con el cuerpo, mientras que muerte es la separación del alma del cuerpo. Se llama vida a un cuerpo que tiene alma y se llama muerte a uno que carece de ella.

La concepción psicológica de Platón en *Fedón* sirve como base para el desarrollo tripartita del alma en *República*, *Fedro* y *Timeo*. Entre *Fedón* y los otros tres diálogos hay una diferencia notable. Mientras en el primero el alma es, esencialmente, *causa-portadora de vida* (Ψυχὴ ἄρα ὅτι ἂν αὐτὴ κατάσχῃ, ἀεὶ ἥκει ἐπ' ἐκεῖνο φέρουσα ζωήν),[55] en los otros diálogos el alma no sólo se reduce a su función portadora, sino que admite una división cuyas partes internas quedarán claramente distinguidas la una de la otra.

El diálogo donde considero que esta división queda mejor explicada es *República* IV. A continuación, ofreceré dicho desarrollo mostrando los argumentos que brinda Platón para mostrar la naturaleza tripartita del alma; posteriormente me enfocaré en las ideas sobre el alma que aparecen en *Fedro* y finalmente integraré a *Timeo* en esta discusión para así continuar con el problema inicial de este capítulo que es el de la corrupción y la naturaleza del ἡ ἄνθρωπος.

3.2. El alma y la justicia

Es un poco arriesgado, pero considero que *República* puede considerarse el diálogo sobre la justicia. En los diez libros que componen al diálogo se aborda el tema desde distintos ángulos, abriendo otras temáticas que al final

---

55   105d3-4.

retoman el principal: la justicia como el máximo bien. Recupero un pasaje del libro IV donde nuevamente somos interrogados sobre qué hace felices a los hombres, ¿la justicia o la injusticia?

> Después de esto indaga en su interior [de la *polis*], procurándote de donde puedas la luz adecuada, y apela a la ayuda de tu hermano Glaucón, así como de Polemarco y los otros, para que columbremos dónde existe la justicia y dónde la injusticia, y en qué se diferencia una de otra, y cuál de las dos debe adquirir el que haya de ser feliz (τὸν μέλλοντα εὐδαίμονα εἶναι), pase esto inadvertido o no a los dioses y a los hombres todos.[56]

Líneas más adelante especifica que una *polis* fundada correctamente tiene que ser sabia (σοφή), valiente (ἀνδρεία), moderada (σώφρων) y justa (δικαία).[57] Después, en este mismo capítulo regresaré al análisis de cada una de las cualidades asignadas a la *polis* correctamente fundada, pues se vincula con la concepción tripartita del alma como lo afirma en 435b9-c2: "Por consiguiente, amigo mío, estimaremos que el individuo que cuente en su alma con estos mismos tres géneros (εἴδη), en cuanto tengan las mismas afecciones que aquéllos, con todo derecho se hace acreedor a los mismos calificativos que se confieren a la *polis*".[58] Los géneros que Platón está buscando en el alma del individuo son: σοφία, ἀνδρεῖα y σωφροσύνη. Para que exista sabiduría en un individuo es necesario que algo sea capaz de sabiduría; lo mismo con la valentía y la moderación. Sócrates le aclara a Glaucón que es necesario reflexionar sobre este tema mediante una metodología distinta a la utilizada; se refiere

---

56   *Rep.* IV, 427d1-7: τὸ δὲ δὴ μετὰ τοῦτο σκόπει ἐν αὐτῇ, φῶς ποθὲν πορισάμενος ἱκανόν, αὐτός τε καὶ τὸν ἀδελφὸν παρακάλει καὶ Πολέμαρχον καὶ τοὺς ἄλλους, ἐάν πως ἴδωμεν ποῦ ποτ' ἂν εἴη ἡ δικαιοσύνη καὶ ποῦ ἡ ἀδικία, καὶ τί ἀλλήλοιν διαφέρετον, καὶ πότερον δεῖ κεκτῆσθαι τὸν μέλλοντα εὐδαίμονα εἶναι, ἐάντε λανθάνῃ ἐάντε μὴ πάντας θεούς τε καὶ ἀνθρώπους.

57   Cf. *Rep.* IV, 427e10-11: Δῆλον δὴ ὅτι σοφή τ' ἐστὶ καὶ ἀνδρεία καὶ σώφρων καὶ δικαία.

58   Καὶ τὸν ἕνα ἄρα, ὦ φίλε, οὕτως ἀξιώσομεν, τὰ αὐτὰ ταῦτα εἴδη ἐν τῇ αὐτοῦ ψυχῇ ἔχοντα, διὰ τὰ αὐτὰ πάθη ἐκείνοις τῶν αὐτῶν ὀνομάτων ὀρθῶς ἀξιοῦσθαι τῇ πόλει. Aunque Eggers Lan traduce πόλις como Estado, prefiero dejarlo como *polis* o si acaso ciudad, por lo que haré dicho cambio en la traducción griega.

específicamente a la que utilizaron para entender la composición y géneros de la *polis*. Y en un caso reminiscente, somos invitados a un δεύτερος πλοῦς.[59]

La premisa de la que ahora partirá Platón para justificar el vínculo entre la *polis* y el individuo es que una *polis* es lo que es gracias a quienes la habitan, pues ¿de qué otro modo podría ser que una *polis* como Tracia fuera de índole fogosa? De modo que, si la *polis* correctamente fundada es sabia, valiente y moderada, necesariamente tiene que ser porque el individuo puede ser sabio, valiente y moderado. El cómo puede un individuo tener estas cualidades lo explorará mediante una nueva argumentación. Arranca con un principio lógico, el de no contradicción, expresado en la ley de la causalidad.

> Es evidente que una misma cosa nunca producirá ni padecerá efectos contrarios en el mismo sentido, con respecto a lo mismo y al mismo tiempo. De modo que, si hallamos que sucede eso en la misma cosa, sabremos que no era una misma cosa sino más de una.[60]

---

59 Noto aquí una total referencia a *Fedón* (95a4 y ss.) de la conocida *segunda navegación*, que formaría parte de la biografía intelectual de Platón expuesta en al apartado anterior. La traducción de δεύτερος πλοῦς es "la siguiente mejor manera", que también se conoce como "la segunda navegación". Lo que se busca es reformular el pensamiento de Anaxágoras a fin de encontrar la explicación verdadera sobre la naturaleza de las cosas. También se puede entender esto como una muestra de la dialéctica platónica, la cual está presente en todo este diálogo. Tras zarpar de nuevo en la búsqueda por las αἴτια de la realidad Platón se encuentra con las Formas (εἴδη). La "Segunda navegación" es la metáfora sobre el cambio de método para buscar la verdad. Δεύτερος πλοῦς es una expresión griega utilizada en los navíos para avisar que había que modificar el método de navegar, concretamente pasar de las velas a los remos. Esto era muy frecuente cuando dejaba de soplar viento y la tripulación se encargaba ahora de navegar por medio de los remos. Claramente esto suponía un mayor esfuerzo que la navegación con vela donde el viento es el que realmente hace todo con la ayuda del encargado de aprovechar con las velas la energía eólica.

Con el δεύτερος πλοῦς Platón indica que está cambiando de método, a saber, de uno "naturalista" a uno "metafísico". La búsqueda de la verdad atendiendo ya no sólo a las investigaciones realizadas por los presocráticos, sino la búsqueda por los primeros principios. Para una mayor profundización sobre este tema remito al excelente análisis que realiza Reale (2003: 137-158).

En el específico caso del libro IV de *República* el cambio no es de una discusión sobre la causa material hacia una causa final, sino sobre la naturaleza de una cosa a la naturaleza de otra bastante más compleja y, como el mismo Sócrates advierte: ἄλλη γὰρ μακροτέρα καὶ πλείων ὁδὸς ἡ ἐπὶ τοῦτο ἄγουσα, mientras que con la argumentación precedida la naturaleza del alma jamás sería aprehendida.

60 *Rep.* IV, 436b8-c1: Δῆλον ὅτι ταὐτὸν τἀναντία ποιεῖν ἢ πάσχειν κατὰ ταὐτόν γε καὶ πρὸς ταὐτὸν οὐκ ἐθελήσει ἅμα, ὥστε ἄν που εὑρίσκωμεν ἐν αὐτοῖς ταῦτα γιγνόμενα, εἰσόμεθα ὅτι οὐ ταὐτὸν ἦν ἀλλὰ πλείω. Respecto de este pasaje, Bieda (2012: 132 n. 12), siguiendo a Ferrari (2007: 168), sostiene que Platón no está manifestando abiertamente este principio pues el conflicto se da entre alternativas *opuestas* y no entre alternativas *contradictorias*.

Dado que algo no puede producir dos efectos contradictorios simultáneamente entonces es necesario que no sea lo mismo sino otro lo que lo produce. Nuevamente esto me remite a *Fedón* (103d y ss.) cuando preparando el terreno para el Argumento Final, Platón expone el ejemplo de la nieve al establecer que el frío y la nieve no son lo mismo igual que el calor y el fuego. La nieve puede acoger al frío y seguir siendo nieve, mientras que si acogiera al calor dejaría de ser nieve. Lo mismo le sucede al fuego, que puede acoger al calor y mantiene su naturaleza, pero la pierde cuando acoge al frío. A estas premisas hay que agregar que frío y calor son contrarios y jamás un contrario llegará a ser contrario de sí mismo, pues pierde su φύσις. Con estas premisas se concluye que aquello que es causa de algo no puede ser causa del contrario de ese algo. Así, la nieve jamás podrá ser causa de calor pues dejaría de ser nieve.

1. Si N → F → ~ (N → C)
2. Si N → C → ~N
3. Si ~N → X

Es el principio de no contradicción (PNC) aplicado al efecto de una causa, cuyo efecto es exclusivo de dicha causa y cuyo efecto contrario anula la causa misma y, por lo tanto, aquello que causó dicho efecto. La representación del PNC en la lógica proposicional es: ~(A ∧ ~A); en la lógica de predicados es: ~∃x (Px ∧ ~Px). El nuevo esquema argumentativo propuesto aquí por Platón permitirá detectar aquellos elementos cuya contradicción obligue a una nueva investigación. La siguiente premisa de Platón (*Rep.* IV, 437b y ss.) será que cuando un alma apetece algo: i. e., la sed, entonces sólo puede desear saciar la sed, i.e., atraer hacia sí el agua con que saciará dicha sed. Lo contrario a esto sería el rechazar o frenar un deseo. "La sed en sí misma jamás se convertirá en otra cosa que en un apetito de lo que le corresponde, la bebida en sí misma".[61] No obstante, hay ocasiones en donde teniendo sed y pudiendo saciar con agua no se hace. Platón dice que es porque "en ese momento algo impulsa al alma sedienta en otra dirección" siendo distinto de lo que le hace

---

61 *Rep.* IV, 437e4-5: αὐτὸ δὲ τὸ διψῆν οὐ μή ποτε ἄλλου γένηται ἐπιθυμία ἢ οὗπερ πέφυκεν, αὐτοῦ πώματος [...].

tener sed. "Pues ya dijimos que la misma cosa no obraría en forma contraria a la misma parte de sí misma, respecto de sí misma y al mismo tiempo".[62]

Mediante el ejemplo del arquero que utiliza Platón en el mismo diálogo queda más claro este principio.[63] Para tensar un arco a punto de disparar una flecha no son las mismas manos las que rechazan y a la vez atraen hacia sí; una es la encargada de rechazar y la otra de atraer hacia sí. Lo mismo sucede con quienes teniendo sed se abstienen de beber. Esto es así porque en nuestra alma hay algo que por un lado nos insta a beber y por el otro algo que se opone a ello. La conclusión de Platón en este análisis es que aquello que se opone "es generado, cada vez que se genera, por el razonamiento (λογισμοῦ)".[64] Con esto ahora distingue dos partes que hay en el alma, una que provoca las afecciones y otra que las rechaza. A lo que rechaza que se genera por el razonamiento será el λογιστικόν. A la parte del alma que ama, tiene hambre y sed, y es excitada por todos los demás apetitos será denominada como la irracional (ἀλόγιστόν) y apetitiva (ἐπιθυμητικόν).

El argumento correspondiente a este análisis puede reconstruirse de la siguiente manera. Para ello, me apoyo en Irwin (2000: 340),[65] quien ya lo había hecho.

1. La misma cosa no puede hacer o padecer los dos contrarios en un mismo aspecto de sí misma (436b8).
2. La aceptación y la búsqueda de *x* son contrarias al rechazo y al alejamiento de *x* (437b1-5).
3. El apetito (por ejemplo, el hambre o la sed), las ganas y el deseo de *x* equivalen a aceptar y buscar *x* (437b7-c7).

---

62   *Rep*. IV, 439b3-6: Οὐκοῦν εἴ ποτέ τι αὐτὴν ἀνθέλκει διψῶσαν, ἕτερον ἄν τι ἐν αὐτῇ εἴη αὐτοῦ τοῦ διψῶντος καὶ ἄγοντος ὥσπερ θηρίον ἐπὶ τὸ πιεῖν; οὐ γὰρ δή, φαμέν, τό γε αὐτὸ τῷ αὐτῷ ἑαυτοῦ περὶ τὸ αὐτὸ ἅμ' ἂ<ν> τἀναντία πράττοι.

63   Remito al análisis que de este ejemplo hace Irwin (2000: 341), apelando a lo que él denomina el Principio de los contrarios. Irwin se pregunta qué sucedería si rechazáramos dicho principio y se responde que el arquero entraría en contradicción al estar quieto y en movimiento simultáneamente.

64   *Rep*. IV, 439c9-d1: τὰ τοιαῦτα ἐγγίγνεται, ὅταν ἐγγένηται, ἐκ λογισμοῦ [...].

65   Utilizaré, sin embargo, la traducción de Eggers Lan.

4. La negación, la falta de ganas y la inapetencia equivalen a rechazar y evitar x (437d8-10).
5. En ocasiones sentimos a la vez ganas de beber y rechazo hacia la bebida (439c).
6. Como estos estados son contrarios —por lo establecido desde 2 hasta 4— y por lo tanto no pueden pertenecer al mismo aspecto del alma —por lo establecido en 1—, deben pertenecer a aspectos distintos del alma (439d-c).

Pero aún falta revisar qué causa la fogosidad, i.e., aquello por lo que nos enardecemos.[66] ¿Es una tercera parte o forma parte de alguna de las otras dos? Parece asemejarse a la apetitiva. El ejemplo de Leoncio sirve para reflexionar sobre este tema.

Leoncio, hijo de Aglayón, subía del Pireo bajo la parte externa del muro boreal, cuando percibió unos cadáveres que yacían junto al verdugo público. Experimentó el deseo de mirarlos, pero a la vez sintió una repugnancia que lo apartaba de allí, y durante unos momentos se debatió interiormente y se cubrió el rostro. Finalmente, vencido por su deseo, con los ojos desmesuradamente abiertos corrió hacia los cadáveres y gritó: "Mirad, malditos, satisfaceos con tan bello espectáculo".[67]

Lo que este relato explica, señala Platón, es que en ocasiones la cólera combate contra los deseos, mostrando que son dos cosas distintas. Quedan, con el relato de Leoncio, delimitadas tres partes del alma: la razón (λογιστικόν), la apetitiva (ἐπιθυμητικόν) y la cólera (θύμον). Estas son las partes del alma gracias a las cuales la persona es lo que es. Si la parte racional

---

66 *Rep.* IV, 439e3-4: τὸ δὲ δὴ τοῦ θυμοῦ καὶ ᾧ θυμούμεθα πότερον τρίτον, ἢ τούτων ποτέρῳ ἂν εἴη ὁμοφυές.

67 *Rep.* IV, 439e7-a3: ὡς ἄρα Λεόντιος ὁ Ἀγλαΐωνος ἀνιὼν ἐκ Πειραιῶς ὑπὸ τὸ βόρειον τεῖχος ἐκτός, αἰσθόμενος νεκροὺς παρὰ τῷ δημίῳ κειμένους, ἅμα μὲν ἰδεῖν ἐπιθυμοῖ, ἅμα δὲ αὖ δυσχεραίνοι καὶ ἀποτρέποι ἑαυτόν, καὶ τέως μὲν μάχοιτό τε καὶ παρακαλύπτοιτο, κρατούμενος δ᾽ οὖν ὑπὸ τῆς ἐπιθυμίας, διελκύσας τοὺς ὀφθαλμούς, προσδραμὼν πρὸς τοὺς νεκρούς, "Ἰδοὺ ὑμῖν," ἔφη, "ὦ κακοδαίμονες, ἐμπλήσθητε τοῦ καλοῦ θεάματος".

del alma es la que rechaza las afecciones y la apetitiva la que las atrae, ¿cuál es la función de la cólera? La explicación inmediata que da Platón es que "a veces la cólera (ὀργὴν) combate contra los deseos"[68] y esta cólera o fogosidad se convierte en una aliada de la razón. No queda claro cómo es que lo colérico es, entonces, distinto de la razón.

De acuerdo con el principio postulado por Platón según el cual no es posible que lo mismo haga o padezca cosas contrarias al mismo tiempo, según lo mismo y respecto de lo mismo, entonces la distinción entre lo colérico y lo racional sigue pendiente. Parece clara la distinción entre lo colérico y lo apetitivo, pero no así con lo racional, pues Platón explica que lo colérico, cuando no está corrupto por una mala educación o mala crianza, es capaz de advertir lo que es justo o correcto. ¿Acaso esto no es una cualidad exclusiva de la razón? ¿Es que lo colérico tiene cierto tipo de λόγος gracias al cual puede advertir lo que es justo o correcto?[69]

Finalizado el relato de Leoncio, Platón enfatiza que la cólera es una aliada de la razón (440b3-4).[70] Líneas más adelante (c7-d3) señala que cuando alguien se considera víctima de injusticia, su fogosidad hierve en él y combate contra todo hasta que logra cumplir sus propósitos o la razón lo llama, como un pastor a su perro.[71] La analogía entre la razón y el pastor, como entre el perro y la cólera es interesante. Platón considera que la razón debe pastorear a la cólera, pues ésta, como cualquier perro sin adiestramiento, puede atentar contra sí misma y ser violenta y agresiva.[72]

En esta disertación sobre el papel de la cólera o fogosidad Glaucón y Sócrates tienen claro que ésta sigue a la razón y se aleja de lo apetitivo. Platón parece tener claro que la cólera tiene cierta capacidad judicativa que le permite evaluar lo justo o correcto de lo que no lo es, provocándole ira

---

68   *Rep.* IV, 440a5-6: τὴν ὀργὴν πολεμεῖν ἐνίοτε ταῖς ἐπιθυμίαις […].

69   Recomiendo el análisis de esta discusión que realiza Boeri (2010), especialmente de la página 299 a la 302.

70   σύμμαχον τῷ λόγῳ γιγνόμενον τὸν θυμὸν τοῦ τοιούτου.

71   οὐκ ἐν τούτῳ ζεῖ τεκαὶ χαλεπαίνει καὶ συμμαχεῖ τῷ δοκοῦντι δικαίῳ καί, διὰ τὸ πεινῆν καὶ διὰ τὸ ῥιγοῦν καὶ πάντα τὰ τοιαῦτα πάσχειν, ὑπομένων καὶ νικᾷ καὶ οὐ λήγει τῶν γενναίων, πρὶν ἂν ἢ διαπράξηται ἢ τελευτήσῃ ἢ ὥσπερ κύων ὑπὸ νομέως ὑπὸ τοῦ λόγου τοῦ παρ᾽ αὐτῷ ἀνακληθεὶς πραϋνθῇ.

72   En el siguiente capítulo profundizaré en la importancia de la música para la formación de la cólera, pero menciono desde ahora que esta idea del adiestramiento está presente en el artículo de Lozano-Vásquez (2012).

cuando sigue a la parte apetitiva sabiendo que no era el camino correcto. Sin embargo, la condición que establece Platón para considerar a la cólera como una tercera parte del alma es que "se nos manifieste distinta al raciocinio, tal como se nos manifestó distinta de lo apetitivo".[73] El principal problema que aquí noto es que la cólera no es tan claramente distinta de lo racional, pues según el diálogo tiene la capacidad para, aprovechando la cita que el propio Platón extrae de Homero ("Mas, golpeando su pecho, al corazón increpó con palabras"),[74] reflexionar "acerca de lo mejor y de lo peor censurando a lo que se enardece irracionalmente".[75]

Mediante esta cita Platón pretende evidenciar que desde el poeta griego ya se pensaba en dos partes del alma, en donde una censura a la otra. ¿Cómo puede la cólera tener capacidad judicativa sin violar el principio de no contradicción? Porque Platón está convencido de que el raciocinio y la fogosidad no son lo mismo, siendo ésta una aliada de la razón. Mientras que a la cólera sólo le corresponde valorar lo justo de lo injusto, lo correcto de lo incorrecto para tomar acción, la razón delibera para guiar, dirigir, mandar, ordenar y gobernar. Una de las pruebas que arroja Glaucón como contundente o que "no es difícil de ser mostrado",[76] pues los niños, en cuanto nacen, están llenos de fogosidad,[77] mientras que el raciocinio (λογισμοῦ) tardan en adquirirlo y algunos ni siquiera lo logran.[78]

La cólera combate contra los deseos cuando éstos mueven al hombre a actuar en contra de su razón. Así parece haberle sucedido a Leoncio, quien enardecido por haber visto a los cadáveres les increpa el espectáculo que él mismo está presenciando.[79] Como Boeri (2010) menciona, Platón

---

73   *Rep.* IV, 441a5-6: ἄν γε τοῦ λογιστικοῦ ἄλλο τι φανῇ, ὥσπερ τοῦ ἐπιθυμητικοῦ ἐφάνη ἕτερον ὄν.

74   La cita es de *Odisea*, XX,17: στῆθος δὲ πλήξας κραδίην ἠνίπαπε μύθῳ.

75   *Rep.* IV, 441c1-2: τὸ ἀναλογισάμενον περὶ τοῦ βελτίονός τε καὶ χείρονος τῷ ἀλογίστως θυμουμένῳ.

76   *Rep.* IV, 441a7: Ἀλλ᾽ οὐ χαλεπόν, ἔφη, φανῆναι.

77   *Rep.* IV, 441a8-9: ὅτι θυμοῦ μὲν εὐθὺς γενόμενα μεστά ἐστι [...].

78   *Rep.* IV, 441a9-b1: οὐδέποτε μεταλαμβάνειν [...].

79   Se ha sugerido que el caso de Leoncio sirve para ejemplificar la incontinencia; sin embargo, Bieda (2012) tiene buenos argumentos para defender que Leoncio no es un incontinente, pues en el momento en que se arroja sobre los cadáveres no había condiciones para que lo fuera, a saber, una opción que se considerara como mejor. Un análisis detallado de dicho pasaje permite darle la razón a Bieda, pues tal como está en el pasaje,

parece consciente de la guerra civil que hay en el interior del alma y que la cólera puede evitar. Cuando no logra hacerlo, es decir, "cuando los deseos violentan a un hombre contra su raciocinio",[80] la cólera se alía a la razón. La pregunta a considerar es, entonces, ¿por qué si la cólera es una aliada de la razón se corrompe?

La respuesta de Platón es que se corrompe como consecuencia de una mala crianza (κακῆς τροφῆς). En *Timeo* hay una idea muy semejante a la recientemente expuesta. En dicho diálogo, Platón reflexiona de la mano de Timeo sobre lo que genera el mal, donde afirma que "nadie es malo voluntariamente, sino que el malo se hace tal por un mal estado del cuerpo o por una crianza inadecuada".[81]

Llama la atención que en este desarrollo Platón mencione que la cólera se irrita ante la injusticia. En *República* no es del todo claro esto ya que, si bien distingue las tres partes del alma, las tres están dentro del mismo conjunto, algo que en *Timeo* no sucede. Con seguridad se percató de esto por lo que desarrolló mejor la explicación sobre la constitución psicológica en este último diálogo. En él ubica a la parte racional totalmente separada de las otras dos —la colérica y la apetitiva—, especificando incluso que la racional es inmortal mientras que las otras dos son mortales.[82] En este mismo capítulo detallaré la psicología que aparece en *Timeo*, pues es el último en donde Platón habla sobre el alma, sus partes y las funciones de éstas. Si bien en *Leyes* continúa hablando del alma, no hay nada novedoso salvo la aporía que propone sobre el alma y el mal que trabajé en el capítulo inicial de este libro.

Retomo el discurso de *República* IV. Aquí logra Platón establecer la relación entre las tres clases que hay en la ciudad con las tres partes del alma, a saber, negociantes (χρηματιστικόν), auxiliares (ἐπικουρητικόν) y consejeros

---

Leoncio experimentó, al mismo tiempo, a) el deseo de mirarlos (ἅμα μὲν ἰδεῖν ἐπιθυμοῖ) y b) sintió repugnancia (δυσχεραίνοι). Tanto el deseo como la repugnancia resultan de los apetitos, por lo que para que Leoncio fuera incontinente sería necesario que la razón le hubiera mostrado un bien mayor que rechazó por la vista de los cadáveres.

80   *Rep.* IV, 440a8-b1: ὅταν βιάζωνταί τινα παρὰ τὸν λογισμὸν ἐπιθυμίαι [...].

81   *Tim.* 86d7-e2: κακὸς μὲν γὰρ ἑκὼν οὐδείς, διὰ δὲ πονηρὰν ἕξιν τινὰ τοῦ σώματος καὶ ἀπαίδευτον τροφὴν ὁ κακὸς γίγνεται κακός [...].

82   Cf. *Tim.* 44d y ss.

(βουλευτικόν).[83] La parte del alma correspondiente a los negociantes sería la apetitiva, la de los auxiliares a la colérica y, finalmente, los consejeros representarían a la racional. Como bien observa Boeri (2010: 292), Platón busca establecer una analogía entre los elementos que conforman una ciudad con las partes del alma pues concibe un modelo organicista en donde se ha de "suponer que lo que existe en el todo tiene una especie de manifestación o réplica a nivel microcósmico en los individuos". La idea de esto es hallar la posibilidad de que exista la justicia en el alma, pues de no ser así, ésta no podría ser sabia ni gobernar una *polis*. La justicia, para Platón, consiste "en hacer lo que corresponde a cada uno, del modo adecuado".[84]

La posibilidad de este logro radica en comprender lo que líneas antes Platón ha escrito sobre la ciudad y los distintos miembros. A los "guardianes perfectos (τελέους φύλακας)" les corresponde la sabiduría (σοφία) para que la ciudad sea gobernada conforme a la naturaleza.[85] Hace falta encontrar el resto de las cualidades que cualquier ciudad fundada correctamente debe poseer: valentía (ἀνδρεία), moderación (σωφροσύνη) y justicia (δίκαιος).[86] Antes de continuar buscando las demás cualidades de la ciudad reflexiona sobre la sabiduría y se da cuenta que ésta es insuficiente, pues necesita de algo más, un buen consejero, algo que desde el conocimiento (ἐπιστήμη) le permita distinguir entre las distintas variedades de conocimiento que hay en una ciudad. Esta herramienta será la prudencia (εὐβουλία). De modo que el guardián no sólo debe ser sabio, sino prudente.

---

83   *Rep.* IV, 441a1. En otros momentos del mismo libro IV (428d7) se refiere a los consejeros como guardianes (φύλακας), encargados de la vigilancia; asimismo, los auxiliares también son denominados soldados (στρατιώτης) en 429e8. Aprovecho para traer a esta discusión el pasaje de *Menéxeno* (246e7-247a2): "Toda ciencia separada de la justicia y de las demás virtudes se revela como astucia, no como sabiduría: πᾶσά τε ἐπιστήμη χωριζομένη δικαιοσύνης καὶ τῆς ἄλλης ἀρετῆς πανουργία, οὐ σοφία φαίνεται". Esta misma idea se encuentra en *Fedón* (68e-69c) cuando Platón señala que la virtud es sabiduría (φρόνησις) y ésta consiste en gobernar los placeres corporales. Por lo que la virtud también se inserta en el razonamiento de los "procesos generativos", mencionados en el argumento de los contrarios (AC), afirmando que la virtud tiene que ser algo más que meros miedos o placeres, y esto sólo es posible gracias a la sabiduría.

84   *Rep.* IV, 433b3-5: κινδυνεύει τρόπον τινὰ γιγνόμενον ἡ δικαιοσύνη εἶναι, τὸ τὰ αὑτοῦ πράττειν.

85   *Rep.* IV, 428e8-9: ὅλη σοφὴ ἂν εἴη κατὰ φύσιν οἰκισθεῖσα πόλις.

86   *Rep.* IV, 427e10-11.

La ciudad, además, debe ser valiente por una parte de sí mismo. La valentía, nos dice Platón, es conservación (σωτηρίαν) de cuáles y cómo son las cosas temibles.[87] Esta cualidad debe ser indeleble (δευσοποιός) para que siempre sea posible distinguir las cosas que hay que temer de las que no, a modo de que ni el placer, ni el dolor, ni el miedo o el deseo puedan borrar del alma del soldado (στρατιώτης) la opinión correcta y legítima (δόξης ὀρθῆς τε καὶ νομίμου) sobre lo que es la valentía. Precisamente en este diálogo entre Sócrates y Glaucón se dicta el modo en que dicha opinión correcta y legítima debe quedar impregnada indeleblemente en el alma del soldado. Será con una educación por medio de la música y la gimnasia.[88] Recordemos el modelo organicista en donde los auxiliares o soldados son a la ciudad lo que la cólera al alma. Cuando anteriormente preguntaba cómo es posible que la cólera se corrompa por una mala educación no quedaba clara la vía de investigación con los elementos que se tenían hasta ese momento. Ahora, con el detalle de los elementos de la ciudad y las cualidades que deben tener hay una posible salida.

Si, con el modelo organicista de Platón, el individuo es una analogía de la ciudad en donde comparte los elementos en que se divide ésta como partes de su alma, así también las cualidades que dichos elementos deben poseer para el correcto funcionamiento de la ciudad debe poseerlos cada parte del alma que es representada. Así, la razón debe obtener sabiduría con prudencia y la cólera, valentía. El dato revelador que aporta Platón es que la valentía debe enseñarse (ἐπαιδεύομεν) "por medio de la música y de la gimnasia".[89] El propósito de esto es que el soldado o la cólera sean indeleblemente valientes para saber lo que deben temer y lo que no deben temer, así como impedir que el placer, el dolor, el miedo o el deseo puedan corromper sus funciones. Gracias a la valentía la cólera podrá hacer lo que le corresponde, i.e., ser una aliada de la razón. La ausencia de valentía o una valentía endeble provocaría que la cólera no pueda cumplir con su función y en lugar de aliarse a la razón

---

87   Cf. *Rep.* IV, 429c6 ss.

88   Cf. *Rep.* IV, 429e7-430b5.

89   *Rep.* IV, 430a1: ἐπαιδεύομεν μουσικῇ καὶ γυμναστικῇ. En un muy bien desarrollado artículo, Lozano-Vásquez (2012) explica las conexiones entre la música y la cólera.

lo haga con lo apetitivo, especialmente, el placer; una cólera así será o miedosa o iracunda, pero no valiente.

Falta buscar la cualidad correspondiente con los comerciantes, donde también está incluido el resto del pueblo. Lo que a continuación desarrolla Platón es uno de los temas clave para la argumentación de esta tesis, pues correlaciona nociones musicales con las cualidades del alma. Específicamente, explica el modo en que la tercera cualidad investigada significa para el alma. El comerciante, como lo apetitivo, requieren de moderación (σωφροσύνη).

Lo primero que quiero destacar es cómo la moderación parece tener un trato especial con respecto a la sabiduría-prudencia y la valentía. Dice Sócrates: "Desde nuestro punto de vista, la moderación se parece a una concordancia (συμφωνία) y a una armonía (ἁρμονία) más que las cualidades examinadas anteriormente".[90] Glaucón le pide a Sócrates que se explique y entonces le responde: "La moderación es un tipo de ordenamiento (κόσμος)[91] y de gobierno (ἐγκράτεια)[92] de los placeres (ἐπιθυμιῶν) y apetitos, como cuando se dice que hay que ser 'dueño de sí mismo' (κρείττω δὴ αὑτοῦ)".[93] A propósi-

---

90   *Rep.* IV, 430e3-4: καὶ ὥς γε ἐντεῦθεν ἰδεῖν, συμφωνίᾳ τινὶ καὶ ἁρμονίᾳ προσέοικεν μᾶλλον ἢ τὰ πρότερον.

91   Adams traduce este pasaje de la siguiente manera: "Soberness is a kind of beautiful order", es decir, no sólo lo traduce tal cual lo estoy haciendo junto con Eggers Lan, como *moderación es un tipo de ordenamiento*, sino que es un ordenamiento bello. No encuentro razones para acompañar con *bello* el ordenamiento, salvo como una doble traducción de κόσμος, que sabemos admite ambas posibilidades, aunque no estoy seguro de que las admita simultáneamente.

92   Eggers Lan traduce ἐγκράτεια por control; sin embargo, dado el contexto del diálogo y lo que líneas adelante dirá sobre lo que es mejor (βέλτιον) por naturaleza sobre lo que es peor (χεῖρον) o inferior por naturaleza, enfatizando precisamente que una parte es superior a la otra, considero que la traducción más apropiada es la de gobernar, pues gobernar lleva implícito la capacidad para poner orden, mientras que el control no necesariamente; de hecho, el control lo que genera es una coacción, que naturalmente siempre será violenta, provocando así un enardecimiento de las pasiones en lugar de una pacificación de las mismas. Las pasiones, a mi parecer, pueden controlar también, v.gr., cuando esclavizan a las demás partes del alma, con lo que, si las pasiones controlan y la razón controla, ¿qué distingue a una de otra? La clave, considero, está en que la razón gobierna y las pasiones o apetitos controlan.

93   *Rep.* IV, 430e6-7: Κόσμος πού τις, ἦν δ' ἐγώ, ἡ σωφροσύνη ἐστὶν καὶ ἡδονῶν τινων καὶ ἐπιθυμιῶν ἐγκράτεια, ὥς φασι κρείττω δὴ αὑτοῦ [...]. Vale la pena también revisar *Gorg.* 506e y *Prot.* 333b-c, junto con recuperar la definición que el propio Platón aporta sobre la moderación en *Rep.* III, 389d-e. Asimismo, remito a lo que en *Lg.* I, 626e2 y ss.; IX, 863d6 y ss. se menciona sobre el conflicto que existe en todo ser humano: "Y en esta guerra, extranjero, el vencerse a sí mismo (τὸ νικᾶν αὐτὸν αὑτὸν) es la primera y mejor de todas las victorias y el sucumbir a sí mismo es lo más vergonzoso (αἴσχιστόν) de todo y, a la vez, lo peor. Esto indica que en cada uno de nosotros hay como una guerra de nosotros mismos contra nosotros mismos (626e25)".

to de la frase κρείττω δὴ αὐτοῦ Sócrates reflexiona que al hablar de una persona, ésta puede ser de sí misma no sólo dueña sino también esclava, pues el gobierno y la esclavitud se dicen de lo mismo aunque en situaciones diferentes. Por ello, lo que en realidad esta frase pretende decir es que en lo que concierne al alma existe una parte mejor y una peor. Cuando la parte mejor gobierna se es *dueño de sí mismo*, mientras que cuando la parte peor toma el control se es *esclavo de sí mismo* (καλεῖν ἥττω ἑαυτοῦ). El primer caso es resultado de la razón aliándose con la cólera para generar moderación en los apetitos; el segundo, en cambio, es cuando los apetitos, carentes de moderación (ἀκόλαστον), toman control del alma. La razón para que suceda esto, dice Platón, es, nuevamente, "debido a una mala crianza o compañía".[94]

Lo primero que se puede destacar de la exposición anterior es la oposición entre esclavitud y señorío. Tácitamente está la idea de que quien es dueño de sí mismo es un hombre libre, pues quien es esclavo de sí mismo es, precisamente, alguien sujeto a otra autoridad. La esclavitud viene dada no externamente sino interna, por *sí mismo*. Este ἑαυτοῦ significa, precisamente, que la causa de la esclavitud es propia del sujeto y no de otro sujeto u objeto. Con esto Platón está respondiendo a la inquietud inicial de Adimanto en el libro IV de *República* (419a1-3) que vuelvo a citar: "¿De qué modo te defenderías, Sócrates, si alguien afirmara que no haces en absoluto felices a estos hombres, y eso por causa de sí mismos?" La respuesta es por falta de moderación y la falta de moderación es consecuencia de una mala crianza. La posibilidad real entre la libertad y la esclavitud radica no en que otro me someta, sino en que yo no logre gobernarme. Ser "dueño de mí mismo" es lograr que lo apetitivo no pueda más que la razón. No obstante, parece como si Platón estuviera haciendo de la moderación la virtud o cualidad más importante para un ser humano. Porque si aun siendo sabio-prudente y valiente se puede terminar siendo "esclavo de sí mismo" por falta de moderación significa que ni la sabiduría-prudencia ni la valentía juntas

---

En el libro IX de *Leyes* (863c), además, conecta el ser vencido por los placeres a la ignorancia (ἄγνοιαν) y ésta como causa de los errores (τῶν ἁμαρτημάτων αἰτίαν).

94   *Rep.* IV, 431a7: ὅταν δὲ ὑπὸ τροφῆς κακῆς ἤ τινος ὁμιλίας [...]. Como lo expuse en el primer capítulo, el mal como consecuencia de una mala crianza es un pensamiento que permanece en Platón hasta el final.

pueden hacer de un hombre un ser libre, sino que necesitan de la moderación para que esto suceda.

Reitera Platón en el diálogo afirmando que la moderación "se asemeja a una especie de armonía".[95] La siguiente sentencia es aún más contundente:

La moderación [...] se extiende sobre la totalidad de la octava musical (διὰ πασῶν), produciendo un canto unísono de los más débiles, los más fuertes y los intermedios —en inteligencia o en fuerza o en cantidad o en fortuna, como te guste—, de manera que podríamos decir, con todo derecho, que la moderación es esta concordia y esta armonía natural entre lo peor y lo mejor en cuanto a cuál de los dos debe gobernar, tanto en la ciudad como en cada individuo.[96]

¿Qué significa esta metáfora musical? ¿Qué quiere decir Platón con que la moderación se extiende sobre la totalidad de la octava musical? Significa que la moderación logra hacer sonar al alma al unísono, pues lo que logra una octava en música es que la misma nota suene en su octava, es decir, un sol (G) sonará más grave que la octava de sol, que también será sol, pero una octava más abajo. La octava logra unir los extremos de las notas para que éstas entren en concordia (συμφωνία), como lo dice el texto. Esta concordia significa unir lo superior con lo inferior, poner a las partes en un estado de armonía posibilitando su correcto funcionamiento, pues la nota cualquiera de una octava contiene en sí misma a toda la octava. Por ejemplo, si hablo de la octava de G, ésta contiene a toda la octava, i.e., a A (la), B (si), C (do), D (re), E (mi), F (fa) y G (sol). En el caso del alma significa que la moderación es la octava que incluye a toda la octava, a saber, sabiduría-prudencia y valentía, de manera que siendo moderados es posible "sonar" en

---

95 *Rep.* IV, 431e8: ἁρμονίᾳ τινὶ ἡ σωφροσύνη ὡμοίωται.

96 *Rep.* IV, 432a2-9: ἀλλὰ δι' ὅλης ἀτεχνῶς τέταται διὰ πασῶν παρεχομένη συνᾴδοντας τούς τε ἀσθενεστάτους ταὐτὸν καὶ τοὺς ἰσχυροτάτους καὶ τοὺς μέσους, εἰ μὲν βούλει, φρονήσει, εἰ δὲ βούλει, ἰσχύι, εἰ δέ, καὶ πλήθει ἢ χρήμασιν ἢ ἄλλῳ ὁτῳοῦν τῶν τοιούτων· ὥστε ὀρθότατ᾽ ἂν φαῖμεν ταύτην τὴν ὁμόνοιαν σωφροσύνην εἶναι, χείρονός τε καὶ ἀμείνονος κατὰ φύσιν συμφωνίαν ὁπότερον δεῖ ἄρχειν καὶ ἐν πόλει καὶ ἐν ἑνὶ ἑκάστῳ.

concordia y armonía con nosotros mismos. Así como sucede con el acorde de E, donde si una cuerda está desafinada el acorde ya no suena a E.

Platón está depositando en la moderación un peso considerable como cualidad indispensable en el alma, cualidad capaz de concordar en armonía a las demás partes. Recordemos el fragmento 6 de Filolao en donde el pitagórico sostiene que la armonía es el resultado de unir lo limitado con lo ilimitado, es decir, mediante la armonía logran unirse cosas que naturalmente no están unidas. Que la moderación sea la responsable de esta armonía explicaría el porqué su adquisición garantiza κρείττω δὴ αὑτοῦ mientras que la ausencia de ésta nos hace esclavos de nosotros mismos. La armonía es lo que permite que existan los opuestos sin que éstos entren en conflicto, asentando equilibrio entre las partes. En el caso presente, significa que la razón —lo limitado— entre en contacto y modere lo apetitivo —lo ilimitado—, donde surgirá una armonía.

La moderación resulta, entonces, no en la cualidad más importante para la persona, pero sí una cualidad indispensable, sin la cual el trabajo de las otras dos queda fracturado y el alma disonante. No hay que olvidar que Platón busca comprender las partes de la ciudad y las cualidades que ésta tiene para luego, aplicando el modelo organicista, estudiar al alma y encontrar semejanzas entre ésta y la ciudad. Una vez finalizada la disertación sobre la moderación, pasa a indagar sobre la especie (εἶδος) que permitirá a la ciudad alcanzar la excelencia (ἀρετῆς): la justicia (ἐστὶν ἡ δικαιοσύνη).

Platón dirá que la justicia consiste "en hacer lo que es propio de cada uno, sin dispersarse en muchas tareas".[97] En relación con la ciudad esto significa que cada ciudadano debe llevar a cabo la tarea que mejor sabe hacer por naturaleza. Porque no todo hombre es bueno en todo, sino que cada hombre es bueno en algunos aspectos muy específicos, en los cuales debe trabajar. Por ejemplo, el zapatero sin duda será bueno —y necesario— para hacer zapatos, arreglar zapatos y hasta diseñar zapatos, pero difícilmente también será bueno o hábil para pilotear una nave, la herrería o la carpintería. El agricultor sabe arar la tierra y prepararla para la siembra y sabe cuándo es el momento correcto

---

97   *Rep.* IV, 433a8-9: ὅτι γε τὸ τὰ αὑτοῦ πράττειν καὶ μὴ πολυπραγμονεῖν δικαιοσύνη ἐστί [...].

de hacerlo, así como de cosechar. La razón de la existencia de cada individuo es que cumple con una función necesaria para el correcto funcionamiento de la ciudad. Así es la justicia, mientras que el dispersarse en muchas tareas sería producto de una injusticia. A niveles políticos, Platón se refiere a esto en el sentido de que una ciudad será justa en la medida en la que facilite que cada uno haga lo que le es propio y disuada que las personas hagan más actividades de las propias. Si el zapatero también tiene que arar y hacer una mesa no hará ninguna actividad bien perdiendo él como artesano y la ciudad como consumidora de servicios que necesita. La injusticia, bajo este esquema, consiste en el ejemplo anterior; una ciudad en donde el zapatero tiene que realizar otras actividades, ajenas a la propia, para subsistir. La definición definitiva que aporta de justicia, líneas adelante, dice lo siguiente: "la justicia ha de consistir en hacer lo que corresponde a cada uno, del modo adecuado".[98]

A continuación, Platón realiza el empalme entre la descripción de las cualidades que tiene una ciudad con las del alma.

> Por consiguiente, amigo mío, estimaremos que el individuo que cuente en su alma con estos mismos tres géneros (εἴδη), en cuanto tengan las mismas afecciones que aquéllos, con todo derecho se hace acreedor a los mismos calificativos que se confieren a la ciudad (πόλει).[99]

Así, las partes del alma que habíamos diagnosticado páginas arriba contarán con la cualidad correspondiente. Recupero algunas de las ideas ya desarrolladas. La relación que se establece entre las tres clases que hay en la ciudad con las tres partes del alma son negociantes (χρηματιστικόν) con la parte apetitiva, auxiliares (ἐπικουρητικόν) con la parte colérica y consejeros (βουλευτικόν) con la racional. A los consejeros les corresponde la cualidad de la prudencia con sabiduría, a los auxiliares la valentía y a los negociantes la moderación. Similarmente, la moderación será la cualidad responsable de que los apetitos estén en orden, la valentía de que la cólera no se inflame

---

98   *Rep.* IV, 433b3-4: κινδυνεύει τρόπον τινὰ γιγνόμενον ἡ δικαιοσύνη εἶναι, τὸ τὰ αὑτοῦ πράττειν.

99   *Rep.* IV, 435b9-c2: Καὶ τὸν ἕνα ἄρα, ὦ φίλε, οὕτως ἀξιώσομεν, τὰ αὐτὰ ταῦτα εἴδη ἐν τῇ αὑτοῦ ψυχῇ ἔχοντα, διὰ τὰ αὐτὰ πάθη ἐκείνοις τῶν αὐτῶν ὀνομάτων ὀρθῶς ἀξιοῦσθαι τῇ πόλει.

más de lo que debe y la prudencia con sabiduría de que la razón actúe conforme a sí misma. Como consecuencia de la concordia que reinaría en las tres partes del alma obtendríamos, además de armonía, justicia.

La justicia en el alma no estará, como en el caso de la ciudad, enfocada en el quehacer externo (περὶ ἑαυτὸν), sino en el interno (τὰ ἑαυτοῦ). Esta tarea de la justicia consistirá en "no permitir a las especies (γένη) que hay dentro del alma hacer lo ajeno ni interferir una en las tareas de la otra".[100] Así como la justicia en la ciudad consiste en que el zapatero no sea carpintero y viceversa, sino que cada uno pueda dedicarse a lo propio, en el alma del hombre la justicia resulta cuando cada parte hace lo suyo y no interfiere en las tareas de la otra. ¿Cómo podrían cada una de las partes —racional, colérica y apetitiva— interferir entre sí? La respuesta sería que al no cumplir cabalmente con su función y, además, buscar ejecutar funciones no propias. Por ejemplo, a la parte apetitiva le corresponde todo lo relacionado con los placeres, deseos y afecciones humanas, es la responsable de sentir sed, hambre, placer para mantener al cuerpo con vida. Entre sus funciones no está la de mandar, que es propia de la razón, por lo que, si son los apetitos quienes llaman a alguna acción y la cólera, que naturalmente sigue a la razón, sigue a los apetitos, se crea un momento de distensión que detonará en un acto de injusticia, inicialmente interno, pero que también puede tener consecuencias fuera del cuerpo y del alma. Como está escrito (*Rep.* IV, 440a8-b1), "cuando los deseos violentan a un hombre contra su raciocinio, se insulta a sí mismo". En términos musicales está habiendo una estridencia y una disonancia.

La tensión es necesaria para que las partes del alma estén en concordancia. Como lo apunta Platón con el ejemplo del arquero (Cf. *Rep.* IV, 439b8 y ss.), un arco no puede tensarse con una sola mano, sino que es necesario el uso de dos manos distintas para que el arco alcance la tensión necesaria para cumplir con su función. Así como en la música, la tensión precisa de una cuerda es la diferencia entre que esté o no bien afinada, en el alma la tensión precisa resultará en un estado de justicia y de armonía, pues ἁρμονία significa precisamente tensión. Aquí encuentro una de las ideas clave en la pedagogía

---

100 *Rep.* IV, 443d1-3: μὴ ἐάσαντα τἀλλότρια πράττειν ἕκαστον ἐν αὑτῷ μηδὲ πολυπραγμονεῖν πρὸς ἄλληλα τὰ ἐν τῇ ψυχῇ γένη [...].

platónica. El alma requiere tensión para cumplir su función como lo haría un arco. Un arco que está recostado sobre el pasto es un arco que no está haciendo nada. Bajo ese estado no hay posibilidad de mejora o empeora, sino sólo un estado de quietud que, en el caso del arco, le arranca la mera posibilidad de ser arco. En el alma sucede algo semejante, pues cuando ésta se encuentra en un estado de quietud no logra realizarse. El arco está compuesto de dos elementos principales: el brazo y la cuerda. El brazo es la parte rígida, si bien flexible, que debe sostener una de las manos, para que con la otra mano se estire la cuerda y se genere una tensión. La tensión se genera para un propósito, a saber, disparar una flecha. Allí está otro de los elementos relevantes en esta analogía: la flecha. El arco representa a las tres partes del alma, a) el brazo=los apetitos, b) la cuerda=la razón y c) la flecha=la cólera. Una tensión adecuada permitirá que la flecha dé en el blanco; mientras que una tensión excesiva podría hacer que la flecha vuele de más o se rompa la cuerda; una tensión débil hará que la flecha caiga antes de alanzar su objetivo.

La tensión resulta en el constante ejercicio de practicar cómo acertar en la diana con una flecha. La repetición de esta actividad perfeccionará la puntería y brindará precisión al ejecutante. En el alma es necesario proceder del mismo modo. Si la razón no se tensa, la cólera no aprenderá a seguirla y cuando la cólera quiera realizar alguna acción será débil o excesivamente inflamada, como la de Aquiles. Una razón capaz de tensar a los apetitos para que la cólera sea fuerte y precisa es posible sólo mediante la sabiduría-prudencia de la que ya nos habló Platón líneas antes. En realidad, la tensión en el alma es resultado de que cada parte tenga la cualidad correspondiente que le permita ejecutar su deber.

Aprovecho el vaivén entre la música y la psicología que Platón introduce en el diálogo para poner un ejemplo. Un violonchelo (chelo) tiene cuatro cuerdas que necesitan estar cada una afinadas para que el instrumento completo pueda ser ejecutado con precisión. Enumeraré las cuerdas de la más aguda a la más grave. La primera cuerda de un chelo debe estar afinada en la (A), la segunda en re (D), la tercera en sol (G) y la cuarta en do (C). Cada cuerda tiene un grosor distinto de la otra que le permite dar con el sonido que debe tener; sin embargo, montar la cuerda en el chelo sólo es el primer paso, pues ahora hay que afinarla, es decir, tensarla de tal modo que tengamos la nota que necesitamos dé esa cuerda. Por ejemplo, para que la cuarta cuerda del chelo dé C necesito tensar la cuerda de una manera precisa para que dé C y no D ni B ni CG. La cuerda dará la nota que debe dar siempre y cuando esté tensada en la proporción justa y no de otra manera; lo mismo sucederá con las otras tres cuerdas. Un chelo bien afinado es un chelo capaz de reproducir melodías, pues tras un estado de armonía, es decir, perfecta tensión, logrará cumplir con su función.

Mutatis mutandis, las partes del alma deberán entrar en una dinámica similar si han de realizar las tareas que les son propias para no insubordinarse unas entre otras provocando desorden, ignorancia y, consecuentemente, todos los males del alma (πᾶσαν κακίαν). Recordemos el momento en que Platón señala que la moderación ha de funcionar como la octava que hace que los tres tonos principales entren en concordancia. Cuando el hombre logra que las tres partes del alma no interfieran entre sí, es decir, distribuye bien lo que es suyo propio, entonces se autogobernará. La tensión adecuada conduce al hombre a tener un alma justa y bella (δικαίαν μὲν καὶ καλὴν).

Vale la pena recordar lo que Sócrates le dice a Glaucón sobre la justicia (441d12-e2), al señalarle que ésta en el individuo consistirá en que cada una de las especies (γένος) que hay en nosotros haga lo suyo (τῶν ἐν αὐτῷ πράττῃ), así como uno mismo debe hacer lo suyo. A continuación, refuerza las funciones de cada una de las partes del alma previamente descritas. Al raciocinio le corresponde mandar[101] y a la cólera ser servidor y aliado de aquél.[102] Ambas cumplirán con su función, insiste Platón, cuando son educadas bajo un esquema de música y gimnasia (μουσικῆς καὶ γυμναστικῆς) que les permita concordar (σύμφωνα), "poniendo a una en tensión y alimentándola con palabras y enseñanzas bellas, y, en cambio, relajando y apaciguando la otra, aquietándola por medio de la armonía y del ritmo".[103] No será sino hasta que se ha logra-

---

101 λογιστικῷ ἄρχειν προσήκει.

102 θυμοειδεῖ ὑπηκόῳ εἶναι καὶ συμμάχῳ τούτου.

103 *Rep.* IV, 441e8-442a2: Ἆρ' οὖν οὐχ, ὥσπερ ἐλέγομεν, μουσικῆς καὶ γυμναστικῆς κρᾶσις σύμφωνα αὐτὰ ποιήσει, τὸ μὲν ἐπιτείνουσα καὶ τρέφουσα λόγοις τε καλοῖς καὶ μαθήμασιν, τὸ δὲ ἀνιεῖσα παραμυθουμένη, ἡμεροῦσα ἁρμονίᾳ τε καὶ ῥυθμῷ.

do esto que es posible proceder a gobernar sobre lo apetitivo (προστήσεσθον τοῦ ἐπιθυμητικοῦ), que es lo más abundante en el alma. Así como al analizar el comportamiento de la ciudad se determinó que los comerciantes necesitan ser moderados porque la moderación es la cualidad que logra gobierno de uno frente a la ausencia de moderación que provoca esclavitud de sí mismo, con el individuo sucede igual. La parte apetitiva del alma, cuando no hace lo suyo, esclaviza aquello que no corresponde a su clase, es decir, a la razón y a la cólera. Además, trastorna (ἀνατρέψῃ) la vida de todos.

Recapitulando lo dicho hasta aquí en este capítulo es posible decir lo siguiente. 1) El alma está dividida en tres partes: 1a) la razón, 1b) la cólera y 1c) la apetitiva. Cada una de estas partes tiene una función que debe cumplir por naturaleza. La función de la razón es mandar; la de la cólera, obedecer a la razón, y la de los apetitos, albergar los deseos y placeres. Para que cada especie (γένος) del alma cumpla con su función ha de servirse de una cualidad específica que le auxilie. La razón será auxiliada por la sabiduría con prudencia; la cólera por la valentía y la moderación auxiliará a los apetitos; la cualidad resultante de este ejercicio será la justicia. La injusticia será que alguna de las especies realice funciones distintas a las propias o que no haga lo que le corresponde. El cumplimiento de las funciones de cada una de las especies del alma conduce a un estado de concordia (συμφωνία) que genera armonía (ἁρμονία) en el alma. La música y la gimnasia ayudarán a la razón y a la cólera a tener la fuerza para cumplir con su función y poder gobernar a los apetitos. La tensión será el modo mediante el cual entrarán en armonía estas tres partes del alma que en última instancia provocará un estado de justicia en el interior del hombre.

3.3. El amor como remedio para la injusticia del alma

En *Fedro*, Platón mantiene el esquema tripartita del alma que propuso en *República*. Existe una discusión sobre la fecha de composición de *Fedro*. En el siglo XIX Schleirermacher pensaba que este diálogo era el primero o de los primeros en la obra de Platón. Sin embargo, Lledó (1997: 292-293) junto con otros autores[104] sostienen una postura distinta, en donde *Fedro* forma parte de los diálogos de madurez de Platón. Estos diálogos comprenden dos de los que en este capítulo he trabajado —*Fedón* y *República* II-X—, junto con el que me dispongo a trabajar. *Banquete* sería el cuarto diálogo incluido en esta clasificación de la obra de Platón. Lledó incluso menciona que *Fedro* fue el último diálogo escrito de los del periodo de madurez, teniendo a *República* como inmediato precedente. La relevancia de aclarar la fecha de composición del diálogo a trabajar aquí es que es uno de los tres diálogos en donde Platón estudia la tripartición del alma; los otros dos son el ya mencionado *República* IV y *Timeo*, mismo que será estudiado después de éste.

En *República* IV se reflexiona sobre la composición del alma tomando como modelo a la *polis*. Se determina que, así como la *polis* está constituida por tres componentes —magistrados, guardianes y comerciantes—, así el alma del hombre debería estarlo. Mediante un ejercicio de deducción Platón establece que el alma tiene tres partes: una que manda, otra que obedece y otra que desea. La primera será la razón, la segunda la cólera y la tercera los apetitos. Este mismo esquema será utilizado en *Fedro* para continuar la reflexión sobre el alma, sus funciones y las razones por las que hace o no lo que le corresponde.

En *Fedro* el alma es definida como "aquello que se mueve siempre" (ἀεικίνητον),[105] pues sólo algo así es capaz de lo inmortal. Aquí se toma como premisa la conclusión del AF de *Fedón*: el alma es inmortal. Ahora bien, si el alma es inmortal tiene que ser porque se mueve siempre. La tesis que está planteando aquí Platón es que *toda alma es inmortal, porque aquello que se mueve siempre es inmortal* (*Fdr.* 245c5).[106] Para que esto sea cierto es nece-

---

104 Cf. Taylor (1955: 299-300), Guthrie (1990: 381-382). Por su lado, Usascheva (2010) parte, primero, de la idea de que existieron dos versiones de este diálogo, algo que después de analizar varias posturas en su artículo, concluye que la tesis de los dos *Fedro* sirve para aliviar la contradicción sobre la fecha de composición. En segundo lugar, realiza un minucioso y erudito análisis de tres vocablos —ὁμοιότης, διαίρεσις y μανία— a partir de los cuales concluye que es un diálogo escrito hacia finales de 360, que coincide con el periodo de composición de *República* y *Banquete*. Robinson (1967: 60) piensa que *Fedro* debe ser fechado ligeramente posterior a *Timeo*, que está inmediatamente después de *República*.

105 *Fdr.* 245c5.

106 Ψυχὴ πᾶσα ἀθάνατος. τὸ γὰρ ἀεικίνητον ἀθάνατον.

sario que el movimiento del alma inicie en sí misma. "Sólo lo que se mueve a sí mismo, como no puede perder su propio ser por sí mismo, nunca deja de moverse, sino que, para las otras cosas que se mueven, es la fuente y el origen del movimiento".[107] Y este principio, nos dice, es ingénito (ἀρχὴ δὲ ἀγένητον), pues no puede proceder de nada, ya que, si así lo fuera, entonces ya no sería principio. Junto con lo descrito, además señala que el alma es incorruptible (ἀδιάφθορον). Aunque inicialmente parecía que aquí Platón partiría de la conclusión del AF, lo que está haciendo es tomando la tesis de que el alma es principio, por lo que debe moverse siempre. Con estas premisas Platón concluye que el alma es inmortal. No obstante, es necesario revisar las premisas de las que está partiendo.

Retomo el final del AF[108] en donde Sócrates, tras lograr probar que el alma es inmortal, secunda dicha conclusión con que el alma, por ser inmortal, es incorruptible (ἀδιάφθορον) y también debe ser indestructible (ἀνώλεθρος). Hacia la conclusión de este argumento en *Fedón*, el propio Sócrates advierte sobre la precaución con la que deben tomarse todos estos pensamientos sobre el alma y la muerte. Encontramos la misma idea en *Fedro* (246c6-7) cuando Platón escribe: "El nombre de inmortal no puede razonarse con palabra alguna",[109] algo que viene anclado a lo mencionado líneas antes en el mismo diálogo (246a4-6): "Cómo es el alma, requeriría toda una larga y divina explicación; pero decir a qué se parece es ya un asunto humano".[110] Platón no se detendrá ante las dificultades que el λόγος humano presenta frente a problemas como decir cuál es el ser de las cosas con absoluta claridad, pues esto es algo que le corresponde sólo a la divinidad, por lo que a los hombres sólo nos queda decirlo con nuestras palabras de la mejor manera posible. Para ello

---

107 *Fdr.* 245c7-9: μόνον δὴ τὸ αὐτὸ κινοῦν, ἄτε οὐκ ἀπολεῖπον ἑαυτό, οὔποτε λήγει κινούμενον, ἀλλὰ καὶ τοῖς ἄλλοις ὅσα κινεῖται τοῦτο πηγὴ καὶ ἀρχὴ κινήσεως.

108 Específicamente la parte en donde concluye el argumento: 106e2. Pieper (1965: 114), sin mencionarlo explícitamente, también alude a que para Platón la "inmortalidad no sólo se extiende al futuro, sino también al *pasado*". Pienso que el autor alemán pudo haber fortalecido mejor su explicación de este diálogo de haber conectado lo que aquí se desarrolla con el AF de Platón, como lo señalo.

109 ἀθάνατον δὲ οὐδ' ἐξ ἑνὸς λόγου λελογισμένου [...].

110 οἷον μέν ἐστι, πάντῃ πάντως θείας εἶναι καὶ μακρᾶς διηγήσεως, ᾧ δὲ ἔοικεν, ἀνθρωπίνης τε καὶ ἐλάττονος.

Platón introduce el verbo πλάσσω,[111] indicando que va a moldear-formar-construir la idea que considera se asemeja más a lo que sería esa οὐσία ὄντως οὖσα, de la que habla líneas adelante.[112] Consciente de la limitación que el propio λόγος humano representa cuando se busca el ser de las cosas, Platón advertirá que está por entrar en un terreno poco claro.

La demostración que elabora para probar la tesis de que el alma es aquello que se mueve siempre es la siguiente (AMS).

1. Para lo que mueve a otro o es movido por otro dejar de moverse es dejar de vivir.
2. Lo que se mueve a sí mismo no puede perder el propio ser por sí mismo.
3. De 1 y 2 se sigue que lo que se mueve a sí mismo nunca deja de moverse.
4. Lo que se mueve a sí mismo es origen y principio de todo lo demás.
5. Lo que se mueve a sí mismo es principio de movimiento.
6. Lo que se genera no es origen ni principio de nada.
7. De 4, 5 y 6 se sigue que lo que se mueve a sí mismo no puede perecer ni originarse.
8. Lo que no perece ni se origina se conoce como inmortal.

A esta prueba hace falta otra, la de identificar al alma como aquello que se mueve a sí mismo. Por un lado, tenemos la evidencia de un cuerpo inanimado; por otro, la de un cuerpo con vida, lo que líneas arriba mencioné y expliqué como C_1 y C_2. El cuerpo no puede otorgarse la vida, pues claramente lo haría si pudiera cuando un cuerpo con vida yace ahora inanimado. Es decir, el cuerpo no es quien posee vida y, por lo tanto, ésta no le viene de

---

111 En este pasaje de *Fedro* (246c7) utiliza πλάττομεν. Otras formas del verbo πλάσσω las encontramos en: *Ap.* 17c5; *Fd.* 82d3; *Crat.* 414d1; *Sof.* 235e5; *Alc.* 121d6; *Carm.* 175d3; *Grg.* 483e4; *Rep.* 374a5, 414d7, 420c2, 466a6, 510e2; *Tim.* 88c4, 92b3; *Lg.* 903e5. No puedo dejar de pensar, sobre todo, en el pasaje de *Timeo* (31b7) en donde Platón narra cómo el dios construye el cuerpo del universo. Aunque en este pasaje el verbo que utiliza es συνιστάνω, la semejanza con la acción es digna de ser considerada. Como si el hombre imitara lo que el dios hizo con el mundo para lograr comprender el mundo.

112 *Fdr.* 247c7.

adentro. Si la vida no le viene de adentro, entonces debe venirle de afuera. Aquello que brinda vida al cuerpo que viene de afuera es algo distinto del cuerpo. A este algo distinto del cuerpo Platón le llama alma. Por lo tanto, el alma es lo que tiene siempre vida. Lo que siempre tiene vida se conoce como inmortal. Tomando la conclusión de AMS es posible unir y decir que lo que se mueve por sí mismo, que es inmortal, es el alma.

Para que esto sea así hay que aceptar que la vida es un movimiento continuo que jamás cesa. Por eso el alma puede ser inmortal y aquello que siempre se mueve. Por lo que el alma es necesariamente ingénita e inmortal (ἐξ ἀνάγκης ἀγένητόν τε καὶ ἀθάνατον ψυχὴ ἂν εἴη).[113] AMS es un colofón de lo que había quedado pendiente en AF de *Fedón* más el ingrediente del argumento por el movimiento de sí misma. Se notan aquí las semillas de lo que posteriormente cosecharía Aristóteles cuando en *Metafísica* lambda (1069 a18-1076 a4) arroja la prueba del motor inmóvil. En específico, tengo en mente el capítulo quinto en donde Aristóteles señala que entre las cosas que pueden ser causa de todas las cosas están el alma y el cuerpo o el entendimiento, el deseo y el cuerpo.[114] Luego continúa con la prueba del motor que se mueve a sí mismo, a los demás, pero que no es movido por otros.

Concluida la nueva aproximación al ser del alma, Platón expondrá, como ya lo mencioné líneas antes, *a qué se parece*. Nuevamente el alma queda partida en tres, pero esta nueva tripartición del alma pretende explicar otras cosas distintas de las ya explicadas en *República* IV, en donde aparentemente Platón no es tan precavido sobre los alcances del λόγος humano, pues el detalle de lo expuesto en ese diálogo parece responder más a la pregunta que en este diálogo está evitando, a saber, ¿cómo es el alma? Con probabilidad ésta sea una de las razones por las que dejará la respuesta a esa pregunta en manos de los dioses y centrará su atención en responder *a qué se parece* el alma.

---

113 Cf. *Fdr.* 245c5-246a2.

114 Cf. *Met.* XII, 1070 b36-1071 a3: Ἐπεὶ δ᾽ ἐστὶ τὰ μὲν χωριστὰ τὰ δ᾽ οὐ χωριστά, οὐσίαι ἐκεῖνα. καὶ διὰ τοῦτο πάντων αἴτια ταὐτά, ὅτι τῶν οὐσιῶν ἄνευ οὐκ ἔστι τὰ πάθη καὶ αἱ κινήσεις. ἔπειτα ἔσται ταῦτα ψυχὴ ἴσως καὶ σῶμα, ἢ νοῦς καὶ ὄρεξις καὶ σῶμα.

"Se parece a una fuerza que, como si hubieran nacido juntos, lleva a una yunta alada y a su auriga".[115] A diferencia de la casta divina, la nuestra es mezclada (μέμεικται). La yunta alada de los hombres consta de a) un conductor (ἡνιοχεῖ), b) un caballo bueno y hermoso (καλός τε καὶ ἀγαθὸς) y c) un caballo contrario (ἐξ ἐναντίων), i.e., malo y feo. Platón llama mortal a este todo "de alma y cuerpo ajustados fuertemente",[116] que, además, es un ser vivo.

Una vez descrito a qué se parece el alma, Platón distingue entre las almas de los dioses y las de los hombres. Las almas tienen a su cuidado (ἐπιμελεῖται) lo inanimado (ἀψύχου) y recorren el cielo entero (πάντα δὲ οὐρανὸν περιπολεῖ).[117] Las almas que gobiernan (διοικεῖ) el cosmos son las perfectas y aladas; las que han perdido sus alas van a la deriva buscando aferrarse de algo sólido. Las alas se pierden, principalmente, porque el carro no es correctamente conducido para tener al menos vislumbres de la verdad. Mientras que los dioses hacen "cada uno lo que tienen que hacer",[118] el auriga de las otras almas tiene problemas con el caballo que participa (μετέχων) del mal precipitando al carro hacia la tierra, pues este caballo no ha sido "domesticado con esmero".[119] Esta es, indica Platón, la prueba más dura y fatigosa para el alma.[120]

Esta división entre la naturaleza de un tipo de alma frente a la otra refuerza muchas de las ideas concebidas tanto en *Fedón* como en *República*. Dice Platón que las almas que gobiernan el cosmos son perfectas y aladas; las otras almas también poseen alas. La diferencia entre unas y otras es que las primeras no pueden perder sus alas, pues son perfectas, mientras que las otras sí pueden perderlas en ciertas condiciones. Las almas que gobiernan al cosmos son

---

115   *Fdr.* 246a6-7: ἐοικέτω δὴ συμφύτῳ δυνάμει ὑποπτέρου ζεύγους τε καὶ ἡνιόχου.

116   El pasaje completo es (*Fdr.* 246c5): ζῷον τὸ σύμπαν ἐκλήθη, ψυχὴ καὶ σῶμα παγέν [...], que Lledó traduce como *este compuesto, cristalización de alma y cuerpo*. La traducción que ofrezco aquí es: *este todo, de alma y cuerpo ajustados fuertemente*. La razón es que el verbo que usa allí Platón es παγέν (3ª persona del plural de la voz pasiva de indicativo en aoristo del verbo πήγνυμι) que significa ajustar fuerte algo, donde se traduciría literalmente como *fuimos ajustados fuertemente*, como si Sócrates se incluyera en la narración de lo que les sucede a los seres vivos. Dado que el sujeto es tácito decido dejar la traducción como ya indiqué.

117   Cf. *Fdr.* 246b6-7: ψυχὴ πᾶσα παντὸς ἐπιμελεῖται τοῦ ἀψύχου, πάντα δὲ οὐρανὸν περιπολεῖ [...].

118   *Fdr.* 247a6: πράττων ἕκαστος αὐτῶν τὸ αὐτοῦ.

119   *Fdr.* 247b4-5.

120   Cf. *Fdr.* 247b5-6: ἔνθα δὴ πόνος τε καὶ ἀγὼν ἔσχατος ψυχῇ πρόκειται.

perfectas porque hacen lo que tienen que hacer. De acuerdo con lo estudiado en *República* IV esto quiere decir que las almas de los dioses son justas y, por eso, perfectas. Las almas en *Fedro* son todas inmortales, aladas y se parecen a un carro con su auriga jalado por un par de caballos. Estas almas se dividen de la siguiente manera: a) de los dioses y b) de los seres vivos. Las de los dioses son a.1) perfectas y a.2) justas; las de los seres vivos son b.1) imperfectas, b.2) uno de los caballos es desobediente, haciendo lo que quiere y no lo que debe y b.3) puede perder las alas. El alma pierde sus alas debido a que b.3.1) uno de los caballos se llena de maldad y la precipita hacia la tierra. Esto no sucede con las almas de los dioses, pues hacen lo que les corresponde. En el caso del alma de los seres vivos esto no es así. Bien lo advierte Platón: la prueba más dura y fatigosa para el alma del viviente es tener que domesticar al caballo que es capaz de maldad. Las almas de los dioses logran, mediante movimientos circulares, contemplar "lo que está al otro lado del cielo".[121]

Las almas de los dioses, al llegar a dicho lugar supraceleste, están en presencia de "esa esencia cuyo ser es realmente ser",[122] que sólo es vista por el entendimiento (θεατὴ νῷ) y alrededor de la que se genera el verdadero saber (περὶ ἣν τὸ τῆς ἀληθοῦς ἐπιστήμης γένος). Por otro lado, algunas almas de los seres vivos logran, mediante el auriga, ver hacia el exterior, aunque soliviantada por los caballos alcanza una visión parcial y pobre de los seres (τὰ ὄντα). También están, dentro de estas almas, las que no logran tener ni siquiera una visión parcial del exterior, pues en lugar de buscar elevarse intentan ser más unas que otras, pateándose y amontonándose, creando confusión, porfías y fatigas supremas. A todas estas almas que no han alcanzado una visión del ser sólo les queda "la opinión por alimento".[123] Líneas más adelante agrega, además, que sólo el alma que haya visto la verdad puede tomar figura humana.[124]

Nuevamente, las almas de los dioses logran superar la barrera del cielo y pueden ver del otro lado porque son almas que hacen lo que les corresponde,

---

121 *Fdr.* 247c1-2: αἱ δὲ θεωροῦσι τὰ ἔξω τοῦ οὐρανοῦ.

122 *Fdr.* 247c7: οὐσία ὄντως οὖσα.

123 *Fdr.* 248b5: τροφῇ δοξαστῇ [...].

124 Cf. *Fdr.* 249b2-3.

en donde los caballos y el auriga están en perfecta armonía. Armonía aquí la estoy entendiendo como lo hacen los griegos y como lo tiene en mente Platón en su obra, específicamente para el caso aquí desarrollado, *República* IV, es decir, como tensión. Un estado de armonía es un estado de perfecta tensión entre las partes. Por ejemplo, cada una de las cuerdas de la guitarra tiene una tensión distinta respecto de las otras para que tenga el sonido que debe tener y quede afinada, de la sexta cuerda a la primera, en E, A, D, G, B y E. Cada cuerda es diferente por el grosor y la posición que ocupa en la guitarra y, por lo mismo, su tensión será distinta de las otras, pero en conjunto su tensión permitirá a toda la guitarra sonar correctamente y producir las melodías que se deseen. Así describe Platón las almas de los dioses, y esta es la razón por la que son justas y perfectas. Las almas de los seres vivos, sin embargo, funcionan con otra naturaleza. El auriga y los caballos no están de suyo en perfecta armonía o en un estado de justicia puro. Cuando Platón hace decir a Sócrates que la prueba más dura y fatigosa del alma consiste en poder domesticar al caballo con tendencias a participar en la maldad está reafirmando la naturaleza del alma humana al mismo tiempo que abre el espacio al tema pedagógico como radical en la formación del ἄνθρωπος.

Al inicio del relato donde se explica *a qué se parece el alma* se nos dice que, a un carro alado conducido por un auriga jalado por dos caballos, uno bueno y bello, y otro contrario a esto. El primer caballo está hecho de esto mismo (ἐκ τοιούτων), bondad y belleza. El otro caballo, en cambio, está hecho de lo opuesto, que sería malo y feo. Esta oposición es común en Platón: bueno-malo, bello-feo. Cuando en *Gorgias* (474c8-d2) establece una relación semejante a la aquí hecha y, dirigiéndose a Polo, Sócrates le dice: "Tú, al parecer, no consideras que sean lo mismo bueno y bello y, por su parte, malo y feo".[125] De manera que si el primer caballo es bueno y bello, necesariamente el otro, que es opuesto a éste, debe ser malo y feo (κακὸν καὶ αἰσχρόν). Algo feo no es un problema de juicio estético, sino de disposición moral. Si bien la traducción más común de αἰσχρόν es feo, prefiero traducirla por vergonzoso. De hecho, también puede significar deforme. Así, algo malo

---

125 οὐ ταὐτὸν ἡγῇ σύ, ὡς ἔοικας, καλόν τε καὶ ἀγαθὸν καὶ κακὸν καὶ αἰσχρόν.

y feo, específicamente feo, es algo que está deforme, razón por la cual genera vergüenza. La deformidad de la que en este contexto se está hablando es interna y no externa. No es una deformidad como la polidactilia sino como la falta o ausencia de proporción, es decir, vicios que generan desarmonía. Lo feo en Platón es lo que no tiene proporción, que también será lo malo. El caballo opuesto al bueno y bello es un caballo desproporcionado y por eso es feo; es un caballo que no está en armonía pues la tensión de su ser no guarda proporción con lo que es. Por eso la tarea es dura y fatigosa, porque el auriga debe gobernar, tomar las riendas, para guiar al caballo desproporcionado hacia donde debe ir. Porque, además, si dicho caballo no obedece, contagia al bueno y bello a seguirlo.

De acuerdo con lo expuesto el segundo caballo es malo y feo. Si esto es cierto, Platón está sugiriendo que este caballo es malo y feo naturalmente. Debido a esta condición del caballo es que el auriga debe domesticarlo. Si no lo logra, el alma perderá las alas y se precipitará hacia algo sólido, es decir, un cuerpo que, dependiendo de lo que esta alma alada haya logrado percibir, será de humano, animal o vegetal.

El primer caballo, que es bueno, tiene las siguientes características: "Postura erguida y articulaciones buenas, de cerviz levantada, de nariz aguileña, blanco, de ojos negros, amante del honor con moderación y sobriedad, discípulo de la opinión verdadera, sin necesidad de fuste y se deja guiar por la razón (καὶ λόγῳ ἡνιοχεῖται)".[126] El otro caballo, al que hemos llamado malo, tiene las siguientes características: "Torcido, pesado, malformado, de cuello grueso y corto, nariz chata, de color negro, ojos grises, sanguíneo, compañero de la insolencia y engaño, orejas peludas, sordo, apenas obediente al fuste y a las espuelas".[127] De ambas descripciones obtenemos una mejor imagen de lo que quería decir Platón cuando presentó *a qué se parece* el alma. Esta alma, con tres partes formadas por un auriga que guía y manda, y dos caballos, uno blanco y

---

126 *Fdr.* 253d4-e1: τό τε εἶδος ὀρθὸς καὶ διηρθρωμένος, ὑψαύχην, ἐπίγρυπος, λευκὸς ἰδεῖν, μελανόμματος, τιμῆς ἐραστὴς μετὰ σωφροσύνης τε καὶ αἰδοῦς, καὶ ἀληθινῆς δόξης ἑταῖρος, ἄπληκτος, κελεύσματι μόνον καὶ λόγῳ ἡνιοχεῖται. La traducción de este pasaje es del autor.

127 *Fdr.* 253e1-5: ὁ δ᾽ αὖ σκολιός, πολύς, εἰκῇ συμπεφορημένος, κρατεραύχην, βραχυτράχηλος, σιμοπρόσωπος, μελάγχρως, γλαυκόμματος, ὕφαιμος, ὕβρεως καὶ ἀλαζονείας ἑταῖρος, περὶ ὦτα λάσιος, κωφός, μάστιγι μετὰ κέντρων μόγις ὑπείκων. La traducción es del autor.

otro negro, en el caso de los seres vivos, tiene ciertas características que precipitan o elevan al alma misma a la tierra o por encima del cielo.

Tenemos ahora la naturaleza de ambos caballos que permite comprender mejor la razón por la que las almas de los vivientes pierden sus alas. La descripción hace ver que el caballo bueno tiene una naturaleza dócil y está atento a las órdenes de la razón (λόγῳ ἡνιοχεῖται); el otro, el caballo malo, tiene una naturaleza rebelde y es sordo y poco obediente ante el fuste y los castigos. La sobriedad del caballo blanco ayuda a la relación con el auriga, la razón, que debe guiar al carruaje. Lo insolente del otro es una razón para entender los problemas a los que se enfrenta el carruaje cuando el caballo, por naturaleza sanguíneo, actúa conforme a la presencia o ausencia del flujo de sangre.

Siguiendo el esquema presentado en *República* IV, al caballo negro le hace falta la moderación que le permita cumplir con su deber sin violentar al resto del alma. Lo que sí tiene claro Platón es que esta parte del alma, la representada por el caballo de ojos grises, es sumamente amplia y difícil de conocer completamente. En *República* IX (Cf. 580d10-e2) manifiesta cómo no se ha logrado destinar un nombre propio a esta parte. Claramente con una parte del alma el hombre aprende (μανθάνει), con la otra se apasiona (θυμοῦται), pero a causa de su diversidad (πολυειδίαν), a la tercera no se la ha podido asignar un nombre para ella misma y se ha optado por llamarle "la parte apetitiva o lo apetitivo (ἐπιθυμητικὸν)". La vastedad de lo apetitivo radica en que a su cargo tiene la intensidad y diversidad de deseos concernientes a la comida, la bebida, el sexo y cuantos otros los acompañan, además de ser la parte que ama las riquezas.[128]

La complejidad a la que se enfrenta Platón es dada por los deseos, pues mientras que en cada parte del alma se puede notar un deseo predominante, en lo apetitivo es bastante más difuso. Si bien es cierto que señala que lo apetitivo es "amante de las riquezas y del lucro (φιλοχρήματον καὶ φιλοκερδὲς)",[129] justifica que así lo hace pues todos los que aman el sexo, la bebida y la comida desenfrenadamente aman más el dinero, pues ven en la riqueza la manera

---

128 Cf. *Rep.* IX, 580e2-581a1.

129 *Rep.* IX, 581a6-7.

de sostener los otros placeres. En la cólera y la razón están bien identificados los placeres propios; la primera es "amante de los honores (φιλόνικον)", mientras que la razón es "amante de la sabiduría (φιλόσοφον)".

El caballo negro tiene muchos amos a los cuales debe responder. Y todos estos amos son demandantes y tiránicos, en ocasiones solicitando simultáneamente la saciedad de su deseo. De allí su sordera e incapacidad para obedecer. En *Fedro*, Platón ofrece una salida a este problema en donde el alma del viviente está, siguiendo lo dicho en *República* IV, en un estado de injusticia. Será mediante el amor (ἔρος)[130] que las tres partes del alma logren estar bajo el gobierno del auriga.

Inicialmente, el caballo sordo se arroja sobre el objeto amado alterando al caballo obediente de la razón y al auriga. Ambos, el caballo blanco y el auriga se resisten a ir y estar en presencia del ser amado propuesto por el caballo negro, aunque "cuando ya no se puede poner freno al mal (ὅταν μηδὲν ᾖ πέρας κακοῦ)"[131] se dejan llevar hacia donde los lleve "soltando las riendas y aceptando (εἴξαντε καὶ ὁμολογήσαντε)"[132] hasta llegar a contemplar el rostro del amado. Este encuentro, si bien fortuito, genera en el auriga (la razón) el recuerdo (ἡ μνήμη) por lo bello en sí elevándose nuevamente acompañada de la sensatez (σωφροσύνης). El auriga tira nuevamente de las riendas obligando a ambos caballos a obedecer. El caballo blanco se resiste hasta que se "entrega al sufrimiento (ὀδύναις ἔδωκεν)"[133] y cede; el caballo negro, por su parte, es humillado y pierde lo indócil para finalmente acoplarse (λήξῃ) a la prudencia (προνοίᾳ) del auriga. Este proceso culmina[134] cuando los ojos del amado y del amante se encuentran para que el alma de quien ama se llene con el "manantial de la belleza" y su alma se encienda regando los orificios de las alas haciéndole crecer plumas hasta llenar, nuevamente, el alma del amado.

---

130 Pieper (1965: 122-125) llama a esto "nostalgia y recuerdo", es decir, que mediante el eros el hombre busca un retorno al origen de su propia existencia.

131 *Fdr.* 254b2.

132 *Fdr.* 254b3.

133 *Fdr.* 254e5. Todo indica a que esta es una frase conocida, pues aparece en Homero (*Il.* V, 397; *Od.* XVII, 567).

134 Cf. *Fdr.* 255c-d.

Al conquistar este estado en el alma

Si vence la parte mejor de la mente, que conduce a una vida ordenada y a la filosofía, transcurre la existencia en felicidad y concordia, dueños de sí mismos, llenos de mesura, subyugando lo que engendra la maldad en el alma (δουλωσάμενοι μὲν ᾧ κακία ψυχῆς ἐνεγίγνετο), y dejando en libertad a aquello que permite la virtud.[135]

La concordancia que existe entre este pasaje y lo ya visto en *República* IV es fundamental. Tras estudiar las cualidades que cada parte del alma debe tener para cumplir con la tarea que le corresponde y no otra, nos enteramos de que la razón requiere de sabiduría con prudencia; la cólera, valentía, y lo apetitivo de la moderación. En *Fedro*, parece Platón rescatar y aproximarse hacia la función que lo apetitivo tiene, pues fue gracias a la insolencia de dicho caballo que el alma, encontrada con su amado, logró la reminiscencia de la belleza transportándola hacia la recuperación del deseo por la sabiduría. Amor (ἔρος) y sabiduría (σοφία) se unen como condiciones necesarias para la recuperación de las alas del alma del viviente. Mediante la adquisición de la disciplina que propiamente incorpora tanto al amor como a la sabiduría, i.e, la filosofía, es que el hombre tendrá a) una vida ordenada, b) felicidad, c) concordia, d) autogobierno, e) gobierno de lo que engendra el mal y f) libertad.

El amor que condujo al carro y, específicamente al auriga, a la contemplación de la belleza provocó que el auriga tuviera un deseo por la búsqueda incesante por la verdad y el bien.[136] Platón está engarzando este diálogo con el anteriormente analizado aportando nuevas luces sobre el papel que las tres partes del alma tienen. Este amor, que claramente está apartado del amor sexual o pasional, es el que puede llevar al hombre hacia una auténtica

---

135 *Fdr.* 256a7-b3: ἐὰν μὲν δὴ οὖν εἰς τεταγμένην τε δίαιταν καὶ φιλοσοφίαν νικήσῃ τὰ βελτίω τῆς διανοίας ἀγαγόντα, μακάριον μὲν καὶ ὁμονοητικὸν τὸν ἐνθάδε βίον διάγουσιν, ἐγκρατεῖς αὐτῶν καὶ κόσμιοι ὄντες, δουλωσάμενοι μὲν ᾧ κακία ψυχῆς ἐνεγίγνετο, ἐλευθερώσαντες δὲ ᾧ ἀρετή.

136 Gaiser (1990: 72) sostiene que este Eros que arroja al alma en búsqueda de la sabiduría sirve para establecer una relación entre la razón y los apetitos, mediante la inspiración divina o manía que desarrolla la templanza como una técnica que procede de la racionalidad, pues la templanza por sí sola no es capaz de conducir hacia la verdad y la felicidad.

separación del alma del cuerpo, así como a una ordenación virtuosa del alma mediante la tensión que es necesaria aplicar a cada parte. Esta tensión, producto de las virtudes propias del amor a la sabiduría, otorga justicia al alma y le hace crecer nuevamente las alas para elevarse hacia el cielo.

Por supuesto que el amor por sí solo no logra eso, pues es necesario que el auriga jale con fuerza las riendas de los caballos y tenga la fuerza para seguir haciéndolo a pesar de lo que ambos corceles quieran hacer hasta que ambos, específicamente el negro, queden domesticados. Esta domesticación no será posible sin las virtudes o cualidades ya recordadas que se dedujeron en *República* IV. Como señala al final del texto de *Fedro* citado, la virtud será posible sólo allí donde exista libertad de la mejor parte. Nuevamente, como en *República* IV, la clave para la libertad está en el gobierno de sí (ἐγκρατεῖς αὐτῶν). A partir de este momento se establece una íntima relación entre libertad y virtud que continuará apareciendo en otros diálogos. Al mismo tiempo, dicha libertad surge como consecuencia de un acto involuntario, pues el auriga es llevado hacia el amado debido a la fuerza con que jaló el caballo sordo e insolente.

Recapitulo lo hasta este momento desarrollado sobre la concepción del alma en *Fedro*. Por un lado, pareciera como si la conclusión del Argumento Final de *Fedón* fuera una premisa más para una nueva aportación sobre lo que el alma es, aunque pienso que Platón, al revisar el diálogo, se percató de que concluir que el alma era inmortal e incorruptible, es decir, eterna, tenía dificultades explicativas severas. Cuando en *Fedro* va a hablar sobre el alma menciona en primer lugar que ésta es portadora de vida y, por lo tanto, siempre móvil. Es siempre móvil porque sólo lo no generado puede generar algo, y dado que el alma es la generadora de vida —tal como también lo indica en *Fedón*—, entonces no puede sino estar en perpetuo movimiento y haber existido desde siempre. Para ser portadora de vida, i.e., vivificar a un cuerpo tiene que ser capaz de movimiento perpetuo en donde ella misma jamás haya sido movida. Para que X vivifique a C, X debe ser siempre móvil. Todo lo que es siempre móvil es inmortal. Por lo tanto, X es inmortal. Las almas se dividen en a) las de los dioses y b) las de los seres vivos. De estas últimas, pueden ser de b.1) humanos y b.2) no humanos. Las de los dioses son perfectas, mientras que las de los seres vivos no, pues como indica Platón, no cumplen con lo que les corresponde.

Por otro lado, en *Fedro,* Platón da cuenta de *a qué se parece* un alma, pues considera propio sólo de los dioses y de otro tipo de investigación superior a la humana el poder decir *qué es* un alma. A pesar de esta advertencia, en el desarrollo de *a qué se parece* un alma termina por dar ciertas luces sobre lo *que es* un alma. El alma se parece, nos dice el filósofo, a un carruaje conducido por un auriga y jalado por dos caballos. Uno de los caballos es bueno y bello, blanco, obediente a la razón y amante de los honores, mientras que el otro es malo y feo, negro, rara vez obedece, sanguíneo e insolente.

Todas las almas tendrán alas; sin embargo, algunas perderán dichas alas como lo resumo a continuación. La perfección de las almas de los dioses (a) les permite el gozo de la verdad, el bien y la belleza; en cambio, las almas de los seres vivos (b) luchan por subir y asomar un poco la cabeza el auriga hacia el otro lado del cielo para ver las cosas *que son*, aunque jaladas por la sanguineidad del caballo negro pierden sus alas y se precipitan hacia algo sólido. Si han logrado asomar la cabeza por encima del cielo dichas almas vivificarán a un cuerpo humano (b.1), pero si ni siquiera lograron contemplar un ápice al otro lado del cielo, caerán sobre el resto de los cuerpos vivos (b.2).

Las almas que han perdido sus alas se ven forzadas a dar vida a un cuerpo, sea orgánico o humano, para poder recuperar paulatinamente dichas alas. Lo irónico del diálogo es que Platón sugiere que el modo de recuperar las alas será a través de un acto sordo e insolente del caballo negro que se precipita hacia el amante apenas lo ve. La fuerza con la que este caballo tira obliga al caballo blanco y al auriga a seguirlo a pesar suyo. Lo que sucede después es un giro poético que da inicio a la filosofía. Nos cuenta Platón que al auriga estar en presencia del amado queda embelesado ante su belleza y comienza a recordar la belleza en sí. Hecho esto inicia la búsqueda por el saber y gracias al amor que lo llevó a contemplar la belleza comienza ahora a amar la sabiduría. El auriga se hace filósofo y aplaca al caballo blanco y al negro, haciéndolos entrar en concordia entre sí y al alma entera, provocando el crecimiento de las alas nuevamente. Se logra el señorío y la virtud que permite la recuperación de un estado de justicia que erradica el mal que hay en el alma.

Como complemento al análisis de *Fedro*, introduje un pasaje de *República* IX en donde Platón busca y determina cuáles son los placeres correspondientes con cada uno de estos elementos: el auriga o razón es amante del saber, el caballo blanco o cólera es amante de los honores y lo apetitivo o caballo negro lo es de la riqueza. Algo que no quedó del todo claro en *República* IV era la función propia de lo apetitivo, frente a la razón y la cólera, pues mientras que a la primera le corresponde mandar, guiar, dirigir y ordenar, la segunda cumple con su función cuando obedece a la razón. Lo apetitivo, en cambio, quedaba sin respuesta clara. En *Fedro* considero que esto cambia, pues tras la narración del arrojo del carro sobre el amante y las consecuencias ya enunciadas de semejante acontecimiento, es posible concluir que al menos una de las funciones de lo apetitivo es provocar el deseo que conduzca hacia realidades metasensibles que nos obliguen a filosofar. Esto es así, porque en este acto amoroso del que habla Platón en *Fedro* se recuperan las alas. Por eso se atreve a afirmar "que no es pequeño el trofeo que su locura amorosa les aporta".[137] Una de las palabras más intrigantes en este pasaje es la de μανία, pues significa que el alma fue entusiasmada mediante el amor (ἔρος) para recuperar el gusto por el saber. Nótese la voz pasiva que estoy empleando, porque en efecto, el alma no estaba entusiasmada sino hasta que el amor le presentó la posibilidad de contemplar la belleza en sí. Por otro lado, este entusiasmo (μανία) es una especie de locura, de locura provocada por el deseo. Muy ligada está la idea de entusiasmo con los raptos divinos que inspiran a los poetas, como si el alma del hombre viviera ese tipo de rapto gracias al cual inicia la filosofía. El rapto hacia la filosofía es provocado por el amor.

Este despertar filosófico en el hombre implica una serie de condiciones muy relevantes para la vida de toda persona, pues el amor por el saber conduce a quien lo posee hacia una vida ordenada y la mesura que, debe recordarse, subyuga "lo que engendra la maldad en el alma (δουλωσάμενοι

---

137 *Fdr.* 256d5-6: ὥστε οὐ σμικρὸν ἆθλον τῆς ἐρωτικῆς μανίας φέρονται.

μὲν ᾧ κακία ψυχῆς ἐνεγίγνετο)". Es la misma mesura de la que habló en *República* IV como responsable de ser la octava del alma. En *Fedro*, además, resulta en el elemento que avasalla aquello gracias a lo cual existe la maldad en el alma.

Platón teje poco a poco una idea del alma que va perfeccionándose a lo largo de los diálogos. El último en el que hallamos lo que podría ser la concepción última sobre el alma es *Timeo*, que me dispongo a revisar a continuación.

3.4. La geometría del alma

Timeo es uno de los más completos tratados del que disponemos sobre la ciencia en la antigua Grecia. En él, Platón da fe del conocimiento médico, geométrico, armónico, físico y metafísico, no sin dejar de atender el aspecto ético y antropológico. Precisamente por esto, la lectura de este diálogo es relevante, pues tal síntesis también incluye lo relacionado con el hombre y, en el caso que ocupa este apartado, el alma.

El tratamiento que Platón hace en *Timeo* sobre el alma está claramente dividido en dos partes. La primera es la descripción sobre la creación del "Alma del mundo" (AM) mediante mezclas y secuencias geométricas que resultan en escalas musicales; en esta primera parte también describe la creación de las almas individuales. En la segunda parte, Platón se enfoca específicamente a la composición del alma humana, dividida en tres, como desde *República* IV viene haciendo, con ciertos ajustes y aclaraciones propias de la madurez que su pensamiento había adquirido hacia este momento. Aunado a esto, la explicación del cuerpo y alma humanos parten de un razonamiento médico y físico que es como sigue. Dado que el cosmos está compuesto por cuatro elementos —agua, aire, tierra y fuego—, así también sucede con el cuerpo del hombre, aunque en niveles muy inferiores. Además, como ya se vio en lo hasta aquí desarrollado, todo cuerpo requiere de un alma que lo vivifique, ponga en movimiento y lo conduzca o gobierne. Esto es cierto, pero también lo es la complejidad con que en este diálogo Platón presentará la explicación y existencia del alma.

3.4.1. Progresiones y escalas en el alma

En *Timeo* (34b10-c1) el alma es más antigua que el cuerpo, pues lo más joven no debe gobernar a lo más viejo. Así es como el alma está constituida a causa de Dios (ὁ θεὸς), quien además la diseñó (ἐμηχανήσατο) para ser más venerable que el cuerpo y su señora y gobernante. En este momento del diálogo, Platón parece tener la confianza suficiente para responder a la pregunta —¿cómo es el alma?: οἷον μέν ἐστι— que en *Fedro* quedó desechada por no tener los suficientes elementos para hacerlo correctamente. En *Timeo*, sin embargo, lo hará bajo la fórmula de un discurso verosímil o εἰκός λόγος. El alma, primero del mundo, está compuesta de tres elementos: el Ser, lo Mismo y lo Otro.[138] Así lo narra Platón (*Tim.* 34c4-35b3):

> Pero el Dios hizo al alma anterior y más venerable que el cuerpo, tanto por nacimiento como por excelencia, y de esa manera la constituyó en su señora y gobernante, procediendo a partir de los siguientes componentes y de este modo: al entremezclar el ser de lo indivisible y que se comporta siempre idénticamente con el de los divisible que deviene en los cuerpos, constituyó —a partir de ambos— una tercera clase intermedia de ser. A su vez, respecto tanto de la naturaleza de lo mismo como de la de lo otro, compuso del mismo modo algo intermedio entre la especie indivisible y la divisible en los cuerpos de una y otra. En tercer lugar, tomando estos tres componentes los combinó a todos en una especie única, en lo cual debió forzar a la naturaleza de lo otro, que era reacia a la mezcla, a armonizarse con la de lo mismo y las mezcló con el ser. Y tras hacer de las tres cosas una, dividió a su vez este todo con tantas partes como convenía, resultando cada una de las tales partes una mezcla de lo mismo, de lo otro y del ser.[139]

---

138 Cf. *Tim.* 35b3.

139 [ὁ θεὸς] ὁ δὲ καὶ γενέσει καὶ ἀρετῇ προτέραν καὶ πρεσβυτέραν ψυχὴν σώματος ὡς δεσπότιν καὶ ἄρξουσαν ἀρξομένου συνεστήσατο ἐκ τῶνδέ τε καὶ τοιῷδε τρόπῳ. τῆς ἀμερίστου καὶ ἀεὶ κατὰ ταὐτὰ ἐχούσης οὐσίας καὶ τῆς αὖ περὶ τὰ σώματα γιγνομένης μεριστῆς τρίτον ἐξ ἀμφοῖν ἐν μέσῳ συνεκεράσατο οὐσίας εἶδος, τῆς τε ταὐτοῦ φύσεως [αὖ πέρι] καὶ τῆς τοῦ ἑτέρου, καὶ κατὰ ταὐτὰ συνέστησεν ἐν μέσῳ τοῦ τε ἀμεροῦς αὐτῶν καὶ τοῦ κατὰ τὰ σώματα μεριστοῦ· καὶ τρία λαβὼν αὐτὰ ὄντα συνεκεράσατο εἰς μίαν πάντα ἰδέαν, τὴν θατέρου φύσιν δύσμεικτον οὖσαν εἰς ταὐτὸν

Estoy de acuerdo con Cornford (1937: 59) cuando escribe que este es uno de los pasajes más oscuros de *Timeo* por la complejidad que representa, aunque también es uno de los más importantes en el diálogo (Archer-Hind, 1888: 106). Para Reale (2003: 659) "resulta realmente difícil y ha sido muy mal interpretado" y sólo algunos especialistas han dado con la interpretación correcta; él propone hacerlo mediante lo que llama el nuevo paradigma, es decir, el estudio de la doctrina no escrita o ἄγραφα δόγματα. El alma del mundo (AM) está compuesta del Ser intermedio, resultado del Ser indivisible con el Ser divisible; del Mismo intermedio, procedente del Mismo indivisible y el Mismo divisible, y del Otro intermedio, que surge del Otro indivisible y del Otro divisible. Ser, Mismo y Otro son los elementos de los que surge. Siguiendo a Cornford, la mejor manera de entender lo que en el pasaje citado quiso decir Platón es remitirse a *Sofista* (248d10-259d7) donde brinda los elementos faltantes en *Timeo* por presuponer que quien está leyendo este último diálogo ya tiene cierta instrucción avanzada en el sistema filosófico de Platón.

Antes de proseguir con la conexión entre *Sofista* y *Timeo*, quiero advertir que la noción del AM que se está trabajando aquí fue descrita antes en *Político* (269d1),[140] cuando tras hablar del viviente, menciona que éste ha recibido una inteligencia (φρόνησιν) concedida por aquél que lo compuso. En *Filebo* (29a9-30d4) hace referencia a que el cuerpo del universo es animado y posteriormente en *Leyes* X (896d10-898c5) escribe lo mismo. Alrededor del pasaje de *Filebo* existe un pequeño debate que Eggers Lan (2006: 49) recoge muy bien y en el cual no pretendo adentrarme por no ser el interés de esta investigación.

En *Sofista*, Platón extrae las nociones de Ser, Mismo y Otro que utilizará en *Timeo*, junto con cambio y quietud. No estoy seguro de que cambio y quietud —mencionados en *Sofista* y de los que trataré más adelante— sean

---

συναρμόττων βίᾳ. μειγνὺς δὲ μετὰ τῆς οὐσίας καὶ ἐκ τριῶν ποιησάμενος ἕν, πάλιν ὅλον τοῦτο μοίρας ὅσας προσῆκεν διένειμεν, ἑκάστην δὲ ἔκ τε ταὐτοῦ καὶ θατέρου καὶ τῆς οὐσίας μεμειγμένην. Para la discusión sobre la relevancia de los textos manuscritos originales y el uso de αὖ πέρι introducido posteriormente me remito a los trabajos de Grube (1932: 80) y de Lisi (1997: 251 n. 2).

140 Para un estudio y análisis de la creación del AM en *Político* conviene revisar el artículo de Robinson (1967), aunque considera que este diálogo es posterior a *Timeo*, algo que indudablemente afecta su juicio sobre los conceptos que Platón utiliza en cada uno de los diálogos.

exactamente aquello a lo que se refiere Platón en su diálogo cosmológico con divisible e indivisible, pero de los otros vocablos no cabe duda. Si acaso aclarar que a diferencia de Cornford, traduciré οὐσία por Ser y no por existencia.[141] En *Sofista* busca aclarar qué es el ser. Menciona que el Ser (τε ὄν) no puede estar en movimiento (Cf. 249b8-10), sino en quietud, pues el Ser debe ser inalterable, siempre del mismo modo y respecto de lo mismo (249b12-c1), como la esencia: τὴν οὐσίαν (248e2-4), pues ésta permanece inalterable al estar siempre quieta. Posteriormente en el diálogo habla de lo Mismo (ταὐτὸν) y de lo Diferente (θάτερον) como algo distinto del Ser. Lo Mismo y lo Diferente, que en *Timeo* traduciré como otro, son resultado de la reflexión que realiza Platón a propósito de darse cuenta de que el ser, el cambio y el reposo son diferentes entre sí, pero iguales a sí mismos. De esta manera obtiene Platón cinco géneros (γένη)[142] principales a propósito de la reflexión sobre el Ser. Si bien, como observa Grube (1932: 80 n. 4), aunque el tratamiento que de estos elementos se hace en *Sofista* no sirve para explicar del todo lo dicho en *Timeo*, sí aporta información relevante para conocer la trayectoria sobre el Ser, lo Mismo y lo Otro que ayudan para la creación del AM. En *Político* (269d5-7) aparece una descripción de lo Mismo que abona a lo que se está haciendo en este apartado. Allí relata Platón que "comportarse siempre idénticamente (ταὐτὰ) y del mismo modo (ὡσαύτως) y ser idéntico a sí mismo (ταὐτὸν εἶναι) es algo que conviene sólo a los más divinos de los seres;[143] la naturaleza corpórea, en cambio, no pertenece a ese orden".[144] Lo Mismo, en este contexto, refiere a lo que es idéntico a sí mismo, una propiedad que poseen las Ideas, mientras que aquello que no es idéntico a sí mismo es propio de los cuerpos, que no pertenecen al ámbito de las Ideas, que puede deducirse es lo Otro. En *Sofista*, lo Mismo

---

141   Cornford (1937: 62) detalla las razones por las que piensa que la traducción de existencia es la correcta. Prefiere dicho vocablo a *esencia* o *sustancia*, lo cual considero filológicamente correcto. Lo que no entiendo, sin embargo, es por qué entre las traducciones posibles para οὐσία o τὸ ὄν también cabía *Being* (Ser).

142   A lo largo tanto de *Sofista* como de *Timeo* Platón utiliza indistintamente γένος o εἶδος para referirse a género o formas o ideas y así lo utilizaré en esta investigación.

143   En la nota 30 de su traducción, Santa Cruz sugiere que a lo que aquí se refiere Platón es a las Ideas, con lo que estoy de acuerdo.

144   Τὸ κατὰ ταὐτὰ καὶ ὡσαύτως ἔχειν ἀεὶ καὶ ταὐτὸν εἶναι τοῖς πάντων θειοτάτοις προσήκει μόνοις, σώματος δὲ φύσις οὐ ταύτης τῆς τάξεως.

señala a una propiedad que los objetos tienen en sí mismos, que, simultáneamente, arroja la propiedad contraria, lo Diferente, pues mientras un objeto es lo Mismo respecto de sí, es Diferente respecto de otro.

Para todo objeto *X* lo Mismo (M) estará presente cuando *X* se mantenga como *X*, es decir, si *X* es igual a *X* (principio de identidad = PI), entonces se habla de que *X* tiene la propiedad M. En otro caso, para todo objeto *X* lo Diferente (D) estará presente cuando *X* represente algo distinto de *X*, llamémosle no *X*, es decir, si *X* no es igual a *X*, entonces se habla de que *X* tiene la propiedad D. Finalmente, todo objeto *X* por el hecho de ser *X* posee la propiedad Ser (S), es decir, que todo *X* es S. Por lo tanto, todo objeto *X* es S y posee las propiedades M y D en sí mismo. En *Timeo* S, M y D de *Sofista* se trasladan tal cual, con la excepción de que D se convierte en Otro (O).

Claramente, en *Sofista* los tres géneros indispensables a partir de los cuales participan todas las ideas son: οὐσία, ταὐτόν y θάτερον. Como anota Lisi (1997: 253), "la novedad en el planteamiento del *Timeo* radica en que estas tres predicaciones no se limitan al mundo ideal —que no se menciona explícitamente en el pasaje— sino que en lenguaje mítico se habla de dos ámbitos, el indivisible 'que es siempre de manera inmutable' y el 'que deviene divisible en el ámbito de los cuerpos', en una fórmula que recuerda la división de la realidad emprendida al comienzo del discurso de Timeo (28a)". El proceso de la composición del AM tiene los siguientes pasos:

1. Mezclar lo indivisible con lo divisible del Ser.
2. Mezclar lo indivisible con lo divisible de lo Mismo.
3. Mezclar lo indivisible con lo divisible de lo Otro.
4. De 1 resulta el Ser intermedio (Si).
5. De 2 resulta lo Mismo intermedio (Mi).
6. De 3 resulta lo Otro intermedio (Oi).
7. Mezclar Oi con Mi.
8. Mezclar el resultado de Oi + Mi con Si.
9. El AM.

Mediante esta explicación, Platón está uniendo los dos mundos: el inteligible con el sensible. Al ser el AM resultado de la mezcla de lo intermedio del Ser, de lo Mismo y de lo Otro se está revelando la relación del alma con la realidad. Lo propio de lo inteligible es el Ser, lo Mismo y lo Otro, tres Ideas que están presentes en todo objeto y en sí mismas. Estas entidades —las Ideas— son indivisibles, simples y no generadas. En cambio, lo sensible como el cuerpo es divisible, compuesto y generado. El alma no es cuerpo, pero tampoco es aquello que se mantiene siempre idéntico a sí mismo, i.e., las Ideas. El alma, según está siendo narrado aquí, es lo que permea al cuerpo, pero puede conocer las Ideas, moviéndose entre ambos mundos logrando captar lo inteligible que existe en lo sensible. El esquema propuesto originalmente por Grube (1932: 81), y que se ha utilizado continuamente cuando se busca explicar este pasaje de *Timeo* es el siguiente:

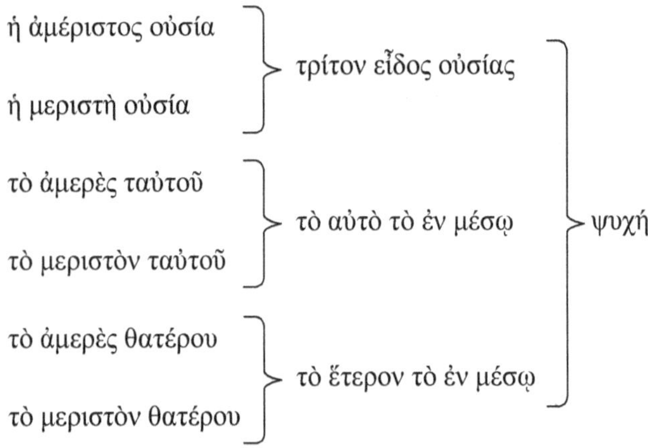

La primera mezcla que realiza el demiurgo para crear el AM se compone del ser indivisible + el ser divisible; de lo mismo indivisible + lo mismo divisible, y de lo otro indivisible + lo otro divisible. El resultado es el ser intermedio, lo mismo intermedio y lo otro intermedio que volverán a ser mezclados (segunda mezcla) para dar como resultado con el AM. La interpretación que lleva a cabo Lisi (1997: 258) sobre este complicado pasaje parece dar en el clavo y que recupero íntegra. "El alma del mundo se construye a partir de dos principios que pueden caracterizarse en su cualidad esencial como lo indivisible y lo divisible. Ambos son de naturaleza incorpórea. [...] Tal como la describe Platón y la interpreta Aristóteles, el alma del mundo es una línea recta que es doblada para formar una circunferencia y de éstas las diferentes circunferencias resultantes que coinciden con el movimiento de las estrellas fijas y las de los planetas, en el círculo de lo mismo y de lo otro".

Cito la continuación del pasaje previamente estudiado. Si antes explicó cuáles son los elementos que crearon el AM, ahora dirá cómo está dividida a partir de lo Mismo y lo Otro.

> Comenzó la división del siguiente modo: (i) en primer lugar, del total separó una porción, (ii) luego quitó otra que era el doble de la anterior, (iii) nuevamente una tercera equivalente a una vez y media la segunda y al triple de la primera, (iv) una cuarta igual al doble de la segunda, (v) y una quinta que era el triple de la tercera, (vi) una sexta equivalente a ocho veces la primera, y, (vii) por último, una séptima igual a veintisiete veces la primera.
>
> Después de esto, el Dios llenó los intervalos dobles y triples, separando más porciones de la mezcla y poniéndolas en medio de éstos, de modo que en cada intervalo hubiera dos términos medios: el primero, que excedía a uno de los extremos y era excedido por el otro por la misma fracción de cada uno de ellos; el segundo, que excedía a uno de los extremos y era excedido por el otro por la misma cantidad. De estas relaciones nacen, en los intervalos antes mencionados, intervalos de tres medios, cuatro tercios y nueve octavos, y por medio del intervalo de nueve octavos, llenó todos los de cuatro tercios, de modo que dejó de cada uno de ellos una fracción tal que el intervalo restante tuviera los términos en "la relación" numérica entre 256 y 243.[145]

---

[145] 35b4-36b5: ἤρχετο δὲ διαιρεῖν ὧδε. μίαν ἀφεῖλεν τὸ πρῶτον ἀπὸ παντὸς μοῖραν, μετὰ δὲ ταύτην ἀφῄρει διπλασίαν ταύτης, τὴν δ᾽ αὖ τρίτην ἡμιολίαν μὲν τῆς δευτέρας, τριπλασίαν δὲ τῆς πρώτης, τετάρτην δὲ τῆς δευτέρας διπλῆν, πέμπτην δὲ τριπλῆν τῆς τρίτης, τὴν δ᾽ ἕκτην τῆς πρώτης ὀκταπλασίαν, ἑβδόμην δ᾽ ἑπτακαιεικοσιπλασίαν τῆς πρώτης· μετὰ δὲ ταῦτα συνεπληροῦτο τά τε διπλάσια καὶ τριπλάσια διαστήματα, μοίρας ἔτι ἐκεῖθεν ἀποτέμνων καὶ τιθεὶς εἰς τὸ μεταξὺ τούτων, ὥστε ἐν ἑκάστῳ διαστήματι δύο εἶναι μεσότητας, τὴν μὲν ταὐτῷ μέρει τῶν ἄκρων αὐτῶν ὑπερέχουσαν καὶ ὑπερεχομένην, τὴν δὲ

Una vez creada el AM el demiurgo realiza una división geométrica de la misma que también ha sido objeto de muchos estudios. Esta división ya la presenté en mi segundo capítulo y a cuyas ideas me remitiré. Platón nos sugiere que el AM sea dividida de la siguiente manera: 1, 2, 3, 4, 8, 9 y 27 —conocida como la *tetraktys* platónica—, que da como resultado dos progresiones geométricas que toman como razón el 2 y el 3 y que son las siguientes. 1, 2, 4 y 8, y 1, 3, 9 y 27, mismo que representaré mediante una lambda:

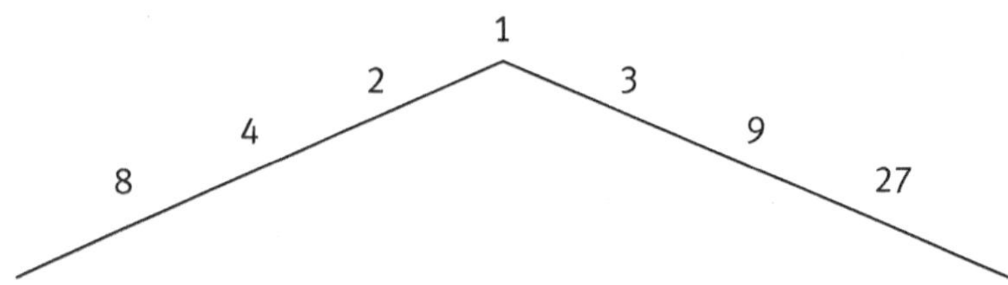

Estas progresiones geométricas parten del 1 y se extienden en par hacia un lado y en impar hacia el otro. Entre cada uno de estos números existen dos medias que Platón sugiere obtengamos mediante fórmulas. Así obtenemos la media armónica (H) y la media aritmética (A) que arrojan los intervalos que unirán cada uno de los números en las progresiones. La fórmula para H es la siguiente: $\frac{2ab}{a+b}$ mientras que la que expresa el valor de A es $\frac{a+b}{2}$. De esta manera obtenemos los siguientes números.

Media armónica y aritmética para la secuencia par:

A	b	Armónica	Aritmética
1	2	4/3	3/2
2	4	8/3	3
4	8	16/3	6

Tabla 8

ἴσῳ μὲν κατ᾽ ἀριθμὸν ὑπερέχουσαν, ἴσῳ δὲ ὑπερεχομένην. ἡμιολίων δὲ διαστάσεων καὶ ἐπιτρίτων καὶ ἐπογδόων γενομένων ἐκ τούτων τῶν δεσμῶν ἐν ταῖς πρόσθεν διαστάσεσιν, τῷ τοῦ ἐπογδόου διαστήματι τὰ ἐπίτριτα πάντα συνεπληροῦτο, λείπων αὐτῶν ἑκάστου μόριον, τῆς τοῦ μορίου ταύτης διαστάσεως λειφθείσης ἀριθμοῦ πρὸς ἀριθμὸν ἐχούσης τοὺς ὅρους ἓξ καὶ πεντήκοντα καὶ διακοσίων πρὸς τρία καὶ τετταράκοντα καὶ διακόσια.

Media armónica y aritmética para la secuencia impar:

A	b	Armónica	Aritmética
1	3	3/2	2
3	9	9/2	6
9	27	27/2	18

Tabla 9

Los números obtenidos de H y A de la serie par e insertándolos entre los ya existentes queda: 1, 4/3, 3/2, 2, 8/3, 3, 4, 16/3, 6, 8. Entre todos los términos de la progresión hay un intervalo de 4/3 o de 9/8, como se ve a continuación:

1	4/3	3/2	2	8/3	3	4	16/3	6	8
4/3	9/8	4/3	4/3	9/8	4/3	4/3	9/8	4/3	

Tabla 10

Al hacer lo mismo con la serie impar e insertando los números obtenidos queda: 1, 3/2, 2, 3, 9/2, 6, 9, 27/2, 18, 27. Entre todos los términos existe un intervalo de 4/3 o de 3/2:

1	3/2	2	3	9/2	6	9	27/2	18	27
3/2	4/3	3/2	3/2	4/3	3/2	3/2	4/3	3/2	

Tabla 11

De estos intervalos 4/3 es común a ambas progresiones, mientras que 9/8 es propia de la progresión par y 3/2 de la impar. No sólo eso, sino que estos intervalos tienen relevancia musical.

4/3 es la cuarta, i.e., la distancia entre do (C) y fa (F).

3/2 es la quinta, i.e., la distancia entre do (C) y sol (G).

9/8 es el tono, i.e., el intervalo entre do-re (C-D), re-mi (D-E), fa-sol (F-G), sol-la (G-A) y la-si (A-B).

Como leemos en la última línea del texto que cité de *Timeo*, "De estas relaciones nacen, en los intervalos antes mencionados, intervalos de tres medios, cuatro tercios y nueve octavos, y por medio del intervalo de nueve octavos, llenó todos los de cuatro tercios, de modo que dejó de cada uno de ellos una fracción tal que el intervalo restante tuviera los términos en "la relación" numérica entre 256 y 243". Esta última relación numérica es lo que hoy se conoce como semitono menor —λεῖμμα—, que es la distancia entre mi y fa (E y F) y si y do (B y C). Sin embargo, aún nos falta entender qué sería F# o BH. Siguiendo unas operaciones matemáticas a partir de la información que el propio diálogo nos ofrece obtenemos un semitono mayor —ἀποτομή— que se expresa 2187/2048, como resultado de la siguiente división: $\frac{9}{8} \div \frac{256}{243} = \frac{2187}{2048}$. Este semitono mayor es lo que equivaldría a cualquier nota sostenida (#) o bemol (H).

A partir de esto la lambda antes expresada quedaría de la siguiente manera con los valores musicales:

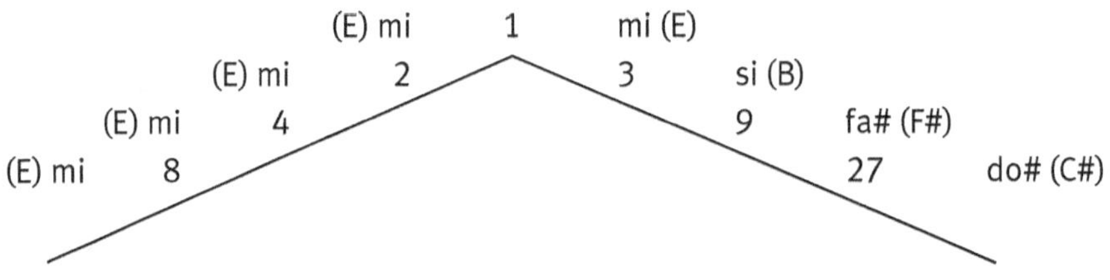

Finalmente, si se funden ambas progresiones en una sola eliminando los intervalos que se repitan queda la siguiente serie:

1	4/3	3/2	2	8/3	3	4	9/2	16/3	6	8	9	27/2	18	27

Tabla 12

De acuerdo con esto y con lo que dice al final del texto recién citado de *Timeo*, todo esto se llena con intervalos de $\frac{9}{8}$ y $\frac{256}{243}$ resultando en una escala diatónica menor como la que Acher-Hind (1888: 109) representa. La progresión par queda de la siguiente manera:

1	9/8	81/64	4/3	3/2	27/16	243/128	2
	9/8 9/8 256/243 9/8 9/8 9/8 256/243						
2	9/4	81/32	8/3	3	27/8	243/64	4
	9/8 9/8 256/243 9/8 9/8 9/8 256/243						
4	9/2	81/16	16/3	6	27/4	243/32	8
	9/8 9/8 256/243 9/8 9/8 9/8 256/243						

Tabla 13

La progresión completa es la siguiente:

8	9	81/8	32/3	12	27/2	243/16	16	18	81/4	64/3	24	27

Tabla 14

Como puede notarse, a diferencia de la progresión del 1 al 8, que sería la progresión par, misma que incluye debido a una relación aritmética el 3, en lo que recorre del 8 al 27, con sus intervalos correspondientes a sus medias aritméticas y geométricas, aquí no tenemos relaciones de 4/3 entre las que podamos insertar intervalos de 9/8 o de 256/243 como sugiere Platón. De hecho, entre ninguno de los intervalos que va de 8 a 27 mostrados en la tabla 7.

La lamba musical que presenté líneas arriba cobra sentido con esta escala en donde vemos que entre el 1 y el 2 hay una octava completa de E, como entre 2 y 4, y 4 y 8. Los intervalos que surgen de las medias aritméticas y armónicas de entre cada uno de estos números, más los intervalos añadidos sugeridos por Platón de 9/8 y de 256/243 en los casos necesarios cuadra perfectamente con las siete notas que hay entre el primer E y el segundo. Recupero el recuadro que va de 1 a 2 para mostrar lo que aquí estoy explicando, pero le agregaré una tercera fila en donde mostraré la nota a que corresponde cada intervalo.

1	9/8	81/64	4/3	3/2	27/16	243/128	2
	9/8	9/8	256/243	9/8	9/8	9/8	256/243
E	F#	G#	A	B	C#	D#	E

Tabla 15

Como se nota, entre E y F# existe un tono completo ($\frac{9}{8}$), como también sucede entre F# y G#; lo que acontece entre G# y A es un semitono, perfectamente allí expresado mediante la fracción $\frac{256}{243}$. Lo mismo con las demás notas excepto, nuevamente, entre D# y E. El tono que se desprende de las notas antes expuestas es el de E mayor. Con el resto de la progresión, a saber, los números que van del 8 al 27 las notas tienen un comportamiento distinto. Para ejemplificar lo que estoy diciendo reproduciré la tabla final de la progresión desde el 1 hasta el 27 con las notas correspondientes debajo de cada uno para entender mejor el comportamiento de cómo está estructurada el AM y de cuáles son las consecuencias musicales que de esto se sigue.

Progr.	1	9/8	81/64	4/3	3/2	27/16	243/128	2	9/4	81/32	8/3	
Notas	E	F#	G#	A	B	C#	D#	E	F#	G#	A	
Progr.	3	27/8	243/64	4	9/2	81/16	16/3	6	27/4	243/32	8	
Notas	B	C#	D#	E	F#	G#	A	B	C#	D#	E	
Progr.	9	81/8	32/3	12	27/2	243/16	16	18	81/4	64/3	24	27
Notas	F#	G#	A	B	C#	D#	E	F#	G#	A	B	C#

Tabla 16

Los recuadros sombreados en gris claro corresponden a la progresión par ya aludida y que resulta en la escala diatónica menor ya sugerida y graficada. El comportamiento de esta progresión es, como lo señalé, uniforme, arrojando tres octavas que parten de E hacia E, con los tonos y semitonos exactamente donde deben estar. En cambio, la progresión impar es bastante más errática y corresponde a los recuadros negros. Archer-Hind (1888: 110), sugiere hacer para los intervalos 1:3; 3:9; 9:27 es graficarlo como tres escalas de 12 notas cada uno con su propia personalidad, pues como ya se mostró antes, del 8 al 27 no es posible intercalar el intervalo de 9/8 ni el del 256/243, como lo sugiere Platón. No veo la relevancia de hacerlo así. Bien podría exponerse la secuencia como está, con las 34 notas que se desprenden de esta escala de E mayor. Además, noté que tanto en Cornford como en Archer-Hind las escalas que reproducen son de ascendentes, cuando lo común es que una escala se toque descendiente, de los tonos más graves a los más agudos. Así propongo que se interprete la escala resultante del AM. Lo que hay que entender es la propuesta de Platón sobre el AM, a saber, que está compuesta por 1) una escala mayor y 2) que esa escala mayor es la de E.[146]

Así es como queda constituida el AM antes del movimiento astronómico, constitución que le permite participar "de la razón y de la armonía, y ha nacido como la mejor de las criaturas, engendrada por el mejor de los seres inteligibles que existen siempre".[147] La escala diatónica resultante de la construcción del AM surge como un ejercicio de las progresiones matemáticas que parten de la tabla de los opuestos pitagóricos, es decir, de lo ilimitado —el 2— y de lo limitado —el 3—, que entre estos filósofos originaba el cosmos. El 1, quedó dicho en el segundo capítulo, funge como un ser divino del que surge todo. En la *tetratkys* pitagórica lo relevante es conocer el despliegue del 2 y del 3, la díada. Así sucedió en estas progresiones geométricas propuestas por Platón para explicar el movimiento cosmológico provocado por el AM. Sin embargo, aunque el origen de dicho ejercicio pueda tener inspiración pitagórica,

---

146 La "Primavera" de Vivaldi está compuesta en dicha escala.

147 *Tim.* 36e6-37a2: λογισμοῦ δὲ μετέχουσα καὶ ἁρμονίας ψυχή, τῶν νοητῶν ἀεί τε ὄντων ὑπὸ τοῦ ἀρίστου ἀρίστη γενομένη τῶν γεννηθέντων.

el resultado no lo es. No hay noticia ni de Arquitas ni de Filolao de que semejante despliegue armónico haya surgido de las enseñanzas de Pitágoras.

El diálogo continúa y en él Platón narra la creación de otras almas. Además del AM se puede hablar de otras cuatro almas en el cosmos: la de los astros, la de los dioses inferiores y del intelecto humano (todas estas de índole inmortal), y la de la cólera y los apetitos, que son mortales. Me abocaré a explicar el alma humana (Ah) en lo que resta de este apartado. Como ya se advierte, el Ah en *Timeo* mantiene la estructura tripartita ya trabajada, pero especifica que no toda el alma es inmortal como había sido sugerido en *Fedón*. De hecho, como Lisi (2006: 156-157) advierte, en *Timeo* Platón no está describiendo a un alma con tres partes, sino que está describiendo tres almas que de alguna manera se unen en un cuerpo.

3.4.2. Mortalidad e inmortalidad del alma humana

Sobre la creación de las almas de los astros y de los dioses inferiores apenas menciona unas líneas en el diálogo (*Tim.* 38e3-6): "Ahora bien, una vez que cada una de las cosas que se requerían conjuntamente para producir el tiempo alcanzó el movimiento que le convenía, y después de que, ligados sus cuerpos con lazos animados (δεσμοῖς τε ἐμψύχοις σώματα), llegaron a ser vivientes y aprendieron lo que les estaba prescripto [...]".[148] De la creación del alma humana hay bastante más material para analizar.

Una vez que el demiurgo terminó con la creación del cosmos y del movimiento de los planetas notó que aún faltaba la creación de los seres vivos (39e3-41d7) que habitarían dicho cosmos. Creó primero a los dioses celestiales, luego a las aves, a los peces y finalmente a los pedestres. Pero el demiurgo comunica a los dioses inferiores que aún faltaba por "engendrar tres especies mortales" pues "si no se generan el universo será incompleto".[149]

Dicho esto, el demiurgo tomó de nuevo la crátera en que antes había compuesto en una mezcla el Alma del mundo, y vertió los residuos de esa

---

148 ἐπειδὴ δὲ οὖν εἰς τὴν ἑαυτῷ πρέπουσαν ἕκαστον ἀφίκετο φορὰν τῶν ὅσα ἔδει συναπεργάζεσθαι χρόνον, δεσμοῖς τε ἐμψύχοις σώματα δεθέντα ζῷα ἐγεννήθη τό τε προσταχθὲν ἔμαθεν [...].

149 *Tim.* 41b7-8: θνητὰ ἔτι γένη λοιπὰ τρία ἀγέννητα· τούτων δὲ μὴ γενομένων οὐρανὸς ἀτελὴς ἔσται.

mezcla anterior, combinándolos aproximadamente del mismo modo, aunque no ya idénticamente puros, sino de una pureza de segundo o tercer grado. Una vez constituido el conjunto, lo dividió en un número de almas igual al de las estrellas y distribuyó un alma en cada estrella. Y tras montarlas en ellas como en un carro, les mostró la naturaleza del universo y les enunció las leyes del destino.[150]

El demiurgo utilizó el mismo recipiente donde mezcló el AM para crear a esta alma[151] y vertió los residuos de la mezcla anterior —Si, Mi y Oi— para obtener una nueva mezcla, de segundo o tercer grado de pureza, que será el alma recién descrita. De modo que esta alma guarda semejanzas con el AM, entre ellas, que ambas están compuestas de los mismos elementos: Ser, Mismo y Otro mezclados. Además, al ser resultado de una mezcla intermedia esta alma es capaz de ambos tipos de conocimiento: el inteligible y el sensible. Por otro lado, ¿qué pensar de la armonía que poseía el AM frente a esta nueva creación? Inicialmente, uno tendría que decir que no existe relación alguna que pueda vincular las progresiones geométricas con el alma recién hecha, pues estas progresiones, que dan como resultado la escala musical propia del AM, no forman parte de la crátera en donde se volvió a mezclar para crear al alma ahora descrita. Esta alma, de la cual he estado hablando aquí parece representar al intelecto simplemente. Pero esto no es del todo claro. Una vez creada esta alma, la única que gozará del privilegio de conocer la naturaleza del universo y que estará sujeta a las leyes del destino, i.e., el intelecto, el demiurgo encarga a los dioses menores la tarea de modelar y añadir lo que hiciera falta de los cuerpos humanos. Platón relata que sus hijos, cumpliendo la orden del padre, lo imitaron para esta labor

---

150 *Tim.* 41d4-e3: Ταῦτ' εἶπε, καὶ πάλιν ἐπὶ τὸν πρότερον κρατῆρα, ἐν ᾧ τὴν τοῦ παντὸς ψυχὴν κεραννὺς ἔμισγεν, τὰ τῶν πρόσθεν ὑπόλοιπα κατεχεῖτο μίσγων τρόπον μέν τινα τὸν αὐτόν, ἀκήρατα δὲ οὐκέτι κατὰ ταὐτὰ ὡσαύτως, ἀλλὰ δεύτερα καὶ τρίτα. συστήσας δὲ τὸ πᾶν διεῖλεν ψυχὰς ἰσαρίθμους τοῖς ἄστροις, ἔνειμέν θ' ἑκάστην πρὸς ἕκαστον, καὶ ἐμβιβάσας ὡς ἐς ὄχημα τὴν τοῦ παντὸς φύσιν ἔδειξεν, νόμους τε τοὺς εἱμαρμένους εἶπεν αὐταῖς [...].

151 Lisi (2006: 157) afirma que aquí el demiurgo está creando al intelecto, que será el único regido por las leyes del destino, a diferencia de las otras dos almas que los dioses inferiores moldearán.

y extrajeron del cosmos porciones de fuego, tierra, agua y aire del mundo —que habrían de ser devueltas a éste alguna vez—, y las conjugaron en un mismo compuesto, mas no con los indisolubles lazos con que ellos mismos estaban cohesionados, sino fusionándolas con ligamentos compactos e invisibles por su pequeñez. De este modo, produjeron a partir de todas ellas un cuerpo único para cada individuo y ligaron las revoluciones del alma inmortal a un cuerpo sometido a flujo y reflujo.[152]

Lo que ahora han creado los hijos del demiurgo es el cuerpo en donde el alma inmortal humana habitará según las leyes del destino. Tal y como Timeo lo hizo al inicio del diálogo vuelve a hacerlo ahora y primero describe la formación del cuerpo para posteriormente hablar de las otras almas que integrarán dicho cuerpo. El proceso que hasta el momento ha seguido Timeo para narrar la creación del mundo y del humano es el siguiente: 1) creación del cuerpo del universo, 2) creación del AM, 3) creación de las otras almas inmortales —dioses, astros y alma humana—, 4) creación del cuerpo humano. Si bien, aunque después de narrar cómo se crea el AM comenta que crea las otras almas inmortales allí enunciadas, no describe el proceso mediante el cual lo realiza, que es el que vendrá a continuación. La descripción se centra, líneas antes en el diálogo, en enunciar los procesos sucesivos de la vida de un hombre según la vida que ha practicado. Justo en 42a3-4 Platón explica que las almas son implantadas (ἐμφυτευθεῖεν) en los cuerpos por obra de la necesidad (ἐξ ἀνάγκης). Esta descripción muestra el alejamiento de Platón de su concepción inicial sobre la manera en la que el alma y el cuerpo terminan juntos. Basta recordar lo que líneas antes expuse de *Fedón* en donde para dar razón de por qué el alma entraba en comunidad con un cuerpo el filósofo refiere a una explicación mitológica. O también podría verse la alegoría presentada en *Fedro* sobre el carruaje y los caballos. En *Timeo*, sin embargo, Platón afirma categóricamente que la razón por la que las almas están "implantadas" en un cuerpo es *por obra*

---

152 *Tim.* 42e8-43a6: πυρὸς καὶ γῆς ὕδατός τε καὶ ἀέρος ἀπὸ τοῦ κόσμου δανειζόμενοι μόρια ὡς ἀποδοθησόμενα πάλιν, εἰς ταὐτὸν τὰ λαμβανόμενα συνεκόλλων, οὐ τοῖς ἀλύτοις οἷς αὐτοὶ συνείχοντο δεσμοῖς, ἀλλὰ διὰ σμικρότητα ἀοράτοις πυκνοῖς γόμφοις συντήκοντες, ἓν ἐξ ἁπάντων ἀπεργαζόμενοι σῶμα ἕκαστον, τὰς τῆς ἀθανάτου ψυχῆς περιόδους ἐνέδουν εἰς ἐπίρρυτον σῶμα καὶ ἀπόρρυτον.

de la necesidad, alejándose de los mitos escatológicos que presentó en otros diálogos. Eggers Lan (2006: 132 n. 90 y 93)[153] considera que esto es así porque en este diálogo "Platón no concebirá —ni siquiera míticamente— un alma sin cuerpo". Esta postura resulta provocadora después de revisar los diálogos de este capítulo —y el análisis de ὁμοίωσις θεῷ en el primer capítulo—, donde precisamente lo que Platón parece que desea es que el alma logre separarse del cuerpo —huir— para obtener el premio de la verdad y el bien. Para apoyar esta idea, Eggers Lan se remite a que también en *Fedro* se hace una referencia a lo corpóreo para explicar al alma, pues el carro es el vehículo del alma. Tal vez por eso es que en el diálogo estudiado en este apartado primero explica la creación de lo material (el mundo y el cuerpo humano) y luego la del alma. Debo reconocer que en este punto la intuición de Eggers Lan puede ser correcta, en tanto que si bien el anhelo es que el alma esté sin el cuerpo, no es posible hablar del alma sin el cuerpo.

Las almas de las que está hablando Platón en este pasaje del diálogo son aquéllas que están dotadas de razón (λόγος) y, por lo tanto, son inmortales. Diferente caso cuando más adelante explique a las otras dos almas, mortales, que están presentes en el cuerpo humano. En este momento lo que interesa es comprender el comportamiento de las almas según sus acciones. Platón explica[154] que las almas, implantadas en cuerpos humanos, atravesarían por los siguientes procesos: 1) sensibilidad connatural y 2) deseo amoroso mezclado con placer y dolor y demás cosas semejantes. Ante 1) y 2) el alma podría a) dominar (ὧν εἰ μὲν κρατήσοιεν) o b) ser dominada (κρατηθέντες). Si se da a), entonces la vida del alma es justa (δίκῃ βιώσοιντο); si, en cambio, se da b), su vida injusta (ἀδικίᾳ). El alma capaz de a) "tendría una vida feliz y acorde con su carácter";[155] la otra, viviría transformaciones y reencarnaciones conforme a los méritos y alejamiento de la maldad. Reaparece la idea de que un alma justa es un alma que domina a la sensibilidad natural y a los deseos de toda índole, lo que en *República*

---

153 En un artículo, anterior a la publicación de su traducción del diálogo, explora con mayor detenimiento las relaciones entre el cuerpo y el alma en la filosofía de Platón, mostrando precisamente el porqué piensa que la relación cuerpo-alma en Platón es más estrecha de lo que se llega a pensar (Eggers Lan, 1995a).

154 Cf. *Tim.* 42a5-b2.

155 *Tim.* 42b4-5: βίον εὐδαίμονα καὶ συνήθη ἕξοι [...].

IV refiere como "apetitos". Y esta vida justa es vivir *acorde con su carácter*, como cuando dijo que la justicia consistía en que cada uno cumpliera con su deber.

Con esta disertación, es más fácil comprender el tema del "flujo y reflujo" que menciona Platón en la cita de *Timeo* dejada páginas atrás. Lo que con ello pretende es dejar por sentado que el cuerpo está en constante flujo o revoluciones cuyas fuerzas son superiores a cualquier poder corpóreo, razón por la cual "todo el ser vivo se movía, pero se desplazaba al azar, en forma desordenada e irracional".[156] Todos estos movimientos son los responsables de los procesos que hoy llamamos percepciones. A continuación, Platón narra el modo en que el alma se vuelve irracional.

> Ahora bien, en el momento en que estos fenómenos [las percepciones: αἰσθήσεις] producían un movimiento amplio y poderoso, al añadirse al del canal por el que fluía una corriente ininterrumpida, movían y sacudían violentamente las revoluciones del alma: a la de lo Mismo la bloqueaban completamente, dado que corrían en dirección contraria a ella, y le impedían gobernar y desplazarse. Pero también sacudían a la de lo Otro; de modo tal, que cada uno de los tres intervalos doble y triple —tres de cada clase—, los medios y ligazones de tres medios, cuatro tercios y nueve octavos, si bien no podían ser completamente disueltas más que por Aquel que las eligió, sufrieron, sin embargo, todo tipo de distorsiones y produjeron en los círculos todas las fracturas y deterioros posibles, al punto de que a duras penas continuaron rotando conectados entre sí, moviéndose de manera irracional (ἀλόγως): a veces en sentido contrario, otras oblicuamente, otras "de espaldas", como, por ejemplo, cuando alguien, de espaldas, apoya la cabeza sobre tierra, levanta los pies y los mantiene en alto frente a otro: en tal situación, tanto al que la experimenta como a los observadores les parece que lo que está a la derecha está a la izquierda y, respectivamente, lo que está a la izquierda está a la derecha.
>
> Así pues, las revoluciones del alma padecen esta misma afección y otras similares con intensidad, y cuando se topan con algún objeto

---

156 *Tim.* 43a7-b2: ὥστε τὸ μὲν ὅλον κινεῖσθαι ζῷον, ἀτάκτως μὴν ὅπη τύχοι προϊέναι καὶ ἀλόγως [...].

exterior del género de lo Mismo o de lo Otro, lo llaman "Mismo" y "Otro" contrariamente a la verdad, volviéndose así equivocadas e insensatas (ψευδεῖς καὶ ἀνόητοι); y entonces no tiene lugar en el alma ninguna revolución que la gobierne y guíe (ἄρχουσα οὐδ' ἡγεμών). Pero si algunas sensaciones las embisten desde afuera y arrastran consigo toda la coraza del alma, entonces las revoluciones parecen dominar, aunque en realidad son dominadas. Por consiguiente, a causa de todas las afecciones de este tipo el alma queda desprovista de intelecto (ἄνους) en un primer momento, tanto ahora como en los comienzos, cuando es encerrada en un cuerpo mortal.[157]

Platón recurre, nuevamente, a los conceptos de lo Mismo y lo Otro, pero ahora para dar cuenta de la implantación del alma en un cuerpo mortal. Hay que recordar que la creación del AM es consecuencia de la mezcla de los tres géneros principales: Ser, Mismo y Otro, en donde primero se mezcla el Ser divisible con el Ser indivisible, el Mismo divisible con el Mismo indivisible y lo Otro divisible con lo Otro indivisible, surgiendo así el Ser intermedio, el Mismo intermedio y lo Otro intermedio. Posteriormente se realiza una segunda mezcla, ahora entre lo Mismo intermedio y lo Otro intermedio, para finalmente, de esa unión mezclar con el Ser intermedio. En el caso del AM el Demiurgo dividió ésta en lo Mismo y lo Otro, siendo lo Otro la progresión geométrico-musical ya descrita líneas

---

157 *Tim.* 43c7-44b1: καὶ δὴ καὶ τότε ἐν τῷ παρόντι πλείστην καὶ μεγίστην παρεχόμεναι κίνησιν, μετὰ τοῦ ῥέοντος ἐνδελεχῶς ὀχετοῦ κινοῦσαι καὶ σφοδρῶς σείουσαι τὰς τῆς ψυχῆς περιόδους, τὴν μὲν ταὐτοῦ παντάπασιν ἐπέδησαν ἐναντία αὐτῇ ῥέουσαι καὶ ἐπέσχον ἄρχουσαν καὶ ἰοῦσαν, τὴν δ' αὖ θατέρου διέσεισαν, ὥστε τὰς τοῦ διπλασίου καὶ τριπλασίου τρεῖς ἑκατέρας ἀποστάσεις καὶ τὰς τῶν ἡμιολίων καὶ ἐπιτρίτων καὶ ἐπογδόων μεσότητας καὶ συνδέσεις, ἐπειδὴ παντελῶς λυταὶ οὐκ ἦσαν πλὴν ὑπὸ τοῦ συνδήσαντος, πάσας μὲν στρέψαι στροφάς, πάσας δὲ κλάσεις καὶ διαφθορὰς τῶν κύκλων ἐμποιεῖν, ὁσαχῇπερ ἦν δυνατόν, ὥστε μετ' ἀλλήλων μόγις συνεχομένας φέρεσθαι μέν, ἀλόγως δὲ φέρεσθαι, τοτὲ μὲν ἀντίας, ἄλλοτε δὲ πλαγίας, τοτὲ δὲ ὑπτίας· οἷον ὅταν τις ὕπτιος ἐρείσας τὴν κεφαλὴν μὲν ἐπὶ γῆς, τοὺς δὲ πόδας ἄνω προσβαλὼν ἔχῃ πρός τινι, τότε ἐν τούτῳ τῷ πάθει τοῦ τε πάσχοντος καὶ τῶν ὁρώντων τά τε δεξιὰ ἀριστερὰ καὶ τὰ ἀριστερὰ δεξιὰ ἑκατέροις τὰ ἑκατέρων φαντάζεται. ταὐτὸν δὴ τοῦτο καὶ τοιαῦτα ἕτερα αἱ περιφοραὶ πάσχουσαι σφοδρῶς, ὅταν τέ τῳ τῶν ἔξωθεν τοῦ ταὐτοῦ γένους ἢ τοῦ θατέρου περιτύχωσιν, τότε ταὐτόν τῳ καὶ θάτερόν του τἀναντία τῶν ἀληθῶν προσαγορεύουσαι ψευδεῖς καὶ ἀνόητοι γεγόνασιν, οὐδεμία τε ἐν αὐταῖς τότε περίοδος ἄρχουσα οὐδ' ἡγεμών ἐστιν· αἷς δ' ἂν ἔξωθεν αἰσθήσεις τινὲς φερόμεναι καὶ προσπεσοῦσαι συνεπισπάσωνται καὶ τὸ τῆς ψυχῆς ἅπαν κύτος, τόθ' αὗται κρατούμεναι κρατεῖν δοκοῦσι. καὶ διὰ δὴ ταῦτα πάντα τὰ παθήματα νῦν κατ› ἀρχάς τε ἄνους ψυχὴ γίγνεται τὸ πρῶτον, ὅταν εἰς σῶμα ἐνδεθῇ θνητόν.

atrás, y les asignó un tipo de movimiento.[158] Tras unir los extremos de lo Mismo creó un círculo de lo Mismo, y así procedió con los siete círculos resultantes de lo Otro. Al círculo de lo Mismo lo puso a girar en horizontal hacia la derecha y por el exterior, mientras que a los círculos de lo Otro los inclinó y los hizo girar hacia la izquierda por la parte interna. Sin embargo, entre los siete círculos de lo Otro los dividió para que unos marcharan contrarios a los otros y así a los primeros tres círculos les ordenó que marcharan a una velocidad semejante, mientras que a los otros cuatro que lo hicieran de manera desemejante tanto entre ellos como con los otros tres, sin perder proporción (ἐν λόγῳ).

Muy semejante es la descripción de la unión del cuerpo mortal con el alma inmortal recién descrita por Timeo. Son las revoluciones y movimientos desordenados del cuerpo lo que provoca la inestabilidad e irracionalidad en el alma. El vendaval que Platón está describiendo en este pasaje remite a una tormenta, a un tornado o huracán que violentamente sacude todo lo que está a su paso sin un objetivo ni razón. Incluso aquí se explica que semejante vendaval sacude violentamente las revoluciones del alma, bloqueando completamente a la de lo Mismo, impidiéndole gobernar y desplazarse. Esta escena presentada por Platón es terrorífica. Dado que los vientos y todo lo generado por la unión del alma con el cuerpo desata esta tormenta, la propia alma es incapaz de ejercer su δύναμις, pues la revolución de lo Mismo, que es la que sirve al alma para gobernar y desplazarse, está neutralizada por la violencia del momento. Tales movimientos son tan fuertes que la propia armonía del alma queda comprometida y totalmente desafinada. Las medidas y ligazones, que están en el alma humana, y que tienen una relación mediante los intervalos perfectos musicales, a saber, el tono (9/8), la quinta (4/3) y la cuarta (3/2), pierden su estructura, aunque no completamente. La razón por la que no se pierde es porque sólo quien creó al alma y su composición armónica puede destruirla; no así la tempestad producto de la unión del alma con el cuerpo.

De todo esto también se desprende la afectación que el cuerpo tiene sobre el alma. Debido a ello es que en un inicio al alma le cuesta trabajo

---

158 Cf. *Tim.* 36b6-d7.

gobernar y guiar lo que sea, pues los movimientos producidos por las sensaciones son tan violentos que el alma misma queda incapacitada para ejercer su gobierno. Recupero nuevamente la idea de que "a causa de todas las afecciones de este tipo el alma queda desprovista de intelecto en un primer momento". Esto significa que al momento de darse la unión alma-cuerpo la primera pierde por algún tiempo el poder que naturalmente ejerce sobre el segundo. El nacimiento del ser humano, es decir, esta unión, es tan turbulento que el alma se pierde a sí misma. No obstante, sólo es en *un primer momento* (τὸ πρῶτον), pues a medida que el flujo (ῥεῦμα) disminuye y las revoluciones se sosiegan el alma logra recuperar su curso natural. Para Platón esto significa que el alma es capaz de dar los nombres correctos a lo que es lo otro y a lo que es lo mismo como un proceso prudente (ἔμφρονα).[159] Además, especifica que "si algún recto régimen de educación contribuyera, el hombre llega a ser pleno y absolutamente sano".[160]

A continuación, Platón describe en el diálogo la formación del cuerpo humano, las percepciones y todo lo relacionado con la condición sensible del hombre; asimismo lo que significa la línea recién citada, pues el tema de la educación es el que trataré en el siguiente capítulo.

En 69c5-d6 Platón recapitula sobre la inserción del alma en el cuerpo y allí aprovecha para distinguir el alma mortal del alma inmortal que está en el hombre. Cito el pasaje para posteriormente proceder a su análisis.

Y éstos, imitando a su padre, recibieron el principio inmortal del alma (ἀρχὴν ψυχῆς ἀθάνατον), forjaron en torno de él un cuerpo mortal y le otorgaron como vehículo la totalidad del cuerpo. Además, construyeron en el cuerpo otra especie de alma, la mortal, que soporta terribles e inevitables pasiones: el placer —que es el mayor señuelo del mal— luego los dolores —que nos apartan de los bienes—, además la osadía y el temor —dos insensatos consejeros—, y la cólera —difícil de aplacar— y la esperanza —que nos extravía con facilidad—. Ellos mezclaron estas pasiones

---

159 Cf. *Tim.* 44b6-7.

160 *Tim.* 44b8-c1: ἂν μὲν οὖν δὴ καὶ συνεπιλαμβάνηταί τις ὀρθῇ τροφῇ παιδεύσεως, ὁλόκληρος ὑγιής τε παντελῶς [...].

con la sensación irracional (αἰσθήσει δὲ ἀλόγῳ) y con el amor que todo lo emprende (ἐπιχειρητῇ παντὸς ἔρωτι συγκερασάμενοι ταῦτα), y compusieron el género mortal según las normas de la necesidad.[161]

Nuevamente, el esquema tripartita del alma presentado en *República* IV y *Fedro* con una ligera variación. Mientras que en aquellos diálogos es una sola alma dividida en tres partes, aquí nos está describiendo tres almas que conforman al género mortal. Un alma, la que creó el demiurgo al inicio del relato, es la única que fue dotada de λόγος, lo cual la hace inmortal. Las otras dos almas serán mortales y albergan la sensación irracional y el amor que todo lo emprende, es decir, la ἐπιθυμία y el θυμός. En el relato, no sólo es señalada que hay tres almas, una inmortal y dos mortales, sino además las ubica en lugares específicos en el cuerpo. A la razón le corresponderá la cabeza, por ser ésta esférica e imitar lo mejor posible a lo más perfecto; la cólera estará colocada en el corazón, y los apetitos serán asignados el bajo vientre. El cuello será el medio de comunicación entre el alma inmortal y la primera alma mortal. Con relación a las funciones que las partes del alma guardan respecto de las concepciones antes mostradas, en este diálogo no habrá mucha variación. Los detalles propios de las almas de *Timeo* las iré mencionando oportunamente en esta investigación. Algunos aspectos ya fueron dichos en el primer capítulo de este libro y otros se verán en el siguiente. Hasta aquí baste con lo analizado sobre cómo Platón pasa de un alma simple en *Fedón* a una concepción de tres almas en *Timeo*. De cierta manera pareciera que en este último diálogo retoma la idea de la simplicidad del alma presentada en *Fedón* al tiempo que también considera su examen de *República* IV.

---

161 οἱ δὲ μιμούμενοι, παραλαβόντες ἀρχὴν ψυχῆς ἀθάνατον, τὸ μετὰ τοῦτο θνητὸν σῶμα αὐτῇ περιετόρνευσαν ὄχημά τε πᾶν τὸ σῶμα ἔδοσαν ἄλλο τε εἶδος ἐν αὐτῷ ψυχῆς προσῳκοδόμουν τὸ θνητόν, δεινὰ καὶ ἀναγκαῖα ἐν ἑαυτῷ παθήματα ἔχον, πρῶτον μὲν ἡδονήν, μέγιστον κακοῦ δέλεαρ, ἔπειτα λύπας, ἀγαθῶν φυγάς, ἔτι δ' αὖ θάρρος καὶ φόβον, ἄφρονε συμβούλω, θυμὸν δὲ δυσπαραμύθητον, ἐλπίδα δ' εὐπαράγωγον· αἰσθήσει δὲ ἀλόγῳ καὶ ἐπιχειρητῇ παντὸς ἔρωτι συγκερασάμενοι ταῦτα, ἀναγκαίως τὸ θνητὸν γένος συνέθεσαν. La traducción es del autor.

Conclusiones

A lo largo de este capítulo rastreé la concepción que Platón tenía del alma humana, pues como él mismo lo afirma en diversos puntos de su obra, el alma es la persona misma (αὐτὸ τὸ αὐτό).[162] Además, como se advirtió desde el primer capítulo, el alma juega un papel determinante en lo que se refiere al mal y al bien. Por eso, lo primero que hice en este capítulo fue presentar algunas nociones de ψυχή desde la literatura griega. Conocer la evolución del vocablo hasta Platón ayuda a comprender la importancia que se le dará a partir de Platón en la filosofía.

Es indispensable rastrear lo que en algunos diálogos socráticos se menciona sobre el alma. Al hacerlo, notamos que desde *Cármides* hay una idea de separación e inmortalidad, si bien aún no desarrollada del todo. Una idea que no se antoja socrática, sino ya de cuño platónico. Esto le dará el pretexto a Platón para escribir *Fedón*, diálogo en donde aprovecha los últimos momentos de Sócrates para despedirse e introducir de lleno algunas de sus teorías más importantes, como lo serán la inmortalidad del alma, las formas o ideas y la metodología filosófica.

En la búsqueda por comprender cabalmente lo que es el alma, Platón se va clarificando algunos puntos concernientes al estudio de la misma. Por ejemplo, la relación que el cuerpo tiene con el alma. Mucho se escribió el siglo pasado sobre la relación fúnebre entre el cuerpo y el alma, viendo al cuerpo como la tumba de ésta y leyendo dicha expresión en tono peyorativo. No obstante, en *Fedón* hay una visión muy diferente del cuerpo. Es cierto que el cuerpo es un obstáculo en la búsqueda y alcance de la verdad, pero es gracias a que lo es que el alma puede purificarse y liberarse de él. Curiosamente, en la medida en la que el alma comprende que vive en comunidad (κοινωνία) con el cuerpo y que debe vivir con él que puede, poco a poco, separarse de él.

La inmortalidad del alma consistirá en comprender que el filósofo se entrena para morir, pues su objetivo último no podrá jamás alcanzarlo en dicha comunidad, aunque tampoco será asequible si es incapaz de vivir correctamente

---

162   Cf. *Alc. I*, 130d4. Para una mayor discusión a propósito de este tema recomiendo lo analizado por Boeri-Kanayama (2018: 5 n. 12).

dicha comunidad. De modo que el cuerpo se convierte en el obstáculo que le permite al alma llegar a ser lo que puede ser: un ente separado del cuerpo en contemplación de las formas.

Para explicar que el alma preexiste y postexiste al cuerpo Platón desarrolla varios argumentos que le permiten a los interlocutores comprender en ascenso el problema y la conclusión. Para ello, una de las premisas más importantes para Platón es que el alma es causa de vida. El cuerpo, por lo tanto, sólo puede estar vivo —en movimiento— cuando un alma lo vivifica. Simultáneamente, el alma sólo puede purificarse haciendo buen uso del cuerpo y aprendiendo a tensarlo en las proporciones correctas.

Terminada la disquisición sobre el alma simple que aporta Platón en *Fedón*, me detuve a analizar el alma que ahora está dividida. La tripartición del alma que aparece en *República* IV será el esquema definitivo en la vida filosófica de Platón, aunque no con las mismas condiciones. Sí, siempre, siendo tres.

Mediante las analogías del arquero y de la sed, y partiendo del principio de no contradicción, Platón extrae las diferentes partes de las que está compuesta el alma. Debido a que lo que desea no puede ser lo mismo que frene el deseo, pues violaría el principio lógico enunciado, necesariamente cuando alguien tiene sed y no la satisface es porque por un lado tuvo lo que deseó —los apetitos— y, por el otro, algo que frenó el deseo —la razón—. El tercer elemento lo extrae tras utilizar el ejemplo de Leoncio, quien tras un conflicto interno de los apetitos corre a ver unos cadáveres. Si en tal caso la razón no intervino y los apetitos sólo provocan deseo, placer o dolor, entonces debe haber algo que pone en movimiento al hombre: la cólera.

Tras explicar esto, Platón se centra en comprender el funcionamiento de cada parte. A la razón le corresponde gobernar, guiar y ordenar; a la cólera, ser aliada de la razón y a los apetitos el contener los deseos, placeres y dolores, pues gracias a éstos permanecemos con vida. Cuando alguna parte no cumple con su función se genera un estado de injusticia que produce todos los males. Para evitar esto, se sugiere que a cada parte la acompañe una virtud que le auxilie a cumplir con su función. Así, los apetitos deberán estar acompañados de moderación, la cólera de valentía y la razón de prudencia-sabiduría. Cuando cada parte cumple con su función, surge la justicia, que para Platón consiste en que cada uno haga lo que le corresponde del modo adecuado. Dicho estado de justicia genera una armonía en el alma, provocando todos los bienes.

El siguiente apartado lo dediqué a comprender de qué manera el amor sirve para curar un estado de injusticia en el alma. Para ello me apoyé en *Fedro*, que comparte el esquema tripartita del alma y donde aparece la alegoría del carro alado. El estado de injusticia del alma le provoca la caída hacia el elemento corpóreo, pues pierde la divinidad de sus alas. Sin embargo, en el diálogo se va mostrando de qué manera la capacidad de amar lo bueno y lo bello permite al alma recuperar ese estado que perdió.

En este diálogo se parte de la conclusión del argumento final esgrimido en *Fedón*, sobre la inmortalidad del alma, para conducir la reconstrucción de un argumento sobre el amor. Hay dos manifestaciones del amor que se desarrollan en este diálogo, el amor de los apetitos y el amor de la razón. El de los apetitos es un amor al objeto mismo y no necesariamente a lo mejor. Sin embargo, este apetito que inicia el movimiento hacia algo, cuando la razón y la cólera lo detectan como bueno, toman la motivación inicial del apetito para consumar la contemplación del objeto amado, que es bello y bueno. Hecho esto, la razón es capaz de encontrarse no con lo bello que ahora ve, sino con lo Bello de donde aquello que ve participa. Este proceso generará una lucha entre la razón y el apetito que culminará en la domesticación de éste permitiendo a los ojos del amante y del amado encontrarse en un solo manantial de belleza. A lo que se refiere lo revisado en *Fedro* es al ejercicio filosófico que otorga al hombre a) una vida ordenada, b) felicidad, c) concordia, d) autogobierno, e) gobierno de lo que engendra el mal y f) libertad.

Por último, analizo el desarrollo geométrico del alma que propone Platón en *Timeo*. Allí, se describe la creación del mundo y, por lo tanto, la creación del alma del mundo (AM). En este diálogo hay un desarrollo ontológico y metafísico mucho más profundo que lo visto en los diálogos anteriores. La composición del AM responde a una visión geométrica del mundo que parte de dos progresiones, las pares y las impares. Las resonancias pitagóricas son evidentes. Ambas progresiones parten del 1 y de allí se separan las pares (2, 4 y 8) y las impares (3, 9 y 27). Se parte de la unidad —el 1— y de los dos principios pitagóricos de que está hecho el universo, el 2 y el 3. Posteriormente, hay que multiplicar cada número de cada progresión por el anterior y así nos dan los números de ambas progresiones.

Con estos números en mente, hay que sacar la media armónica y la media aritmética de cada uno para conocer cuáles son los intervalos que hay entre cada número, intervalos que servirán como enganches entre los diferentes números. Tras el ejercicio geométrico propuesto por Platón se obtiene una escala musical en mayor. El AM es, por lo tanto, una composición que nace armónica por los elementos de que está compuesta. Coloco nuevamente la partitura resultante de realizar el ejercicio geométrico que nos solicita Platón en este diálogo.

Vale la pena señalar que el AM es creada por el demiurgo en una crátera, donde, con los mismos elementos, creará el alma humana (Ah). De ello se puede concluir que el Ah comparte la misma estructura que el AM, pero a nivel microcósmico, por lo que buscar la armonía está en su naturaleza.

Por otro lado, la creación del hombre con su cuerpo y alma implica, además de una explicación detallada de la unión de los distintos órganos, la incorporación del alma al cuerpo. Aquí es donde Platón retoma algo que ya había intuido desde *Fedro*, y es que no todas las partes del alma pueden ser inmortales. La inmortalidad sólo puede ser concedida a la parte del alma que guarde lo divino que hay, i.e., la razón. Esa parte es la cabeza, por lo que el alma inmortal será la correspondiente a la razón que físicamente se ubica en la cabeza. Las otras dos, la parte colérica y la apetitiva, se ubicarán debajo del cuello y en el vientre. Ambas perecerán cuando el cuerpo muera y la parte inmortal del alma se separe del resto.

¿Por qué se desarrolló todo esto? Porque un alma que no es racional y no busca hacer lo que le corresponde es un alma que se corrompe y obra mal. En *Timeo*, sin embargo, se nos dice que el mal psíquico es a causa o de una enfermedad o de una mala educación. Pero también es cierta la relación psicosomática y somatopsíquica que se desarrolla hacia el final del diálogo. Por ello, comprender las funciones que Platón le brinda al alma son importantes para la adquisición del bien y la erradicación del mal. Principalmente, fue importante corroborar el estatuto matemático-musical que tiene el alma en Platón desde *Fedón* y hasta *Timeo*.

CAPÍTULO 4

Paideia, girar para dirigirte hacia el bien

εἰλικρινέστατον δὲ εἶναι τοῦτον ἀνθρώπου τρόπον,
τὸν ἀποδεξάμενον τὴν τῶν καλλίστων θεωρίαν,
ὃν καὶ προσονομάζειν φιλόσοφον.[1]

VP, 12.58.16-59.1
Jámblico

ἐσθλοὶ μὲν γὰρ ἁπλῶς, παντοδαπῶς δὲ κακοί.[2]

EN, III, 1106 b35
Autor desconocido, citado por Aristóteles

Como ya se vio en el capítulo anterior, el libro IV de *República* es uno de los diálogos en donde Platón, con mayor énfasis, señala la relevancia de la educación. También se halla ese énfasis en *Timeo* y otros diálogos. Lo que a continuación haré es desarrollar la teoría pedagógica de Platón a partir de las constantes menciones que hace a la educación en algunos pasajes de su obra. Sin educación, el ser humano y todo lo que le rodea está condenado a la injusticia, pues es la educación la que permite al hombre el acceso a la justicia, misma que ya fue definida en el capítulo 3 como que cada una de las partes de las que estamos conformados cumpla con su deber. Esto será inviable hasta no recibir una buena educación. Considero que hay dos pasajes donde se nota claramente lo que Platón entendía por educación; el primero es *República* (VII, 518b6-519b6) y el segundo aparece en *Timeo* (44b y ss.).

---

1   Pero el modo más auténtico de hombre es el que acepta la contemplación de lo más bello, al que otorgamos la denominación de filósofo.

2   Los hombres sólo son buenos de una manera, malos de muchas.

En *República* VII Platón escribe lo siguiente: "Debemos considerar entonces [...] que la educación (παιδείαν) no es como la proclaman algunos. Afirman que, cuando la ciencia no está en el alma, ellos la ponen, como si se pusiera la vista en los ojos ciegos".[3] Este pasaje requiere el conocimiento del AR[4] desarrollado en el capítulo anterior, i.e., que para Platón el hombre no aprende nada desde afuera, sino que su aprendizaje realmente consiste en un reordenamiento de lo que ya sabe. Aprender es recordar; no hay conocimientos nuevos, sino nuevas formas de acceder al conocimiento. "La *paideia* platónica no forma, sino descubre, quita el velo con el que los discursos falsos han cubierto el alma" (Lisi, 2018: 236). La Alegoría de la caverna aporta información determinante en el desarrollo de este tema. La idea fundamental de la educación para Platón consiste en la posibilidad de girar (περιαγωγή) la vista y el intelecto hacia la luz.[5] En 514b2 Sócrates señala que los prisioneros están incapacitados para girar (περιάγειν) la cabeza. Y luego (515c6) nos pide que nos imaginemos lo que sucedería si uno de los prisioneros fuera liberado, pudiendo girar (περιάγειν) el cuello para marchar hacia la luz. Finalmente, líneas más adelante Sócrates remarcará la idea de girar (περιακτέον) toda el alma, como se giraría el cuerpo, para "volverse desde lo que tiene génesis con toda el alma que llegue a ser capaz de soportar la contemplación de lo que es".[6]

---

3   518b6-c2: Δεῖ δή, εἶπον, ἡμᾶς τοιόνδε νομίσαι περὶ αὐτῶν, εἰ ταῦτ' ἀληθῆ· τὴν παιδείαν οὐχ οἵαν τινὲς ἐπαγγελλόμενοί φασιν εἶναι τοιαύτην καὶ εἶναι. φασὶ δέ που οὐκ ἐνούσης ἐν τῇ ψυχῇ ἐπιστήμης σφεῖς ἐντιθέναι, οἷον τυφλοῖς ὀφθαλμοῖς ὄψιν ἐντιθέντες. Al inicio del segundo libro de *Leyes* (653a y ss.) Platón dice: "llamo educación a la virtud que surge en los niños por primera vez (παιδείαν δὴ λέγω τὴν παραγιγνομένην πρῶτον παισὶν ἀρετήν·)", una idea similar a la que está expuesta en *República*. Quiero destacar la concordancia entre su pensamiento alrededor de la *paideia* en sus obras de madurez y en la de vejez, pues conservó el mismo punto, i.e., que no se forma desde afuera sino desde adentro, el resto de su sistema que involucra a este tema también conserva la congruencia. Es conocido que, para Sócrates, así como para Platón, la virtud es conocimiento y el vicio es ignorancia. Con la premisa de que *conocer es recordar*, la virtud es, entonces, algo que se obtiene desde dentro del propio individuo. Ningún maestro, por sabio y virtuoso que sea en su persona, logrará hacer virtuoso a otro. Para un desarrollo más detallado sobre este tema recomiendo la lectura del libro de Smith Pangle (2014).

4   Argumento de la Reminiscencia que está desarrollado en *Fedón*, 72e1-78b3.

5   Debo a Lisi (2018) la claridad sobre este tema, así como la mayoría de las aportaciones a pasajes y términos relacionados con el desarrollo de la educación platónica. Algunas ideas las bosquejé en el primer capítulo.

6   *Rep*. VII, 518c8-9: οὕτω σὺν ὅλῃ τῇ ψυχῇ ἐκ τοῦ γιγνομένου περιακτέον εἶναι, ἕως ἂν εἰς τὸ ὂν [...]. El profesor Lisi (2018) hace notar que en todo el *corpus platonicum* el término περιαγωγή aparece sólo cuatro veces, las tres que aquí he citado y la cuarta es en *Político* (270a1) cuando Platón habla de las revoluciones

La formación consiste en una reorientación del alma para que vea y contemple lo que es afín a ella (nuevamente cobra relevancia la lectura de *Fedón*). El alma vive en ignorancia cuando voltea hacia el lugar equivocado. Platón hace notar que el malvado no es quien no tiene conocimiento, sino quien no lo usa debidamente. El malvado "posee un alma que mira penetrantemente y ve con agudeza aquellas cosas a las que se dirige, porque no tiene la vista débil, sino que está forzada a servir al mal".[7] Entre los males que se enumeran en *República* están la glotonería, la lujuria y los placeres de esa índole, con respecto al cuerpo, y la opinión y falsas creencias, con relación al alma. La buena educación consistirá en ser capaz de un desarrollo completo tanto externo como interno, tanto en lo que respecta al cuerpo como al alma.

Al menos en dos ocasiones distintas señala que el hombre es malo debido a una falta de o mala educación.[8] Para ello emplea el verbo τρέφω que significa crianza. Es en el desarrollo de todo ser humano en donde está la clave para que éste pueda o no ser capaz de justicia. La mala crianza es responsable de la corrupción de la persona conduciéndola por laberintos emocionales e impidiéndole ejercer las funciones que le son propias. La correcta crianza, piensa Platón, otorga al hombre un sentido de pertenencia a la ley que le permite ordenarse, pues lo que contradiga al orden (εὐνομίαν) formará parte del marco de lo ilegal y no normativo. La educación debe lograr que lo desordenado se vuelva ordenado, y que lo que tiene la vista puesta en las apariencias haga que ponga atención en el ser.

Por otro lado, está el sentido de educación mencionado en *Timeo*, señalando que ésta debe brindar al hombre la posibilidad de dar "los nombres correctos a lo que es lo Otro y lo que es lo Mismo (τό τε θάτερον καὶ τὸ ταὐτὸν)".[9] La finalidad de la educación, continúa el pasaje, es contribuir a que el hombre

---

del universo, que no tiene relevancia para el tema de la educación que estoy desarrollando. En otro artículo, la profesora Sánchez Castro (2009: 188-189) escribe: "La educación es una técnica de mejoramiento del sujeto, que consiste no sólo en una serie de contenidos que son enseñados ni en la invitación al desarrollo de una serie de destrezas, sino en la conformación de una identidad que requiere de un cuidado personal".

7   *Rep.* VII, 519a2-5: ὡς δριμὺ μὲν βλέπει τὸ ψυχάριον καὶ ὀξέως διορᾷ ταῦτα ἐφ' ἃ τέτραπται, ὡς οὐ φαύλην ἔχον τὴν ὄψιν, κακίᾳ δ' ἠναγκασμένον ὑπηρετεῖν, ὥστε ὅσῳ ἂν ὀξύτερον βλέπῃ [...].

8   Cf. *Rep.* IV, 441a3 y *Tim.* 86e1-2.

9   44b6-7.

llegue "a ser pleno y absolutamente sano (ὁλόκληρος ὑγιής τε παντελῶς)".[10] Como apunta Brisson (1994: 450), "el hombre está dirigido, en su totalidad, por el círculo de lo Mismo que es el asiento del conocimiento racional". Lo que el alma inmortal del hombre debe hacer es algo análogo a lo que hizo ya el demiurgo, quien se encontró con lo visible que estaba en movimientos desordenados y caóticos y le imprimió orden. Igualmente, el alma inmortal debe ordenar a la parte mortal del alma imprimiendo racionalidad. La razón es la única capaz de ordenar y, al hacerlo, puede distinguir lo que es lo mismo de lo que es lo otro. La plenitud y salud del hombre adquiridas tras este ordenamiento son determinantes para corregir, erradicar y prevenir el mal.

¿Por qué interesarse por la educación? Porque la posibilidad de que el hombre llegue o no a ser bueno depende de lograr aprender en lugar de haber sido persuadido. Mientras a los sofistas[11] les interesaba la retórica, Sócrates y Platón buscaban la verdad y el bien. La cita de *República* (VII, 518b6-519b6) con la que recuperé la definición de educación para Platón es una crítica dirigida a los sofistas. Ellos no estaban interesados en la verdad y el bien, sino que pensaban que no eran asequibles y que cada uno es poseedor de la verdad,[12] aunque ésta entre en contradicción con la del prójimo. Para Protágoras, por ejemplo, la siguiente proposición es correcta: si p entonces q, y p entonces no q, son proposiciones perfectamente verdaderas y válidas, ya que la verdad está en la apariencia. Sócrates y Platón, en cambio, pensaban que la verdad y el bien están en los objetos extramentales que somos capaces de conocer. La diferencia entre la postura sofística y la socrático-platónica es radical. No por ello es evidente. Podría considerarse a Sócrates como un sofista, pues, al igual que ellos, pretende enseñar lo que es la virtud, sobre cómo argumentar, lo que es la vida pública y el compromiso con los dioses y las leyes. Autores como Guthrie (1998), Jaeger (1995) y Corey (2015) distinguen a Sócrates de los sofistas a pesar de dichas similitudes.

---

[10] 44c1.

[11] Los sofistas buscaban enseñar a hablar bien en público para que el político supiera argumentar y aconsejar a sus ciudadanos en temas concernientes a la *polis*. Su enseñanza era meramente práctica (Cf. De Romilly, 2010: 24).

[12] Cf. Protágoras, fr. 1.

Cuando se habla de *paideia* sofista, lo que está en riesgo es la posibilidad real de la felicidad o la ilusión de la misma. Reforzando esta idea está el final del primer libro de *Leyes* en donde Platón deja claro que para él la función de la política o del Estado es el cuidado de las almas.[13] Un político no puede cumplir con esta encomienda si antes no ha cuidado de su alma. Por eso Sócrates le exige a Alcibíades que se conozca y se cuide a sí mismo.[14]

Hay que recordar lo que se le exige a Sócrates al inicio del libro IV de *República*, que cité en el capítulo anterior, pero que recupero nuevamente: "¿De qué modo te defenderías, Sócrates, si alguien afirmara que no haces en absoluto felices a estos hombres, y eso por causa de sí mismos?"[15] Protágoras, por ejemplo, prometía a sus discípulos que les enseñaría a hacer del argumento más débil el más fuerte.[16] La técnica era lo que importaba, no la ética o la verdad. Si dicho argumento era que matar a otro hombre por fama, dinero o poder era considerado el más débil, el sofista lograría que ese fuera ahora el más fuerte, con la finalidad de lograr persuadir a un tribunal, un pueblo o al gobierno mismo. Si tiene o no validez lo que está enseñando es irrelevante, él sigue siendo un maestro y educador. Para Platón esta es una de las razones por las que las ciudades tienen problemas, pues no existen criterios basados en la verdad y el bien que guíen las conductas humanas.

Concretamente lo que tanto Sócrates como Platón vieron fue que lo que compromete al hombre es la incapacidad para poder distinguir lo que es que es, de lo que no es que no es. En esto consiste el poder girar. Porque es cierto que el hombre alberga muchos conocimientos e ideas sobre la realidad, pero ello no garantiza que tales conocimientos o ideas sean verdaderos. La no veracidad de los mismos puede conducir a terribles males. Para ello es importante el examen de la propia persona, es decir, someter a diagnóstico a nuestro λόγος para evitar que éste albergue ideas falsas. Incluso, bajo una premisa pragmática como la sostenida por los sofistas, la distinción

---

13   Cf. *Lg.* I, 650b.

14   Cf. *Alc.* I, 124a y ss.

15   419a1-3: Τί οὖν, ἔφη, ὦ Σώκρατες, ἀπολογήσῃ, ἐάν τίς σε φῇ μὴ πάνυ τι εὐδαίμονας ποιεῖν τούτους τοὺς ἄνδρας, καὶ ταῦτα δι' ἑαυτούς [...].

16   Fr. 6b.

entre saber lo que sabes y creer que sabes lo que sabes establece toda la diferencia. Saber p me lleva a concluir necesariamente p, mientras que quien cree p, puede concluir cualquier cosa. Sp → p; Cp → p v ~p. Así es como inicia la cruzada de Platón contra la opinión, al detectar que si bien ésta puede servir como medio para alcanzar la verdad, también puede ser considerada como el fin de nuestros estados apetitivos o coléricos. Si la opinión no puede ser elevada a una reflexión sobre el ser de la realidad debe ser descartada. Varias serán las rutas para lograr desaprender lo aprendido, es decir, articular un pensamiento ordenado que sea capaz de meter en concordia al resto de las partes del alma. Una de las vías es el autoexamen que sugiere Sócrates en *Apología*. Dado que una creencia no puede ser exorcizada por nadie más sino por el propio individuo que la alberga es tarea del propio individuo deshacerse de ella. El autoexamen sirve para ello mediante una combinación de mayéutica e ironía, que Sócrates suele utilizar conjuntamente. Otra es la educación matemático-musical. La música, que en un sentido particular abarca cualquier manifestación sonora y en uno general cualquier producto asociado a la producción artística, posee ciertas cualidades que pueden ayudar en la educación de la persona. Platón intuyó la relevancia de la música en la ordenación del temperamento. Una más es la educación física, mediante la gimnasia. En *Timeo*[17] es claro que una mala salud física afecta inevitablemente la capacidad para buscar la verdad; además de la explicación psicosomática, Platón incluye la somatopsíquica. Alguien con dolores físicos fuertes, es decir, problemas de salud, no tiene la capacidad para concentrarse en estudiar cualquier tema. El conocimiento que Platón tenía sobre los humores y los avances médicos de su tiempo forman parte de su propuesta pedagógica para armonizar no sólo al alma, sino también al cuerpo.

La *paideia*[18] tenía como objetivo desarrollar en la persona una educación que incorporara los elementos de la época arcaica, así como los manifestados durante la Ilustración griega. Por un lado, todos los aspectos extrínsecos de la moralidad como el honor a los dioses, padres, extranjeros y, por otro, los

---

17 Cf. 86b1 ss.

18 Imposible que al hablar de este tema no haga referencia a Jaeger (1995: 19-29) y su monumental obra. Muchas de las ideas allí expuestas están recogidas en esta parte del libro.

intrínsecos, como la ἀρετή, es decir, un desarrollo espiritual. En este segundo aspecto la utilidad no es esencial, como pretendían los sofistas, sino la belleza, el καλόν. Por belleza entendían el ideal del hombre en sentido normativo. Tenerla significaba que esa persona además de bella era buena (ἀγαθός). Así surge el ideal de la *paideia* griega: καλοκἀγαθία. Esta bondad o nobleza absoluta a la que aspiraban los griegos sólo es posible mediante la educación, pues ésta garantizaba un hombre virtuoso, lleno de ἀρετή, siendo alguien bello-bueno. Para Platón la técnica o el arte que permitirá este desarrollo en el alma humana será la que logre que se gire hacia adentro para verse y conocer lo que hay de bueno y de malo, de orden y desorden en el interior de nosotros mismos. "La buena crianza debe poder producir claramente los más bellos y mejores cuerpos y almas".[19]

4.1. Examinarse para cuidarse

El día de su defensa frente al tribunal, Sócrates exclamó: "Una vida sin examen no merece ser vivida por el hombre".[20] Justo unas líneas antes él mismo había señalado que "el mayor bien para un hombre es tener conversaciones todos los días sobre la virtud".[21] Para Sócrates la virtud es conocimiento y mediante el conocimiento el hombre puede llegar a ser bueno, es decir, virtuoso. La ética socrática, que fue la misma para Platón al menos hasta el primer libro de *República*, sostenía dos tesis: 1) la virtud es conocimiento y 2) nadie obra mal voluntariamente. Cuando Sócrates habla de conocimiento ¿de qué está hablando? Entre los griegos el conocimiento puede entenderse de muchas maneras: como técnica, como opinión, como percepción y como ciencia.

Algo claro para Sócrates era que existe una diferencia importante entre saber y creer que sabes. Él piensa que todos los males parten de esta creencia:

---

19 *Lg.* VII, 788c6-8: ὅτι μὲν σώματα καὶ ψυχὰς τήν γε ὀρθὴν πάντως δεῖ τροφὴν φαίνεσθαι δυναμένην ὡς κάλλιστα καὶ ἄριστα ἐξεργάζεσθαι [...].

20 *Ap.* 38a5-6: ὁ δὲ ἀνεξέταστος βίος οὐ βιωτὸς ἀνθρώπῳ [...]. La traducción es mía.

21 *Ap.* 38a2-3: μέγιστον ἀγαθὸν ὂν ἀνθρώπῳ τοῦτο, ἑκάστης ἡμέρας περὶ ἀρετῆς τοὺς λογους ποιεισθαι [...]. La traducción es de Eggers Lan.

Música y matemática en la filosofía de Platón

"Luego esta ignorancia (ἄγνοια) es la causa de todos los males".[22] La ἄγνοια a la que se refiere aquí es a cuando alguien *cree que sabe lo que no sabe*. A este tipo de ignorancia la llamaré ignorancia arrogante (IA) y consiste en afirmar que posee un conocimiento total de cualquier cosa sin ser esto cierto. Parte de la creencia de que X posee todo lo que debe saber sobre Y. ¿Es posible que X realmente sepa todo sobre Y? Supongamos que Y es la política. ¿Es posible que X realmente sepa todo sobre política? Cuando digo *realmente sepa* tengo en mente que X es capaz de tener un conocimiento total, completo, en acto[23] y perfecto al cual ya no es posible agregarle nada en potencia porque ni hoy ni en ningún tiempo futuro habrá algo que agregar al conocimiento o saber. Esto quiere decir que, por ejemplo, siendo Y la política, X jamás podría hacer de Y otra cosa más que Y, es decir, sobre política ya lo sabe todo y no hay nada que agregar a Y que pueda convertirla en Y_1, Y_2, Y_3...Y_∞. La inviabilidad de que un conocimiento Y jamás pueda ser $Y + 1$ es una cuestión práctica, pues basta que surja algo nuevo en cualquier tema para que el conocimiento de dicho tema (Y) quede alterado y sea una nueva Y, a saber, Y_1.

Alcibíades, por ejemplo, será X, quien dice poseer un conocimiento Y total. Alcibíades cree saber todo sobre política y por eso está dispuesto a comparecer ante los atenienses para darles consejo sobre la guerra y la paz o cualquier otro asunto de la ciudad. Sin duda, Alcibíades tiene una idea de lo que es la guerra, la paz y algunos asuntos de urgencia sobre la ciudad. No obstante, sería ingenuo afirmar que Alcibíades ya lo sabe todo sobre estos temas, pues saber todo sobre la guerra y la paz significaría que está al tanto de todas las estrategias, de todos los tratados, de todas las condiciones que posibilitan y favorecen a la una y a la otra. Tomo la guerra. Basta que una nueva formación táctica, una nueva arma, escudo o falange se cree para que Alcibíades no lo sepa todo sobre la guerra, pues ahora existe un añadido previamente

---

22 *Alc. I*, 118a4: Αὕτη ἄρα ἡ ἄγνοια τῶν κακῶν αἰτία [...].

23 Soy consciente de que acto y potencia son conceptos resueltos por Aristóteles y que Platón no los utiliza. En este libro, cuando los use, será —como en el caso presente— como herramientas explicativas sobre el tema en discusión. Sin embargo, sí quiero mencionar que la semilla de todo esto se halla en *Teeteto* (152d-6e1): "Ciertamente, todo lo que decimos que es, está en proceso de llegar a ser. [...] Efectivamente, nada es jamás, sino que está siempre en proceso de llegar a ser".

inexistente, es decir, un Y_1. Esto es suficiente para contradecir la creencia de Alcibíades que afirmaba que él lo sabía todo sobre la guerra, razón por la que daría un discurso al pueblo ateniense. Este es, precisamente, un caso de IA, la ignorancia que es causa de todos los males.

El problema auténticamente radica en que el sujeto sea capaz de evitar creencias semejantes. Por principio antropológico es imposible que cualquier ser humano posea todo el conocimiento de cualquier cosa, así sea sobre una pluma. Un hecho que parece tan evidente pasa inadvertido y origina todos los males. Tras este diagnóstico es necesario establecer una vía que 1) permita una cura para este mal y que 2) evite la formación de nuevas creencias cargadas de contenido falso; fundamentalmente, porque éstas afectan directamente a nuestra alma.

4.1.1. El arte de dar a luz

En *Teeteto* (150b6 ss.) Sócrates advierte que su arte "de hacer parir (μαιεύσεως)" consiste en el mismo arte que realizan las parteras, a diferencia de que él "hace parir (μαιεύεσθαι) a los varones, no a las mujeres, y en que examina las almas de los que dan a luz, no sus cuerpos". Continúa: "Lo más importante de mi arte (τέχνη) es que es capaz de poner a prueba, por cualquier medio, si la mente del joven engendra una imagen y una falsedad, o algo fecundo y verdadero".[24] Según Sócrates puede hacerlo porque es "estéril en sabiduría", es decir, que mientras interroga a los demás no afirma ni niega nada. Y agrega, "el dios[25] me obliga a hacer parir, pero me impide engendrar". Por eso él no es sabio, como lo afirma en *Apología*.

La mayéutica pretende examinar al hombre o mujer que tiene alguna creencia. En el momento en que se da a conocer una creencia, normalmente en un diálogo, es cuando debe ser examinada. La mayor parte de las veces

---

24 Sobre la mayéutica como un embarazo masculino espiritual, remito al artículo de Futter (2018).

25 Ya desde *Apología* se anuncia la misión divina de Sócrates, misma que se repite a lo largo de los diálogos socráticos. Para Sócrates la obediencia era y debía ser hacia el dios: "Yo, atenienses, os aprecio y os quiero, pero voy a obedecer al dios más que a vosotros" (29d1-3). Boeri (2006: 85 n. 45) sugiere leer el pasaje antes citado a la luz de los comentarios de Jaeger (1995: 415-417). Lo más interesante de la interpretación que Jaeger hace de este pasaje es que en él encuentra los fundamentos para afirmar que la verdadera *paideia* consiste en el cuidado del alma.

dicha creencia o cúmulo de creencias no han sido suficientemente examinadas y pueden albergar falsedad. En el diálogo se hace referencia a la ceremonia de Anfidromia, que consistía en que al quinto o séptimo día —según la costumbre de los distintos pueblos— de nacida una criatura se realizaba un ritual donde se presentaba al recién nacido ante los dioses para posteriormente darle un nombre frente a los invitados. Esta misma ceremonia pretende llevarla a acabo Sócrates como resultado de la nueva creencia qua ha sido parida. El proceso mayéutico[26] es lo que liberará al hombre de las ideas falsas y le permitirá ideas buenas y verdaderas. Ya lo dice también en *Apología* (29d8-30a2):

> ¿No te avergüenzas [siendo ateniense] de preocuparte de cómo tendrás las mayores riquezas y la mayor fama y los mayores honores, y, en cambio no te preocupas ni interesas por el buen juicio, la verdad y por cómo tu alma va a ser lo mejor posible. Y si alguno de vosotros discute y dice que se cuida (ἐπιμελεῖσθαι), no pienso dejarlo al momento y marcharme, sino que lo interrogaré (ἐρήσομαι), examinaré (ἐξετάσω) y refutaré (ἐλέγξω), y, si me parece que no ha adquirido la virtud y dice que sí, le reprocharé que tiene en menos lo digno de más y tiene en mucho lo que vale poco.[27]

La filosofía de Sócrates está anclada a tres momentos: 1) interrogar,[28] 2) examinar y 3) refutar. Mediante el ejercicio de estas tres condiciones es que

---

26 Coincido con Vlastos (1995b: 4-5), quien considera que lo que realmente hace Sócrates es sólo algo *eléncti-co* y no meramente mayéutico. Si bien es cierto que el primero es el arte de interrogar para que el examinado concluya una nueva idea, pues el ἔλεγχος es parte de la mayéutica. Como Padilla (2003: 35) escribe: "El ἔλεγχος es parte del método socrático, pero también es parte del método platónico. El ἔλεγχος no es la totalidad del método socrático, pero es esencial para la dialéctica platónica porque el examinar y someter a prueba son fundamentales para la dialéctica platónica".

27 χρημάτων μὲν οὐκ αἰσχύνη ἐπιμελούμενος ὅπως σοι ἔσται ὡς πλεῖστα, καὶ δόξης καὶ τιμῆς, φρονήσεως δὲ καὶ ἀληθείας καὶ τῆς ψυχῆς ὅπως ὡς βελτίστη ἔσται οὐκ ἐπιμελῇ οὐδὲ φροντίζεις; καὶ ἐάν τις ὑμῶν ἀμφισβητήσῃ καὶ φῇ ἐπιμελεῖσθαι, οὐκ εὐθὺς ἀφήσω αὐτὸν οὐδ' ἄπειμι, ἀλλ' ἐρήσομαι αὐτὸν καὶ ἐξετάσω καὶ ἐλέγξω, καὶ ἐάν μοι μὴ δοκῇ κεκτῆσθαι ἀρετήν, φάναι δέ, ὀνειδιῶ ὅτι τὰ πλείστου ἄξια περὶ ἐλαχίστου ποιεῖται, τὰ δὲ φαυλότερα περὶ πλείονος. La traducción es del autor.

28 Santas (1982: 59-66) menciona que lo más característico de Sócrates es que siempre está pensando y que la manera socrática de pensar es mediante preguntas, con las cuales también hace pensar a los demás. Asimismo, recoge varias de las preguntas más características que se encuentran en los diálogos socráticos.

puede darse el proceso mayéutico; a través de interrogar, examinar y refutar es que los hombres paren nuevas ideas, mismas que deberán nuevamente atravesar por este proceso. De esta manera Sócrates se asegura de que lo que uno dice esté bien dicho, para que, de no ser así, se corrija el error. Así se justifica lo que Sócrates afirma en *Apología* (21d4-5): "Así como yo no sé, tampoco creo saber".[29] La paráfrasis de esta idea es la que afirma: *Sólo sé que no sé nada*. Sin embargo, me parece imprecisa y falaz. Afirmar que lo único que se sabe es que no se sabe nada es una contradicción, pues saber que no sé nada no es nada, sino algo. En cambio, lo que la frase busca indicar es lo que se busca erradicar del alma de la persona, a saber, que no se afirma un conocimiento que no se tiene.

Hay quienes, como Sexto Empírico,[30] consideran a Sócrates escéptico y confuso por esta idea. Sin embargo, lo que Sócrates está buscando es el mejor razonamiento (βέλτιστος λόγος),[31] algo que Zellini (2018: 111) entiende como un vínculo con el razonamiento matemático. La σκέψις de Sócrates, menciona Zellini, no niega la verdad, sino que la busca evitando atribuir posiciones unilaterales al valor del argumento, tal y como se realiza en el cálculo, donde el defecto y el exceso no coinciden con la razón exacta. La actitud que asume Sócrates desde el inicio es la de un investigador que busca la verdad, por lo que se cuida de no tener como concluyente ningún argumento hasta no ser probado dialécticamente. Por ello es que siempre parte de una abierta disposición al conocimiento, examinado mayéuticamente, en donde él no afirma ni niega nada de suyo sino hasta finalizar el examen.

La expresión *Sólo sé que no sé nada* es contradictoria con el siguiente modelo. Un sujeto X dice saber Y, y lo que dice saber es que no sabe nada $\sim Y$; por lo tanto, $X \rightarrow (Y \wedge \sim Y)$. En todo caso la expresión debería ser "Sé que

---

29 ὥσπερ οὖν οὐκ οἶδα, οὐδὲ οἴομαι. La traducción es del autor.

30 Cf. *EP*, I, 221-222. Allí, Sexto Empírico menciona que el tema del escepticismo de Sócrates y de Platón lo trabajó en otra obra, *Reseñas* (ὑπομνήματα), que no se conservó. Sin embargo, más adelante, en *EP* (II, 22-24), ubica a Sócrates como escéptico a propósito de un pasaje de *Fedro* (229e), donde éste señala no saber si es un hombre u otra cosa. Originalmente la σκέψις era la actitud a asumir para buscar la verdad, como sucedía en la Academia. El escéptico no dudaba para anular la posibilidad de conocimiento, sino para mantener una postura sana ante la posibilidad de la propia ignorancia.

31 Cf. *Crit.*, 46b1-6.

de matemáticas no lo sé todo", que deja abierta la posibilidad para ampliar el conocimiento y mantener la famosa ignorancia socrática, que yo llamaré la ignorancia del sabio (IS). El rastreo más tardío de esta paráfrasis se remonta al siglo III d.C., encontrada en el latino y apologeta cristiano Lactancio,[32] a quien se le atribuye el fragmento 62[33] de Zenón de Citio: "Por tanto, si nada se puede saber, como Sócrates enseñó, ni se debe opinar, como [sostuvo] Zenón, toda filosofía queda suprimida".[34] El propio Lactancio se percata de este hecho, por lo que la descontextualización de la idea socrática debe tener su origen aún más atrás, sin que sea claro cuál fue.

Anteriormente hablé de la ignorancia del arrogante (IA), que es la peor de todas y la causa de todos los males. Con lo expresado en el pasaje recién citado de *Apología* (21d4-5) aparece la ignorancia que para Sócrates es la deseada, es decir, la ignorancia del sabio (IS). Sólo quien reconoce su propia ignorancia está dispuesto a conocer más, a corregir, a cambiar, a ver cómo el alma puede ser lo mejor posible; en última instancia, a girar hacia el bien. Con el ejercicio de interrogar, examinar y refutar se busca que el sujeto examinado pueda llegar a esta conclusión. Quien cree que sabe lo que no sabe no logrará saber nada. La aporía de la ignorancia es que por un lado el sujeto que cree que sabe lo que no sabe, por la misma condición de su creencia, no está dispuesto a reconocer que no sabe, pues piensa que sí lo sabe. Por otro, es imposible no pensar en la relación que existe entre el contenido intelectual de un sujeto y las emociones de éste. Toda creencia está revestida de una carga emotiva imposible de negar. Así que lograr que alguien que posee la IA pueda pasar a la IS es complicado. ¿Cómo lograr que quien cree que lo sabe todo se dé cuenta de que no es así? Por otro lado, ¿es posible que alguien viva refutando constantemente sus propios pensamientos? Este es uno de los rasgos más complicados de atender en la teoría del autoconocimiento, pues cómo lograr saber lo que se ignora, dado que quien ignora, ignora que ignora, pues si supiera que ignora, dejaría de ignorar y podría hacer algo con dicho

---

32 *Instituciones divinas*, III 4 [*S.V.F.* I 54].

33 De la traducción de Ángel Cappelletti, quien así organizó los testimonios y fragmentos.

34 Ergo si neque sciri quidquam potest, ut Socrates docuit, nec opinari oportet, ut Zeno, tota philosophia sublata est.

reconocimiento de ignorancia. La aporía de la ignorancia conduce al autoengaño haciendo imposible desde uno mismo la corrección de la ignorancia.

Si bien lo deseable es poder llegar a ese estado en donde pueda refutar sus propios pensamientos y creencias, parece que esto es imposible sin la posibilidad de una refutación externa. Es posible mantener una actitud crítica hacia nuestras propias ideas y repasarlas constantemente, pero es imposible hacerlo siempre. Por ejemplo, cuando me quemo con la sartén es porque al tocarlo pensé que estaba frío o que el movimiento realizado lograría evitar tocar la sartén. No siempre se puede verificar todo lo que uno piensa en el momento preciso, aunque es lo anhelado como instrumento del autoconocimiento. Si lo hubiera hecho, no me hubiera quemado. Errores como el narrado son superficiales frente a los males que ve Sócrates, pues no es lo mismo quemarse por no pensar que podías quemarte que pensar que el bien propio es superior al bien común, o que las apariencias son superiores que la realidad. En *Leyes* (V, 731e4-732b2), Platón sentencia que el amor propio distorsiona la capacidad para amar lo justo, enfatizando la primacía sobre el amor a la verdad, ya que el amor a sí mismo es, en este caso, la causa de la ignorancia. Sobre este segundo tipo de casos son sobre los que se hará mayéutica.

Lo más grave de albergar una creencia falsa es que ese tipo de conocimiento forma parte de la parte más valiosa de la persona: su alma. Un conocimiento falso enferma al alma. De allí lo radical de la propuesta de Sócrates: interrogar, examinar y refutar. También lo necesario del diálogo, pues sin él el conocimiento es imposible. Gracias al diálogo es que se puede llevar a cabo el ejercicio mayéutico. *Alcibíades I* es un excelente ejemplo de ejercicio mayéutico, aunque hay autores que lo consideran espurio o apócrifo.[35]

---

[35] Finalmente, concuerdo con lo expresado por Alejandro Vigo en su curso sobre autoconocimiento, dictado en la Universidad Panamericana en agosto de 2018, a propósito de la autenticidad de este diálogo al señalar que sea o no escrito por Platón, lo relevante del diálogo es que es auténticamente platónico en su contenido, reflexión y análisis. Sobre la discusión alrededor de la autenticidad del diálogo remito al artículo de Jirsa (2009). Fue Schleiermacher (1936: 330 ss.) quien cuestionó por primera vez la autenticidad del diálogo argumentando la inconsistencia que él encuentra entre los temas centrales del mismo, pues si bien acepta que hay momentos muy platónicos en él, otros lucen muy flojos y carentes de la filosofía platónica, como el caso del ejemplo pedagógico donde celebra las virtudes de los persas y de los lacedemonios. Jirsa, sin embargo, brinda contraargumentos que reposicionan al diálogo entre los escritos de Platón. Boeri-Kanayama (2018: 5 n. 12) recogen muy buena literatura a propósito de este debate.

La mayéutica consiste, principalmente, en lograr que cualquier sujeto verifique, autentique y compruebe o modifique una creencia, dando como resultado una nueva idea; precisamente, la recién parida. Es el origen del método científico. Todo sujeto *X* tiene una creencia *Y*, como el ejemplo que ya puse líneas arriba sobre Alcibíades, quien piensa que ya lo sabe todo sobre la guerra. El sujeto *X* piensa que no es posible agregarle nada a la creencia *Y*, pues la considera completa. Aparece otro sujeto en el camino de *X*, le llamaré *S* e inicia un diálogo con *X*. En esta conversación *X* externa lo que piensa sobre *Y*, *S* le hace preguntas sobre el conocimiento que *X* señala tener sobre *Y*, hasta que *X* se percata de que no lo sabe todo sobre *Y*, obligándolo a tomar uno de tres caminos: a) aceptar su error y modificarlo, b) aceptar su error y decidir no cambiarlo y c) no aceptar su error. De los tres casos el más dañino para el alma es c), pues sólo quien reconoce su error puede modificarlo y cambiar. La mejor es la opción a), pues muestra el auténtico deseo por la verdad y el bien.

Una manera de comprender el proceso mayéutico es el siguiente:

1. *X* dice que sabe *Y*.
2. *S* le pregunta a *X* sobre lo que dice saber de *Y*.
3. *X* se da cuenta que sabe algo de *Y*, pero no todo.
4. Por lo tanto, gracias al interrogatorio de *S*, *X* reconoce su ignorancia sobre lo que dice saber de *Y*.

El punto 4 es el más complicado, pues obliga al examinado a reconocer su error. Que *X* reconozca su ignorancia es una tarea complicada. Lo común es que una vez que *X* se ve obligado a reconocer su ignorancia respecto de *Y* experimente una alteración afectiva, normalmente un impulso de enojo. Así muestra Platón en sus diálogos. Basta recordar a Calicles en *Gorgias*, al propio Alcibíades en el diálogo homónimo o a Trasímaco en *República*. Reconocer la propia ignorancia parece ser una tarea más compleja que sólo un proceso mayéutico. Por ello menciono que cuando S logra que *X* se dé cuenta de que no lo sabe todo sobre *Y* surge alguno de los tres escenarios: a) acepta su error y lo modifica, b) acepta su error y decide no cambiarlo y c) no acepta su error. Evidentemente la opción c) es lo que le sucede a Calicles, Alcibíades y Trasímaco, pues no aceptan que su creencia es falsa o incompleta.

Se ha logrado un primer paso en el reconocimiento de la ignorancia. No obstante, parece insuficiente. ¿Por qué el proceso de interrogar, examinar y refutar que propone Sócrates no alcanza para que el examinado busque cambiar? La primera razón es precisamente aquella por la que se lo examina, es decir, una creencia no puede ser modificada desde el exterior; necesariamente tiene que ser un ejercicio interno de aceptación de la creencia falsa para buscar modificarla; lo que al inicio del capítulo llamé educación. Dado que toda idea es algo de lo que uno se apropia, sólo puede ser eliminada o modificada por el mismo sujeto que inicialmente la aceptó. La idea madre que es necesario erradicar para poder aceptar 4 es la siguiente: "Equivocarme está mal", que también podría ser: "Ser ignorante está mal", "equivocarme es ser un tonto" y cualquier idea semejante. Cuando Sócrates sentencia que nunca dejará de hacer parir a los hombres, es decir, de interrogarlos, examinarlos y refutarlos, lo hace porque sabe que es la única manera de lograr que una creencia falsa sea reconocida para posteriormente ser reemplazada por una verdadera y, en última instancia, alcanzar el autoconocimiento.

Sócrates ofrece un método que le permita a cualquier hombre poder identificar creencias falsas para erradicarlas del alma y así evitar la peor enfermedad: la ignorancia. Nada daña más al hombre y a la sociedad en la que vive que la ignorancia. La mayéutica es el método pedagógico que busca dar a luz ideas bien formadas, alejadas de las apariencias (φαντασίαι) y de las opiniones (δόξαι). La incapacidad para aceptar 4 es lo que valida y hace necesaria esta inspección del alma. La *paideia* requiere de una disposición por parte del sujeto para su eficacia. Si X no está dispuesto a reconocer que no lo sabe todo de Y o que lo que dice afirmar de Y es, en realidad, falso, entonces no puede haber *paideia* de ningún tipo. Sólo hasta que se reconozca que siempre es posible $Y + 1$ es que será posible cualquier tipo de aprendizaje en el sujeto, pues quien niega la alteración en el contenido de su conocimiento, también lo hace con su capacidad para seguir aprendiendo. Porque cuando X acepta que Y tiene modificaciones, ésta se convierte en Y_1; a su vez, X queda modificado y ahora X es X_1. Cada que X sea capaz de detectar algo nuevo en *Y*, *X* también cambia. Este es parte del proceso que la *paideia* necesita para que ésta surja en el individuo. Así como *Y* puede tener algo nuevo que no sabía de ella y este proceso se extiende al infinito, así también la capacidad de *X* para conocer tiene la misma extensión: $X_\infty = Y_\infty$. El reconocimiento de estos infinitos da pie a la auténtica posibilidad para crear nuevos conocimientos y para que el sujeto permita ser educado. Cuando *X* no puede aceptar 4 queda imposibilitado para cualquier proceso pedagógico.

Pongo un ejemplo donde el examinado logró aceptar su ignorancia y la corrección. El diálogo entre Sócrates y Polo en *Gorgias* (474c5-475e6) me parece paradigmático sobre la forma de examinar a una persona, pero, sobre todo, de cómo una persona logra rectificar su posición original, que era afirmar que "es mejor cometer injusticia que sufrirla". Sócrates revira con otra pregunta: "¿Y qué, entonces? ¿Qué es más vergonzoso,[36] cometer injusticia o padecerla?"[37] Polo responde que cometer injusticia es más vergonzoso. Con ello Polo está a un paso de darse cuenta de la contradicción en la que ha caído, pues de sostener ambas tesis como verdaderas estaría afirmando que lo mejor es lo más vergonzoso.

El ejercicio mayéutico pretende hacer consciente al sujeto *X* que su creencia es falsa. Pero como ya lo he dicho, no es fácil reconocer que esto es así. Cuando el mero diálogo no es suficiente para provocar la autorreflexión sobre la propia ignorancia, a saber, reconocer que no se sabe lo que

---

36   El vocablo que usa aquí Platón es αἴσχιον, y que Santa Cruz traduce por *feo*. Así también lo hace Calonge y Schmidt. Aunque no es incorrecto, considero que por el carácter moral de la discusión en realidad se refiere a sentir vergüenza porque determinada acción es mala o fea. Así, como es fea, quedo avergonzado. Lamb, por su lado, traduce el mismo vocablo por "fouler", que es realizar algo sucio e indecente. Dodds (1959: 248) en la reconstrucción de la "discusión dialéctica" entre Polo y Sócrates entrecomilla "uglier" y prefiere establecer una relación entre αἴσχος y καλός como "menos admirable" y "admirable". Por su parte, Race (1979: 197) hace ver en su artículo que de "todos los motivos que surgen durante el diálogo, el más insistente es el de la vergüenza, pues la palabra *aischyne* (junto con sus formas verbales de *aischynomai* y el adjetivo *aischros*) aparece más de 75 veces". Además, en su análisis sobre el debate entre Polo y Sócrates traduce el vocablo griego como lo hago yo (p. 199). Soy consciente del problema terminológico en el que me meto al hacerlo, pues αἴσχος aparece en oposición a καλός, que normalmente es traducido como bello, aunque bajo este criterio, y para mantener la congruencia de la terminología, traduciré como *noble*. Agradezco los comentarios de Marita Santa Cruz sobre esta decisión en un trabajo que presenté en el IV Congreso Latinoamericano de Filosofía Antigua (ALFA), celebrado en la Universidad del Litoral, en Santa Fe, Argentina, del 10 al 12 de septiembre de 2014.

37   474c6-7: Τί δὲ δή; αἴσχιον πότερον τὸ ἀδικεῖν ἢ τὸ ἀδικεῖσθαι; ἀποκρίνου.

se pensaba que se sabía, entonces se debe buscar otra alternativa de inspección para acorralar a quien la detenta para que la reconozca como es. Sócrates hace que Polo entre en contradicción obligándolo a aceptar su ignorancia.

X piensa que sabe *Y* quiere decir que *X* asume una serie de creencias que implican necesariamente a *Y*. *S*, mediante un interrogatorio hace ver a *X* que algunos supuestos de *Y* entran en conflicto con la tesis original que se sostenía sobre *Y*.[38] El ejemplo de Polo es muy claro. Polo piensa que sabe sobre lo que es la justicia, aunque no ha pensado sobre todas las cuestiones asumidas implícitamente en dicha creencia. En su caso, por ejemplo, el tema de la justicia implica otros temas como la vergüenza, el castigo o la felicidad, mismos que no pueden eludirse. Por ello, el concepto de justicia implica el de vergüenza (*Yv*) o castigo (*Yc*) o felicidad (*Yf*), sin mencionar que la posición asumida sobre si es mejor o no cometer injusticia o padecerla compromete a todo el sistema.

Todos partimos de que lo que hacemos, decimos o pensamos es lo mejor. Sócrates decretaba que "nadie hace el mal intencionadamente",[39] tesis que el propio Platón mantuvo hasta su vejez. Aristóteles, por su parte, afirmó en *Ética nicomáquea* (I, 1094a1-4) que "todo arte y toda investigación e, igualmente, toda acción y libre elección parecen tender a algún bien; por eso se ha manifestado, con razón, que el bien es aquello hacia lo que todas las cosas tienden". Esta idea puede parafrasearse como que *toda acción humana tiende al bien*. Tanto la tesis de Sócrates como la de Aristóteles apuntan hacia la concepción de que sepamos o no qué es lo mejor, siempre partimos de lo mejor para actuar. Por eso Sócrates le pregunta a Polo ¿qué es mejor? ¿Sufrir una injusticia o cometerla?

Su representación queda de la siguiente manera. Mejor: (~*Yco* v ~*Ypa*). *Y* representa a la justicia, *co* a cometerla y *pa* a padecerla. En el momento en que se responde a cualquier de las opciones planteadas por la disyuntiva se

---

38   Vlastos (1995b: 3) explica esto mismo cuando señala que lo que Sócrates pretende es examinar si las premisas alrededor de la tesis original son falsas o alguna es falsa para lograr el objetivo.

39   Referencias textuales o conceptuales donde se encuentra la expresión *nadie obra mal intencionadamente*: *Ap.* 26a1-4, 37a5-6; *Gorg.* 467c4-468c8, 488d3, 509d6-e5; *Prot.* 345d8, 358c8-d3; *Men.* 77b5-78b5; *Rep.* IX 589b7-d3; *Sof.* 228c6; *Tim.* 86d6-e2; *Lg.* V 731c1-4, 743b2-4, IX 860d1.

asume una postura en donde no sólo se compromete con ~*Yco* o ~*Ypa*, sino con todo lo que implica la una o la otra.

Ahora se hará la siguiente pregunta partiendo de la búsqueda por lo mejor: ¿qué es más vergonzoso, sufrir una injusticia o cometerla? Esta pregunta la representaré de la siguiente manera. Vergonzoso: (~*Yco* v ~*Ypa*). Mediante la correlación de estas dos posturas es posible determinar la coherencia y congruencia del planteamiento y conocimiento sobre la justicia (*Y*). Polo piensa que ~*Yco* → *M* y que ~*Yco* → *V*. ¿Puede lo mejor ser simultáneamente vergonzoso? *M*(~*Yco*) ∧ *V*(~*Yco*). ¿Es lo vergonzoso malo? El vocablo griego para vergüenza es αἶσχος, proveniente del verbo αἰσχύνω. El verbo no sólo significa sentir vergüenza, sino desfigurar. Esto rompe el ideal griego de la ἀρήτη que pretende la *paideia*. Si lo mejor es vergonzoso y lo vergonzoso es algo que desfigura, entonces lo mejor desfigura. El ideal de la *paideia* es que el hombre sea καλοκἀγαθός, es decir, alguien con capacidades nobles y buenas que están engarzadas por naturaleza. Esta nobleza es lo que los griegos entendieron por belleza y por lo que designaron al hombre instruido como un καλοκἀγαθός, es decir, un hombre bello-bueno, donde lo bello no es una percepción estética sino una configuración moral.

En esta misma lógica, lo bello-bueno es lo mejor, pero Polo afirmó que lo mejor es lo malo. Sócrates logra, a través del propio esquema planteado —interrogar, examinar y refutar—, que Polo se dé cuenta de su ignorancia al haber sostenido dos tesis que entre sí son incompatibles, por ser contradictorias. Al sostener que *M*(~*Yco*) ∧ *V*(~*Yco*) se concluye que *M* = *V*. Sin embargo, la vergüenza (*V*) desfigura (*D*) y lo que desfigura es malo (*W*), y lo malo es contrario de lo mejor (*M*), por lo que *V* es contraria de *M* (*V* ≠ *M*). Al poder llegar a esta conclusión el examinado se ve obligado a refutarse a sí mismo al identificar la contradicción de su propio planteamiento inicial. Así, *X* aprende que lo que pensaba sobre *Y* en un sentido es contradictorio con *Y* misma, percatándose de que 1) no lo sabía todo sobre *Y*, y que 2) lo que pensaba que sabía sobre *Y* anulaba cualquier conocimiento posible sobre *Y*. Al obtener 1) y 2) *X* está en disposición de realizar una nueva dinámica al internamente modificar la interpretación o creencia que se tiene de *Y*. Lograrlo significa que *X* ahora es X_1, pues ha iniciado un proceso hacia la búsqueda del conocimiento en donde cada conocimiento adquirido necesariamente modifica a X.[40]

Por eso cuando Sócrates vuelve a interrogar a Polo éste responde que lo mejor es sufrir injusticia:

> Sócrates: Entonces yo estaba en lo cierto cuando decía que ni yo, ni tú, ni ningún otro hombre preferiría cometer injusticia a padecerla; pues resulta que es más malo.
> Polo: Eso parece.[41]

Por otro lado, está el caso de Calicles, quien estima que lo dicho por Sócrates es una broma (παίζω),[42] desacreditando la argumentación que mantuvieron Polo y Sócrates hasta ese momento. Calicles le arrebata la palabra a Polo y a partir de 481b6 hasta el término del diálogo habrá un intercambio de ideas entre él y Sócrates. Hacia el final (517a2 ss.) Sócrates se muestra desesperado ante la actitud que toma Calicles de entrar en contradicción y no reconocer lo que él mismo había afirmado antes sólo por no convenirle en la argumentación presente: "Tú ya estabas de acuerdo", le increpa Sócrates. En el colofón del diálogo (527d5-e5), Sócrates, con esa posición de Calicles, cierra así el tema:

> En vergonzoso (αἰσχρὸν), en efecto, que hallándonos en la situación en la que parece que ahora estamos, fanfarroneáramos como si fuéramos algo, nosotros que jamás opinamos (δοκεῖ) lo mismo sobre las mismas cosas, y eso incluso sobre las más importantes. A tal extremo de incultura hemos llegado (εἰς τοσοῦτον ἥκομεν ἀπαιδευσίας). Sirvámonos entonces como guía

---

40 En un artículo publicado recientemente, Catalina González (2012) muestra nítidamente las semejanzas y diferencias entre la retórica socrática y la de *Gorgias*. En este artículo la autora hace ver cómo la diferencia entre la retórica practicada por Sócrates sirve como herramienta en la búsqueda y obtención de la verdad, mientras que la retórica del Leontino pretende sólo el placer y la diversión sin intención de verdad. En última instancia, Sócrates imparte cátedra de retórica en *Gorgias* a quienes se llaman a sí mismos retóricos.

41 *Gorg.* 475e3-6: {–ΣΩ.} Ἀληθῆ ἄρα ἐγὼ ἔλεγον, ὅτι οὔτ' ἂν ἐγὼ οὔτ' ἂν σὺ οὔτ' ἄλλος οὐδεὶς ἀνθρώπων δέξαιτ› ἂν μᾶλλον ἀδικεῖν ἢ ἀδικεῖσθαι· κάκιον γὰρ τυγχάνει ὄν. {–ΠΩΛ.} Φαίνεται.

42 Cf. *Gorg.* 481b6-7: Εἰπέ μοι, ὦ Χαιρεφῶν, σπουδάζει ταῦτα Σωκράτης ἢ παίζει;

de este argumento que acaba de presentarse ante nosotros, que nos señala que el modo más excelso de vida es el que consiste en practicar la justicia y todas las demás virtudes, tanto en la vida como al morir.[43]

Para gente como Calicles que en lugar de aceptar la propia contradicción prefiere desdecirse (contradecirse en lo otro) para escaparse de una aporía que lo obligaría a reconocer la propia ignorancia y la corrección de su planteamiento inicial sólo queda como recurso pedagógico la ironía (εἰρωνεία), porque cuando alguien es capaz de desdecirse con tal de "ganar" un argumento, así sea éste falaz, queda muy poco λόγος con el cual dialogar.

Mediante la ironía Sócrates hará una nueva estrategia que consiste en asumir su propia ignorancia o ejecutar una disimulación sobre el tema debatido con el propósito de que el otro, el examinado, logre percatarse de su ignorancia.

4.1.2. La ironía como juego dialéctico

Uno de los rasgos de Sócrates era la mordacidad con la que refutaba a su interlocutor. Para ello utilizaba varias herramientas. Una de ellas era la mayéutica o elenco, recién trabajada; otra era la ironía. Mediante ésta pretendía que su adversario en la discusión asumiera la falsedad de su argumento o premisa. En realidad, la ironía por sí misma es una herramienta complicada de usar, pues requiere cierta capacidad intelectual del otro para poder ser captada.[44] La ironía es un tropo en donde se afirma o se dice lo contrario de lo que se quiere realmente decir. Si afirmo, por ejemplo, "qué buena estuvo la conferencia", pero en ésta el público asistente se durmió, realmente pretendo decir lo opuesto. Sin embargo, esto presenta dos problemas. 1) Que el otro pueda entender que estoy hablando en sentido figurativo, es decir, irónico y que 2) la ironía por sí

---

43   αἰσχρὸν γὰρ ἔχοντάς γε ὡς νῦν φαινόμεθα ἔχειν, ἔπειτα νεανιεύεσθαι ὡς τὶ ὄντας, οἷς οὐδέποτε ταὐτὰ δοκεῖ περὶ τῶν αὐτῶν, καὶ ταῦτα περὶ τῶν μεγίστων – εἰς τοσοῦτον ἥκομεν ἀπαιδευσίας – ὥσπερ οὖν ἡγεμόνι τῷ λόγῳ χρησώμεθα τῷ νῦν παραφανέντι, ὃς ἡμῖν σημαίνει ὅτι οὗτος ὁ τρόπος ἄριστος τοῦ βίου, καὶ τὴν δικαιοσύνην καὶ τὴν ἄλλην ἀρετὴν ἀσκοῦντας καὶ ζῆν καὶ τεθνάναι. Como ya lo señalé en otra nota, traduzco por vergüenza (aquí vergonzoso) el vocablo αἰσχρὸν que Santa Cruz traduce por feo.

44   Szlezák (1991: 136) piensa algo semejante, pues por un lado habla de ella como algo importante para Platón, con la limitación de que no todo está sujeto al tratamiento irónico como lo divino y lo eterno, es decir, las Ideas. Acepta, eso sí, que Platón usa la ironía como un medio para preparar al lector en lo ridículo y absurdo que pueden ser ciertas actitudes contrarias.

sola no prueba nada. De la afirmación irónica "qué buena estuvo la conferencia" porque el público asistente se haya quedado dormido no se sigue necesariamente que de suyo la conferencia haya sido realmente mala.

La pregunta sería, ¿para qué quiero decir algo con un sentido distinto al que pretendo dar a entender? Como señala Vlastos (1991: 21), por a) humor, b) como burla y c) como ostensión. Cuando se realiza por a) normalmente no hay b), aunque podría darse algún caso y definitivamente no hay c). Cuando se da b) necesariamente hay a), pero no necesariamente c). Finalmente, siempre que hay c), necesariamente hay b) y a). La ironía como ostensión busca manifestar algo, normalmente un conocimiento o una falta de conocimiento, la corrección de una premisa cuyo desenlace silogístico devenga en una conclusión falsa. "El objetivo de la ironía es lograr un particular efecto retórico, que puede incluir valores verdaderos asumidos llamados a ser interrogados" (Sayre, 2002: 55).

Tomaré un pasaje de *Banquete* (218d7-219a4) para ilustrar la ironía socrática, fundamentalmente usada como ostensión.

> Querido Alcibíades, en verdad parece que no eres tonto, si es por acaso verdad lo que dices y si hay en mí cierta capacidad por obra de la cual tú podrías hacerte mejor. Una extraordinaria belleza, por cierto, estarías viendo en mí, y muy distinta de la hermosura en ti presente. Si al verla intentas realmente asociarte conmigo y cambiar belleza por belleza, no en poco piensas aventajarme; en lugar de apariencia, auténticas cosas bellas piensas adquirir y realmente intentas cambiar oro por bronce. Pero, bienaventurado amigo, fíjate mejor, no sea que te pase inadvertido que nada soy. En verdad, la visión de la inteligencia comienza a ver con agudeza cuando la propia de la plenitud de los ojos empieza a decaer, pero tú estás todavía lejos de eso.[45]

---

45 Ὦ φίλε Ἀλκιβιάδη, κινδυνεύεις τῷ ὄντι οὐ φαῦλος εἶναι, εἴπερ ἀληθῆ τυγχάνει ὄντα ἃ λέγεις περὶ ἐμοῦ, καί τις ἔστ' ἐν ἐμοὶ δύναμις δι' ἧς ἂν σὺ γένοιο ἀμείνων· ἀμήχανόν τοι κάλλος ὁρῴης ἂν ἐν ἐμοὶ καὶ τῆς παρὰ σοὶ εὐμορφίας πάμπολυ διαφέρον. εἰ δὴ καθορῶν αὐτὸ κοινώσασθαί τέ μοι ἐπιχειρεῖς καὶ ἀλλάξασθαι κάλλος ἀντὶ κάλλους, οὐκ ὀλίγῳ μου πλεονεκτεῖν διανοῇ, ἀλλ' ἀντὶ δόξης ἀλήθειαν καλῶν κτᾶσθαι ἐπιχειρεῖς καὶ τῷ ὄντι "‹χρύσεα χαλκείων›" διαμείβεσθαι νοεῖς. ἀλλ', ὦ μακάριε,

Sócrates aquí está, irónicamente (εἰρωνικῶς[46]), haciéndole ver a Alcibíades que la belleza que cada uno busca no es la misma. Alcibíades busca la compañía de Sócrates —quiere ser su amante—, pero Sócrates no está interesado en lo que Alcibíades puede ofrecerle. Mientras Alcibíades considera que su belleza física es suficiente para atraer a un hombre como Sócrates, éste no le está ofreciendo su físico, sino su sabiduría. Es decir, un intercambio de oro por bronce, una transacción que no es justa en absoluto.[47] La ironía está desde el inicio: "...en verdad parece que no eres tonto (φαῦλος)...". Después sigue la explicación sobre el oro y el bronce, la belleza física y la belleza del alma, con lo que Sócrates le da a entender a Alcibíades que, de hecho, sí es tonto por siquiera pensar que él podía ser amante de Sócrates.[48] Líneas antes en el diálogo Alcibíades explica que lo que él buscaba era el intercambio entre la belleza interior de Sócrates por la propia belleza juvenil.

De tal forma que Alcibíades logra darse cuenta de la ironía que Sócrates aplica con él para hacerlo reflexionar, llevarlo a la ostensión, de la realidad. Sea por su juventud o inocencia, Alcibíades realmente pensaba que Sócrates lo aceptaría como su amante, bajo el intercambio de dos bienes, la belleza exterior del primero (propia de su juventud) y la belleza interior del segundo (propia de la vejez). Probablemente partió de la premisa cultural de la época, donde era muy común ese tipo de relaciones entre jóvenes bellos y viejos sabios. ¿Cómo pudo Alcibíades pensar que Sócrates lo rechazaría? Con la creencia de Alcibíades y, probablemente, de la mayoría ateniense del siglo V, Sócrates aceptaría tal propuesta sin meditarlo. Pero Sócrates, nuevamente, brinda una lección moral: la sabiduría sólo puede intercambiarse por sabiduría. La sabiduría es oro (χρύσεος), es una belleza verdadera (ἀλήθειαν

ἄμεινον σκόπει, μή σε λανθάνω οὐδὲν ὤν. ἤ τοι τῆς διανοίας ὄψις ἄρχεται ὀξὺ βλέπειν ὅταν ἡ τῶν ὀμμάτων τῆς ἀκμῆς λήγειν ἐπιχειρῇ· σὺ δὲ τούτων ἔτι πόρρω.

46   Sobre el uso y concepción del sustantivo griego εἰρωνεία me remito al trabajo de Wolfsdorf (2007: 175-176), quien al inicio de su artículo detalla muy bien la evolución del vocablo.

47   Vale la pena reconocer el tratamiento de esta idea en la última obra de Platón. En *Leyes* (V, 727e y ss.) hay una reflexión sobre el valor del alma y del cuerpo frente a quienes piensan que el cuerpo es lo más bello no entendiendo el oro que están perdiendo.

48   En su artículo, el profesor Vlastos (1991: 32-37) busca defender también esta idea, es decir, que Sócrates es un ironista frente a las posturas de otros autores que consideran que Sócrates es un engañador.

καλῶν) y no aparente como lo es la belleza física. Pero Alcibíades no lo entendió todo.

Líneas más adelante continúa él relatando lo que sucedió esa noche con Sócrates y deja ver que él tomó la ironía de éste bajo la segunda acepción, es decir, como burla. Pero Sócrates no sólo se estaba burlando de Alcibíades, sino que pretendía que éste aprendiera algo nuevo, es decir, buscaba la ostensión. Alcibíades termina ofendiéndose tras el trato que dice Sócrates tuvo hacia él cuando se fue a acostar a su lado: "¡Con cuánta soberbia se burló (κατεγέλασεν) de mi joven hermosura y me afrentó![49] Y pensar que yo creía, queridos jueces, que eso era de algún valor".[50] Sin embargo, su discurso parece lograr el entendimiento que buscaba Sócrates en él. Hacia el final del mismo se le nota más calmado al aceptar la grandeza de Sócrates. La ostensión se hace presente en el joven Alcibíades.

De esa manera, Sócrates le dice a Alcibíades que no es tonto (φαῦλος) para que se dé cuenta de que sí lo está haciendo al no entender que la compañía de Sócrates no puede ser adquirida mediante su belleza juvenil. El uso de la ironía no es de humor ni de burla, como piensa inicialmente Alcibíades, sino de ostensión, aunque estén incluidas en esta última. Es posible notarlo en la misma oración donde se ofende por el trato que Sócrates le da, pues tanto las palabras como los gestos de Sócrates provocan en Alcibíades la reflexión de si su "joven hermosura (τῆς ἐμῆς ὥρας)" es "de algún valor (τι εἶναι)". La afrenta de Sócrates es la actitud que muestra frente al joven y apuesto Alcibíades, quien se ve confrontado en sus preconcepciones sobre la belleza, la hermosura y la sabiduría. La ironía, además, se da también porque no sólo se da cuenta Alcibíades que su belleza física no sirve para la sabiduría, sino porque quien no tiene belleza física, i.e., Sócrates, es poseedor de la sabiduría. El más bello quiere estar con el más feo, y el más feo rechaza al bello por no ser realmente bello. La única belleza posible es la dada por la sabiduría. Precisamente, las

---

49   El vocablo griego utilizado aquí es κατεφρόνησεν, que decido traducir como "afrentó", en lugar de como "despreció", que es la traducción de Juliá, por considerar que atiende mejor al contexto de este pasaje que, en mi opinión, gira en torno al tema de la ironía y cómo ésta logra modificar poco a poco una idea preconcebida.

50   *Banq.* 219c4-5: τε καὶ κατεφρόνησεν καὶ κατεγέλασεν τῆς ἐμῆς ὥρας καὶ ὕβρισεν – καὶ περὶ ἐκεῖνό γε ᾤμην τὶ εἶναι, ὦ ἄνδρες δικασταί.

palabras finales de Alcibíades en este tema así lo confirman, pues reconoce que sólo los discursos bellos, i.e., cargados de imágenes sagradas de virtud (ἀγάλματ› ἀρετῆς), que son los pronunciados por Sócrates, son los que permiten alcanzar el ideal de la *paideia* griega: llegar a ser bello-bueno (καλῷ κἀγαθῷ ἔσεσθαι).[51]

Alcibíades partió de una premisa —la belleza física es intercambiable con la belleza interior—, que le ofreció a Sócrates a cambio de su sabiduría. Mediante un ejercicio de ironía, Sócrates le llama tonto a Alcibíades —"...en verdad parece que no eres tonto (φαῦλος)..."— que permanece en el joven hermoso a manera de confrontación interna. La razón es la siguiente: (1) Sócrates le dice a Alcibíades que no parece ser tonto. Sin embargo, tras arrojar esta afirmación señala que (2) No lo considera tonto porque si dice verdad y hay algo en él (Sócrates) gracias a lo cual Alcibíades pudiera hacerse mejor, entonces podrá entender lo siguiente, que es, (3) percatarse de que él (Alcibíades) ve una extraordinaria belleza en Sócrates que es muy diferente de la que el joven posee. Hasta este momento, Alcibíades no sería tonto si lograra distinguir entre (a) la belleza en él presente y (b) la belleza presente en Sócrates. En principio, ambas pueden ser denominadas bellezas, pero ¿son lo mismo? Alcibíades sólo está pensando en la belleza, mas no en el valor de cada una. Por esta razón Sócrates prosigue con su discurso y le hace ver que (4) la belleza de Alcibíades es de apariencia, mientras que la que él, Sócrates, puede ofrecer es la real, en un intercambio de bronce por oro.

Dado que Alcibíades sí pretende dicho intercambio, la "adulación" inicial de Sócrates de que el joven bello no era tonto sólo era un ejercicio irónico, pues resulta que sí lo es. Lo es porque asume que ambas bellezas son intercambiables, algo sólo viable si existiera una relación auténtica de valor entre ambas. Luego, tras el gesto irónico, Sócrates mismo disculpa a Alcibíades del error pues expresa que la visión de la inteligencia se logra cuando la visión del ojo comienza a decaer, es decir, alcanzar la comprensión de esos conceptos es posible hacia la vejez, pero muy improbable lograrlo en la juventud. Precisamente, porque la inteligencia de Alcibíades aún no está bien afinada es

---

51   *Ban.* 222a6.

que éste requiere de algo diferente para corregir premisas falsas que, al parecer, de no ser por el ejercicio irónico, no se lograrían enmendar. La ironía logra que Alcibíades gire para abandonar la apariencia por la verdad.

La dialéctica, que consiste en dar razón del propio conocimiento,[52] es auxiliada mediante la ironía. Precisamente se puede notar esto cuando después de la ironía que Sócrates hace sobre Alcibíades, éste logra al final exponer por su propia cuenta la razón del rechazo del maestro a sus favores juveniles. La ironía logra que la reflexión quede en uno mismo sobre lo que se piensa. Dado que Sócrates pensaba que el verdadero conocimiento está en uno mismo, él fungía como partero de éste o por vía mayéutica o por vía irónica. Porque la ironía forma parte del método elénctico (ἔλεγχος) y como anota Padilla (2003: 37-38): "El ἔλεγχος tiene que ser entendido como un proceso que entraña un sometimiento a prueba, a examen, a diálogo y a reto entre los interlocutores, y como aquel que busque cambiar su actual condición a otra mejor, esto es, educarlos o conducirlos hacia delante". La ironía como ostensión también se encarga de ponernos a prueba para que, mediante el diálogo, otro diálogo, si acaso el interno, hallemos la respuesta a la falsedad que celábamos. Así, gracias a la ironía, Alcibíades alcanza el nivel de autoconocimiento propio del método socrático-platónico.

Soy consciente de que la tradición platonista no suele incluir la ironía como parte del ἔλεγχος;[53] sin embargo, dado que la ironía como ostensión consigue el mismo efecto buscado por Sócrates, a saber, que la persona obtenga un conocimiento de sí nuevo, erradicando, en el mejor de los casos, las premisas falsas sobre los que sustentaba su pensar y, por lo tanto, su actuar, es que considero que el llamado método elénctico debe considerar también a la

---

52 *Rep.* VII, 534b3-4: "¿Y llamas dialéctico al que alcanza la razón de la esencia?: Ἦ καὶ διαλεκτικὸν καλεῖς τὸν λόγον ἑκάστου λαμβάνοντα τῆς οὐσίας".

53 Quien más cerca está de considerar a la ironía dentro del elenco socrático es Sayre (2002: 33-64). Por otro lado, no puedo dejar de mencionar que Vlastos (1995b) en su artículo analiza lo que Sócrates quiere decir realmente cuando se pronuncia ignorante y encuentra dos razones: o a) porque busca animar a su interlocutor para que juntos busquen la verdad o b) realmente se considera ignorante y aspira, a lo más, a una creencia verdadera. Sin embargo, en su artículo prueba que ambas tesis son falsas al confrontarlas con los propios pasajes de ciertos diálogos, por lo que concluye que realmente Sócrates, cuando se dice ignorante, está siendo irónico. La propia definición de ironía que recoge Vlastos del Webster dice: una pretensión de ignorancia y de la voluntad de aprender de otro buscando que la falsa concepción del otro brille por un razonamiento hábil, también llamada "ironía socrática".

ironía. Por ello, la ironía también es una herramienta que permite llegar a lo que el *logos* es.

4.1.3. Καλοκἀγαθία y ἀρετή

La principal función de la educación en la antigua Grecia era la formación en la virtud. La *paideia* pretendía que el ser humano desarrollara su humanidad en el más completo y pleno sentido del término. Como lo escribe Nicol (2004: 83): "El proceso de formación del hombre es un proceso de individuación". Por lo que agrega líneas más adelante, "la formación en Grecia de la individualidad se caracteriza por una expansión del hombre y de todas sus capacidades vitales y fuerzas creadoras" (p. 84). Este proceso consiste en entender en cada individuo la mejor manera de obtener de sí lo que realmente es.

El primer educador, en sentido formal, de la antigua Grecia fue Homero.[54] Sus dos obras, *Ilíada* y *Odisea*, sirvieron por siglos como documentos donde los habitantes de la Hélade aprendían sobre nobleza, trabajo, valentía e historia. Mediante el arte transmitían los valores fundacionales para la construcción del hombre helénico. El potencial del arte fue bien identificado por los griegos, quienes entendieron el poder que éste tiene en la conversión espiritual de las personas. Una práctica que denominaron psicagogia.[55] Más adelante en este mismo capítulo retomaré este tema como parte de la propuesta de Platón. En cambio, me dirijo ahora hacia el armazón de la *areté* griega. Antes, también señalaré al otro grande poeta griego, Hesíodo, y cómo entre él y Homero moldearon el espíritu griego. En *Los trabajos y los días*, el poeta beocio le habla al campesino griego, que en aquella época no sufría de incultura, sobre temas relacionados con la justicia y el valor del trabajo. Heródoto, en su *Historia* (VII, 102), confirma la importancia del trabajo como un valor arraigadamente griego, como una *areté*, algo que indudablemente vino de la aportación que realizó Hesíodo.

---

54   Cf. Platón, *Rep.* X, 606e1-607a3: "Por lo tanto, Glaucón, cuando encuentres a quienes alaban a Homero diciendo que este poeta ha educado a la Hélade, y que con respecto a la administración y educación de los asuntos humanos es digno de que se tome para estudiar, y que hay que disponer toda nuestra vida de acuerdo con lo que prescribe dicho poeta, debemos amarlos y saludarlos como a las mejores personas que sea posible encontrar, y convenir con ellos en que Homero es el más grande poeta y el primero de los trágicos".

55   Cf. Jaeger, 1995: 49.

Este hombre griego iba transformando su espíritu, lo iba formando hacia la mejor versión de sí mismo. Algo sólo posible mediante la educación de la *areté*. El concepto de *areté* tuvo una evolución desde Homero hasta Platón cuyo interés es determinante para esta investigación. Como bien lo dice Jaeger (1995: 21), "la *areté* es el atributo propio de la nobleza. [...] Señorío y *areté* se hallaban inseparablemente unidos". La *areté* como sinónimo de nobleza no llegó arbitrariamente. En un principio encontramos la idea de *areté* asociada a objetos y animales. El vocablo griego, ἀρετή, proviene del adjetivo ἄριστος, que significa "lo mejor". Inicialmente se asoció la *areté* a la fuerza y destreza de los guerreros, también a lo heroico. No obstante, también una espada bien afilada y bien hecha se le denominaba como *areté*. Así como el caballo brioso, veloz y ágil era también un caballo con *areté*.[56] Este vocablo, que luego se tradujo como virtud, originalmente no guardaba ninguna idea de moralidad, sino más bien de destreza. Algo o alguien diestro en determinada cosa era algo o alguien con la *areté* correspondiente. No será sino hacia el final de la *Ilíada* que esta expresión tenga tintes morales o espirituales: "De este padre inferior en mucho, nació un hijo mejor / en todas las virtudes (ἀρετάς); en cuanto los pies y combate, y en el juicio, entre los primeros de los micenios estuvo".[57]

La *areté* será la imagen del hombre tal y como debe ser, el ideal a seguir y el objetivo a conquistar. Simultáneamente, dicha *areté* posee un sentido performativo en donde si bien jamás se logra una perfección absoluta, sí es posible el perfeccionamiento del individuo que constantemente ejercita la *areté*. Desde tiempos antiguos, la *areté* fue para los griegos un atributo de la nobleza, por lo que ser asociado con esta característica era lo más deseado. Así es como se establece la relación entre ἀρετή y ἄριστος anteriormente señalada. La excelencia brindada por la *areté* deviene en alguien que es *aristós*, es decir, quien cabalmente cumple con su propósito o función. Aunado a ello, el otro adjetivo que se desprende de *areté* es ἀγαθός. Éste también significó noble, valiente o hábil antes de ganar el sentido moral de bueno.

Finalmente, la idea de *paidea* como formación del hombre debe encargarse de ofrecer la mejor imagen del hombre, es decir, tal y como debe ser. Esta transformación espiritual debía proyectar la imagen anhelada en quien recibía dicha educación, obteniendo un hombre bello o ὁ ἄνθρωπος καλός. El término καλόν en este contexto no significa belleza física o estética como es entendida hoy o como la entendió Alcibíades, sino el ideal humano a alcanzar. Dicho ideal es lo que ofrece, precisamente, la *areté*. El hombre que ha sido educado bajo los parámetros aquí señalados será un hombre que ha adquirido una doble condición: por un lado, es un hombre bueno y, por el otro, bello. Bueno bajo la directriz que marca el vocablo *aristós*, como aquello que cumple cabalmente con su función o propósito; bello porque es un hombre digno de ser emulado, al ser un ideal moral a seguir, como Sócrates.

Así, tanto para la *paideia* griega como para el proyecto pedagógico que Platón tiene en mente, lo que se pretende es alcanzar dicho ideal para obtener al mejor hombre posible, al que será καλός y ἀγαθός. Esta directriz tendrá el nombre de καλοκἀγαθία y su resultado es el de un καλοκἀγαθός. La *paideia* orientada hacia el crecimiento espiritual de la persona, con la *areté* como fundamento, pretende la formación de hombres bellos-buenos. Para Platón, la única capaz de alcanzar este tipo de educación es la filosofía,[58] como lo desarrolla a lo largo de *República*.

El ejemplo que Platón ofrece de alguien que ha conquistado la *areté* es Sócrates. Su maestro, el hombre más justo de Atenas, como lo escribe en la *Carta VII* decreta la calidad moral que Sócrates tenía para Platón. Ejemplificaba, sin duda, el ideal helénico de *paideia* y *areté*. En los diálogos muestra su estatura espiritual al incesantemente buscar la verdad y la virtud. Al menos así lo vio Platón. Por eso propone a Sócrates para ser la voz de su propia filosofía, pues el propio Platón buscaba imitar a su maestro. De lo más importante de esta relación es comprender el mensaje de Platón. Si Sócrates es el modelo de la *areté*, entonces debemos emularlo y aprender de él.

---

58 En la *C.VII*, 326a5 y ss., Platón aclara que sólo la filosofía verdadera (τὴν ὀρθὴν φιλοσοφίαν) es capaz de distinguir lo que es justo.

En *Apología* (38a5-6) sentencia que "una vida sin examen no merece la pena de ser vivida por el hombre".[59] La vida examinada que propone Sócrates es el examen mayéutico, desarrollado, junto con la ironía, en páginas anteriores. Platón parece decirnos no sólo que el único camino para lograr la καλοκἀγαθία es la filosofía, sino cómo hacer filosofía. El elenco socrático es el modo de alcanzar el máximo nivel de *areté* y poder ser denominado καλοκἀγαθός. A través del examen mayéutico e irónico el examinado puede rectificar las premisas con las cuales procedía su razonamiento y su acción. Al hacerlo reordena sus creencias obteniendo cierta armonía. De esta manera la metodología filosófica toca base con la música, pues la armonía pretendida es la del alma, quien es la verdadera benefactora del elenco. El ciclo comienza a cerrarse, pues si Platón considera que la única forma de *paideia* que conduce hacia la excelencia humana es la filosofía y, como lo dice Sócrates en *Fedón* (61a3-4), "la filosofía es la más alta música",[60] entonces la música es la pieza que hace falta para ajustar la armonía del alma. Si la filosofía es quien conduce hacia la excelencia humana y la filosofía es la más alta música, aquello que conduce hacia la excelencia humana, parece indicarse aquí, es la música.

4.1.4. Belleza y proporción: κόσμος y συμφωνία

En el primer capítulo traje a la discusión el tema que Platón expone en *Timeo* (87c), a saber, que lo bueno es bello y lo bello es proporcionado. Cuando Platón habla de proporción utiliza preferentemente los siguientes vocablos: σύμμετρος, λόγον y ἀναλογία.[61] Estos términos se usan frecuentemente en las

---

59   ὁ δὲ ἀνεξέταστος βίος οὐ βιωτὸς ἀνθρώπῳ [...]. La traducción es mía.

60   "ὡς φιλοσοφίας μὲν οὔσης μεγίστης μουσικῆς [...]". Pelosi (2010: 1) retoma este pasaje de *Fedón* para indicar que en él se abren dos concepciones diferentes sobre lo que es la música; por un lado, la sensual, la que comúnmente denominamos música y, por otro, la música que se identifica con la filosofía. Él recupera esta idea desde un poco antes en el diálogo, cuando Sócrates vacila sobre qué era lo que querían decir sus sueños cuando se le pedía que compusiera música ("¡Sócrates, haz música y aplícate a ello!": "Ὦ Σώκρατες," ἔφη, "μουσικὴν ποίει καὶ ἐργάζου." 60e6-7). Mientras que él pensaba que se referían a hacer filosofía, ahora piensa que querían decir que escribiera poemas y mitos, es decir, música popular.

61   En *Timeo* (31c3) Platón utiliza el vocablo ἀναλογίο para referirse a la proporción geométrica. Como Cornford (1937: 45) hace notar, "esa proporción geométrica era la proporción *par excellence* y, primariamente, todas las demás proporciones se derivaban de ella". Por eso, dicha ἀναλογία significaba el mejor tipo de proporción existente, algo que queda claro con las palabras que siguen a dicho vocablo: εἴτε ὄγκων εἴτε δυνάμεων, que aluden a ciertos tipos de números, i.e., a una proporción geométrica continua, como podría ser 2, 4 y 8.

matemáticas. Asimismo, a lo largo de este trabajo ha quedado expuesto que para Platón la geometría y los recursos matemáticos están presentes en su filosofía moral. La formación del individuo exige, desde *Protágoras*, conocimientos matemáticos que permitan distinguir entre lo bueno y lo malo. Esta presencia numérica permanecerá hasta su última obra.

Es importante tener presente que la palabra λόγος estuvo vinculada, tanto al pensamiento, la palabra y la razón, como a las matemáticas. Teón de Esmirna recogió en su libro los cuatro usos que Platón hace del λόγος en su obra. Según Teón,[62] para Platón significa 1) pensamiento mental sin palabras (διάνοια ἄνευ φθόγγου); 2) discursos surgidos de la mente y expresados mediante la voz (φωνῆς ῥεῦμα ἀπὸ διανοίας); 3) para la explicación de los elementos del universo (τῶν τοῦ ὅλου στοιχείων ἀπόδοσις), y 4) como la razón de una proporción (ἀναλογίας). La proporción es una razón geométrica que sirve para calcular muchas operaciones. Como se ha dicho en otros capítulos de este libro, la proporción es un elemento que otorga belleza, pues todo lo que tiene proporción tiene belleza. Hablar de proporción es hablar de cálculo y de orden, y también es hablar de razón. Razón tanto en el sentido de pensamiento, como en el de *ratio*. Este λόγος griego que, como Zellini (2018)[63] anota, estuvo presente en el origen como explicación a partir de lo numérico, mantiene esta misma posición en Platón, con los desarrollos matemáticos que ya se conocían.

En el capítulo anterior se vio la división del alma expuesta por Timeo en el mismo diálogo, considerando las relaciones geométricas que parten de la díada pitagórica (1-2-4-8 y 1-3-9-27),[64] también conocida como la *tetraktys* platónica (1-2-3-4-8-9-27).[65] Esta división geométrica del AM no sólo pretende mostrar-

---

El 2 es al 4 como el 4 es al 8, que podría expresarse de la siguiente manera: 2:4::4:8. La relevancia de esta proporción es que así construye el demiurgo el AM. Esto también lo hace notar Brisson (1992, n. 133).

62 Cf. *Mat.*, 73.11-14: κατὰ δὲ Πλάτωνα τετραχῶς λέγεται λόγος, ἥ τε διάνοια ἄνευ φθόγγου καὶ τὸ μετὰ φωνῆς ῥεῦμα ἀπὸ διανοίας καὶ ἡ τῶν τοῦ ὅλου στοιχείων ἀπόδοσις καὶ ὁ τῆς ἀναλογίας.

63 En especial, el primer capítulo de la primera parte. Para una comprensión sobre la integración y separación que el λόγος tuvo a propósito de la palabra, el razonamiento y el número, remito al tercer capítulo, también de la primera parte.

64 Sobre el debate que la interpretación de este tema en Platón ha suscitado recomiendo el artículo de Petrucci (2019), quien repasa los modelos geométricos propuestos por los neoplatonistas a propósito del AM y su relación musical.

65 Cf. Petrucci (2019: 67).

nos cómo se ordena ésta, sino también, el estado de la armonía. Existe una relación proporcional entre los números que Platón allí sugiere a partir de dicha díada que configuran una escala mayor y el bien. El AM es, después de Dios, la estructura más importante del universo. En ella se halla el modelo más cercano al hombre sobre lo que es el bien, pues en su creación quedó engarzada la matemática y la ética. Comprender el AM es tener un punto de referencia sobre cómo debe ser el comportamiento humano. La división geométrica del AM en *Timeo* sirve como base para el modelo tripartita expuesto en *República* IV.

Allí Platón expone las divisiones del alma y las cualidades o ἀρεταί que debe tener para que sea justa, i.e., cumpla con su función y sea buena. Un alma justa es un alma que está en armonía, entendiendo por armonía afinación o tensión justa. Un alma en armonía puede tocar cualquier acorde sin desentonar. Por ejemplo, tomemos al alma como si fuera una guitarra que está afinada en E, y queremos tocar el acorde de EM; para ello deben tocarse las notas[66] E^2-B^2-E^3-$G\#^3$-B^3-E^4, considerando primero la sexta cuerda de la guitarra y al último la primera, que es la que otorga el sonido más agudo. Una cuerda mal afinada —una parte del alma— rompe la armonía del acorde. El alma que no tiene la tensión justa en alguna de sus partes rompe su propia armonía, generando una disonancia que le provoca un estado de injusticia. La injusticia es falta de orden y falta de concordia.

En la música existe una relación matemática basada en la proporción donde se asientan todas las posibles composiciones. No se debe olvidar que Platón utiliza la palabra συμφωνία para referirse a la concordia que debe existir entre las partes del alma. Armonía y sinfonía son elementos del alma que busca la justicia. El vocablo *sinfonía* (συμφωνία) se traduce, principalmente, como concordia o consonancia.[67] La concordia o sinfonía del alma sólo es posible cuando cada parte tiene la armonía correspondiente. Para estar en la afinación correcta, Platón asigna a la razón la virtud de la sabiduría-prudencia;

---

66 Los superíndices indican el tipo de nota que se toca según corresponda con la posición en la guitarra o, incluso, el piano.

67 Soy consciente de que también suele usarse como armonía y acuerdo en situaciones metafóricas como en *Lg.* III, 689d5 o en *Rep.* III, 401d2. Sin embargo, el contexto en el cual lo estoy utilizando aquí como parte de *Timeo* es la señalada anteriormente: concordia.

a la cólera, la de la valentía, y a la de los apetitos, la moderación. La parte del alma más difícil de afinar son los apetitos, por lo intensos y abundantes que son. Mientras el alma sea incapaz de moderación, permanecerá en un estado de injusticia, pues es discordante. La concordia o sinfonía se convierte en un elemento fundamental en la estructura, no sólo matemático-musical del alma, sino moral. Un alma buena es aquella capaz de concordia y armonía, que son generadas mediante la correcta afinación que proporcionan las ἀρεταί.

Examinar cómo es nuestra alma sirve para conocer los tonos que la afinan y los que la desafinan. ¿Qué apetitos desafinan y provocan discordia interna? Reconocerlos para luego ponerlos en consideración con el AM, que es la guía para la belleza y el bien del universo. Las ecuaciones aritméticas que están presentes en las notas musicales son el puente que une lo divino con lo mortal, que establece el equilibrio y la proporción de la materia apelando a una estructura que está más allá de la materia. El alma humana se proporciona mediante la música porque el alma humana, como lo narra Timeo, fue creada en la misma crátera donde se creó el AM, compartiendo los elementos, tanto ontológicos de lo Mismo, lo Otro y el Ser, como de la *tetraktys* platónica.

Lo bueno es bello y lo bello, proporcionado. El bien es inconcebible sin la proporción. La proporción en el alma, en sus partes, está en conocer cada una de las partes y proporcionadamente hacer lo que a cada una corresponde. En la función —ἔργον— de las cosas está la clave para entender el bien del universo. La función es el deber para lo que existe. Nada puede existir sin esta condición intrínseca. Sin función (ἔργον) no hay propósito (τέλος) y sin propósito no hay existencia ni ser (τὸ εἶναι). La importancia de entender la justicia como "que cada cosa haga lo que tiene que hacer" es entender el ser en su totalidad. El bien está allí, inserto, oculto, pero manifiesto mediante su operación. Al comprenderlo, también comprendo al universo, pues accedo al orden intrínseco que está presente en cada objeto constituyente del mismo. El κόσμος queda revelado cuando la intimidad de su λόγος queda expuesto como sustancia —οὐσία—. Una sustancia matematizable, también, gracias al λόγος.

4.2. De ritmos y melodías

El tercer libro de *República* contiene información importante sobre la concepción griega de la música.[68] Explicaba unas líneas antes la importancia que tuvieron Homero y Hesíodo en la educación helénica. Los más de quince mil versos que componen la *Iliada* y los más de doce mil de la *Odisea*, y los poemas de Hesíodo, constaban de una métrica de hexámetros dactílicos. Estos se cantaban, considerándose música. La importancia de esta observación es que, para Platón, como para la Ilustración griega, la música era consecuencia de la poesía.[69] Era ella, la poesía, quien marcaba el ritmo y la armonía.[70] Como es evidente, no todo ritmo y no cualquier armonía logran resultados similares. La música no es sólo un mero placer auditivo; también, y más importante aún, es el poder que tiene para modificar un estado de ánimo.[71] Puede acercarnos o alejarnos de la belleza. Por ello, Platón es selectivo con el tipo de armonías que considera debe escuchar una persona, pues, según la armonía y ritmo que se escuche, modificará lo que considera bello y, por lo tanto, bueno.

Ya desde antes, Platón había anunciado la importancia de este tema cuando indica que los discursos forman parte de la música y existen discursos falsos y discursos verdaderos, por lo que es indispensable supervisar a los forjadores de mitos y determinar si han hablado con la verdad o no.[72] A lo largo del *corpus platonicum* encontramos reiteradamente la distinción

---

68   Sería injusto iniciar este apartado sin mencionar una de las obras más importantes y completas sobre el tratamiento de la música en Platón. Moutsopoulus (1989: 23-45) inicia su exploración con un desarrollo e investigación sobre la importancia del sonido en el cuerpo.

69   Para una mayor profundización de la evolución del concepto de ποίησις en la tradición griega remito al trabajo desarrollado por Lledó (2015), quien rastrea la concepción que Heráclito tenía del vocablo, pasando por los sofistas hasta llegar a Platón. Uno de los motivos que llevaron al profesor Lledó a redactar este libro fue el de comprender las razones que tuvo Platón para desterrar a los poetas. Como señala Botter (2018: 19-20) en su artículo, la crítica principal de Platón en contra de la poesía era de carácter ético, pues la *lexis* del poeta afecta a la educación humana, debido a su excesiva variedad de palabras, música y emociones.

70   Cf. *Rep.* III, 398d y ss.

71   Cf. *Rep.* III, 398e y ss. Vale la pena conocer el desarrollo que el propio Platón hace de este tema, cuando reconoce que algunas armonías jonias y lidias son relajantes, mientras que las dorias y frigias son más apropiadas para los guerreros. Asimismo, considera que las lidias mixtas, lidias tensas y otras similares deben ser suprimidas por considerarlas armonías "quejumbrosas" (θρηνώδεις).

72   Cf. *Rep.* II, 376e y ss.

entre lo verdadero y lo falso, entre el conocimiento y la opinión. Este eje de la filosofía de Platón afecta también a la música, pues de la misma manera que una creencia falsa modifica y altera la concepción sobre la realidad y a la acción humana en su conjunto, el contenido musical también lo hará. Tanto en una creencia como en la música, el interlocutor será el alma. En *Alcibíades I* se hace notar lo delicado de este tema, pues albergar creencias falsas me aleja del mandato délfico. La invitación al cuidado de sí mismo, junto con el examen vital, aplican igualmente para la música. Así como debo cuidar lo que acepto como una idea verdadera, debo reservarme con las melodías que pretendo disfrutar.[73] Este proceso depurativo iniciará formalmente en *República* y continuará el resto de la vida de Platón hasta *Leyes*.

En *República* Glaucón le dice a Sócrates: "Las armonías que debes dejarnos, pues, son las que mejor imitarán las voces de los infortunados y de los afortunados, de los moderados y de los valientes".[74] La poesía griega, además, era doblemente beneficiosa o perjudicial. Por un lado, el contenido del verso puede afirmar una virtud o negarla, como el temor a la muerte o la comprensión de la muerte, permitiendo el desarrollo de la valentía o de cobardía. En segundo lugar, debido a que la poesía era cantada, las armonías que acompañan a dicho verso pueden reforzar o no el desarrollo virtuoso de la persona. Aristóteles brinda uno de los mejores testimonios de la importancia que en la época se le daba al poeta cuando en *Metafísica* (II, 3, 995 a6-8) escribe: "Unos, en efecto, no escuchan a los que hablan si no se habla matemáticamente; otros, si no es mediante ejemplos; éstos exigen que se aduzca el testimonio de algún poeta".[75]

---

73 "La filosofía hace uso de la música para cuidar del alma, pero esto ocurre mientras (y debido a que) el alma está unida a un cuerpo" (Pelosi, 2010: 6).

74 *Rep.* III, 399c1-4: ταύτας δύο ἁρμονίας, βίαιον, ἑκούσιον, δυστυχούντων, εὐτυχούντων, σωφρόνων, ἀνδρείων [ἁρμονίας] αἵτινες φθόγγους μιμήσονται κάλλιστα, ταύτας λεῖπε.

75 οἱ μὲν οὖν ἐὰν μὴ μαθηματικῶς λέγῃ τις οὐκ ἀποδέχονται τῶν λεγόντων, οἱ δ' ἂν μὴ παραδειγματικῶς, οἱ δὲ μάρτυρα ἀξιοῦσιν ἐπάγεσθαι ποιητήν.

El verso con el que Platón ejemplifica esta idea es de la *Odisea* (XI 489-491),[76] extraído de un diálogo entre Aquiles y Odiseo, cuando el primero sentencia:

Preferiría, estando en la tierra, trabajar a sueldo para otro,
para un hombre sin suerte, que no tuviera muchos recursos,
más que reinar entre todos los muertos, que han perecido.

Aporta otros ejemplos, tanto de *Ilíada* como de *Odisea*, en donde muestra que dichos versos son desafortunados y nada convenientes para quien desee ser valiente. Platón comprende que un rasgo determinante de la valentía es el no temor a la muerte. Sin embargo, si el héroe y admirado Aquiles, el de la inflamada cólera, prefiere ser esclavo en vida que el rey de los muertos siembra una idea sobre la muerte contraria a la virtud. Si Aquiles es un héroe para los griegos y este héroe prefiere ser esclavo en vida que rey de los muertos, significa que la muerte no es algo deseable.

Por un lado, es posible entender el razonamiento de Aquiles en el pasaje compartido. La creencia popular indica que la muerte es aquello de lo que debemos huir pues ésta nos aparta de la vida. Está, también, el tratamiento que Homero hace de la ψυχή, para quien es una sombra sin entendimiento ni reflexión. Naturalmente, con ambas premisas, ser rey de los muertos es algo indeseable, prefiriendo la esclavitud en vida, Aquiles refuerza una creencia humana: la vida es preferible a la muerte. El instinto de supervivencia así lo indica. Todo animal huye naturalmente del peligro y hará todo lo posible por evitar la muerte. El hombre, al ser un animal, también posee este instinto y esta naturaleza. ¿Por qué estaría mal que huyera de la muerte? ¿Cuál es el dilema que encuentra aquí Platón?

En primer lugar, si bien es cierto que el hombre es un animal, también es claro que no es un animal cualquiera. Es un animal con diferentes características que los otros animales. El hombre es un animal con λόγος. Esto quiere decir que el hombre es capaz de entendimiento, de razonamiento, de reflexión,

---

76   Platón también hace uso de otros versos del mismo Homero y de otros poetas, pero basta el expuesto para los fines de mi argumentación.

algo que no es propio de ningún otro animal para Platón. El λόγος en Platón es lo que nos asemeja a la divinidad. Así lo considera porque mediante el λόγος podemos conocer la realidad. Al hacerlo nos acercamos poco a poco al bien, la idea madre de todo lo que existe.[77] Es entonces cuando la lógica de la naturaleza puede variar. Ni siquiera es que sea la propia naturaleza la que cambie, sino el entendimiento que se tiene de la misma. Pues es posible detectar las similitudes y diferencias entre los animales y los hombres. La posesión del λόγος parece modificar toda la creencia sobre la muerte.

Como lo ha manifestado en *Fedón*, la filosofía es una preparación para la muerte.[78] El filósofo es quien menos miedo le tiene a la muerte; ha encontrado, gracias a su reflexión y búsqueda por la verdad y el bien, que su investigación jamás podrá culminar completamente en esta vida. Será el alma, separada del cuerpo, quien acceda a las Ideas y al conocimiento deseado. Porque a diferencia de Homero, en Platón la ψυχή no es una mera sombra, sino que posee λόγος, como ya se vio antes en este libro. Este es el dato que brinda un giro a la sentencia de Aquiles, pues el héroe no veía a las almas de los muertos como algo sustancial, dado que, según la creencia de la época, eran meras sombras. ¿Quién, siendo sombra, quisiera ser rey de las sombras que carecen de conciencia y razonamiento? La huida de la muerte tiene una justificación cultural en el poema de Homero, pero Platón encontró allí un problema.

Independientemente del contexto cultural y la evolución sobre el concepto de la ψυχή entre los griegos, el hecho era que los poemas homéricos

---

77   En *Timeo* (46d5-6), Platón deja claro que de "entre las cosas existentes, la única a la que le corresponde poseer intelecto [...] es el alma: τῶν γὰρ ὄντων ᾧ νοῦν μόνῳ κτᾶσθαι προσήκει, λεκτέον ψυχήν [...]". Aquí se nota la idea de que el hombre se distingue de los animales por tener intelecto. Lo dice más adelante cuando señala que (47a7-b3) "a partir de estas cosas nos hemos provisto del género del saber filosófico, y bien mayor que éste no ha llegado ni llegará jamás a la especie mortal como regalo de los dioses: ἐξ ὧν ἐπορισάμεθα φιλοσοφίας γένος, οὗ μεῖζον ἀγαθὸν οὔτ' ἦλθεν οὔτε ἥξει ποτὲ τῷ θνητῷ γένει δωρηθὲν ἐκ θεῶν. λέγω δὴ τοῦτο ὀμμάτων μέγιστον ἀγαθόν". Y continúa (47b6-c1) para reforzar la finalidad de la razón humana, así como su condición divina: "El dios inventó y nos obsequió la visión a fin de que, tras mirar las revoluciones del intelecto en el cielo, nos sirviéramos de ella para las circunvoluciones de nuestro pensamiento que son afines a aquéllas, aunque las nuestras están sometidas a perturbación y las del intelecto son imperturbables: θεὸν ἡμῖν ἀνευρεῖν δωρήσασθαί τε ὄψιν, ἵνα τὰς ἐν οὐρανῷ τοῦ νοῦ κατιδόντες περιόδους χρησαίμεθα ἐπὶ τὰς περιφορὰς τὰς τῆς παρ› ἡμῖν διανοήσεως, συγγενεῖς ἐκείναις οὔσας, ἀταράκτοις τεταραγμένας [...]".

78   Cf. *Fd.* 67e4-5: οἱ ὀρθῶς φιλοσοφοῦντες ἀποθνῄσκειν μελετῶσι [...].

eran utilizados como libros de texto en la *paideia* de las juventudes atenienses. Recordemos las palabras ya citadas de Aristóteles sobre la importancia que el griego le daba a la palabra del poeta. Naturalmente producirían ideas sobre los jóvenes, quienes, de no recibir una instrucción adecuada que puntualizara los matices de los versos de Homero, fácilmente incorporaría conocimientos falsos o, en el mejor de los casos, tergiversados. El contenido del verso debía, necesariamente, ser revisado.

La afirmación de Aquiles adolece de la profundidad del concepto de la ψυχή, uno de los conceptos que Platón pretende estudiar y desarrollar con hondura. Como fue visto en el capítulo anterior, la ψυχή posee facultades determinantes para el desarrollo humano. La tripartición del alma obliga a Platón a buscar mecanismos que le permitan un correcto funcionamiento de la misma. Estos mecanismos serán las ἀρεταί que acompañarán a cada una de las partes. En el caso de la cólera o θυμός la virtud encargada de su adecuado funcionamiento será la valentía o ἀνδρεῖα. Naturalmente la pregunta es: ¿se puede ser valiente teniéndole miedo a la muerte? Para Platón no. Porque no se puede ser valiente si se tiene miedo a lo que sea. Sin embargo, es el miedo a la muerte el mayor obstáculo, no sólo para la valentía, sino para el pleno desarrollo del hombre. Porque quien le tiene miedo a la muerte no podrá desarrollar una vida enfocada en el bien y la verdad.

Remito a *Critón* (45d5-8) para redondear esta idea: "A mí me parece que, por el contrario, eliges lo más fácil. Hay que elegir lo que elegiría un hombre noble y valiente (ἀνὴρ ἀγαθὸς καὶ ἀνδρεῖος) más aún tras haber dicho durante toda la vida que hay que atender (ἐπιμελεῖσθαι) a la perfección [del alma]".[79] Lo que Critón no sabe es que con este discurso le dio pie a Sócrates para hablar sobre el vivir bien y el vivir justamente. Precisamente, porque de lo que se trata es de ser un ἀνὴρ ἀγαθὸς καὶ ἀνδρεῖος, escaparse de la cárcel no es una acción correcta, pues no es justa. ¿Qué significa escaparse de la cárcel? Huir de la muerte. Al contrario de lo que propone Aquiles, Sócrates elabora un discurso cargado de argumentos de por qué huir de la muerte es algo injusto. Y no es posible ser justo si se carece de valentía. Critón, buscando brindarle argumentos

---

[79] σὺ δέ μοι δοκεῖς τὰ ῥᾳθυμότατα αἱρεῖσθαι. χρὴ δέ, ἅπερ ἂν ἀνὴρ ἀγαθὸς καὶ ἀνδρεῖος ἕλοιτο, ταῦτα αἱρεῖσθαι, φάσκοντά γε δὴ ἀρετῆς διὰ παντὸς τοῦ βίου ἐπιμελεῖσθαι.

a Sócrates para escaparse de la cárcel, termina dándole una premisa clave para defender su permanencia y su próximo encuentro con la muerte.

Los versos homéricos presentados en *República* III promueven y refuerzan el miedo en lugar de la virtud. La casta de los guardianes es la que está de por medio en esta encrucijada, pues si los encargados de velar por la seguridad de la *pólis* temen la muerte, no sólo no serán valientes, sino, además, no podrán instruir a los más jóvenes. La razón viene a continuación: "Tales afirmaciones, además, son perniciosas para quienes las escuchan".[80] No dice para quienes las leen, sino para quienes las escuchan. El oído es el sentido por medio del cual se perciben los sonidos y la música; también es el sentido gracias al cual podemos entender la realidad. No sólo el oído, sino también el lenguaje está ordenado hacia el mismo objetivo.[81] El oído nos fue concedido "en vista de la armonía".[82] La armonía, como ya se estudió en los capítulos previos, es determinante tanto en la belleza de la música como en la justicia del alma. Un alma o música disarmónica carece de belleza y de justicia.

La armonía, expresa Platón, es afín a los movimientos y revoluciones de nuestra alma, captándola mediante el intelecto y con la finalidad, no de los placeres irracionales, sino de poner orden y concordia en el alma cuando en "ésta se ha engendrado discordia".[83] La armonía ayudará a girar el alma hacia el ser. En el tercer capítulo describí el proceso geométrico de la creación del alma del mundo (AM), cuyas progresiones armónicas quedan manifiestas en el diálogo platónico. Asimismo, quedamos ante la presencia de la composición del alma del hombre. De esas ideas quiero rescatar el hecho de que el alma humana fue mezclada-creada en la misma crátera en donde anteriormente había sido mezclada-creada el AM. Es decir, comparten los ingredientes de su composición. Estos ingredientes son, por un lado, lo Mismo, el Otro y la Mezcla. Por otro lado, la estructura geométrica que no sólo describe

---

80   *Rep.* III, 391e4: Καὶ μὴν τοῖς γε ἀκούουσιν βλαβερά.

81   Cf. *Tim.* 47c.

82   *Tim.* 47d1: ἀκοὴν ἕνεκα ἁρμονίας ἐστὶ δοθέν. "Platón considera la audición como un don divino que ejercita sobre el intelecto una influencia mucho más importante que la vista" (Moutsopoulus, 1989: 43).

83   Cf. *Tim.* 47d5: τὴν γεγονυῖαν ἐν ἡμῖν ἀνάρμοστον ψυχῆς [...].

la división entre lo Mismo y lo Otro, sino que mediante las medias armónicas y aritméticas sabemos que el alma humana también es capaz de armonía.

Además de la armonía, en caso de entrar en un estado de discordia consigo mismo, las musas conceden al ser humano el ritmo para cumplir los mismos fines que la armonía.[84] El ritmo y la armonía servirán como fármacos para corregir un estado disarmónico, pero también servirán como profilácticos. Por estas razones, Platón insiste en lo que entra por el oído, pues no cualquier música puede y debe ser escuchada. Algunas armonías y ritmos pueden causar el efecto opuesto del que pretendían las musas. En lugar de templar al alma, podrían apasionarla y provocarle deseos irracionales. ¿Por qué la armonía y el ritmo podrían provocar eso? Si una música posee armonía, ¿acaso no por su misma naturaleza generará armonía en el alma? ¿Acaso Platón piensa que hay armonías bellas y armonías feas? De ser cierto esto, parece haber una contradicción. Si lo bello se define como lo ordenado y lo feo como lo desordenado, y, como ya se dijo, la armonía logra orden allí donde había desorden, ¿cómo podría haber armonías que no lo hicieran? Si la armonía es causa de orden, entonces la armonía jamás podría ser causa de desorden. ¿Qué es lo que causaría el desorden en el caso de la música?

Platón piensa que el ritmo es el principal responsable de los desórdenes, aunque como ya se dijo antes, hay armonías que pueden generar diferentes emociones. Es importante recordar que el concepto de armonía en griego no significaba lo mismo que en nuestros días. Actualmente comprendemos por armonía el arte de formar y enlazar acordes. En la Grecia clásica, armonía (ἁρμονία) era el sustantivo derivado de ἁρμόττειν que significa juntar, normalmente usado en navegación para referirse a la junta o unión entre los tablones de un barco; posteriormente se utilizó metafóricamente para referirse a otras partes del cosmos. De hecho, los pitagóricos fueron los primeros en asociar ambos conceptos: ἁρμονία y κόσμος estuvieron unidos mediante la *tetraktys* en donde se explicaba la creación de la realidad y las proporciones armónicas en la música. Platón retomó esta noción de armonía y le dio continuidad a lo largo de su propia filosofía. Como sucedió en este periodo de la filosofía

---

84 Cf. *Tim.* 47ed-e.

con otros vocablos, la armonía también fue entendiéndose mejor y de diversas formas.

Cuando Platón habla de, por ejemplo, las "armonías quejumbrosas"[85] escribe θρηνώδεις ἁρμονίαι, en donde armonía no significa lo mismo que cuando señala que "la moderación se asemeja a una especie de armonía"[86] o cuando habla de la armonía en el pasaje recién citado de *Timeo*. En cada uno de los casos el sustantivo utilizado es el mismo, ἁρμονία, pero la connotación es distinta. En el pasaje de *República* III por armonía Platón entiende escala o modo musical, i.e., la melodía, mientras que en los ejemplos de *República* IV y *Timeo* se refiere a la armonía como un ajuste, lo que denomino la "tensión justa". El primer sentido aquí explicado se acerca más al utilizado hoy en día, mientras que el segundo es inexistente en el contexto actual. Sin embargo, el segundo resulta relevante dado lo que se expone aquí.

Pensar la armonía como "tensión justa" significa que el alma o lo que deba entrar en armonía debe lograr un equilibrio entre la tensión y la distancia entre los límites del objeto tensionado.[87] Como lo expliqué en el capítulo anterior, la tensión de la sexta cuerda de una guitarra debe ser tal que al tocarla dé la nota E,[88] en caso de tener la guitarra afinada[89] en dicho tono. Significa que si giro media vuelta más a la clavija de la sexta cuerda tendré F; un poco menos tensa y será EH o D. Por otro lado, Platón parece pensar en la melodía cuando advierte que algunas armonías generan disturbios en la armonía del alma. Una escala menor tiene la capacidad de provocarnos reflexión,

---

85   *Rep.* III, 398e1.

86   *Rep.* IV, 431e8: ἁρμονίᾳ τινὶ ἡ σωφροσύνη ὡμοίωται.

87   Remito al capítulo 2 donde analicé los conceptos de κόσμος y πέρας como determinantes en la concepción pitagórica de la armonía. Ésta es resultado de lograr el equilibrio que existe entre los límites de la díada. Para un análisis sobre la relación matemática de la música en el pitagorismo recomiendo los artículos de Crocker (1963) y (1964). A su vez, es imperativo mencionar a Burkert (1972), quien en el capítulo V explica el desarrollo de la armonía pitagórica dentro de los parámetros de la *tetraktys*. Para un estudio sobre las relaciones musicales con la cultura de la época sugiero el trabajo de Levin (2009).

88   La clasificación universal de las notas musicales es como sigue: Do (C), Re (D), Mi (E), Fa (F), Sol (G), La (A), Si (B).

89   "Trasladada a la música, la templanza puede considerarse como el temperamento, incluso como la afinación" (González Ochoa, 1994: 17). Esta idea de González Ochoa, que forma parte de una reflexión sobre el tratamiento que Platón hace de la templanza en *Rep.* IV, reafirma lo que he venido desarrollando en este apartado, pues la armonía que pretende Platón en el alma humana es la de afinación, la de tener un alma bien afinada.

de hacer introspección, que puede generar calma o tristeza, dependiendo del estado de ánimo previo a su escucha. Un ejemplo de esto es *Nothing Else Matters*, de Metallica, que está compuesta en Em;[90] otro es la *Misa en Em*, de J.S. Bach o *Stairway to Heaven*, de Led Zeppelin, escrita en Am.

La escala mayor tiende a provocar emociones de alegría o júbilo, como *Here Comes the Sun*, de The Beatles (AM), o la *Suite para Cello #1*, de J.S. Bach, escrita en GM; también se puede mencionar *Wish You Were Here*, de Pink Floyd compuesta en la misma tonalidad que la pieza de Bach. Tomando en cuenta las notas musicales con sus semitonos tenemos 12 combinaciones para una escala mayor y 12 para una menor. Cada una de ellas provoca una emoción en el escucha, independientemente de la emoción que el escucha tenga previo a la experiencia. Si además agregamos el ritmo, podemos reforzar, matizar o desalentar dicha emoción. En la época de Platón, la doctrina sobre la audición está fundada sobre la creencia de que "los sonidos agudos tienen un movimiento más rápido que los sonidos graves, y eso podría deberse al hecho de que, aparentemente, los sonidos más agudos componen un acorde más fuerte que los graves y provocan, por consecuencia, la impresión de ser escuchados primero" (Moutsopoulus, 1989: 45).[91]

Moutsopoulus conecta las relaciones entre el sonido y los efectos que éste produce en el cuerpo. En *Filebo* (26a2-4) leemos lo siguiente: "Y en lo agudo y lo grave, lo rápido y lo lento, que son ilimitados, ¿no son acaso esas mismas cosas las que dan lugar a, y a la vez producen, el límite y constituyen todo tipo de música del modo más perfecto?".[92] En *Leyes* (II, 665a1-3) retoma el tema especificando que "cuando se mezclan lo agudo y lo grave de ella [la voz], se le aplicaría el nombre de armonía".[93]

Un guardián no debería tener inmersión musical en piezas compuestas en una escala menor, pues en lugar de incitarlo a la valentía y la presteza

---

90   En teoría musical el modo de expresar la tonalidad de la escala es agregando una "M" junto a la nota para señalar que se trata de una escala en tono mayor y una "m" si se trata de una menor.

91   Cf. *Tim.* 80a-b.

92   Ἐν δὲ ὀξεῖ καὶ βαρεῖ καὶ ταχεῖ καὶ βραδεῖ, ἀπείροις οὖσιν, ἆρ' οὐ ταὐτὰ [ἐγγιγνόμενα] ταῦτα· ἅμα πέρας τε ἀπηργάσατο καὶ μουσικὴν σύμπασαν τελέωτατα συνεστήσατο.

93   τοῦ τε ὀξέος ἅμα καὶ βαρέος συγκεραννυμένων, ἁρμονία ὄνομα προσαγορεύοιτο [...].

para la defensa de la *pólis*, lo llevaría a un estado contemplativo, en el mejor de los casos, o a uno melancólico, en el peor, impidiendo que el guardián cumpla con su función. De esta manera surge la idea que desarrolla Platón en *República* IV (444c-d) de la justicia como el cumplimento de la función propia de cada uno con la armonía, tanto de la ciudad como del hombre. Como escribe Boeri (2012: 214 n. 124) en su traducción a *Filebo*: "La justicia platónica —a diferencia de la justicia convencional defendida por Glaucón en *República* II, que se aplica directamente a las acciones e indirectamente a las personas, como decir la verdad, hacer sacrificio a los dioses, cuidar a los padres— consiste en la no realización de acciones como mentir, robar o asesinar, y se aplica directamente a las personas e indirectamente a las acciones, y en tener un alma armoniosa".

Conectando con la pregunta expuesta líneas antes de si era posible que la propia armonía generara disturbio en el alma desarmonizándola, ahora es posible responder que sí, al comprender que la armonía que es capaz de lograr o lo uno o lo otro es lo que hoy se entiende por melodía y que el propio Platón parece que ya tambíen así lo entendía, mientras que la armonía como "tensión justa" es el objetivo al que desea llegar Platón.

Recupero la idea inicial de este apartado. Los versos de Homero sobre la concepción de Aquiles alrededor de la muerte no son convenientes para los jóvenes por alejarlos de la valentía.[94] La pedagogía de Platón alrededor del tema de la música no se limita sólo a señalar qué versos deben y cuáles no estar incluidos en la nueva república, sino que también expone la forma de instruir musicalmente a un niño. No era menor la preocupación de Platón alrededor de este tema, pues consideraba que el ritmo y la armonía deben ajustarse al texto y no viceversa.[95] Un lenguaje correcto, conjugado con un ritmo y armonía correctos formará un alma simple en tanto que goza de una verdadera

---

94 Halliwell (2000: 94-95) sugiere estudiar con detenimiento el tema de la poesía y los poetas en Platón, pues si bien es cierto que existe una condena y expulsión de los poetas en su república, ésta debe ser entendida a la luz de las condiciones y características de su época. Igualmente, Halliwell considera falso el testimonio que se ha dado sobre la relación entre Platón con los poetas, pues él mismo recurre en muchas ocasiones al mito y a la poesía de los mismos poetas que él condena en su obra. En *Lg.* II, 669b-c, Platón insiste en la importancia de la educación musical en los jóvenes, pues podrían generarse enormes daños de no proveer de la correcta.

95 Cf. *Rep.* III, 400d y ss.

disposición hacia el bien y la belleza.[96] Esto es así porque "la música es la más apta para introducirse en el alma y anidar allí. En general, entonces, parece que la música condiciona las emociones creando un ambiente propicio para el conocimiento de la belleza" (Lozano-Vásquez, 2012: 93).

En *Protágoras* (326a6-b6) el sofista le explica a Sócrates sobre cómo educar en la virtud a los hombres:

> Los citaristas se cuidan, de igual modo, de la sensatez y procuran que los jóvenes no obren ningún mal. Además de esto, una vez que han aprendido a tocar la cítara, les enseñan los poemas de buenos poetas líricos, adaptándolos a la música de cítara, y fuerzan a las almas de sus discípulos a hacerse familiares los ritmos y las armonías, para que sean más suaves y más rítmicas y más armoniosas, y con ello, sean útiles en su hablar y obrar. Porque toda vida humana necesita del buen ritmo y de la buena armonía.[97]

Parece que es Protágoras a quien tiene en mente Platón cuando escribe el tercer libro de *República*, pues el sofista es quien muestra a Sócrates la fuerza pedagógica que tiene la música en el desarrollo moral de una persona. La música es el elemento sugerido por Platón para la construcción de su república, logrando que cada parte de la *pólis* viva en armonía porque cada parte del alma de los individuos de dicha *pólis* así lo hacen. Pues "allí donde el flujo de las obras bellas excita sus ojos o sus oídos como una brisa fresca que trae salud desde lugares salubres, y desde la tierna infancia los conduce insensiblemente hacia la afinidad, la amistad y la armonía con la belleza racional".[98] Líneas más adelante refuerza la importancia de la música en la educación del joven.

---

96 Cf. *Rep.* III, 400e y ss.

97 ἐπειδὰν κιθαρίζειν μάθωσιν, ἄλλων αὖ ποιητῶν ἀγαθῶν ποιήματα διδάσκουσι μελοποιῶν, εἰς τὰ κιθαρίσματα ἐντείνοντες, καὶ τοὺς ῥυθμούς τε καὶ τὰς ἁρμονίας ἀναγκάζουσιν οἰκειοῦσθαι ταῖς ψυχαῖς τῶν παίδων, ἵνα ἡμερώτεροί τε ὦσιν, καὶ εὐρυθμότεροι καὶ εὐαρμοστότεροι γιγνόμενοι χρήσιμοι ὦσιν εἰς τὸ λέγειν τε καὶ πράττειν· πᾶς γὰρ ὁ βίος τοῦ ἀνθρώπου εὐρυθμίας τε καὶ εὐαρμοστίας δεῖται.

98 *Rep.* III, 401c7-d3: ὁπόθεν ἂν αὐτοῖς ἀπὸ τῶν καλῶν ἔργων ἢ πρὸς ὄψιν ἢ πρὸς ἀκοήν τι προσβάλῃ, ὥσπερ αὔρα φέρουσα ἀπὸ χρηστῶν τόπων ὑγίειαν, καὶ εὐθὺς ἐκ παίδων λανθάνῃ εἰς ὁμοιότητά τε καὶ φιλίαν καὶ συμφωνίαν τῷ καλῷ λόγῳ ἄγουσα.

La educación musical es de suma importancia a causa de que el ritmo y la armonía son lo que más penetra en el interior del alma y la afecta más vigorosamente, trayendo consigo la gracia, y crea gracia si la persona está debidamente educada, no si no lo está. Además, aquel que ha sido educado musicalmente como se debe es el que percibirá más agudamente las deficiencias y la falta de belleza, tanto en las obras de arte como en las naturales, ante las que su repugnancia estará justificada; alabará las cosas hermosas, regocijándose con ellas y, acogiéndolas en su alma, se nutrirá de ellas hasta convertirse en un hombre de bien.[99]

"El ritmo y la armonía son lo que más penetra en el interior del alma y la afecta más vigorosamente (ὅτι μάλιστα καταδύεται εἰς τὸ ἐντὸς τῆς ψυχῆς ὅ τε ῥυθμὸς καὶ ἁρμονία)".[100] Esta conciencia sobre el poder de la música es lo que determina el carácter pedagógico que ésta puede tener, tanto para bien como para mal. La música logra penetrar en la parte irracional del alma para transformarla. El valor educativo que tiene consiste en que puede lograr lo que la mera razón es incapaz de hacer, que consiste en influir y corregir cualquier estado emocional inconveniente conduciendo —girando— al alma hacia la virtud. Se busca, como fue desarrollado en este mismo capítulo, implementar la *paideia* griega, aquella que pretende el desarrollo del hombre en un καλοκἀγαθός.

Para cerrar este apartado necesito hablar del plan pedagógico expuesto en *República* (VII, 530d y ss.) como parte de la formación del filósofo.[101] En éste,

---

99 *Rep.* III, 401d5-a1: τούτων ἕνεκα κυριωτάτη ἐν μουσικῇ τροφή, ὅτι μάλιστα καταδύεται εἰς τὸ ἐντὸς τῆς ψυχῆς ὅ τε ῥυθμὸς καὶ ἁρμονία, καὶ ἐρρωμενέστατα ἅπτεται αὐτῆς φέροντα τὴν εὐσχημοσύνην, καὶ ποιεῖ εὐσχήμονα, ἐάν τις ὀρθῶς τραφῇ, εἰ δὲ μή, τοὐναντίον; καὶ ὅτι αὖ τῶν παραλειπομένων καὶ μὴ καλῶς δημιουργηθέντων ἢ μὴ καλῶς φύντων ὀξύτατ᾽ ἂν αἰσθάνοιτο ὁ ἐκεῖ τραφεὶς ὡς ἔδει, καὶ ὀρθῶς δὴ δυσχεραίνων τὰ μὲν καλὰ ἐπαινοῖ καὶ χαίρων καὶ καταδεχόμενος εἰς τὴν ψυχὴν τρέφοιτ᾽ ἂν ἀπ᾽ αὐτῶν καὶ γίγνοιτο καλός τε κἀγαθός.

100 Sobre el poder de la música en el alma del hombre me remito al artículo de Lozano-Vásquez (2012: 87) pues como bien detecta la autora: "La poesía 'educa' lo irracional en la medida en que evita representar comportamientos originados en la emoción y debilita la parte que excita con ellas. Comprendida la música como poesía —letra y melodía—, se concibe su efecto educativo como la implantación de un grupo de creencias que son relevantes para la virtud política".

101 Pelosi (2010: 153) recupera en su trabajo los momentos de la alegoría de la caverna en donde Platón narra que los prisioneros escuchan voces para hacer notar la relevancia que el filósofo le pone al sonido como un elemento que forma epistemológicamente al hombre.

la armonía es el preludio a la dialéctica, el máximo grado de conocimiento de la realidad. El conocimiento de los ritmos y melodías que influyen en el alma es un requisito sin el cual no puede emprenderse el nuevo estudio. Quien estudia armonía entrena su oído en los movimientos más perfectos del universo, reflexionando sobre los números armónicos y cómo éstos ayudan en la búsqueda de la belleza y del bien. El estudio de la armonía, no tanto de la matemática de la música, sino de la música y su relación con el alma, sirve para entrenar al dialéctico en la capacidad para dar razón de su propio conocimiento. Este hombre habrá conquistado el ideal del noble griego, al ser una persona bella y buena, capaz de transmitir dicha belleza y bondad a los demás. El dialéctico sabrá distinguir qué melodías son necesarias para ordenar y poner al alma en armonía, cuáles para la educación de los guardianes, cuáles para el pueblo, cuáles para generar templanza. La armonía tiene "el poder de elevar lo mejor que hay en el alma hasta la contemplación del mejor de todos los entes".[102] Como afirma en *Timeo* (87c4-5): "Todo lo bueno es bello y lo bello no es desproporcionado".[103] Hacia el final de este capítulo abordaré con mayor profundidad las relaciones matemáticas y la armonía del alma, por lo que dejaré eso pendiente.

4.3. Gimnasia y medicina

Un alma sana y equilibrada es incapaz de cualquier cosa con un cuerpo desordenado. La educación no puede limitarse sólo al alma, a su armonía, sino que es necesario que el cuerpo también reciba la educación propia para su armonía. La música que sirve a la filosofía para cuidar del alma es una música que puede servir al alma precisamente debido a que ésta está unida a un cuerpo. Sin cuerpo, el tratamiento de la música que elabora Platón pierde fundamento. Parte del reto que tiene entre manos Platón es el de lograr trabajar con un alma que vive en comunidad con el cuerpo.

---

102 *Rep.* VII, 532c4-6: διήλθομεν ταύτην ἔχει τὴν δύναμιν καὶ ἐπαναγωγὴν τοῦ βελτίστου ἐν ψυχῇ πρὸς τὴν τοῦ ἀρίστου ἐν τοῖς οὖσι θέαν [...].

103 πᾶν δὴ τὸ ἀγαθὸν καλόν, τὸ δὲ καλὸν οὐκ ἄμετρον.

En el presente capítulo estoy ligando la relación entre la música y el alma y, concretamente, en este apartado, la importancia de también educar el cuerpo. Por ello hay que entender que la música es lo que pone en armonía al alma; la gimnasia será lo que logre el mismo efecto en el cuerpo y la medicina quien lo cure en caso de desorden.

Cuando en el viviente el alma es demasiado fuerte para el cuerpo y muy impetuosa, sacude internamente a todo el cuerpo y lo colma de enfermedades. Y cuando se aplica intensamente a algún estudio o investigación lo consume. [...] A la inversa, puede suceder que un cuerpo grande que sobrepasa el alma esté unido a una inteligencia pequeña y débil; dado que son dos los apetitos naturales para el hombre: alimento para el cuerpo y sabiduría para lo más divino que hay en nosotros, prevalecen los movimientos de lo más poderoso y aumentan su propio poder, volviendo al alma embotada, lenta para aprender y olvidadiza; y así engendra la ignorancia, que es la más grave de las enfermedades.[104]

La cohabitación entre alma y cuerpo que todo hombre posee hace necesario lograr armonía no sólo en el alma o en el cuerpo, sino entre ambos. Un alma demasiado fuerte con un cuerpo débil termina enfermando a éste, mientras que un cuerpo colérico con un alma poco cultivada produce el peor de los males: la ignorancia (ἀμαθία).[105] Lo primero, consecuentemente, es tener armonía en el alma, porque sólo el alma puede curar al cuerpo, mas el cuerpo no puede curar al alma. Conforme la estructura jerárquica establecida en *República* IV queda manifiesta la superioridad del alma sobre el cuerpo y del λογιστικόν sobre lo ἐπιθυμητικόν. La excelencia que hay en el alma hará que

---

104 *Tim.* 87e6-88b5: ὡς ὅταν τε ἐν αὐτῷ ψυχὴ κρείτ των οὖσα σώματος περιθύμως ἴσχῃ, διασείουσα πᾶν αὐτὸ ἔνδοθεν νόσων ἐμπίμπλησι, καὶ ὅταν εἴς τινας μαθήσεις καὶ ζητήσεις συντόνως ἴῃ, [...] σῶμά τε ὅταν αὖ μέγα καὶ ὑπέρψυχον σμικρᾷ συμφυὲς ἀσθενεῖ τε διανοίᾳ γένηται, διττῶν ἐπιθυμιῶν οὐσῶν φύσει κατ᾽ ἀνθρώπους, διὰ σῶμα μὲν τροφῆς, διὰ δὲ τὸ θειότατον τῶν ἐν ἡμῖν φρονήσεως, αἱ τοῦ κρείττονος κινήσεις κρατοῦσαι καὶ τὸ μὲν σφέτερον αὔξουσαι, τὸ δὲ τῆς ψυχῆς κωφὸν καὶ δυσμαθὲς ἀμνῆμόν τε ποιοῦσαι, τὴν μεγίστην νόσον ἀμαθίαν ἐναπεργάζονται.

105 El vocablo griego aquí indica que la ignorancia está vinculada a la incapacidad para aprender, mientras que en las páginas anteriores (ἀγνοία) indica una falta de conocimiento.

el cuerpo sea lo mejor posibl.[106] Una vez conseguida la armonía en el alma es necesario voltear hacia el cuerpo y revisar lo que hace falta o sobra para que sea un cuerpo bello, es decir, ordenado y proporcionado.

Cuando Platón se pregunta por el tipo de educación que debe brindarles a los guardianes señala que será gimnasia para el cuerpo y música para el alma.[107] Entre las primeras condiciones que todo guardián debe obedecer para el ordenamiento del cuerpo es el de no embriagarse (μεθυσθέντι),[108] alimentarse bien, ejercitarse adecuadamente y tener buenos hábitos de sueño.[109] La consecuencia inmediata de la carencia o desobediencia en cualquier de estas condiciones es sufrir grandes y violentas enfermedades (μεγάλα καὶ σφόδρα νοσοῦσιν). Los guardianes, sin embargo, no pueden tener debilidades como consecuencia de un mal régimen. La naturaleza del guardián es la de "estar siempre alertos y aguar al máximo ojos y oídos".[110] Nuevamente la referencia a los dos sentidos que posteriormente, primero en *República* VII, y luego en *Timeo,* considerará los más importantes: la vista y el oído. La astronomía estará a cargo de la educación de la vista y la armonía, como ya quedó visto, lo hará con el oído. Un guardián con mala vista o mal oído no podrá estar alerta y, por lo tanto, estará imposibilitado para cumplir con su función.

Lo que se compromete es la justicia de la *pólis* misma. Si el responsablede velar por la seguridad y paz de la ciudad es incapaz de hacerlo, es decir, no puede cumplir con su función (ἔργον), pone en riesgo a la justicia misma. En la república propuesta por Platón la justicia de la *pólis* está engarzada con la posibilidad de la justicia ciudadana. Alguien que no cumple con su función, sea carpintero, herrero, constructor de barcos o zapatero, está siendo injusto, pues no está haciendo lo que le corresponde naturalmente hacer.[111] Así, si la naturaleza del guardián es la de velar por la seguridad

---

106 Cf. *Rep.* III, 403d.

107 Cf. *Rep.* II, 376e.

108 Esta idea la retoma en *Leyes* II, 673e y ss.

109 Cf. *Rep.* III, 403e y ss.

110 *Rep.* III, 404a10-11: ἀγρύπνους τε ἀνάγκη εἶναι καὶ ὅτι μάλιστα ὀξὺ ὁρᾶν καὶ ἀκούειν [...].

111 "Para todos los ciudadanos de cada Estado bien ordenado hay asignada una función (ἔργον) que necesariamente deben cumplir" (*Rep.* III, 406c3-5). ὅτι πᾶσι τοῖς εὐνομουμένοις ἔργον τι ἑκάστῳ ἐν τῇ πόλει

de la *pólis* y para ello necesita estar alerta y aguzar sus sentidos, cumplirá con su función sólo en la medida en que puede, auténticamente, estar alerta gracias a que su vista y oídos están bien educados. Por lo tanto, si el encargado de la justicia política no puede ser justo consigo mismo, tampoco puede velar por la justicia de la ciudad. La relevancia de la educación del guardián no es pueril, sino toral en la conservación de la *pólis*. Por eso es que Platón piensa que debe implantarse la gimnasia como recurso pedagógico corporal. La gimnasia que formará al cuerpo debe tener las mismas características que la música descrita líneas antes, es decir, simple.[112] La razón es que la abundancia, piensa Platón, genera intemperancia (ἀκολασίαν) y enfermedades (νόσον), mientras que la simpleza, moderación (σωφροσύνη).

La gimnasia no sólo debe ser simple, sino formar un cuerpo preparado para la guerra. El régimen del guardián lo obtiene siguiendo a Homero. El guerrero debe comer carne asada, evitar los dulces, pasteles, la mesa siracusana y los platos sicilianos, es decir, platos abundantes. Además, el guardián no debe tener concubinas. Este régimen lo compara con la melodía y los cantos en donde caben todas las armonías y todos los ritmos. El guardián que mantenga este régimen tendrá salud en su cuerpo. Siguiendo el hilo de esta argumentación es posible afirmar que, para Platón, la vida buena es la vida simple, mientras que la buena vida es consecuencia de una vida llena de abundancia. Este tema lo retomará hacia el final de su vida cuando en *Filebo* (11d4-6) solicite "manifestar un estado y una disposición del alma que sean capaces de proporcionarnos una vida feliz a todos los seres humanos".[113] La reflexión de este diálogo tiene elementos interesantes que retomaré hacia el final de esta tesis, pues en la búsqueda por la vida buena o vida feliz, Platón inserta tesis pitagóricas y cosmológicas relevantes para los intereses de mi investigación.

En *Leyes* (II y VII), sin embargo, hablará de la importancia de la gimnasia no sólo para los guardianes, sino para todos, especialmente los más jóvenes. En este diálogo, Platón define la gimnasia como "la conducción con

προστέτακται, ὃ ἀναγκαῖον ἐργάζεσθαι [...].

112 Cf. *Rep*. III, 404b.

113 ἑκάτερος ἕξιν ψυχῆς καὶ διάθεσιν ἀποφαίνειν τινὰ ἐπιχειρήσει τὴν δυναμένην ἀνθρώποις πᾶσι τὸν βίον εὐδαίμονα παρέχειν.

arte de éste [el cuerpo] hasta tal estado [virtuoso]".[114] La gimnasia pedagógica se llevará a cabo de dos maneras. Por un lado, mediante la danza y, por otro, en el entrenamiento de la lucha.

Uno de los obstáculos para la práctica de la virtud es la excesiva atención al cuerpo. Éste debe ser instruido mediante la gimnasia, pero de una forma simple, como acabo de mencionar. Platón alcanza a detectar que la atención desmedida hacia el cuerpo genera enfermedades, la mayoría de ellas inventadas.[115] El lamento por la constante enfermedad forma parte de la rutina de esta persona. Este cuerpo enfermo requiere de más virtud y menos atención, pues es la falta de la primera y el exceso del segundo lo que lo mantiene enfermo. En cambio, gracias a la virtud tendrá que superarlo y dirigir su atención hacia otro lado. La virtud, generada mediante un ejercicio racional, brindará equilibrio a la atención dada al cuerpo, equilibrándolo.

La salud del cuerpo es asunto del dueño del cuerpo. Así como cuidamos de nuestra alma debemos cuidar de nuestro cuerpo, entendiendo que lo más importante es nuestra alma. Hay que evitar cuidar más del cuerpo que del alma o nos pasará como narra Sócrates en *Alcibíades I*,[116] cuando mediante el ejemplo del pie y del zapato le hace ver a Alcibíades que debe cuidar el pie más que el zapato, pues éste existe gracias a aquél y no viceversa. Sócrates busca dejar clara la distinción entre lo que es el *sí mismo* (αὐτοῦ) y *lo de sí mismo* (τῶν αὐτοῦ). De nada sirve un zapato si no hay pie que proteja. La técnica encargada de cuidar del pie es la música y la del zapato, la gimnasia.[117] Así el cuerpo y el alma. La dieta y el ejercicio forman parte del régimen descrito, pero también es importante atender al cuerpo cuando verdaderamente se enferma. En estos casos, y sólo en estos, es que se debe consultar a un médico para que reestablezca el equilibrio corpóreo. Sin embargo, Platón es crítico en este tema; incluso es excesivamente naturalista. Escribió: "En los casos en

---

114 *Lg.* II, 673a9-10: τὴν ἔντεχνον ἀγωγὴν ἐπὶ τὸ τοιοῦτον αὐτοῦ γυμναστικὴν προσείπωμεν.

115 Pareciera como si en este pasaje Platón estuviera hablando de la hipocondría.

116 Cf. 128a y ss.

117 Cf. *Alc. I*, 128d. En *República* III (410c) advierte Platón que, aunque se piense que la música es la encargada de templar el alma y la gimnasia de hacer lo propio con el cuerpo, en realidad ambas formas de educación pretenden cuidar el alma.

que los cuerpos están totalmente enfermos por dentro, no intentó [Asclepio] prolongar la desdichada vida de los enfermos por medio de dietas".[118] Para Platón, si el cuerpo puede naturalmente reorganizarse hacia la salud, es señal de un buen cuerpo que merece seguir viviendo; en cambio, si se desorganiza hasta la muerte a causa de una enfermedad, no debemos intervenir en prolongar el sufrimiento. Consideraba incorrecto usar la medicina en alguien enfermizo e intemperante (ἀκόλαστον) por naturaleza, así fuera más rico que Midas.[119] La función de la medicina es la de purgar o purificar el cuerpo para liberarlo de algún veneno, pero no la de curarlo como se entiende actualmente. Servía de κάθαρσις, no de φάρμακον.

Es de llamar la atención las sentencias que hace sobre la enfermedad y la intemperancia. Podrían poner en jaque su sistema ético, antropológico y metafísico. Por un lado, parece ser congruente con la función y la justicia derivada de su cumplimiento. Pero, por otro, parece sostener una tesis determinista que invalidaría el desarrollo del resto de su filosofía, pues nadie podría ser más o menos virtuoso de lo que ya naturalmente es. Incluso, ¿qué papel tendría la educación cuando a quien está educando no puede cambiar, pues su naturaleza determinó lo que es? ¿Cuál sería el propósito de enunciar el camino propedéutico para poder ser un filósofo rey?

Precisamente en este punto es en donde Platón parece, contrario a lo que piensa Szlezák (1997: 227), quien considera que todos los hombres pueden convertirse en filósofos, en que no todos los hombres pueden y deben recibir la educación propuesta. Esta observación de Szlézak es refutada por Lisi (2018: 235), quien, a mi juicio, apunta acertadamente a que la formación del filósofo rey, en Platón, es exclusiva sólo de unos pocos. El prisionero liberado de la caverna no es cualquier prisionero, sino una persona con el potencial de cursar el currículo pedagógico que se requiere para lograr la contemplación de la Idea del Bien (ἡ τοῦ ἀγαθοῦ ἰδέα), pues el proceso de adaptación es difícil (μόγις).[120] No obstante, llama la atención que en *Le-*

---

118 *Rep.* III, 407d5-7: εἴσω διὰ παντὸς νενοσηκότα σώματα οὐκ ἐπιχειρεῖν διαίταις κατὰ σμικρὸν ἀπαντλοῦντα καὶ ἐπιχέοντα μακρὸν καὶ κακὸν βίον ἀνθρώπῳ ποιεῖν [...].

119 Cf. *Rep.* III, 408b.

120 Cf. *Rep.* VII, 517b8-c1.

yes (VII, 795d y ss.) menciona, a propósito de la educación del cuerpo, que todos deben ser instruidos para adquirir la misma habilidad en pies y manos, amalgamando éstas con sus habilidades naturales sin que las segundas se vean afectadas.

Debido a que el tema de este apartado no es el de la formación del rey filósofo, no desarrollaré todo lo que se desprende de ello. La razón de haber traído esto a colación aquí es mostrar que para Platón la educación no es igual para todos, y que a unos los considera sin remedio pedagógico, mientras que a otros les exige el cumplimiento de ciertas normas. Específicamente, los guardianes y los gobernantes son los sujetos de la educación en la república de Platón. Los comerciantes y el resto del pueblo serán educados por los anteriores. Siguiendo el esquema tripartita del alma propuesto en *República* IV cada parte debe poseer una virtud para lograr el cabal cumplimiento de su función. Asimismo, también queda allí claro que es la razón quien dirigirá a la cólera para que entre ambas ordenen a los apetitos, pues éstos, por sí solos, son incapaces de razón alguna. Por naturaleza, así debe ser y pretender cualquier otra cosa es corromper a la propia alma. *Mutatis mutandi*, en la ciudad es posible notar lo mismo: el gobernante instruirá a los guardianes para que entre ambos se logre la moderación requerida para los ciudadanos, para el pueblo.[121] En *Leyes*, como ya he mencionado, sí considera la educación de todos desde la juventud.

Precisamente, es en este diálogo en donde aparece con mayor claridad el desarrollo de cómo la gimnasia educará el cuerpo de una persona. Como ya también comenté, Platón entiende por gimnasia la danza coral y la lucha. Ambas actividades forman parte de la educación en gimnasia que debe recibir un joven para la educación de su cuerpo. De hecho, la danza coral es considerada como un arte completo al combinar música y movimiento corporal.[122] "El comienzo de este juego[123] es que todo ser animado acostumbra natural-

---

121 Cf. *Rep.* III, 389d y ss.

122 Cf. *Lg.* II, 672e y ss.

123 La pedagogía platónica de la juventud está basada, principalmente, en el juego. Mediante éste es que los jóvenes aprenderán lo que es importante saber sobre la virtud, el bien y la belleza. Para profundizar en este tema recomiendo la lectura del séptimo libro de *Leyes*. Para muestra basta un botón: "Si alguien llevara a

mente a saltar, mientras que el ser humano, así decíamos, al percibir el ritmo hizo nacer y engendró la danza. Cuando la melodía recordó al ritmo y lo despertó, ambos, uniéndose, dieron a luz el juego de la danza coral".[124] Ésta es el pivote que permite educar al alma y al cuerpo simultáneamente. En ella se engarza el movimiento que penetra al alma —la melodía— con el que fortalece al cuerpo —el ritmo—. Ambos logran que tanto el alma como el cuerpo fortalezcan y amen lo que tienen que amar y debiliten y rechacen lo que deben rechazar. En *República* III, 403a7-8 sentencia que el verdadero amor consiste en amar moderada y armoniosamente (σωφρόνως τε καὶ μουσικῶς ἐρᾶν) lo ordenado y bello (κοσμίου τε καὶ καλοῦ), y dos líneas adelante —a10— agrega que dicho amor no puede tener ningún tipo de afinidad con la locura y la intemperancia (μανικὸν οὐδὲ συγγενὲς ἀκολασίας).

Los beneficios que la danza aporta al cuerpo son los siguientes:[125] a) imitan el mensaje de la musa, b) buen estado físico, que deviene en belleza, c) flexibilidad y d) correcto funcionamiento de cada parte. La lucha servirá para: a) buena postura, b) entrenamiento para el combate, c) fuerza y salud y d) buena figura. Un cuerpo educado bajo este régimen tendrá salud y la necesidad del médico será en situaciones muy graves. La enfermedad del cuerpo se presentará cuando se adolezca de moderación. Ante la falta de esta virtud surgirán diversos problemas que afectan al cuerpo, por no mencionar aquí lo ya dicho en el capítulo anterior sobre la relevancia de la σωφροσύνη en la armonización del alma. La mayoría de dichos efectos tendrán que ver con problemas de salud que requerirán la atención de un médico; sin embargo, la causa de todo es la ausencia de virtud.

La medicina, en realidad, es un último recurso en el caso de la aparición de una enfermedad. Ésta es resultado, si aparece en la juventud, de un

---

cabo esto al pie de la letra [mantenimiento de leyes, costumbres y hábitos] hasta que el niño y la niña hubieran alcanzado la edad de tres años y no aplicara las cosas que dijimos a salto de mata, los párvulos que están recibiendo la educación obtendrían un beneficio que no sería pequeño. La forma de ser del alma de tres, cuatro, cinco y hasta de seis años necesita de juegos" (VII, 793d6-e5).

124 *Lg.* II, 673c9-d5: αὖ ταύτης ἀρχὴ μὲν τῆς παιδιᾶς τὸ κατὰ φύσιν πηδᾶν εἰθίσθαι πᾶν ζῷον, τὸ δὲ ἀνθρώπινον, ὡς ἔφαμεν, αἴσθησιν λαβὸν τοῦ ῥυθμοῦ ἐγέννησέν τε ὄρχησιν καὶ ἔτεκεν, τοῦ δὲ μέλους ὑπομιμνῄσκοντος καὶ ἐγείροντος τὸν ῥυθμόν, κοινωθέντ' ἀλλήλοις χορείαν καὶ παιδιὰν ἐτεκέτην.

125 Cf. *Lg.* VII, 795d y ss.

entrenamiento laxo del cuerpo y, si aparece en la vejez, es propia de la desorganización natural de todo ser viviente. Lo toral en todo esto es, en primer lugar, la educación del alma y, en segundo, la del cuerpo. Un cuerpo jamás podrá ser un buen cuerpo si el alma con la que hace comunidad no es una buena alma. Sin las virtudes propias que debe poseer el alma el cuerpo no logrará disciplinarse nunca. La adquisición y ejecución de la sabiduría y de la valentía, junto con la moderación son indispensables para tener un cuerpo sano. Por otro lado, tener estas virtudes no garantiza la salud del cuerpo, pues aún hace falta realizar los ejercicios, técnicas y dietas proscritas por la gimnasia. Lo cierto es que, como ya lo cité, un alma fuerte y sabia es incapaz de cumplir con su función dentro de un cuerpo débil. El cuidado del cuerpo es, en última instancia, otra forma de cuidar al alma.[126]

La relevancia de la medicina en la filosofía Platón es mayor de la que se le ha otorgado. Si, como afirma en *Timeo* (86d5-e2), "casi toda la crítica a la incontinencia en los placeres, en la creencia de que los malos lo son intencionalmente, es incorrecta, pues nadie es malo voluntariamente (κακὸς μὲν γὰρ ἑκὼν οὐδείς), sino que el malo se hace tal por un mal estado del cuerpo o por una educación inadecuada (διὰ δὲ πονηρὰν ἕξιν τινὰ τοῦ σώματος καὶ ἀπαίδευτον), ya que para todos son estas cosas abominables y se vuelven tales de manera involuntaria", entonces es necesario atender a lo que conduce al mal. Según este pasaje hay que poner atención a dos aspectos: a) el cuerpo y b) la educación. De ésta me he ocupado primordialmente a lo largo de este capítulo. Del primero, sin embargo, no he dicho casi nada. Pero hay que hacerlo. El cuerpo enferma y, según lo anotado antes, es quien enferma al alma. El cuidado y curación del cuerpo impactará en el cuidado y curación del alma.

Para el cuerpo, Platón sugiere tres cosas:[127] 1) gimnasia, 2) movimientos oscilatorios (αἰωρήσεων) y 3) fármacos (φάρμακος). De la primera he hablado a lo largo de este apartado; del segundo, he tocado indirectamente el tema al hablar del poder que tiene la danza sobre el cuerpo y el alma del hombre. Del tercero vale la pena mencionar que Platón no lo recomienda excepto

---

126 Cf. *Rep.* III, 410b y ss.

127 Cf. *Tim.*, 89a y ss.

en casos de muchísima gravedad. Las enfermedades deben ser resueltas por el propio cuerpo, pues éstas tienen cierta correspondencia con la constitución del cuerpo, es decir, con los triángulos de los que estamos hechos.[128] El fármaco sólo debe administrarse en una situación límite, pues su consumo afecta a todo el viviente por igual. Así como en *Fedro* (274b y ss.), la escritura brindada por el rey Tot era considerada un fármaco que podía ser tanto un bien como un mal, con una especial inclinación hacia el mal por la pérdida de la memoria que este invento traería a los hombres, parece que ahora en *Timeo* Platón retoma el mismo paradigma para juzgar todo medicamento que pueda ser ingerido por el enfermo. Me resulta inevitable pensar en el ensayo de Derrida (1997: 93 y ss.) a propósito de este vocablo griego, el φάρμακον.

Buscar eliminar enfermedades mediante fármacos puede causar el efecto opuesto al deseado. Cuando alguien consume o a alguien se le administra un medicamento generalmente piensa quien lo toma o quien lo da que está haciendo un bien. El medicamento se considera como el remedio para la enfermedad. Aquí viene lo interesante de la reflexión de Platón. La palabra griega se traduce, precisamente, como *remedio*, pero también como *veneno*. Pareciera que hay un problema de fondo bastante serio. Decir que el fármaco será el remedio para el mal que aqueja al paciente resulta tautológico, pues equivaldría a afirmar que el remedio es el remedio. En primera instancia, más allá de un principio de identidad, no estoy aportando nada al problema de la enfermedad, pues matemáticamente si el remedio es el remedio, entonces no hay remedio, pues se anula el remedio al ser él mismo el remedio. Por otro lado, si el remedio puede ser un veneno, también el remedio imposibilita su función como cura de la enfermedad, pues en lugar de obtener el beneficio esperado se consiguió una mayor enfermedad.

---

128 Resulta interesante la afirmación que hace Platón en *Timeo* (89c1-4) cuando dicta las razones por las que no se deben administrar fármacos al enfermo. "En efecto, los triángulos de cada uno ya desde el principio mismo tienen por su constitución la capacidad de durar hasta un cierto punto, más allá de cuyo límite la vida no podría prolongarse". Es una tesis determinista que obliga al lector a replantearse, nuevamente, la viabilidad de la pedagogía platónica y su propuesta de ascensión hacia el bien. Sin embargo, no entraré en detalles sobre esta polémica, pues no estoy examinando la idea platónica sobre la determinación y el destino, sino sobre cómo corregir el mal. Entiendo la conexión que existe entre ambos temas, y por eso mismo hago la anotación aquí.

La medicina propuesta por Platón realmente no consiste en la administración de fármacos, sino en una guía pedagógica que permita al cuerpo adquirir la proporción adecuada para mantenerse bello y bueno, facilitando a su vez, la adquisición de la virtud que hará del alma algo bello-bueno, alcanzando el ideal de nobleza griego.

4.4. El alma como cierta armonía

En *Fedón* existe un pasaje en donde Platón sentencia que el alma no puede ser armonía (92b-e). Vale la pena poner en claro el contexto. Recién ha terminado Sócrates de exponer el argumento que pretende establecer la afinidad del alma con las Ideas. Es decir, de acuerdo con Sócrates, el poder mostrar que el alma comparte semejanzas con las Ideas prueba la inmortalidad de aquélla. Simias, no obstante, piensa que no se ha probado nada, pues si es cierta dicha semejanza o afinidad, entonces ambas comparten algún elemento mortal, para lo cual emplea la analogía de la lira, donde por un lado tenemos a la lira y por el otro la armonía (ἁρμονία).[129] El argumento de Simias (85e3-86d4) parte de la idea de que, así como comparamos la semejanza entre el alma y las Ideas, también podemos establecer una relación entre la armonía, la lira y las cuerdas.

Simias sugiere que digamos que la armonía es algo invisible e incorpóreo (ἁρμονία ἀόρατον καὶ ἀσώματον), bellísimo y divino (πάγκαλόν τι καὶ θεῖόν). La armonía está presente en la lira afinada (ἡρμοσμένη). Por otro lado, aclara que tanto la lira como las cuerdas son cuerpos (ἡ λύρα καὶ αἱ χορδαὶ σώματά). Tanto la lira como las cuerdas pertenecen al terreno de lo mortal. ¿Qué pasaría, se pregunta Simias, si alguien rompiera (κατάξῃ) la lira o cortara (διατέμῃ) las cuerdas? ¿Qué pasaría con la armonía? ¿Permanecería la armonía o cesaría de existir? Siguiendo la argumentación anterior de Sócrates, la armonía seguiría existiendo, así como el alma sigue existiendo cuando el cuerpo queda destruido. Simias habla como si fuera Sócrates: "Habría que

---

129 Cf. *Fd.*, 85e3-86b5.

afirmar que la armonía misma existe todavía en algún lugar".[130] E insiste Simias, en que esto es tal y como Sócrates argumentó a favor del alma.

> Puesto que nuestro cuerpo está como tensado (ἐντεταμένου) y se mantiene en cohesión (συνεχομένου) por acción de lo caliente y lo frío, lo seco y lo húmedo, y otras cosas de ese tipo, nuestra alma es una mezcla y una armonía de tales cosas (κρᾶσιν εἶναι καὶ ἁρμονίαν αὐτῶν τούτων τὴν ψυχὴν ἡμῶν), allí donde ellas se mezclan unas con otras de modo bello y proporcionado (καλῶς καὶ μετρίως).[131]

De acuerdo con los comentadores de este diálogo[132] y, específicamente, sobre este pasaje, la mayoría coincide en señalar que aquí Platón aprovecha la presencia de sus interlocutores —Simias y Cebes— para mostrar y, posteriormente, criticar la concepción pitagórica del alma. Antes de llegar a eso, quiero detenerme en algunos conceptos que surgieron del texto citado. Sólo para que no se olvide, se dice que nuestro cuerpo está *tensado* (ἐντεταμένου) y en *cohesión* (συνεχομένου), siendo nuestra alma una *mezcla* (κρᾶσιν) y una *armonía* (ἁρμονία) de tales cosas, que se *mezclan* (κραθῇ) de modo *bello* (καλῶς) y *proporcionado* (μετρίως).

Es importante volver a mencionar que, para los griegos antiguos, el concepto de armonía (ἁρμονία) significa *tensión justa* en el sentido de afinación. Una cuerda de guitarra, bajo este concepto, está en armonía cuando tiene la tensión exacta para que dé la nota que debe dar. Como ya lo he comentado en éste y el capítulo 3, si afino la guitarra en modo E, entonces la sexta cuerda al aire debe dar la nota E, que significa que la tensión entre la cejuela y el puente debe ser tal que la nota arrojada tras hacer vibrar la cuerda sea E. Si la tensión es un poco más de lo que debería, tendré la nota F, y si

---

130 *Fd.*, 86b2-3.

131 *Fd.*, 86b7-c2: ὥσπερ ἐντεταμένου τοῦ σώματος ἡμῶν καὶ συνεχομένου ὑπὸ θερμοῦ καὶ ψυχροῦ καὶ ξηροῦ καὶ ὑγροῦ καὶ τοιούτων τινῶν, κρᾶσιν εἶναι καὶ ἁρμονίαν αὐτῶν τούτων τὴν ψυχὴν ἡμῶν, ἐπειδὰν ταῦτα καλῶς καὶ μετρίως κραθῇ πρὸς ἄλληλα [...].

132 Así, por ejemplo, Burkert (1972: 272), Rowe (1993: 204), Gallop (1999: 91) y Vigo (2009: 245-246 n. 108). Salles (2017), en cambio, utiliza este pasaje para conectar con la teoría *pneumática* de los estoicos en un artículo sumamente enriquecedor.

la tensión es ligeramente menor, tendré D#. Armonía, en la concepción platónica, es precisamente esto. El concepto actual de armonía, entendida ésta como consonancia de sonidos, es propio del concepto griego de συμφωνία, que significa concordancia.

Lo valioso del pasaje de Simias es que acaba de definir la armonía como ἐντείνω y συνόχωκα. El estado de armonía consistirá en una tensión y cohesión que deben ser mezcladas de modo bello y proporcionado. Tanto καλός como μέτριος están emparentados, pues lo bello es proporción, como se vio tanto en el primero como en el segundo capítulo. También se mencionó en el primer capítulo que todo lo bello es bueno (ἀγαθός), por lo que un alma que posee armonía es, no sólo bella, sino buena.

De vuelta al argumento presentado por Simias, el pitagórico[133] concluirá que, debido a esta relación entre las cuerdas y la lira, como fundamento de la mezcla bella y proporcionada de tensión y cohesión, si las cuerdas se aflojan o la lira se rompe, la armonía también perece. Por lo que, si el alma es como la armonía aquí presentada, el alma es mortal, pues depende de lo corpóreo para existir.

> Entonces, si el alma viene a ser una suerte (τυγχάνει) de armonía (ἁρμονία), es evidente que cuando nuestro cuerpo se afloja o tensa desproporcionadamente (ἀμέτρως) por causa de enfermedades y otros males, resulta forzoso que el alma quede destruida de inmediato (τὴν μὲν ψυχὴν ἀνάγκη εὐθὺς ὑπάρχει ἀπολωλέναι), por muy divina que sea, tal como ocurre también con las demás especies de armonía, ya sean las propias de los sonidos (φθόγγοις) o bien las propias de cualquier otro tipo de obras realizadas por artesanos (δημιουργῶν).[134]

---

133 Sobre la importancia de los personajes elegidos por Platón en sus diálogos, remito a Sayre (2002: 1-32) y Szlézak (1991: 36-37). A propósito de la selección de Simias y Cebes como interlocutores de *Fedón* me apoyo en Grube (1980: 294), Guthrie (1990: 315-316), Eggers Lan (2006: 21-28) y Vigo (2009: XXVIII-XXIX y 99-102).

134 *Fd.*, 86c2-7: εἰ οὖν τυγχάνει ἡ ψυχὴ οὖσα ἁρμονία τις, δῆλον ὅτι, ὅταν χαλασθῇ τὸ σῶμα ἡμῶν ἀμέτρως ἢ ἐπιταθῇ ὑπὸ νόσων καὶ ἄλλων κακῶν, τὴν μὲν ψυχὴν ἀνάγκη εὐθὺς ὑπάρχει ἀπολωλέναι, καίπερ οὖσαν θειοτάτην, ὥσπερ καὶ αἱ ἄλλαι ἁρμονίαι αἵ τ᾽ ἐν τοῖς φθόγγοις καὶ ἐν τοῖς τῶν δημιουργῶν ἔργοις πᾶσι.

Como lo trabajé al final del apartado recién terminado en donde detallé los efectos que el cuerpo y las enfermedades tienen sobre el alma, desde *Fedón* se puede ver que el tema ya está presente. Aquí aparece como un elemento que sirve para pensar si el alma puede ser inmortal a partir de la analogía con la armonía y la lira. Las cuerdas desgastadas o la lira rota semejan la enfermedad o la muerte en el cuerpo. Si establecemos la relación entre el alma y la armonía (alma:armonía::cuerpo:cuerdas), ésta desaparece cuando las cuerdas están desgastadas o rotas. De la misma manera, el alma perecería una vez destruido el cuerpo. Incluso, la analogía compromete la presencia del alma cuando el cuerpo padece enfermedades.

Volveré a este argumento; ahora quiero considerar las relaciones que quedaron establecidas entre la armonía y sus componentes. Anteriormente había quedado dicho que la armonía era tensión (ἐντείνω) y cohesión (συνόχωκα) mezclados bella (καλός) y proporcionadamente (μετριότητα). La enfermedad (νόσος), en cambio, provoca desproporción (ἄμετρος) rompiendo dicha tensión y cohesión que genera armonía. Está dicho, pues, lo que provoca la desarmonía: la enfermedad. Pero en el pasaje citado, agrega: y otros males (καὶ ἄλλων κακῶν). La enfermedad, puede concluirse, es un mal. La enfermedad genera desarmonía y ésta impacta negativamente en el ser humano. Una de las manifestaciones del mal aquí mostradas es la enfermedad, pero también lo es el desgaste y lo roto. El mal, puede decirse ahora, es una desarmonía, pues su presencia causa desproporción, siendo la proporción una condición, no sólo para la armonía, sino para el bien, como se vio en el primer capítulo.

La proporción (μέτριος) es resultado de una tensión y cohesión entre distintos elementos. En el caso de la lira, será la tensión y cohesión entre las cuerdas para que al ser tocadas produzcan las notas correctas. Sin embargo, en lo que acierta Simias, es que un alma no puede ser armonía, porque de serlo, sería mortal. Tras una breve reflexión, primero por parte de Equécrates y de Fedón sobre las objeciones de Simias y Cebes, y luego la advertencia de Sócrates a propósito de tener cuidado con ser μισόλογος, es decir, gente que odia los razonamientos, responde a las objeciones. Nada podría ser más malo, señala Sócrates, que odiar los razonamientos (89d1-3); una señal inequívoca de alguien que aún no está instruido. Esta sentencia la engarza con un recordatorio hacia sus interlocutores: preocuparse más por la verdad que por la persona que está hablando (91c). Establecida la reminiscencia sobre los fundamentos del diálogo, i.e., que deben amarse los razonamientos y la verdad por sobre todas las cosas, Sócrates procede.

La respuesta a Simias es tajante:

En efecto, una armonía no es ciertamente algo como aquello a lo que le estás comparando, sino que primero llegan a existir la lira, las cuerdas y sus sonidos, que todavía carecen de armonía, y como la última de todas estas cosas se compone entonces la armonía, que es también lo que primero se destruye.[135]

El alma no puede ser armonía, porque la armonía es resultado de varios elementos que deben existir previamente. La analogía de Simias parte de un falso analogado y Sócrates le hace ver el error.[136]

1. Simias concedió la preexistencia del alma tras el argumento de la reminiscencia que expuso Sócrates.
2. Si el alma preexiste significa que existe sin necesidad del cuerpo.
3. Si se establece una relación analógica entre el alma y la armonía, debería también concederse que la armonía preexiste antes de la lira y las cuerdas.
4. El argumento de Simias es que la armonía existe a partir de las cuerdas y los sonidos que emite la lira, por lo que el desgaste de las primeras o la destrucción del instrumento pondría fin a la armonía.
5. Si 4 es verdadero, entonces 3 es falso.
6. Sócrates admite la veracidad de 4, es decir, que la armonía sólo puede existir allí donde están los elementos necesarios para la armonía, i.e., las cuerdas, los sonidos y el instrumento.

---

135 *Fd.*, 92b7-c2: οὐ γὰρ δὴ ἁρμονία γέ σοι τοιοῦτόν ἐστιν ᾧ ἀπεικάζεις, ἀλλὰ πρότερον καὶ ἡ λύρα καὶ αἱ χορδαὶ καὶ οἱ φθόγγοι ἔτι ἀνάρμοστοι ὄντες γίγνονται, τελευταῖον δὲ πάντων συνίσταται ἡ ἁρμονία καὶ πρῶτον ἀπόλλυται.

136 *Fd.*, 92b4-e3.

7. Por lo tanto, el alma no puede ser comparada con la armonía, y Simias cayó en su propia contradicción.
8. Sócrates concluye que el alma no es una armonía.
9. Como colofón, líneas más adelante, Sócrates sugiere que el alma puede estar en armonía.

Recuperando lo dicho hasta el momento, la armonía es el resultado de una tensión y cohesión mezcladas bella y proporcionadamente. ¿Puede un alma tensarse y cohesionarse en una mezcla bella y proporcionada? Si la respuesta es afirmativa, ¿con qué se podría tensar y cohesionar el alma para mezclarse bella y proporcionadamente? Ante esta pregunta hallo dos respuestas: a) con el cuerpo y b) consigo misma. El alma puede estar en armonía cuando logra una tensión y cohesión bella y proporcionada con el cuerpo, pero también cuando logra lo mismo entre sí. En *Fedón* está presente a), pero no b), que se desarrollará apropiadamente en *República* IV.

La armonía entre el alma y el cuerpo se obtiene gracias a las relaciones de proporción que genera la virtud. Un alma sensata (νοῦν) es buena; una insensata (ἄνοιάν), mala. La cercanía entre lo aquí desarrollado, y lo analizado en el primer capítulo sobre la necesidad y la persuasión de la inteligencia en *Timeo* me parece evidente. El alma sensata será un alma con armonía, mientras que la otra no la tendrá. Es decir, en *Fedón*, el cuerpo aporta la tensión a partir de la cual el alma tendrá que saber cuál es la proporción adecuada para tener sensatez, es decir, virtud (ἀρετή). La virtud es la tensión y cohesión que se mezcla bella y proporcionadamente en el ser humano. Quien es virtuoso es bello, pues es proporcionado, siendo también, bueno. La virtud, al lograr que el cuerpo y el alma sean capaces de la mejor comunidad (κοινωνία) que entre ellos puede existir, logra un estado de armonía. Las virtudes, parece estar afirmando aquí Platón, son requisito y razón de la armonía en el alma. La virtud es armonía (ἀρετὴ ἁρμονία εἴη), concluye Sócrates (93e3).

En *Fedón*, las virtudes deben su existencia a la tensión en que el cuerpo constantemente pone al alma, hasta que ésta es capaz de tensar y cohesionar bella y proporcionadamente lo corpóreo con lo anímico. Sin cuerpo, no tenemos virtudes. En cambio, *República* IV aporta nuevas concepciones sobre el alma. Como ya desarrollé en el tercer capítulo, el alma en este diálogo es tripartita, es decir, ya no es simple como lo era en *Fedón*, sino compuesta de tres partes: la racional, la colérica y la apetitiva. En este diálogo la tensión ya no la coloca el cuerpo, lo somático, sino la propia alma con sus distintas partes. Cada parte tiene una función que cumplir, que no necesariamente siempre realiza. La secuencia vuelve a ser la misma: la virtud será armonía y el vicio, desarmonía. Es decir, que el alma es responsable de provocar la tensión y cohesión bellas y proporcionadas entre las distintas partes de que está compuesta. Asimismo, si el alma está en desarmonía es por su incapacidad para realizar dicho proceso.

Como detecta muy bien Moravcsik (2001: 40), hay dos formas de interpretar lo que sucederá con el alma como un estado de armonía en esta parte de la filosofía de Platón. Dicho estado genera una unidad porque a) hay una función que gobierna a las demás partes del alma y las mantiene bajo control o b) debido a una cooperación entre todas las partes. Es decir, qué tipo de agente es el que existe en la teoría de la armonía interna del alma que hallamos en *República* IV. Como Moravcsik, también considero que hay que buscar un agente que pueda responsabilizarse por la cohesión de dichas partes, así como de la teoría ética desprendida de dicha cohesión.

Es necesario recuperar nuevamente la analogía del arquero y de la sed, que fue desarrollada en el capítulo anterior a propósito de hablar del alma y la justicia en ella. Como se verá aquí, la justicia y la armonía tendrán una estrecha y fuerte relación en la explicación ética alrededor del alma. En *República* IV Platón nos invita a pensar en un arquero (439b8-10) que para hacer funcionar el arco no puede atraer hacia sí y rechazar de sí el arco con una sola mano. Son necesarias dos manos —o, mejor dicho, dos fuerzas— para hacerlo. No puede ser la misma fuerza la que atrae el arco y la que la repele. Con el arquero (τοξότου) Platón ejemplifica el problema que surge cuando se tiene sed, pero no se desea beber. El apetito (ἐπιθυμία) tiene por objeto únicamente la satisfacción de sí mismo; si es de la sed, de la bebida en cuanto tal. Considerando el principio de no contradicción (PNC), el apetito no puede ser aquello que rechace o desee no beber. Si A desea *x*, A no puede ser quien rechace *x*, pues está en la naturaleza de A el buscar la satisfacción inmediata de *x*. Por lo tanto, cuando ante el deseo de *x* hay, simultáneamente, un rechazo al propio deseo de *x*, es debido a que algo distinto de A lo está rechazando. Llamemos a esto distinto de A, R. Es posible concluir que A desea *x*, pero R rechaza el deseo de *x*, es decir, R rechaza la solicitud de A.

Ambas partes, A y R, que serán los apetitos y la razón, son facultades humanas que conformarán el esquema tripartita del alma platónica. Es importante aclarar que no siempre R rechaza el deseo de la solicitud de A. Será, si cumple adecuadamente con su función, i.e., opera con σοφία, cuando la solicitud de A atente contra el equilibrio del alma y del cuerpo. Si, por ejemplo, para satisfacer la sed se desea beber de un charco en la calle, es natural que R rechace la solicitud de A; cuando, en cambio, se desea beber agua limpia, R concede la solicitud de A.

La tercera parte del alma surge a partir del caso de Leoncio, en donde Platón señala que la cólera (θυμός) también es quien combate contra los deseos. La funcionalidad que cada parte tiene determina el funcionamiento adecuado del alma y, por lo tanto, de la persona. Cuando la razón no gobierna, cuando la cólera no se alía a la razón y cuando los apetitos pretenden mandar, surge un estado de injusticia interno que corrompe al alma. La tensión entre las tres partes existe — ἐπιθυμία, θυμός y λογιστικός—, pero sin la correcta guía, dicha tensión será una desarmonía. Existe un conflicto permanente dentro del alma que Platón detalla. Cada parte busca el bien y tensionará para asirse de dicho bien. Pero no todas las partes entienden y distinguen el bien real del bien aparente. Es decir, aquí se brinda una profundización a las razones expuestas en el primer capítulo, a propósito de intelectualismo socrático mostrado en *Protágoras*, de por qué puede darse una confusión que deriva en conflicto.

Los apetitos buscan necesariamente la satisfacción de sí mismos, es decir, el placer. Los apetitos parten de una equivalencia muy elemental: placer = bueno y dolor = malo. Pero como ya se vio en el primer capítulo, no todo placer es bueno ni todo dolor es malo. El ejemplo allí brindado fue el del tabaquismo. Quien fuma considera que hacerlo es placentero. Probablemente lo es, pero ese placer no es bueno como tal, pues produce males en el cuerpo, en la salud. Las enfermedades son causa de alteraciones anímicas. El apetito deseó el cigarro, el alcohol, quedarse dormido o un pastel de chocolate, teniendo diabetes, y sin la intervención de algo que lo frenara, buscando saciar el deseo. Cuando el apetito realiza esta acción deja de hacer lo suyo e intenta esclavizar (καταδουλώσασθαι) y gobernar (ἄρχειν) aquellas cosas que no corresponden a su clase y trastorna la vida de todos.[137] La tensión que existe en el alma no es la justa, generando enfermedades.[138]

La intervención de la razón es determinante para la salud. No obstante, la razón por sí sola es insuficiente para alcanzar dicho propósito. En el desarrollo de esta parte del diálogo, Platón es bastante claro en la necesidad de las cualidades (ἀρεταί) que han de acompañar a las distintas partes del alma para que sean capaces de cumplir con su función. La ausencia de la sabiduría (σοφία) en la razón hará imposible que ésta pueda gobernar y ordenar al resto de las partes del alma. Sin σοφία, la razón puede o i) justificar un apetito que de suyo no es bueno —por ejemplo, me merezco este pastel de chocolate porque he sufrido mucho al ser diabético— o ii) ser excesivamente mezquina en la forma de tensar el apetito e impedir algo placentero no nocivo como comprar el nuevo disco de tu grupo favorito. La tensión proporcionada por la razón en ambos casos abandona la nota que debe dar, ya sea porque tensó de menos o tensó de más.

La tensión que debe generarse para que el alma alcance la armonía en *República* IV debe partir del entendimiento de la tripartición del alma y de su funcionamiento. Como ya está desarrollado, a la razón le corresponde gobernar y guiar; a la cólera, ser aliada de la razón, es decir, obedecerla para combatir contra los enemigos externos o internos, y a los apetitos, albergar los deseos y placeres. Los deseos y placeres son fundamentales para la existencia. La razón sólo podrá gobernar si tiene sabiduría con prudencia; la cólera podrá aliarse a la razón y luchar contra los enemigos si es valiente, y los apetitos albergarán adecuadamente los placeres y deseos si existe moderación. Un alma, cuyas partes cumplen con su función, es un alma justa, pues cada parte hace lo que le corresponde. Cada parte está en la tensión

---

137 Cf. *Rep.* IV, 442b1-3.
138 Cf. *Rep.* IV, 444d.

justa obteniendo un estado de armonía en el alma. Es decir, el alma está en armonía cuando sus diferentes partes cumplen con su función.

Asimismo, Platón es muy claro, que, si no hay moderación, el alma pierde todo sentido de equilibrio y armonía. Donde los apetitos no tienen moderación, no hay nada; se pierde la armonía. Platón utiliza una metáfora musical aquí, pues dice que cuando no hay moderación se pierde la octava musical (διὰ πασῶν) que unifica lo mayor con lo menor. Cuando se menciona esto en 432a2 pienso que ya se tenía en mente lo que dirá hacia el final del libro IV, cuando al mencionar lo que se debe hacer con cada parte del alma dice:

> Tal hombre ha de disponer bien lo que es suyo propio, en sentido estricto, y se autogobernará (ἄρξαντα αὐτὸν αὑτοῦ), poniéndose en orden (κοσμήσαντα) a sí mismo con amor (φίλον γενόμενον ἑαυτῷ) y armonizando (συναρμόσαντα) sus tres especies simplemente como los tres términos de la escala musical: el más bajo, el más alto y el medio. Y si llega a haber otros términos intermedios, los unirá a todos, y se generará así, a partir de la multiplicidad, la unidad absoluta, moderada y armónica (σώφρονα καὶ ἡρμοσμένον).[139]

La moderación es clave para la armonía del alma. Líneas antes menciona que el moderado lo es gracias a la amistad y a la concordia (φιλίᾳ καὶ συμφωνίᾳ) entre las partes que mandan y son mandadas, pues actúan en acuerdo. No puedo dejar de pensar en este momento en la mención que hace Platón en *Fedón* cuando señaló que el alma y el cuerpo son una comunidad (κοινωνία). La buena relación entre esta comunidad dará como resultado el fruto de la virtud, mientras que la mala relación, es decir, una relación sin sabiduría, producirá los frutos podridos del vicio. Nuevamente en *República* IV está presente la idea de la vida en comunidad. La primera comunidad con la que todo ser humano ha de convivir es la propia, la correspondiente a la razón, la cólera y los

---

139 443d2-e2: ἀλλὰ τῷ ὄντι τὰ οἰκεῖα εὖ θέμενον καὶ ἄρξαντα αὐτὸν αὑτοῦ καὶ κοσμήσαντα καὶ φίλον γενόμενον ἑαυτῷ καὶ συναρμόσαντα τρία ὄντα, ὥσπερ ὅρους τρεῖς ἁρμονίας ἀτεχνῶς, νεάτης τε καὶ ὑπάτης καὶ μέσης, καὶ εἰ ἄλλα ἄττα μεταξὺ τυγχάνει ὄντα, πάντα ταῦτα συνδήσαντα καὶ παντάπασιν ἓν γενόμενον ἐκ πολλῶν, σώφρονα καὶ ἡρμοσμένον [...].

apetitos. Es necesario buscar y fomentar una buena relación entre las distintas partes de la comunidad para que funcione correctamente. Cuando esto se logra impera la justicia, es decir, la justicia es, por otro lado, resultado de la amistad de las partes integrantes. Esta amistad provoca un amor propio que ordena internamente las partes del alma. El producto de este orden es que la multiplicidad se hizo unidad mediante una armonía que produce sonidos consonantes, en lugar de disonantes. Esta consonancia es, musicalmente, lo más bello que puede existir sonoramente. El acorde ya no suena por separado y desafinado, sino como una sola armonía que al unísono integra a todas las notas de las que está compuesta. El alma humana está en armonía, pues posee la tensión y cohesión de manera bella y ordenada.

Conclusiones

La inmersión que pretendí en este capítulo fue la de entender mejor el proceso pedagógico que propone Platón. Debido a que desde el capítulo anterior el tema de la educación estuvo presente como aquello que permite a la cólera seguir a la razón e incluso lo que permite al hombre llegar a ser pleno y absolutamente sano (ὁλόκληρος ὑγιής τε παντελῶς), es que me propuse en éste desmenuzar lo que Platón entiende por educación y cuál es la metodología propuesta, si es que existe alguna.

Sería un error entender hoy por *paideia* el tipo de educación que se recibe en las escuelas. Para los griegos, en especial para Platón, la *paideia* consistía en una formación que transformaba el espíritu de la persona. La psicagogia de la que hablé en las primeras páginas de este capítulo indica el talante de la educación griega. Se pretendía una conversión espiritual, entiéndase del alma, que lograra una metamorfosis completa, convirtiendo a la persona en la máxima referencia de la virtud. Nobleza y persona quedarían engarzadas bajo un mismo andamiaje: la bondad y la belleza. Esta unidad moral eleva al hombre sobre su condición material permitiéndole acceder a nuevos tipos de conocimiento y saberes, gracias a los cuales la temporalidad de la cambiante realidad deja de ser un obstáculo en la búsqueda por la felicidad. El hombre bello-bueno ha aprendido a girar el ojo del alma hacia las Ideas, hallando en su eternidad la respuesta a lo más deseado: el bien. Por eso, la *paideia* no puede ser una técnica consistente en la inserción de datos que automáticamente esculpirán en una persona de bien a quien los posea. *Aprender es recordar.* La anamnesis nos recuerda que la educación no puede consistir en la acumulación de datos vertidos desde afuera hacia nuestro intelecto, pues el conocimiento radica en recordar lo que ya sabemos que hemos olvidado. La *paideia* será, por eso, una reordenación de las propias creencias para que logremos recordar —traer a la luz— lo que está en nosotros que habíamos olvidado.

La complejidad de la educación, como la entiende Platón, es que nadie puede hacerte una mejor persona, pues la bondad y la belleza no son atributos que se le adhieren al individuo como si de unas calcomanías se tratara. La virtud es un desarrollo personal, que sólo puede darse cuando el individuo así lo desea. Si los apetitos no están ordenados, el individuo no logrará ninguna virtud, pues aquello que debería desear la virtud pretende lo opuesto. Nuevamente, lo único que puede lograrse desde afuera es conducir a la persona para que gire del vicio hacia la virtud. El riesgo es que, así como todos podemos llegar a ser Sócrates y abrazar la virtud, también todos podemos ser Calicles y repudiar la virtud a pesar de la evidencia contra una creencia falsa y viciosa. Platón, consciente de esto, utiliza el elenco socrático y lo hace propio.

El elenco socrático consiste, como quedó desarrollado, en dos técnicas que se corresponden: la mayéutica y la ironía. La mayéutica trae a luz nuevos conocimientos, no desde afuera del individuo, sino desde el individuo mismo. La grandeza de esta técnica es que permite que el examinado dé con la fuente del error de su propio pensamiento. Previo a un ejercicio mayéutico todo hombre padece la que llamé Ignorancia del arrogante (IA), que consiste en creer que se sabe lo que no se sabe, una auténtica ἀμαθία o incapacidad para aprender. La examinación mayéutica, a través de su metodología basada en la refutación, busca exorcizar dicha ignorancia para conducirnos, en realidad, hacia una nueva ignorancia, la del sabio (IS). Mientras IA es un obstáculo para la adquisición de un nuevo saber —girar la vista y el alma hacia lo eterno y verdadero—, IS es el principio para iniciar la búsqueda por el saber. Sólo quien sabe que ignora puede superar esa ignorancia, algo vedado para quien no sabe que ignora. Como se analizó en este capítulo, no siempre un ejercicio mayéutico concluye en IS, pues si la arrogancia es alta el reconocimiento de la propia ignorancia es prácticamente imposible.

La ironía es otra de las herramientas utilizadas en este ejercicio elénctico. Como lo expliqué, ésta tiene tres funciones: a) humor, b) burla y c) ostensión. Platón la utiliza en los tres momentos, aunque el que interesa aquí es el de ostensión. La ironía busca, a través del humor y la burla, la reacción que en ocasiones no se logra con la mayéutica. Cuando el interlocutor es muy soberbio el recurso que queda a la mano es la ironía. Ostensión significa manifestación de algo; la ironía como ostensión es lograr que quien alberga ignorancia la manifieste para entonces iniciar un auténtico examen de sí mismo. Gracias a la ironía la ignorancia se hace manifiesta permitiendo al sujeto la oportunidad de corregirse.

Tanto la mayéutica como la ironía son procesos elementales para la adquisición de la dialéctica. No podemos dar razón de nuestro propio conocimiento cuando la línea entre lo que conocemos e ignoramos es difusa. Sin la posibilidad de ser dialécticos estamos condenados una vida alejada del bien, que en términos prácticos significa no poder llevar una vida buena. El vicio conduce a la injusticia y a la incapacidad para poder distinguir lo que es que es de lo que no es que no es. El dialéctico ha logrado girar toda su alma hacia la contemplación del ser, produciéndose así un verdadero proceso psicagógico.

Además de la mayéutica y la ironía es necesario otro elemento en la *paideia* platónica. La música tiene un lugar especial en la filosofía pedagógica de Platón, pues entiende que ésta penetra en lugares donde la razón no puede hacerlo. Ningún ejercicio mayéutico o irónico tiene semejante alcance. La música tiene un doble componente en los diálogos. Por un lado, menciona la importancia de la armonía y, por el otro, el ritmo. Cuando Platón menciona la armonía en los diálogos puede estarla usando o como melodía o como *tensión justa*. Conoce el impacto emocional que las melodías tienen y por eso se muestra cauteloso en cuáles deben y cuáles no permanecer y formar parte de la *paideia* musical de la república. Concede un lugar a las melodías jonias, lidias, dorias y frigias;

las primeras dos por inducir a la relajación, mientras que las siguientes dos resultan apropiadas para el combate. Descarta, por considerarlas melodías quejumbrosas, las lidias mixtas, lidias tensas y otras de esa índole. No hay lugar para melodías que provoquen melancolía o tristeza o sean muy estridentes. La música sirve tanto para tensar el alma en un estado armónico como para remediar males anidados en el alma. Todo lo dicho sin olvidar que la poesía era música en la antigua Grecia.

Así como tenemos la formación del alma, aquello que la mantiene en armonía, es necesario un arte que brinde las mismas consecuencias al cuerpo. Este arte será la gimnasia, que se divide en danza y lucha. La danza fortalecerá el cuerpo al realizar ejercicios de estiramiento para que cada uno de sus miembros esté siempre en la mejor forma posible. Asimismo, lo mantendrá en una postura erguida y con salud. La lucha servirá para entrenar al guardián en las diferentes técnicas para pelear, sirviendo también para fortalecer el cuerpo. La razón por la que no sólo el alma debe ser formada sino también el cuerpo es que la *paideia* la ejercemos sobre personas, todas, que tienen un alma unida al cuerpo. De hecho, la música requiere del cuerpo para lograr su cometido. Un cuerpo sano permitirá al alma dedicarse a la contemplación de las verdades eternas y un alma sana será responsable de un cuerpo proporcionado y fuerte. Por eso, para Platón, la medicina, si bien es un saber que tiene en alta estima, la considera innecesaria en la mayoría de los casos, haciendo que ésta se convierta en el pretexto para el vicio.

La educación platónica, que es formar desde adentro, es posible cuando se atiende a las técnicas antes mencionadas. Gracias a ellas —la mayéutica, la ironía, la música y la gimnasia— la persona llegará a ser la personificación del ideal griego: καλοκἀγαθός. Sin embargo, quien no pueda realizar este giro hacia el bien vivirá en un estado de ignorancia que, como señala Platón, es el peor de todos los males. Esto queda reforzado con lo que desarrollé al final del capítulo, es decir, que el alma cuya pedagogía ha sido correctamente implementada, logra una armonía que la hace consonante entre sí. Atendiendo al esquema tripartita del alma que se propone en *República* IV, cada parte —razón, cólera y apetitos— deben cumplir la función que les corresponde. Me permito utilizar aquí una metáfora musical. Supongamos que la razón da la nota B, la cólera la nota E y los apetitos la nota G#. Cada uno por separado sólo representa una nota musical. Lo relevante es lo que representan juntos, es decir, tocados al unísono. Si tomo una guitarra y toco esas notas, junto con las cuerdas que quedan libres o al aire —que son la sexta (E), la segunda (B) y la primera (E)— tengo un acorde que tendría la siguiente tonalidad: 6 = E, 5 = B, 4 = E, 3 = G#, 2 = B y 1 = E. Tocadas todas estas notas juntas obtengo el acorde de EM, es decir, las notas tocadas al unísono generan un acorde que sólo suena bien cuando cada una de las notas está anotada correctamente, para lo cual cada cuerda debe tener la tensión y cohesión justas. Evidentemente, la base para todo esto es una formación matemática como la descrita en el segundo capítulo.

Por eso, hacia el final de este libro de *República*,[140] Platón señala que el desorden (ταραχὴν) y el funcionamiento errático (πλάνην) de las partes del alma es lo que constituye la injusticia (ἀδικίαν), la inmoderación (ἀκολασίαν), la cobardía (δειλίαν), la ignorancia (ἀμαθίαν) y, en resumen, todos los males del alma (συλλήβδην πᾶσαν κακίαν). Con esto es posible engarzar lo dejado pendiente en el primer capítulo, a saber, que el mal es consecuencia de una mala educación. Una mala educación es responsable de una desarmonía en el alma. Partiendo de la similitud que existe entre el alma humana (Ah) y el alma del mundo (AM), la armonía es fundamental, pues que algo tenga armonía denota orden y belleza, es decir, el bien.

Mayéutica y dialéctica se unen y están presentes cuando un alma destella armonía. La mayéutica servirá para ajustar la tensión propia de cada parte corrigiendo las creencias que anidan en el alma con consecuencias fatales, específicamente, las del que cree que sabe lo que no sabe (IA). Realizado el ajuste, la dialéctica se introduce mediante la pedagogía matemática expresada en el libro VII de *República* que culmina con la νόησις del filósofo. La buena educación erradica el mal psicológico y moral de la persona, y la previene del mismo. Quien recibe una buena educación, con estos parámetros, ha aprendido a afinarse a sí mismo, pues es dueño de sí mismo, y detecta la desarmonía de la propia alma, siendo capaz de ajustarla.

---

140 IV, 444b6-8.

Conclusiones generales

Sólo hay una pequeña parte del universo
de la que sabrás con certeza que puede ser mejorada,
y esa parte eres tú.
Aldous Huxley

El problema del mal está inserto en la filosofía de Platón. La persistencia por resolver el tema de la justicia muestra la conciencia que tenía sobre el mal en todas sus manifestaciones. El mal moral, físico y psicológico son una reflexión constante en sus diálogos. A lo largo de este libro busqué establecer las conexiones que existen entre estos tipos de males y la propuesta que ofrece Platón para erradicarlos o prevenirlos.

Desde muy temprano en sus diálogos, Platón se muestra interesado por la educación. Este tema permanecerá en su obra y pensamiento hasta el final. La educación es la clave para que una persona sea justa y buena. La huella de Sócrates es innegable, quien mediante el elenco buscó educar a Atenas. Platón jamás abandonará esta técnica pedagógica, pues continuó utilizándola en casi todos sus diálogos. En otros como *Timeo* utilizó la forma del ensayo para exponer la cosmovisión que tenía. Un tratado científico de lo que la Atenas del periodo de Platón pensaba sobre matemática, física, geometría, astronomía, armonía, anatomía, biología y cosmología. De modo que Platón utiliza al menos dos métodos pedagógicos: el elenco socrático, que incluyen la mayéutica y la ironía, y la cátedra directa como en el diálogo citado o en las prescripciones que sugiere sobre música y gimnasia en *República* y *Leyes*.

Nadie obra mal intencionadamente fue una tesis que Sócrates estableció y que se convirtió en una de las premisas más importantes de su quehacer filosófico. Sin duda es controvertida y merece atención. Por eso esta premisa está acompañada de un par de componentes. 1) *Nadie obra mal intencionadamente* porque a) *el vicio es ignorancia* y b) *la virtud, conocimiento*. Lo que se sigue es que quien yerra o actúa mal lo hace por ignorancia, pues al actuar realmente no sabe lo que es bueno y malo, confundiendo lo malo con lo bueno y lo bueno con lo malo. La ignorancia aludida es la que en la investigación llamé del arrogante (IA), que consiste en creer que sabes lo que no sabes. Cuando el sujeto *X* realiza la acción *Y*, lo hace porque piensa que dicha acción es lo correcto, probablemente sin haber considerado lo que debía considerarse antes de realizar *Y*.

Imaginemos, por ejemplo, a un médico que en una cirugía debe decidir qué vaso sanguíneo cortar para extirpar un tumor. Ha estudiado casos similares, años de teoría, libros y muchas presencias en quirófanos le indican cuál es el corte correcto. Sin embargo, yerra y corta un conducto equivocado. Ahora el paciente tendrá alguna complicación que el cirujano deberá resolver, muchas veces con una segunda o tercera cirugía, en el mejor de los casos, para corregir el error. Claramente el médico no hizo mal intencionadamente —cortar otro conducto—, pero sí lo cometió. Además de soportar el malestar del paciente, el médico deberá ocupar tiempo que probablemente ya tenía designado para otra cirugía o un fin de semana de descanso, para corregir su error. Por mucho que el médico sepa, la ignorancia está presente y es inevitable.

Sócrates piensa que esto responde a una serie de razones que se integran en la IA. La IA representa en sí misma un problema, pues quien ignora no sabe que ignora. De modo que, ¿cómo puede corregir una creencia quien ignora que ignora lo errado de dicha creencia? La propuesta es el elenco socrático, es decir, la mayéutica y la ironía. Mediante la mayéutica el sujeto *X* podrá percatarse del error y buscar corregirlo para no volver a cometer la acción *Y* que le perjudicó. La mayéutica es una metodología que pretende enseñar a quien la necesita a emplearla por sí mismo. Ejercer la mayéutica significa aprender a confrontar las propias creencias para verificar su validez o invalidez, su objetividad o subjetividad antes de que las digamos o hagamos. "También la música, junto con las matemáticas, interviene como comadrona que facilita ese ejercicio dialéctico" (Trías, 2014: 823).

Cuando expuse el tema de la ironía expliqué que ésta tiene tres efectos: a) el humor, b) la burla y c) la ostensión. a) no implica ni a b) ni a c), aunque b) sí implica a a), pero no a c) y c) implica a todas. El sentido en el que sirve para corregir una creencia que daña a quien la posee es el tercero, el de la ostensión. La ironía busca mostrar, dar a conocer, a quien se le está aplicando, que su creencia es absurda. La reducción al absurdo que suele provocar la ironía es la responsable de que quien ignora que ignora, pueda ahora conocer que ignora.

Entre las propuestas de Sócrates para atacar el mal es apelar al uso de las matemáticas. El ateniense piensa que la mayor parte de las ocasiones la razón principal por la que alguien escoge mal —sus palabras, sus acciones o sus pensamientos— es porque no sabe bien aritmética. Con esto quiere decir que no se ha entrenado al raciocinio lo suficiente como para que éste no se deje confundir con placeres y dolores, bienes y males, que están más cercanos o más lejanos. Cualquier sujeto X que decide realizar una acción Y lo hará porque considera a Y como un bien. Dicho bien puede ser la venganza, por ejemplo. X decide Y porque Y le produce placer instantáneo y, por lo tanto, en ese momento es un bien. Lo que X no se detiene a pensar es que, si bien Y fue una fuente de placer, en realidad es una fuente de placer superficial e ilusoria, porque tras la venganza viene el dolor, el remordimiento y el arrepentimiento. Por otro lado, el perdón, es un bien que se sugiere en una situación donde se desea la venganza. El problema es que el perdón es un bien no instantáneo y cuyo placer no resultará en el corto plazo. De modo que, aunque X debería escoger perdonar, decide vengarse porque la venganza le reporta un placer inmediato. Precisamente este problema de lo inmediato frente a lo mediato es lo que Sócrates piensa que se resuelve matemáticamente. Al afinar la percepción entiendo que, aunque algo esté a mayor distancia, no necesariamente es más pequeño o carente de valor, sino que sometido a las leyes aritméticas podré saber si tal objeto es, en realidad, más valioso que el que está más cercano.

La aritmética ayuda a la razón a determinar el valor real de las cosas sustrayendo de las acciones, pensamientos y oraciones la falsedad en la que se cae cuando se abraza la ilusión de la apariencia sobre la contundencia de lo real. Toda creencia está basada o en la realidad o en la suposición. Cuando la creencia basada en la suposición se toma como real surgen los problemas, el mal, el error y toda manifestación de desorden de la que somos capaces. Una suposición puede conducir hacia la verdad siempre y cuando se tome como una suposición y no como un hecho contundente. Aquí es donde entran la mayéutica y la ironía como auxiliares en un método aritmético que permite a *X* confrontar y corregir la creencia que lo llevó a determinada acción. Cuando se comprende que la lejanía de un objeto no determina su bondad o maldad, su veracidad o falsedad, ni la cercanía su irrefutable verdad y bondad, entonces el sujeto comienza a vivir una vida digna de ser vivida por el hombre.

Ante ello, Sócrates le hereda a Platón la metodología con la que éste habrá de trabajar el resto de su vida buscando entender por qué la injusticia predomina sobre la justicia y cómo es posible obtener lo mejor de la persona. El intelectualismo moral sugerido por Sócrates es incorporado por Platón en su filosofía, pero con matices. Por eso la mayéutica es un recurso para erradicar cierto tipo de mal —el psicológico—, pero no todo mal.

Reconozco en Platón un giro importante en la concepción del mal psicológico propuesta por Sócrates. Un giro que es congruente con el sistema filosófico elaborado por Platón. Sócrates propone que *Nadie obra mal intencionadamente, pues el vicio es ignorancia y la virtud conocimiento*. Esta tesis socrática será corregida por Platón hacia el final de su trabajo filosófico, quien señala que *Nadie obra mal intencionadamente, sino que el malo se hace tal por un mal estado del cuerpo o por una educación inadecuada*. La ignorancia no deja de ser un problema en la filosofía de Platón, pero lo que hace es centrar su atención en la causa de la ignorancia. Para Platón, las personas son ignorantes y, por lo tanto, malas, no porque realmente lo deseen así, sino porque tienen un cuerpo defectuoso o porque tuvieron una mala crianza.

Esta conclusión sobre la causa de la ignorancia hará que Platón se focalice no sólo en el elenco socrático, sino en nuevos recursos pedagógicos que le permitan extirpar y prevenir la ignorancia. Por un lado, son los padres o tutores los responsables de la posibilidad de que una persona pueda buscar y reconocer la verdad distinguiéndola de opiniones y sombras que aparecen como verdaderas. Por otra, el estado del cuerpo tiene un rol fundamental en cómo piensa la persona y, por lo tanto, en las acciones que ejecuta. Asimismo, un alma enferma termina por enfermar al cuerpo. Platón acierta el comprender el mecanismo unitario de la persona humana, donde cuerpo y alma integran a la persona. Esta comunidad, que queda explícita en el desarrollo que realiza Platón en *Fedón*, cuando señala que el alma entra en comunidad con el cuerpo, es una premisa determinante en el desarrollo de la *paideia* que sugerirá para el hombre.

La psicosomatosis y somatopsicosis son dos hallazgos de Platón que explican las enfermedades tanto mentales como físicas. Para Platón, si el cuerpo está enfermo inevitablemente enfermará al alma y viceversa, por lo que debe buscarse una herramienta que logre la proporción adecuada entre la salud física y la salud psíquica. La proporción es un término que utiliza Platón para referirse tanto a lo racional como a lo matemático. Además de ser la responsable de lo bello, pues lo bello es lo que tiene proporción. Asimismo, Platón señala en varios pasajes que lo bueno es bello, por lo que aquello que logra la proporción además de bello es bueno. La proporción es, por lo tanto, la aspiración de la *paideia* griega que apunta hacia la *areté* que formará hombres bellos-buenos, es decir, un καλοκάγαθός.

El mal físico también resulta de la falta de proporción. El cuerpo enferma cuando los humores no guardan la proporción correspondiente. Este cuerpo enfermo, ya lo mencioné, enferma también al alma y un alma enferma termina por realizar acciones inmorales. La proporción justa se logra mediante un plan enfocado en lo que ordena y proporciona al cuerpo y lo que ordena y proporciona al alma. Son la música, las matemáticas y la gimnasia las responsables de brindar la proporción a la persona. Como recientemente escribí, Sócrates alcanzó a ver, en su diálogo con Protágoras, la necesidad de los conocimientos aritméticos para determinar la corrección en el juicio al escoger determinados placeres o dolores, partiendo de una métrica sobre percepciones y proporciones.

Por un lado, la influencia de Sócrates y por otro, la de los pitagóricos, forjaron en Platón el interés por las matemáticas, específicamente, como auxiliares y determinantes en el entendimiento del cosmos, así como en la relación que guardan con los actos morales. Las novedades pitagóricas pueden leerse en muchos de los pasajes de los diálogos, utilizadas tanto para el desarrollo de la metafísica de Platón, la cosmología o la propia antropología. El desarrollo geométrico-musical que desarrolla en *Timeo* para explicar la composición del Alma del mundo (AM) es uno de los ejemplos que puedo brindar para mostrar la importancia dada a esta disciplina por parte de Platón. El mundo está creado sobre una base matemática; son las matemáticas las herramientas usadas por el demiurgo para implantar orden, estructura y racionalidad al cosmos.

Desde *República* tiene en mente la pedagogía matemática como elemento indispensable en la formación de los guardianes que han de gobernar un Estado. Las distintas disciplinas matemáticas sirven para que la facultad racional gire de las apariencias y opiniones hacia la realidad y la verdad. El entrenamiento en la aritmética, geometría, estereometría, por nombrar algunas, logra que la persona focalice su atención en la verdad desprendida de los elementos que pueden distraer su contemplación y aprehensión. Por eso el programa pedagógico consta de un progreso en el conocimiento de las matemáticas. El objetivo que tiene en mente Platón es que las seis disciplinas sugeridas en *República* VII (aritmética, geometría, estereometría, astronomía, armonía y dialéctica) sirvan para que quien las estudie pueda pensar cada vez mejor sin la necesidad de recurrir a la materia. Es un entrenamiento para la mente, para que pueda culminar con la dialéctica, donde se ha alcanzado el máximo saber, que consiste en poder dar razón del propio conocimiento. Esto sólo es posible cuando quien estudió las disciplinas mencionadas pudo desprenderse tanto de la materia que puede ahora contemplar las Ideas. El dialéctico es capaz de explicar la realidad desde sus últimos principios, que en Platón es el conocimiento de la Idea del bien.

Entre el programa pedagógico propuesto por Platón aparece la armonía. Platón entiende la armonía como integración y tensión justa. La armonía es que la tensión de una cuerda sea tal que dé la nota que debe dar y no un semitono menor o mayor. Debido a que, como ya comenté, Platón concibe la construcción del AM como una progresión geométrica dotada de una escala musical, no es ilógico pensar que lo mismo sucede con el alma humana. Es por ello que debe considerarse la armonía para la persona, así como para el cosmos.

En *República* IV Platón expone la teoría tripartita del alma y señala que ésta está integrada por tres partes: la razón, la cólera y los apetitos. Cada una de ellas tiene una función que debe cumplir si el ser humano desea alcanzar la felicidad. En la función —ἔργον en griego— está depositado el bien, pues para Platón todo tiene una ordenación teleológica, por lo que en todo el cosmos las cosas de las que se compone están destinadas a cumplir al menos una función —algunas cumplen más, como el hígado o los riñones—. La función de la razón es dirigir, la de la cólera la de ser aliada de la razón y la de los apetitos la de conservar la vida y reforzar el funcionamiento de las otras dos partes. Cuando alguna de las partes no cumple su función corrompe al alma desviando su posibilidad de alcanzar la felicidad. Para evitar esto Platón señala que a cada parte le debe corresponder una cualidad —virtud— que le ayude a cumplir con su función: a los apetitos les corresponderá la moderación, a la cólera la valentía, a la razón la prudencia con sabiduría y del resultado de todo esto se obtiene la justicia, que surge como la cuarta virtud.

Un alma justa obtiene como consecuencia armonía, pues cada parte del alma guarda la tensión *justa* que le permite cumplir con su función y, por lo tanto, hacer lo que le corresponde hacer siempre y en cada momento. Platón a esto le llama entrar en concordia, que es la traducción de la palabra sinfonía en griego —συμφωνία—. La música, gracias a las melodías y ritmos, sirve para lograr o no dicha concordia. De allí el cuidado que Platón le pone a la educación musical. Algunas melodías y ritmos son propios para la guerra, pero impropios para la contemplación. Otros son adecuados para los festivales, pero no para el estudio. Algunos no son adecuados en ningún momento, pues desordenan al alma, incitando a la corrupción de sus elementos.

El otro recurso pedagógico al que recurre Platón es la gimnasia para ordenar y armonizar el cuerpo. La gimnasia también incluye ritmos que el cuerpo debe aprender, además de la dieta asociada para cuidar al cuerpo. Así integra los tres componentes básicos para la educación de la persona: música, matemáticas y gimnasia. Cada una servirá para entrenar y afinar distintas partes de la persona. La gimnasia se encargaría del cuerpo, la música del alma y las matemáticas de la razón.

El hombre resultante de esto sería un hombre virtuoso en el pleno sentido griego. Para Platón esto significa que es capaz de la Idea del Bien, de conocerla, explicar la realidad a partir de ella y comprender que el cosmos está hecho a partir de ella. Alcanzado esto, el hombre puede erradicar de sí cualquier tipo de mal, sea físico, moral o psicológico, al mismo tiempo que comprende que en el mundo perceptible lo imperfecto es parte de su fundamento.

La ignorancia será inevitable, como las enfermedades y los errores, pero el hombre instruido y formado en la *paideia* podrá detectarlos y corregirlos a diferencia del hombre no instruido. El autoconocimiento que dicho hombre logrará de sí mismo es la clave en la conducta que desarrolle. La sabiduría será una guía imprescindible en dicho autoconocimiento donde acudirá a la mayéutica para su propio proceso de pensamiento, logrando con ello la dialéctica propia del filósofo.

La música logra reunir los cuatro momentos por los que atraviesa todo ser humano. Desde la conjetura hasta el conocimiento científico, la música presenta tanto íconos como las propias Ideas. Logra influencia ya sea en lo afectivo, lo colérico o lo racional. Su propia naturaleza le permite inocular el alma completa, pudiendo provocar tanto la protección contra el mal como la liberación del mal que hay en cada uno de nosotros. Por un lado, la carga emotiva que toda composición tiene permite un acercamiento para ser aceptada por quien la escucha. Por otro, la estructura matemática inherente es capaz de entrar en contacto con la parte racional. De este modo, la música abraza al ser completo, lo unifica y prepara para ponerlo en contacto con el cosmos, guiándolo hacia el autoconocimiento que le permitirá estar en equilibrio con la díada infinita, alcanzando así la sabiduría y divinidad en el Uno.

Bibliografía

Ediciones
Burnet, John, *Plato, Platonis Opera*, Nueva York, Oxford University Press, 1903.

Traducciones de Platón
Platón, Alcibíades (introducción, traducción y notas de Juan Zaragoza), en *Diálogos VII*, Madrid, Gredos, 1992.

______, *Apología de Sócrates* (introducción, traducción y notas de Juan David García Bacca), México, UNAM, 1965.

______, *Apología de Sócrates* (introducción, traducción y notas de J. Calonge), en *Diálogos I*. Madrid, Gredos, 1997.

______, *Apología de Sócrates* (introducción, traducción y notas de Conrado Eggers Lan), Buenos Aires, Eudeba, 1971.

______, *Banquete* (introducción, traducción y notas de M. Martínez Hernández), en *Diálogos III*. Madrid, Gredos, 1997.

______, *Banquete* (introducción, traducción y notas de Victoria Juliá), Buenos Aires, Losada, 2004.

______, *Carta VII* (introducción, traducción y notas de Juan Zaragoza), Madrid, Gredos, 1992.

______, *Cármides* (introducción, traducción y notas de Emilio Lledó), Madrid, Gredos, 1997.

______, *Cratilo*, (introducción, traducción y notas de J.L. Calvo), Madrid, Gredos, 1999.

______, *Critias* (introducción, traducción y notas de Francisco Lisi), Madrid, Gredos, 2008.

______, *Critón* (introducción, traducción y notas Juan David García Bacca), México, UNAM, 1965.

______, *Critón* (introducción, traducción y notas de J. Calonge), Madrid, Gredos, 1997.

______, *Critón* (introducción, traducción y notas de Conrado Eggers Lan), Buenos Aires, Eudeba, 1973.

______, *Fedón* (introducción, traducción y notas de Alejandro Vigo), Buenos Aires, Colihue, 2009.

______, *Fedón* (introducción, traducción y notas de Conrado Eggers Lan), Buenos Aires, Eudeba 2006.

______, *Fedón* (introducción, traducción y notas de Carlos García Gual), en *Diálogos III*, Madrid, Gredos.1997.

______, *Fedro* (introducción, traducción y notas de Emilio Lledó), Madrid, Gredos, 1997.

______, *Fedro* (introducción, traducción y notas de Giovanni Reale), Milán, Bompiani, 2000.

______, *Filebo* (traducción de Mercedes López Salvá), en *Diálogos VI*, Madrid, Gredos, 1997.

______, *Filebo* (introducción, traducción y notas de Marcelo Boeri), Buenos Aires, Losada, 2012.

Platón, *Gorgias* (introducción, traducción y notas de J. Colonge), en *Diálogos II*, Madrid, Gredos, 1999.

______, *Gorgias* (introducción, traducción y notas de Ute Schmidt), México, unam, 1980.

______, *Gorgias* (introducción, traducción y notas de María Isabel Santa Cruz), Buenos Aires, Losada, 2013.

______, *Leyes* (introducción, traducción y notas de Francisco Lisi), en *Diálogos VIII y IX*, Madrid, Gredos, 1999.

______, *Leyes* (introducción, traducción y notas de José Manuel Pabón y Manuel Fernández-Galiano), Madrid, Centro de Estudios Políticos y Constitucionales, 1999.

______, *Lisis* (introducción, traducción y notas de E. Lledó), Madrid, Gredos, 1997.

______, *Menéxeno* (introducción, traducción y notas de E. Acosta), Madrid, Gredos, 1999.

______, *Menón* (introducción, traducción y notas de F.J. Olivieri), Madrid, Gredos, 1999.

______, *Parménides* (introducción, traducción y notas de Ma. Isabel Santa Cruz), Madrid, Gredos, 1988.

______, *Phaedo* (introducción, traducción y notas de David Gallop), Nueva York, Oxford University Press, 1999.

______, *Phaedo* (introducción, traducción y notas de R.S. Bluck), Londres, Routledge, 2001.

______, *Político* (introducción, traducción y notas de Ma. Isabel Santa Cruz), en *Diálogos V*, Madrid, Gredos, 1988.

______, *Protágoras* (introducción, traducción y notas de Ute Schmidt), México, unam, 1993.

______, *Protágoras* (introducción, traducción y notas de Carlos García Gaual), en *Diálogos I*, Madrid, Gredos, 1997.

______, *Republic* (introducción, traducción y notas de Benjamin Jowett), Nueva York, Vintage Classics, 1991.

______, *Republic* (introducción, traducción y notas de James Adam), Cambridge, Cambridge University Press, 1902.

______, *República* (introducción, traducción y notas de Antonio Gómez Robledo), México, unam, 2000.

______, *República* (introducción, traducción y notas de Conrado Eggers Lan), en *Diálogos IV*, Madrid, Gredos, 1998.

______, *República* (introducción, traducción y notas de José Manuel Pabón y Manuel Fernández-Galiano), Madrid, Centro de Estudios Políticos y Constitucionales, 1997.

______, *Sofista* (introducción, traducción y notas de Néstor Luis Cordero), en *Diálogos V*, Madrid, Gredos, 1998.

______, *Teeteto* (introducción, traducción y notas de A. Vallejo Campos), en *Diálogos V*, Madrid, Gredos, 1998.

______, *Teeteto* (introducción, traducción y notas de Ute Schmidt), México, unam, 2006.

______, *Teeteto* (introducción, traducción y notas de Marcelo Boeri), Buenos Aires, Losada, 2006.

______, *Timaeus* (introducción, traducción y notas de R.D. Archer Hind), Londres-Nueva York, Macmillan, 1888.

PLATÓN, "Timaeus", en *A Commentary on Plato's Timaeus* (introducción, traducción y notas de A. E. Taylor), Londres, Oxford University Press, 1928.

______, "Timaeus" en *Plato's Cosmology* (introducción, traducción y notas de Francis M. Cornford), Indianápolis, Bobbs-Merrill, 1937.

______, *Timaeus* (traducción de Robin Waterfield), Nueva York, Oxford University Press, 2008.

______, *Timée* (introducción, traducción y notas de Luc Brisson), París, Flammarion, 1992.

______, *Timeo* (introducción, traducción y notas de Francisco Lisi), en *Diálogos VI*, Madrid, Gredos, 1997.

______, *Timeo* (introducción, traducción y notas de Conrado Eggers Lan), Buenos Aires, Colihue, 2012.

______, *Timeo* (introducción y traducción de José María Zamora; notas de Luc Brisson), Madrid, Abada, 2010.

Otras obras griegas

ANÓNIMO (atribuido a Jámblico), *The Theology of Arithmetic* (introducción, traducción y notas de Robin Waterfield), Michigan, Phanes, 1988.

ANAXÁGORAS, *fragmentos* (introducción, traducción y notas de Conrado Eggers Lan), Madrid, Gredos, 2008.

ARISTÓTELES. *Analíticos posteriores* (introducción, traducción y notas de Miguel Candel), Madrid, Gredos, 1988.

______, *De Caelo* (introducción, traducción y notas de Miguel Candel), Madrid, Gredos, 1996.

______, *De anima* (introducción, traducción y notas de Tomás Calvo Martínez), Madrid, Gredos, 2008.

______, *Ética Eudemia* (introducción, traducción y notas de Julio Pallí Bonet), Madrid, Gredos, 1985.

______, *Ética nicomáquea* (introducción, traducción y notas de Julio Pallí Bonet). Madrid: Gredos 1985.

______, *Ética nicomáquea* (introducción, traducción y notas de Antonio Gómez Robledo), México, UNAM, 2012.

______, *Física* (introducción, traducción y notas de Guillermo de Echandía), Madrid, Gredos, 1995.

______, *Metafísica* (introducción, traducción y notas de Valentín García Yebra), Madrid, Gredos, 1996.

______, *Política* (introducción, traducción y notas de Antonio Gómez Robledo), México, UNAM, 2000.

______, *Retórica* (introducción, traducción y notas de Quintín Racionero), Madrid, Gredos, 1994.

ARISTOXENO, *Armónica* (introducción, traducción y notas de Juan Manuel Guzmán Hermida), Madrid, Gredos, 2009.

Aristoxeno, *Harmonics* (introducción, traducción y notas de Henry S. Macran), Londres, Clarendon Press, 1902.

______, *Rítmica* (introducción, traducción y notas de Juan Manuel Guzmán Hermida), Madrid, Gredos, 2009.

Arquitas de Tarento, *Fragmentos y testimonios* (introducción, traducción y notas de Claudio R. Varela y Ofelia Leiva), *Hybris. Revista de Filosofía*, 3(2): 76-100, 2012.

Diógenes Laercio, *Lives of Eminent Philosophers*, 2 Vols. (introducción, traducción y notas de R. D. Hicks), Londres, Loeb Classical Library 1959 y 1925, respectivamente.

______, *Vida y opiniones de los filósofos ilustres* (introducción, traducción y notas de Carlos García Gual), Madrid, Alianza, 2007.

Esquilo, *Coéforas* (introducción, traducción y notas de Bernardo Perea), Madrid, Gredos, 2015.

______, *Euménides* (introducción, traducción y notas de Bernardo Perea), Madrid, Gredos, 2015.

Euclides, *Elementos I-IV* (introducción, traducción y notas de Ma. Luisa Puertas Castaños), Madrid, Gredos, 1991.

______, *Elementos V-IX* (introducción, traducción y notas de Ma. Luisa Puertas Castaños), Madrid, Gredos, 1994.

______, *Elementos XI-XIII* (introducción, traducción y notas de Paloma Ortiz), Madrid, Gredos, 1997.

Filolao, *Fragments* (introducción, traducción y notas de Carl Huffman), Cambridge, Cambridge University Press, 1993.

Homero, *Ilíada* (introducción, traducción y notas de Emilio Crespo), Madrid, Gredos, 2000.

Homero, *Odisea* (introducción, traducción y notas de Pedro C. Tapia), México, UNAM, 2013.

Jámblico, *Vida de Pitágoras* (introducción, traducción y notas de Miguel Periago Lorente), Madrid, Gredos, 2003.

______, *Protréptico* (introducción, traducción y notas de Miguel Periago Lorente), Madrid, Gredos, 2003.

Plutarco, *Cuestiones platónicas* (introducción, traducción y notas de Ma. Ángeles Durán López), Madrid, Gredos, 2004.

______, *Cuestiones convivales* (introducción, traducción y notas de Mercedes López Salvá), Madrid, Gredos, 1990.

Porfirio, *Vida de Pitágoras* (introducción, traducción y notas de Miguel Periago Lorente), Madrid, Gredos, 1987.

Sexto Empírico, *Against the Physicists* (introducción, traducción y notas de R.G. Bury), Cambridge, Harvard University Press, 1997.

______, *Against the Mathematicians I* (introducción, traducción y notas de David Blank), Oxford, Clarendon Press, 1998.

______, *Against the Mathematicians VII-VIII* (introducción, traducción y notas de Richard Brett), Cambridge, Cambridge University Press, 2005.

Sexto Empírico, *Against the Mathematicians IX-X* (introducción, traducción y notas de Richard Brett), Cambridge, Cambridge University Press, 2012.

______, *Against the Mathematicians XI* (introducción, traducción y notas de Richard Brett), Oxford, Clarendo Press, 2000.

______, *Esbozos pirrónicos* (introducción, traducción y notas de Antonio Gallego Cao y Teresa Muñoz Diego), Madrid, Gredos, 1993.

Teón de Esmirna, *Mathematics useful for understanding Plato* (Introducción, traducción y notas de Deborah y Robert Lawlor), San Diego, Wizard Bookshelf, 1979.

Zenón de Citio, *Fragmentos* (introducción, traducción y notas de Ángel J. Cappelletti), Madrid, Gredos, 2015.

Obras latinas

Boecio, *Sobre el fundamento de la música* (introducción, traducción y notas de Jesús Luque, Francisco Fuentes, Carlos López, Pedro R. Díaz y Mariano Madrid), Madrid, Gredos, 2009.

San Agustín, *Sobre la música* (introducción, traducción y notas de Jesús Luque Moreno y Antonio López Eisman), Madrid, Gredos, 2008.

Bibliografía general

Adam, J., *The Republic of Plato,* Cambridge, Cambridge University Press, 1902.

Allen, M. J., "Pythagoras in the Early Renaissance", en C. Huffman, *A History of Pythagoreanism*, Cambridge, Cambridge University Press, 2014, pp. 435-453.

Andrés, R., *El mundo en el oído. El nacimiento de la música en la cultura*, Barcelona, Acantilado, 2008.

Annas, J., *Platonic Ethics, Old and New*, Ithaca-Londres, Cornell University Press, 1999.

Archer-Hind, R. D., Introducción y notas, en Platón, *Timaeus*, Londres-Nueva York, Macmillan, 1888.

Barker, A., "Ptolemy's Pythagoreanism, Archytas, and Plato's Conception of Mathematics", *Phronesis*, 1994, 39(2): 113-135.

______, "Timaeus on Music and The Liver", en M. Wright, *Reason and Necessity. Essays on Plato's Timaeus*, Londres-Swansea, Duckworth, 2000, pp. 85-99.

______, "Pythagorean Harmonics", en C. Huffman, *A History of Pythagoreanism*, Cambridge, Cambridge University Press, 2014, pp. 185-203.

Benson, H. H., *Essays on the Philosophy of Socrates*, Nueva York, Oxford, 1992.

Bernabé, A., Un libro sobre Pitágoras, 2012, diciembre [en línea], disponible en *Revista de libros*: ‹http://www.revistadelibros.com/articulos/un-libro-sobre-pitagoras›. Consultado el 4 de julio de 2017.

Betegh, G. Pythagoreans, Orphism and Greek religión, en C. Huffman, *A History of Pythagoreanism* Cambridge, Cambridge University Press, 2014, pp. 149-166.

Bieda, E., "¿Es Leoncio un incontinente? Ira y apetito en la *República* de Platón", *Diánoia*, 2012, LVII(69): 127-150.

Bieda, E., "Elenchos, intelectualismo y vergüenza en el *Gorgias* de Platón", *Archai*, 2014 (14): 77-91.

______, *Griego filosófico*, Buenos Aires, Teseopress, 2018.

Bizón, M. y Sokolowski, K., "A Note to *Protagoras* 353de", *Phronesis*, 2012, LVII, pp. 319-331.

Bluck, R., Introducción, traducción y notas, en Platón, *Phaedo*, Cambridge, Cambridge University Press, 1955.

Boeri, M., Introducción, traducción y notas, en Platón, *Teeteto*, Buenos Aires, Losada, 2006.

______, *Apariencia y realidad en el pensamiento griego. Investigaciones sobre aspectos epistemológicos, éticos y de teoría de la acción en las teorías de la antigüedad*, Buenos Aires, Colihue, 2007.

______, "¿Por qué el θυμός es un aliado de la razón en contra de los apetitos irracionales?", *Rivista di Cultura Classica e Medioevale*, 2010, LII(2): 289-306.

Boeri, M., Introducción, traducción y notas, en Platón, *Filebo*, Buenos Aires, Losada, 2012.

______, "Plato and Aristotle on what is Common to Soul and Body. Some Remarks on a Complicated Issue", en M. Boeri, *Soul and Mind in Greek Thought. Psychological Issues in Plato and Aristotle*, Ontario, Springer, 2018, pp. 153-176.

Boeri, M. y Kanayama, Y., "General Introduction", en M. Boeri, Y. Kanayama y J. Mittelmann, *Soul and Mind in Greek Thought. Psychological Issues in Plato and Aristotle*, Ontario, Springer, 2018, pp. 1-17.

Boeri, M., Kanayama, Y. y Mittelmann, J., *Soul and Mind in Greek Thought. Psychological Issues in Plato and Aristotle. Studies in the History of Philosophy of Mind 20*, Ontario, Springer, 2018.

Botter, B., "The Influence of the "Honeyed Muse" (ἡδυσμένη Μοῦσα). Over the Soul in Plato's *Republic*", en M. Boeri, Y. Kanayama y J. Mittelmann, *Soul and Mind in Greek Thought. Psychological Issues in Plato and Aristotle*, Ontario, Springer, 2018, pp. 19-36.

Brancacci, A., "Socrate, la musique et la danse. Aristophane, Xénophon, Platón", *Les Études philosophiques*, 2004 (69): 193-211.

Brisson, L., Introducción y notas, en Platon, *Timée*, París, Flammarion, 1992.

______, Le Même et L'Autre dans la Structure Ontologique du *Timée* de Platon. Un commentaire systématique du *Timée* de Platon. Sankt Augustin, Academia Verlag, 1994.

______, "Platon, Pythagore et les pythagoriciens", *Eikasía*, 2007, núm. 10, pp. 39-66.

______, "La felicidad según Platón y la tradición platónica. Ser feliz es asimilarse al dios", en C. Trueba, *La felicidad. Perspectivas antiguas, moderna y contemporáneas*, México, UAM/Siglo XXI, 2011, pp. 23-31.

Brisson, L. y Meyerstein, F., *Inventing the Universe. Plato's Timaeus, the Big Bang, and the Problem of Scientific Knowledge*, Albany, SUNY, 1995.

Burkert, W., *Lore and Science in Ancient Pythagoreanism*, Cambridge, Harvard University Press, 1972.

Burnet, J., *Greek Philosophy. Thales to Plato*, Londres, Macmillan, 1964.

Burnet, J., "Doctrina socrática del alma", en J. Burnet, A. Taylor y A. Gómez Robledo (eds.), *Varia socrática*, México, UNAM, 1990, pp. 11-50.

Burton, H. E., The Optics of Euclid. Journal of the Optical Society of America, 1945, 35(5): 357-372.

Calonge, J., Introducción, traducción y notas, en Platón, *Apología de Sócrates*, Madrid, Gredos, 1997.

Carone, G., "Teleology and Evil in *Laws 10*", *The Review of Metaphysics*, 1994, 48(2): 275-298.

______, *Plato's Cosmology and its Ethical Dimensions*, Cambridge, Cambridge University Press, 2005.

Carrasco, N., "La Confessio pythagorica del *Fedón*: Sócrates, el amante de la muerte", *Ágora*, 2014, 33(2): 39-61.

Castañeda, H.-N., *La teoría de Platón sobre las Formas, las relaciones y los particulares en el Fedón*, México, UNAM, 1976.

Castro, C., "El movimiento del universo y sus características en la cosmología de Platón", *Paralaje*, 2009, núm. 3, pp. 64-87.

Cattanei, E., "La matematica e il Bene. Alcune note su Platone, Republica, VI-VII", en G. Reale y S. Scolnicov, *New Images of Plato. Dialogues on the Idea of the Good*, Sankt Augustin, Verlag, 2002, pp. 157-175.

Centrone, B., "The Pseudo-Pythagorean Writings", en C. Huffman, *A History of Pythagoreanism* Cambridge, Cambridge University Press, 2014, pp. 315-340.

Cherniss, H., "The Sources of Evil According to Plato", *Proceedings of the American Philosophical Society*, 1954, 98(1): 23-30.

______, *El enigma de la primera Academia*, México, UNAM, 1993.

Chilcott, C., "The Platonic Theory of Evil", *The Classical Quarterly*, 1923, 17(1): 27-31.

Cleary, J., "The Mathematical Cosmology of Plato's *Timaeus*", en B. O. John Dillon (ed.), *Studies on Plato, Aristotle and Proclus*, 2013, Leiden-Boston, Brill, pp. 153-180.

Corey, D., *The Sophists in Plato's Dialogues*, Albany, Suny Press, 2015.

Cornford, F. M., "Mysticism and Science in the Pythagorean Tradition", *The Classical Quarterly*, 1922, 16(3/4): 137-150.

______, "Mysticism and Science in the Pythagorean Tradition (continued), *The Classical Quarterly*, 1923, 17(1): 1-12.

______, "Mathematics and Dialectics in the Republic VI-VII" (I), *Mind*, 1932a, 41(161): 37-52.

______, "Mathematics and Dialectics in the Republic VI-VII" (II), *Mind*, 1932b, 41(162): 173-190.

______, *Plato's Cosmology*, Indianapolis, Bobbs Merril, 1937.

______, *Platón y Parménides*, (F. Giménez García, Trans.) Madrid, La balsa de Medusa, 1989.

Coronado, G., "Los pitagóricos: matemática e interpretación de la naturaleza", *Revista de Filosofía de la Universidad de Costa Rica*, 2002, núm. 100, pp. 13-21.

Critchlow, K., "Foreword. In Jámblico", *The Theology of Arithmetic*, Michigan, Phanes 1988, pp. 9-21.

CROCKER, R. L., "Pythagorean Mathematics and Music", *The Journal of Aesthetics and Art Criticism*, 1963, 22(2): 189-198.

CROCKER, R. L., "Pythagorean Mathematics and Music", *The Journal of Aesthetics and Art Criticism*, 1964, 22(3): 325-335.

CROSBY, J. F., "Does Plato in *Republic* IV surpass his intellectualism?", en G. Reale y S. Scolnicov, *New Images of Plato. Dialogues on the Idea of the Good*, Sankt Augustin, Verlag, 2002, pp. 347-355.

DAHLHAUS, C. Y EGGEBRECHT, H. H., *¿Qué es la música?* (Trad. L. A. Bredlow), Barcelona, Acantilado, 2012.

DE Romilly, J., *Los grandes sofistas de la Atenas de Pericles* (P. Giralt, Trans.), Madrid, Gredos, 2010.

DE Vogel, C. J., *Pythagoras and Early Pythagoreanism*, Amsterdam, Royal Van Gorcum, 1966.

DENYER, N., Commentary, en Plato, *Protagoras*, Cambridge, Cambridge University Press, 2008.

DERRIDA, J., "La farmacia de Platón", en *La diseminación* (Trad. J. Martín), Madrid, Fundamentos, 1997.

DILLON, J., "Pythagoreanism in the Academic Tradition: The Early Academy to Numenius", en C. Huffman, *A History of Pythagoreanism*, Cambridge, Cambridge University Press, 2014, pp. 250-273.

DODDS, E., "Plato and the Irrational Soul", en G. Vlastos, *Plato II. Ethics, Politics and Philosophy of Art and Religion. A Collection of Critical Essays*, Notre Dame, University of Notre Dame Press, 1978, pp. 206-229.

______, *Platón, Gorgias*, Oxford, Oxford University Press, 1959.

DOMÍNGUEZ, J., "Obre la 'melancolía' en Hipócrates", *Psicothema*, 1991, 3(1): 259-267.

DORTER, K., "Philosophy and Music", en K. Dorter, *Plato's Phaedo. An Interpretation*, Toronto, University of Toronto Press, 1982, pp. 193-222.

______, "The Divided Line and the Structure of Plato's *Republic*", *History of Philosophy Quarterly*, 2004, 21(1): 1-20.

______, *The Transformation of Plato's Republic*, Lanham, Lexington Books, 2006.

DURÁN, M., Introducción, traducción y notas, en Platón, *Filebo*, Madrid, Gredos, 2008.

EGGERS LAN, C., *Las nociones de tiempo y eternidad de Homero a Platón*, México, UNAM, 1984.

______, "Dios en la ontología del Parménides", en C. Eggers Lan, *Platón: los diálogos tardíos, Actas del Symposium Platonicum*, 1986, México, UNAM, 1987, pp. 49-56.

______, Body and Soul in Plato's Anthropology. Kernos, (1995a). 8, 107-112.

______, *El nacimiento de la matemática en Grecia*, Buenos Aires, Eudeba, 1995b.

______, "Lo intermedio, el mundo y la materia en el *Timeo* de Platón", *Méthexis*, 1997, núm. 10, pp. 17-21.

______, Introducción, traducción y notas, en Platón, *Fedón*, Buenos Aires, Eudeba, 2006.

______, *El sol, la línea y la caverna*, Buenos Aires, Colihue, 2010.

______, Introducción, en Platón, *Timeo*. Buenos Aires, Colihue, 2012.

FERRARI, F., "Platone, *Tim.* 35a1-6 in Plutarco, An. Procr. 1012b-c: citazione ed esegesi", *Rheinisches Museum für Philologie*, 1999 (3/4): 326-339.

FERRARI, F., "El 'mito' del demiurgo y la interpretación del Timeo", *Cuadernos de filosofía*, 2013 (60): 5-16.

FERRARI, G., *Listening to the Cicadas. A Study of Plato's Phaedrus*, Nueva York, Cambridge University Press, 1990.

______, *The Cambridge Companion to Plato's Republic*, Cambridge, Cambridge University Press, 2007.

FESTUGIÈRE, A., *Contemplation et vie contemplative selon Platón*, París, Vrin, 1950.

FLINTERMAN, J.-J., "Pythagoreans in Rome and Asia Minor Around the Turn of the Common era", en C. Huffman, *A History of Pythagoreanism*, Cambridge, Cambridge University Press, 2014, pp. 341-359.

FUTTER, D. B., "Spiritual Pregnancy in Plato's *Theaetetus*, *Apeiron*, 2018, 51(4): 483-514.

GAISER, K., *Platons Ungeschriebene Lehere*, Stuttgart, Ernst Klett, 1968.

______, "Plato's Enigmatic Lecture 'On the Good'", *Phronesis*, 1980, 25(1): 5-37.

______, *L'oro della sapienza. Sulla prehiera del filosofo a conclusione del Fedro di Platone* (Trad. G. Reale), Milán, Vita e Pensiero, 1990.

______, *La metafisica della stoia in Platone* (Trad. G. Reale), Milán, Vita e Pensiero, 1992.

______, *La dottrina non scritta di Platone* (Trad. V. Cicero), Milán, Vita e Pensiero, 1994.

GALLOP, D., "Plato's 'Cyclical Argument' Recycled", *Phronesis*, 1982, 27(3): 207-222.

______, Introducción, traducción y notas, en Platón, *Phaedo*, Nueva York, Oxford University Press, 1999.

GARCÍA FERNÁNDEZ, A., "La mónada pitagórica y el cosmos en Platón", *Ontology Studies*, 2009, núm. 9, pp. 155-163.

GARCÍA GUAL, C., Introducción, traducción y notas, en Platón, *Fedón*, Madrid, Gredos, 1997.

______, Traducción, introducción y notas, en Platón, *Protágoras*, Madrid, Gredos, 1997.

GARCÍA YEBRA, V., Introducción, traducción y notas, en Aristóteles, *Metafísica*, Madrid, Gredos, 1998.

GEMELLI MARCIANO, M. L., "The Pythagorean way of Life and Pythagorean Ethics", en C. Huffman, *A History of Pythagoreanism*, Cambridge, Cambridge University Press, 2014, pp. 131-148.

GERSON, L., *From Plato to Platonism*, Nueva York, Cornell University Press, 2013.

GIGON, O., *Los orígenes de la filosofía griega* (Trad. M. Carrión Gútiez), Madrid, Gredos, 1985.

GLENN, S., "Proportion and Mathematics in Plato's *Timaeus*", *Hermathena*, 2011, núm. 190, pp. 11-27.

GODWIN, J., "The Revival of Speculative Music", *The Musical Quarterly*, 1982, 68(3): 373-389.

GÓMEZ ROBLEDO, A., Introducción, traducción y notas, en Platón, *República*, México, UNAM, 2000.

GÓMEZ-LOBO, A., *La ética de Sócrates* (Trad. A. Palet), México, Andrés Bello, 1998.

GONZÁLEZ OCHOA, C., *La música del universo. Ensayo sobre la noción de armonía en Platón*, México, UNAM, 1994.

GONZÁLEZ, C., "Hacer del caso más débil el más fuerte: el *Gorgias* y la retórica socrática", en A. Lozano-Vásquez, *Platón y la irracionalidad*, Bogotá, Universidad Los Andes, 2012, pp. 15-32.

Graham, D. W., "Philolaus", en C. Huffman, *A History of Pythagoreanism*, Cambridge, Cambridge University Press, 2014, pp. 46-68.

Grube, G., "The Composition of the World-Soul en *Timaeus* 35A-B", *Classical Philology*, 1932, núm. 27, pp. 80-82.

______, *Plato's Thought*, Indianapolis, Hackett, 1980.

Guthrie, W. K., *Historia de la filosofía antigua I. Los primeros presocráticos y los pitagóricos* (Trad. A. Medina), Madrid, Gredos, 1984.

______, *Historia de la filosofía griega IV. Platón, el hombre y sus diálogos: primera época* (Trads. A. Vallejo y A. Medina), Madrid, Gredos, 1990.

______, *Historia de la filosofía III. Siglo V. Ilustración* (Trad. J. Rodríguez), Madrid, Gredos, 1998.

Hackforth, R., "Moral Evil and Ignorance in Plato's Ethics", *The Classical Quarterly*, 1946, 40(3/4): 118-120.

Halliwell, S., "The Subjection of Muthos to Logos: Plato's Citations of the Poets", *The Classical Quarterly*, 2000, 50(1): 94-112.

______, "Plato", en T. G. y A. K., *The Routledge Companion to Philosophy and Music*, Nueva York, Routledge, 2011, pp. 307-316.

Heath, T., *A History of Greek Mathematics. From Tales to Euclid*, Vol. 1, Londres, Oxford University Press, 1921.

Heidegger, M., *De la esencia de la verdad. Sobre la parábola de la caverna y el Teeteto de Platón* (Trad. A. Ciria), Barcelona, Herder, 2007.

Heisenberg, W., "Platons Vorstellungen von den Kleinstein Bausteinen der Materie und die Elementarteilchen der modernen Physik", *Im umkreis der Kunst*, Weisbaden, 1953.

______, *Physics and Philosophy. The Revolution of Modern Science*, Nueva York, Harper, 1958.

______, *Diálogos sobre la física atómica* (Trads. W. Strobl y L. Pelayo), Madrid, BAC, 1972.

Heller-Roazen, D., *El quinto martillo*, Valencia, Pre-Textos, 2014.

Hemmenway, S. R., "Pedagogy in the Myth of Plato's 'Statesman': Body and Soul in Relation to Philosophy and Politics", *History of Philosophy Quarterly*, 1994, 11(3): 253-268.

Hernández de la Fuente, D., "Fundamentos áureos de la teoría política de Platón: sobre el mito del *Político* y la tradición religiosa", *Éndoxa*, 2016, núm. 38, pp. 47-74.

Hicks, A., "Pythagoras and Pythagoreanism in late Antiquity and the Middle Ages", en C. Huffman, *A History of Pythagoreanisms*, Cambridge, Cambridge University Press, 2014, pp. 416-434.

______, *Composing the World. Harmony in the Medieval Platonic Cosmos*, Nueva York, Oxford University Press, 2017.

Horky, P., *Plato and Pythagoreanism*, Nueva York, Oxford University Press, 2013

Huffman, C., *Philolaus of Croton*, Cambridge, Cambridge University Press, 1993.

______, "The Peripatetics on the Pythagoreans", en C. Huffman, *A History of Pythagoreanism* Cambridge, Cambridge University Press, 2014a, pp. 274-295.

Ilievski, V., "Soul, Causation and Evil: is Plato's ψυχή indeed κινήσεως ἁπάσης αἰτία and τῶν πάντων αἰτία?", *Hermathena*, 2013, núm. 195, pp. 31-54.

Irwin, T., *La ética de Platón* (Trad. A. I. Stelino) México, UNAM, 2000.

Jaeger, W., *Paideia: los ideales de la cultura griega*, (Trads. J. Xirau y W. Roces), México, FCE, 1995.

James, J., *The Music of the Spheres. Music, Science and the Natural Order of the Universe*, Nueva York, Copernicus, 1993.

Jirsa, J., "Authenticity of the *Alcibiades* I: Some Reflections", *Listy filologické*, 2009, núm. CXXXII, pp. 225-244.

Johansen, T. K., *Plato's Natural Philosophy. A Study of the Timaeus-Critias*, Nueva York, Cambridge University Press, 2008.

Kahn, C. H., *Pythagoras and the Pythagoreans*, Indianapolis, Hackett, 2001.

Kennedy, J., "Plato's Forms, Pythagorean Mathematics, and Stichometry", *Apeiron*, 2010, 43(1): 3-32.

______, *The Musical Structure of Plato's Dialogues*, Durham, Acumen, 2011.

Kirk, G., Raven, J. y Schofield, M., *Los filósofos presocráticos. Historia crítica con selección de textos*, Madrid, Gredos, 2008.

Krämer, H., *Platón y los fundamentos de la metafísica* (Trads. A. J. Cappelletti y A. Rosales), Caracas, Monte Ávila, 1996.

Kucharski, P., "La musique et la conception du réel dans le Philèbe", *Revue Philosophique de la France et de l'Étranger*, 1951, núm. 141, pp. 39-60.

Laks, A., *La filosofía política de Platón a la luz de las Leyes* (Trad. N. Ooms), México, UNAM, 2007.

______, *Introducción a la filosofía "presocrática"* (Trad. L. Iribarren), Madrid, Gredos, 2010.

______, "Diogenes Laertius' Life of Pythagoras", en C. Huffman, *A History of Pythagoreanism* Cambridge, Cambridge University Press, 2014, pp. 360-380.

Laks, A. Most, G. W., *Les débuts de la philosophie. Des premiers penseurs grecs à Socrate*, París, Fayard, 2016.

Lanza González, H., *Los cinco poliedros regulares convexos en el Timeo de Platón y en la tradición platónica. Matemática, ontología, dialéctica, discurso y divinidad*, Madrid, tesis doctoral, Universidad Autónoma de Madrid, 2009.

______, "Matemática y física en el *Timeo* de Platón. Poliedros regulares y elementos naturales", *Praxis filosófica*, 2015 (40): 85-112.

Lavecchia, S., "Autoconocimiento y creación de un cosmos. Dimensiones de la σοφία en el pensamiento de Platón", *Areté*, 2009, XXI(1): 143-165.

Lawrence, J., "The Diatonic Scale: More than Meets the Ear", *The Journal of Aesthetics and Art Criticism*, 1987, 46(2): 281-291.

Levin, F. R., *Greek reflections on the Nature of Music*, Nueva York, Cambridge University Press, 2009.

Lisi, F., "La construcción del alma del mundo en el *Timeo* (35A-B) y la tradición indirecta", en T. Calvo y L. Brisson, *Interpreting the Timaeus-Critias of Plato. Proceedings of the IV Symposium Platonicum. Selected Papers*, Sankt Augustin, Verlag, 1997, pp. 251-259.

LISI, F., Introducción, traducción y notas, en Platón, *Leyes*, Madrid, Gredos, 1999.

_____, "El mito del *Político*", *Études Platoniciennes I*, 2004, núm.1, pp. 73-90.

_____, "El alma humana en el *Timeo*", *Études platoniciennes*, 2006, núm. II, pp. 155-174.

_____, Introducción, traducción y notas, en Platón, *Timeo*, Madrid, Gredos, 2008.

_____, "La ciudad más cercana", *Diálogos*, 2015, XLVII(98): 55-83.

_____, *República* VII 517a8-521c1, *Emerita*, 2018, LXXXVI(2): 233-252.

LIVIO, M., *La proporción áurea. La historia de Phi, el número más sorprendente del mundo* (Trads. D. Aldea Rossel y I. Muzás Calpe), México, Paidós, 2017.

LLEDÓ, E., Introducción, en Platón, *Diálogos I*, Madrid, Gredos, 1997a.

_____, Introducción, traducción y notas, en Platón, *Fedro*, Madrid, Gredos, 1997b.

_____, *El concepto poiesis en la filosofía griega. Heráclito-sofistas-Platón*, México, Academia Mexicana de la Lengua, 2015.

LLOYD, G., "Plato and Archytas in the 'Seventh Letter'", *Phronesis*, 1990, 35(2): 159-174.

_____, "Pythagoras", en C. Huffman, *A History of Pythagoreanism*, Cambridge, Cambridge, University Press, 2014, pp. 24-45.

LOZANO-VÁSQUEZ, A., "El adiestramiento del thymoeidés: el surgimiento de la conexión entre música y emoción en Platón", en A. Lozano-Vásquez (ed.), *Platón y la irracionalidad*, Bogotá, Uniandes, 2012, pp. 81-103.

MACEIRAS, M., "La 'psicología? Pitagórica", *Anales del Seminario de Historia de la Filosofía*, 1984, IV, pp. 9-28.

MACRIS, C., "Porphyri's Life of Pythagoras", en C. Huffman, *A History of Pythagoreanism*, Cambridge, Cambridge University Press, 2014, pp. 381-398.

MELDRUM, M., "Plato and the Arkhé Kakon", *The Journal of Hellenic Studies*, 1950, núm. 70, pp. 65-74.

MÉNISSIER, T., "Platon et la maladie dans la République", *Les Études philosophiques*, 1995, núm. 3, pp. 55-373.

MOHR, R., "Plato's Final Thoughts on Evil: Laws X, 899-905", *Mind*, 1978a, 87(348): 572-575.

_____, "The Formation of the Cosmos in the *Statesman* Myth", *Phoenix*, 1978b, 32(3): 250-252.

_____, "The World-Soul in the Platonic Cosmology", *Illinois Classical Studies*, 1982, 7(1): 41-48.

_____, *The Platonic Cosmology*, Leiden, Brill, 1985.

MONDOLFO, R., *Heráclito. Textos y problemas de su interpretación* (Trad. R. Frondizi), México, Siglo XXI, 2000.

MONTSERRAT, J., *Platón. De la perplejidad al sistema*, Barcelona, Ariel, 1995.

MORAVCSIK, J., "Health, Healing, and Plato's Ethics", *The Journal of Value Inquiry*, 2000, núm. 34, pp. 7-26.

_____, "Inner Harmony and the Human Ideal in *Republic* IV and XI", *The Journal of Ethics*, 2001, núm. 5, pp. 39-56.

MORRIS, M., "Akrasia in the Protagoras and the *Republic*", *Phronesis*, 2006, LI(3): 195-229.

MORROW, G., "Necessity and Persuasion in Plato's Timaeus", *The Philosophical Review*, 1950, 59(2): 147-163.

MOUTSOPOULUS, E., *La Musique dans L'Oeuvre de Platón*, París, Presses Universitaires de France, 1989.

NAAS, M., "From Spontaneity to Automaticity. Polar (oppsite) Reversal at Statesmann 269c-274d", en J. Sallis, *Plato's Statesman. Dialectic, Myth and Politics*, Albany, SUNY, 2017, pp. 15-31.

NETZ, R., "The Problem of Pythagorean Mathematics", en C. Huffman, *A History of Pythagoreanism* Cambridge, Cambridge University Press, 2014, pp. 167-184.

NICOL, E., *La idea del hombre*, México, Herder, 2004.

NORRIS, C., *Platonism, Music and the Listener's Share*, Nueva York, Continuum, 2006.

NUSSBAUM, M., *The Fragility of Goodness. Luck and Ethics in Greek Tragedy and Philosophy*, Nueva York, Cambridge University Press, 1986.

OLSHEWSKY, T. M., "On the relations of Soul to Body in Plato to Aristotle", *Journal of the History of Philosophy*, 1976, 14(4): 391-404.

O'MEARA, D. J., "Iamblichus' On the Pythagorea Life in context", en C. Huffman, *A History of Pythagoreanism*, Cambridge, Cambridge University Press, 2014, pp. 399-415.

PADILLA, M., "La naturaleza del método socrático-platónico", *Tópicos*, 2003, núm. 25, pp. 35-46.

PAKALUK, M., Dissoi Blogoi, 2005 [en línea], disponible en ‹http://dissoiblogoi.blogspot.com/2005/10/did-vlastos-refute-refutation-of-polus.html›. Consultado el 10 de marzo de 2019.

PALMER, J., "The Pythagoreans and Plato", en C. Huffman, *A History of Pythagoreanism*, Cambridge, Cambridge University Press, 2014, pp. 204-226.

PAPPAS, N., "A Little Move Toward Greek Philosophy", en J. Sallis, *Plato's Statesman. Dialectic, Myth, and Politics*, Albany, SUNY, 2017, pp. 85-106.

PELOSI, F., *Plato on Music, Soul and Body* (Trad. S. Henderson), Nueva York, Cambridge University Press, 2010.

PERIAGO, M., Introducción, en Porfirio, *Vida de Pitágoras*, Madrid, Gredos, 1987.

PETRUCCI, F. M., *Teone di Smirne. Expositio Rerum Mathematicarum ad Legendum Platonem Utilium. Introduzione, Traduzione, Comento*, Sankt Augustin, Verlag, 2012.

______, "Making Sense of the Soul's Numbers. Middle Platonist Reading of Plato's Divisio Animae", *Apeiron*, 2019, 52(1): 65-91.

PHILIP, J. A., "Aristotle's Sources for Pythagorean Doctrine", *Phoenix*, 1963, 17(4): 251-265.

PIEPER, J., *Entusiasmo y delirio divino. Sobre el diálogo platónico Fedro* (Trad. C. García), Madrid, Rialp, 1965.

PRADEU, J.-F., "Être quelque part, occuper une place τόπος et χώρα dans le *Timée*", *Les Études philosophiques*, 1995, núm. 3, pp. 375-399.

PRESS, G., "Sun and Good from the Perspective of The History of Philosophy", en G. Reale y S. Scolnicov, *New Images of Plato. Dialogues on the Idea of Good*, Sankt Augustin, Verlag, 2002, pp. 237-249.

Primavesi, O., "Aristotle on the 'so-called Pythagoreans': From Lore to Principles", en C. Huffman, *A History of Pythagoreanism*, Cambridge, Cambridge University Press, 2014, pp. 227-249.

Pritchard, P., "The Meaning of Δύναμις at 'Timaeus' 31c", *Phronesis*, 1990, 35(2): 182-193.

______, *Plato's Philosophy of Mathematics*, Sankt Augustin, Verlag, 1995.

Race, W. H., "Shame in Plato's *Gorgias*", *The Classical Journal*, 1979, 74(3): 197-202.

Racionero, Q., Introducción, traducción y notas, en Aristóteles, *Retórica*, Madrid, Gredos, 1994.

Raven, J., *Pythagoreans and Eleatics*, Cambridge, Cambridge University Press, 1948.

Reale, G., Introducción, traducción y notas, en Platón, *Fedro*, Milán, Bompiani, 2000.

______, *Platón. En búsqueda de la sabiduría secreta* (Trad. R. Bernet), Barcelona, Herder, 2001.

______, "The One-Good as The Load-Bearing Concept in Plato's Protology", en G. Reale y S. Scolnicov, *New Images of Plato. Dialogues on the Idea of the Good*, Sankt Augustin, Verlag, 2002, pp. 29-48.

______, *Por una nueva interpretación de Platón* (Trad. M. Pons Irazazábal), Barcelona, Herder, 2003.

Renaut, O., "Le rôle de la partie intermédiaire (thumos) dans la tripartition de l'âme", *Plato. Journal of the International Plato Society*, 2006, núm. 6, pp. 1-10.

Robinson, T. M., "Demiurge and World Soul in Plato's *Politicus*", *The American Journal of Philology*, 1967, 88(1): 57-66.

Rohde, E., *Psique* (Trad. W. Roces), México, FCE, 2006.

Rosen, C., *Las fronteras del significado. Tres charlas sobre música* (Trad. F. López Martín), Barcelona, Acantilado, 2017.

Rosen, S., "Plato's Myth of the Reversed Cosmos", *The Review of Metaphysics*, 1979, 33(1): 59-85.

Ross, D., *Teoría de las ideas de Platón* (Trad. J. L. Arias), Madrid, Cátedra, 2001.

Roux, S., "Plato's Structure of Reality in the *Timaeus*", *Journal of Modern Greek Studies*, 2013, pp. 36-47.

Rowe, C. J., Introducción, traducción y notas, en Platón, *Phaedo*, Cambridge, Cambridge University Press, 1993.

Rowett, C., "The Pythagorean Society and Politics", en C. Huffman, *A History of Pythagoreanism* Cambridge, Cambridge University Press, 2014, pp. 112-130.

Salamone, M. A. "The Two Supreme Principles of Plato's Cosmos—the One and the Indefinite Dyad—the Division of a Straight Line into Extreme and Mean Ratio, and Pingala's Matrameru. Symmetry", 2019, 11(1) [en línea], disponible en ‹https://www.mdpi.com/2073-8994/11/1/98›. Consultada el 23 de marzo de 2019.

Salles, R., *Metaphysics, Soul and Ethics in Ancient Thought. Themes from the work of Richard Sorabji*, Nueva York, Oxford University Press, 2005.

SALLES, R., "Soul as Harmony in Phaedo 85e-86d and Stoic Pneumatic Theroy", en V. Harte y R. Woolf, *Rereading Ancient Philosophy: Old Chestnuts and Sacred Cows*, Conneticut, Cambridge University Press, 2017, pp. 221-239.

SALLIS, J., "*Plato's* Statesman", *Dialectic, Myth, and Politics*, Albany, SUNY, 2017.

SÁNCHEZ CASTRO, L., "γνῶθι σαυτόν καὶ τὸ ἑαυτοῦ ἐπιμελεῖσθαι. La relación entre el 'conocimiento de sí' y el 'cuidado de sí' en el *Alcibíades* de Platón'", *Literatura: teoría, historia, crítica*, 2009, núm. 11, pp. 183-203.

SANTA CRUZ, M. I., Introducción, traducción y notas, en Platón, *Político*, Madrid, Gredos, 1988.

______, "Racionalidad y mecanicismo. Una lectura de *Político* y *Leyes* X", *Estudios de Filosofía*, 2002, pp. 27-41.

______, Introducción, traducción y notas, en Platón, *Gorgias*, Buenos Aires, Losada, 2013.

SANTAS, G. X., *Socrates. Philosophy in Plato's Early Dialogues*, Boston, Routledge and Kegal Paul, 1982.

SANTI, R., "The Dialectic of Good and Evil in the *Republic* and its Connections with the One and the Many", en G. Reale y S. Scolnicov, *New Images of Plato, Dialogues on the Idea of the Good*, Sankt Augustin, Verlag, 2002, pp. 176-184.

SAYRE, K., *Plato's Literary Garden*, Indiana, University of Notre Dame, 2002.

SCHLEIERMACHER, F., *Schleiermacher's introductions to the Dialogues of Plato* (Trad. W. Dobson), Londres, Cambridge University Press, 1936.

SCHOFIELD, M., "Archytas", en C. Huffman, *A History of Pythagoreanism*, Cambridge, Cambridge University Press, 2014, pp. 69-87.

SCHORN, S., "Pythagoras in The Historial Tradition: From Herodutus to Diodorus Siculus", en C. Huffman, *A History of Pythagoreanism*, Cambridge, Cambridge University Press, 2014, pp. 296-314.

SCOLNICOV, S., *Plato's Metaphysics of Education*, Nueva, York, Routledge, 1988.

______, Plato on Education as the Development of Reason. *Paideia: 20th World Congress of Philosophy*, 1998 [en línea], disponible en ‹https://www.bu.edu/wcp/Papers/Anci/AnciScol.htm›. Consultado el 18 de abril de 2018.

SEGOVIA, L., "La experiencia melancólica: una configuración diferencial entre la depresión mayor y la melancolía", *Cuadernos hispanoamericanos de psicología*, 2014, 14(2): 5-12.

SMITH PANGLE, L., *Virtue is Knowledge*, Chicago, The University of Chicago Press, 2014.

STROUX, C., "Plato's Republic and the Concept of The Control of Music", *Revista de musicología*, 1993, 16(3): 1323-1330.

SZLEZÁK, T., *Leer a Platón* (Trad. J. L. García Rúa), Madrid, Alianza, 1991.

______, "Das Höhlengleichnis (Buch VII 514a-521b und 539d-541b)", en O. Höffe, *Platon Politeia* Berlin, Klassiker Auslegen 7, 1997, pp. 205-228.

______, "Die Idee des Guten als arche in Platons *Politeia*", en G. Reale y S. Scolnicov, *New Images of Plato. Dialogues on the Idea of the Good*, Sankt Augustin, Verlag, 2002, pp. 49-68.

TAYLOR, A. E., "On the First part of Plato's *Parmenides*", *Mind*, 1903, 12(45): 1-20.
______, "Note on Plato's 'Vision of the Ideas'", *Mind*, 1909, 18(69): 118-124.
______, "The Analysis of ἐπιστήμη in Plato's Seventh Epistle", *Mind*, 1912, 21(83): 347-370.
______, "Forms and Numbers: A Study in Platonic Metaphysics (I)", *Mind*, 1926a, 35(140): 419-440.
TAYLOR, "Two Pythagorean Philosophemes, *The Classical Review*, 1926b, 40(5): 149-151.
______, "Forms and Numbers: A Study in Platonic Metaphysics (II)", *Mind*, 1927, 36(141): 12-33.
______, *A Commentary on Plato's Timaues*, Londres, OUP, 1928.
______, "Note on Plato's Republic VI 510c", *Mind*, 1934, 43(169): 81-84.
______, "A Note on Plato's Astronomy", *The Classical Review*, 1935, 49(2): 53-56.
______, *Plato. The man and his work*, Londres, Methuen & Co., 1955.
______, "Biografía platónica de Sócrates", en J. Burnet y A. E. Taylor, *Varia socrática* (Trad. A. Gómez Robledo), México, UNAM, 1990.
______, "Plato and the Mathematicians: An Examination of Professor Hare's Views", *The Philosophical Quarterly*, 1967, 17(68): 193-203.
TOMASINI, M. C., "El fundamento matemático de la escala musical y sus raíces pitagóricas", *C&T*, 2007, núm. 6, pp. 15-27.
TRABATTONI, F., *Essays on Plato's Epistemology*, Lovaina, Leuven University Press, 2016.
TRÍAS, E., *El canto de las sirenas*, Barcelona, Galaxia de Gutemberg, 2014.
USASCHEVA, A., "Concerning the date of Plato's *Phaedrus*", *Hermathena*, 2010, núm. 189, pp. 53-70.
VAN LIEFFEREINGE, C., "Les Sirènes: du chant mortel à la musique des sphères. Lectures homériques et interprétations platoniciennes", *Revue de l'histoire des religions*, 2012, 229(4): 479-501.
VERLINSKY, A., "The Cosmic Cycle in the *Statesman* Myth. I", *Hyperboreus*, 2008, 14(2): 57-86.
______, "The Cosmic Cycle in the *Statesman* Myth. II. The Gods and the Universe", *Hyperboreus*, 2009, 15(2): 221-250.
VIDAL-NAQUET, P., Plato's Myth of the *Statesman*, the Ambiguities of the Golden Age and of History, *The Journal of Hellenic Studies*, 1978, núm. 98, pp. 132-141.
VIGO, A., "Platón, en torno a las condiciones y la función del diálogo cooperativo", *Tópicos*, 2001, núm. 9, pp. 5-41.
______, "Autodistanciamiento y progreso moral. Reflexiones a partir de un motivo de la ética socrática", *Diadokhé*, 2002, 5(1-2): 65-101.
______, Introducción, traducción y notas, en Platón, *Fedón*, Buenos Aires, Colihue, 2009a.
______, "Medios y fines en el *Gorgias* de Platón", *Hypnos*, 2009b, 22(1): 73-97.
______, "La conciencia errónea. De Sócrates a Tomás de Aquino", *Signos Filosóficos*, 2013, XV(29): 9-37.
VITRAC, B., "Les mathématiques dans le *Timée* de Platon: le point de vue d'un historien des sciences", *Etudes Platoniciennes*, 2006, núm. 2, pp. 11-78.
VLASTOS, G., "The Disorderly Motion in the *Timaios*", *The Classical Quarterly*, 33(2): 71-83.

VLASTOS, G., *Socrates. Ironist and Moral Philosopher*, Nueva York, Cambridge University Press [1939], 1991.

_____, "Was Polus Refuted?", en D. Graham, *Studies in Greek Philosophy*, Vol. II: Socrates, Plato, and their Tradition, Princeton, Princeton University Press, 1995a, pp. 60-64.

_____, "The Socratic Elenchus: Method is All", en G. Vlastos, *Socratic Studies*, Nueva York, Cambridge University Press, 1995b, pp. 1-37.

_____, "Socrates' Disavowal of knowledge", en *Socratic Studies*, Cambridge, Cambridge University Press, 1995c, pp. 39-66.

_____, "Socrates on Akrasia", en D. Graham, *Studies in Greek Philosophy*, Vol. II: Socrates, Plato, and their Tradition, Princeton, Princeton University Press, 1995d, pp. 43-59.

WATERFIELD, R., Introducción, *Jámblico, The Theology of Arithmetic*, Michigan, Phanes, 1988, pp. 23-31.

WEDBERG, A., *Plato's Philosophy of Mathematics*, Estocolmo, AWE, 1955.

WESTPHAL, R., *Harmonik und Melopöie der Griechen*, Leipzig, Druck und Verlag, 1863.

WOERTHER, F., Music and the Education of the Soul in Plato and Aristotle: Homeopathy and the Formation of Character, *The Classical Quarterly*, 2008, 58, (1): 89-103.

WOLFSDORF, D., "The Irony of Sócrates", *The Journal of Aesthetics and Art Criticism*, 2007, 65(2): 175-187.

WOOD, J., "Is there an 'Archê Kakou' in Plato?", *The Review of Metaphysics*, 2009, 63(2): 349-384.

WRIGHT, M. R., Myth, science and reason in the *Timaeus*", en M. R. Wright, *Reason and Necessity. Essays on Plato's Timaeus*, Londres, The Classical Press of Wales, 2000, pp. 1-22.

ZAMORA, J. M., Introducción y traducción, en Platón, *Timeo*, Madrid, Abada, 2010.

ZARAGOZA, J., Introducción, traducción y notas, en Platón, *Alcibíades I*, Madrid, Gredos, 1992.

ZELLINI, P., *Número y "logos"* (Trad. J. Díaz de Atauri), Barcelona, Acantilado, 2018.

ZEYL, D. J., Introduction, Platón, *Timaeus*, Indianapoli, Hackett, 2000.

ZHMUD, L., "'All is Number'? 'Basic Doctrine' of Pythagoreanism Reconsidered", *Phronesis*, 1989, 34(3): 270-292.

_____, "Plato as 'Architect of Science'", *Phronesis*, 1998, 43(3): 211-244.

_____, *The Origin of the History of Science in Classical Antiquity* (Trad. A. Chernoglazov), Berlín, De Gruyter, 2006.

_____, "Greek Arithmology: Pythagoras or Plato?", en G. Cornelli, R. McKirahan y C. Macris, *On Pythagoreanism*, Berlín, De Gruyter, 2013, pp. 321-346.

_____, "Sixth, Fifth and Fourth Century Pythagoreans", en C. Huffman, *A History of Pythagoreanism*, Cambridge, Cambridge University Press, 2014, pp. 88-111.

_____, "Pythagoras' Northern Connections: Zalmoxis, Abaris, Aristeas", *The Classical Quarterly*, 2016, 66(2): 446-462.

Esta 1a. ed. consta de 500 ejemplares
y se imprimió el 11 de abril de 2021,
día de la Divina Providencia,
en la imprenta Grupo Espinosa,
Ciudad de México, México